通用技术基础

田武奎 陈 平 主编

东南大学出版社

内容提要

《通用技术基础》包括"技术"、"设计"、"结构"、"流程"、"系统"和"控制"六个部分，紧密结合苏教版通用技术两个必修模块的教材，并在教材的基础上进行必要的延伸，每部分都从其发展、基本特性和实际应用几个层面进行具体的介绍和说明，并在一些具体的技术概念和技术思想上进行了必要的拓展，对广大通用技术教师的专业学习与教学有很大的帮助。

图书在版编目(CIP)数据

通用技术基础 / 田武奎,陈平主编. ——南京：东南大学出版社,2011.6(2022.1重印)
ISBN 978-7-5641-2810-4

Ⅰ.①通… Ⅱ.①田… ②陈… Ⅲ.①通用技术－高中－教学参考资料 Ⅳ.①G633.93

中国版本图书馆 CIP 数据核字(2011)第 102695 号

通用技术基础

出版发行	东南大学出版社
出 版 人	江建中
社　　址	南京市四牌楼 2 号
邮　　编	210096
经　　销	全国各地新华书店
印　　刷	广东虎彩云印刷有限公司
开　　本	787mm×1092mm　1/16
印　　张	21.25
字　　数	527 千字
版　　次	2011 年 6 月第 1 版
印　　次	2022 年 1 月第 4 次印刷
定　　价	42.00 元

本社图书若有印装质量问题，请直接与营销部联系，电话：025-83791830。

编写人员

主　　编　田武奎　陈　平
编写人员　（按姓氏笔画排序）
　　　　　　丁良峰　马　磊　王德平　田武奎
　　　　　　刘海林　朱熙春　仲启标　宋平涛
　　　　　　吴志强　杨奇荣　邹学花　周致和
　　　　　　陶其伟

前　言

　　2004年，新一轮课程改革首先在海南、广东、山东、宁夏四省（区）开始实验，2005年江苏进入新课程实验。课程改革中最大的亮点之一是在普通高中开设以培养学生技术素养为目标的"通用技术"课程，这门课程包含必修一、必修二和七门选修课程。我也是从2005年开始接触到这门课程，从此便承担了与这门学科相关的教学研究任务。

　　在南京，有一批非常优秀的通用技术教师，我们几乎每周都会在一起讨论、钻研这门新的课程，从教学中案例、教具、实践项目、工具、材料等等的选择，到测试与评价、实践室硬件配备、教师专业培训与发展、教学研究活动的组织，甚至有关教育政策的制定，等等，我们都在努力着，也沉浸在这种融洽的学习氛围中。

　　经过这几年大家共同的努力，有关通用技术的教学研究有了一定的提高，全市学校的硬件建设也已基本到位，所有高中都已开设了课程。但教学是无止境的，我们需要不断提高课堂教学效率。而要提高课堂教学效率，除了课程和硬件的保障外，还需要有一支高水平的专业化教师队伍。如何提高教师的专业化水平，就是摆在我们面前一个非常重要而又非常艰难的问题。从2005年开始，南京市除了平时的教学研究培训活动外，在假期还要组织专业化的培训，培训有理论的，也有教学和实践技能的，有短期的，也有长时间的封闭培训。通过培训，教师的整体专业水平有了很大的提高。但学习是一个持续的、缓慢的内化和建构的过程，需要我们在平时的工作过程中不断获取和强化，才会真正地内化为个人的知识和能力。然而，当前符合教师需要的有关通用技术的学习资料却非常少，教师们很难找到相关的资料。这种资源建设需要我们所有从事通用技术教学、研究的人员去努力。只有这样，才会把这个学科建设得更好。

　　2007年12月，我联系了一批骨干教师开始讨论编写一本给南京市教师使用的通用技术工具书。我一提出这个设想，所有参加讨论的老师都非常赞成，因为大家都真正迫切地需要一本这样的书。我们认为，做教师都需要的事，一定是有价值的，所以我们就立即开始组织并实施。在之后的近三年里，我们所有参加编写的老师几乎每个星期都有一整天在一起研究与讨论，常常为了一个概念、一个实例争论一天，我们每个人都实实在在地感受到这种自由、和谐、充满智慧的研究活动所带来的快乐，每个人也都真正地投入其中，享受这个研究过程，也都切实感受到自己的成长。这本书终于在2010年6月份基本完成了，大家又都觉得，只发给南京市的通用技术老师使用这一集结着许多人汗水的成果，太局限了，希望这本书能让更多需要的人受益。其实全国的通用技术老师也许都需要这样的资料，这也许会对他们有那么一点帮助的。我们又讨论着如何将它印出来，供大家共同学习和探讨。

　　印刷成书，不是一般资料的要求，我们需要更进一步的修改和完善。在此非常感谢南京师范大学顾建军教授一直以来的关心、鼓励和指导，他为此书倾注了许多心血和期望，没有他的鼓励和支持,我们万万不能想到能出版这本书的。非常感谢鲍珑先生对稿件通篇的认真审阅,提出了许多细致、中肯的建议。感谢东南大学出版社的支持,在这个经济利益至上的社会,他们却没有首先考虑经济利益,能想着为通用技术课程做点事,克服了重重困难,坚定地出版这本书,才使得这本书能与更多的教师见面。感谢南京市教研室杨昭主任、江苏省中小学教研室李生元老师的关心和支持,感谢一切为这本书的出版付出心血的人!特别感谢这个编写团队,你们从未计较过三年来一直只有付出、没有任何回报的工作,不是所有人都能做到这一点的,你们真正是通用技术教师队伍中最可爱的人!

希望这本书能给所有看到它的人一点帮助,希望就此能喜欢一个叫"技术"的东西!

由于作者水平有限,书中不足和失误在所难免,希望能得到您不吝指教,也希望我们共同成长!

田武奎

2011年3月于英国

目 录

第一篇 技术 ··· (1)

  第一章 技术概述 ··· (1)

    第一节 技术的本质及属性 ··· (1)

    第二节 技术的分类、结构和体系 ·· (5)

    第三节 技术的价值 ·· (11)

    第四节 技术实践基础 ··· (16)

  第二章 技术的发展过程 ·· (25)

    第一节 技术的起源 ·· (25)

    第二节 古代技术的产生和发展 ·· (27)

    第三节 近代技术的发展 ·· (30)

    第四节 现代技术多元化发展 ··· (34)

  第三章 现代高新技术 ·· (37)

    第一节 现代信息技术 ··· (37)

    第二节 空间技术 ··· (45)

    第三节 新能源与新材料技术 ··· (48)

    第四节 生物技术 ··· (52)

    第五节 先进制造技术 ··· (61)

第二篇 设计 ·· (67)

  第四章 设计概述 ·· (67)

    第一节 设计的含义 ·· (67)

    第二节 设计的分类 ·· (70)

    第三节 现代设计理论 ··· (73)

    第四节 设计与文化 ·· (77)

  第五章 设计简史 ·· (80)

    第一节 设计的萌生 ·· (80)

    第二节 手工业时代的设计 ·· (81)

    第三节 工业时代的设计 ·· (86)

    第四节 后工业时代的设计 ·· (90)

  第六章 设计程序 ·· (95)

    第一节 设计程序概述 ··· (95)

第二节　设计程序 ………………………………………………………… (97)
　　第三节　设计程序案例 …………………………………………………… (105)
第七章　走进21世纪的设计 …………………………………………………… (108)
　　第一节　标准化思想的终结 ……………………………………………… (108)
　　第二节　不断成长的产品 ………………………………………………… (109)
　　第三节　走向回归自然的时代 …………………………………………… (111)
　　第四节　人与物的融合 …………………………………………………… (112)

第三篇　结构 ……………………………………………………………………… (113)
第八章　结构概述 ……………………………………………………………… (113)
　　第一节　结构的内涵 ……………………………………………………… (113)
　　第二节　结构与连接 ……………………………………………………… (120)
　　第三节　产品结构设计的稳定性 ………………………………………… (123)
　　第四节　自然结构的认知 ………………………………………………… (128)
第九章　结构的设计 …………………………………………………………… (130)
　　第一节　结构与力 ………………………………………………………… (130)
　　第二节　基本结构设计 …………………………………………………… (134)
　　第三节　产品设计实例 …………………………………………………… (146)

第四篇　流程与设计 ……………………………………………………………… (155)
第十章　流程概述 ……………………………………………………………… (155)
　　第一节　流程的含义 ……………………………………………………… (155)
　　第二节　流程的一般特征 ………………………………………………… (158)
　　第三节　流程的分类 ……………………………………………………… (160)
　　第四节　流程的发展史 …………………………………………………… (165)
第十一章　流程的设计与表达 ………………………………………………… (169)
　　第一节　流程的设计 ……………………………………………………… (169)
　　第二节　流程的表达 ……………………………………………………… (174)
　　第三节　流程图的种类 …………………………………………………… (175)
　　第四节　流程图的绘制 …………………………………………………… (176)
第十二章　流程的优化 ………………………………………………………… (182)
　　第一节　流程优化的意义 ………………………………………………… (182)
　　第二节　流程优化管理理论 ……………………………………………… (183)
　　第三节　流程优化的方法 ………………………………………………… (186)
　　第四节　流程优化的过程与途径 ………………………………………… (192)
第十三章　流程优化案例 ……………………………………………………… (199)
　　第一节　生活中流程案例 ………………………………………………… (199)

第二节　生产中流程案例 …………………………………………………(201)
　　第三节　产品设计流程优化案例 …………………………………………(205)

第五篇　系统 ………………………………………………………………………(212)
　第十四章　系统概述 ……………………………………………………………(212)
　　第一节　系统思想概述 ……………………………………………………(212)
　　第二节　系统科学的形成与发展 …………………………………………(214)
　　第三节　系统科学的体系结构和重要地位 ………………………………(220)
　　第四节　技术科学层次的系统科学 ………………………………………(224)
　第十五章　系统的基本概念和方法 ……………………………………………(231)
　　第一节　系统的含义和分类 ………………………………………………(231)
　　第二节　系统的特性 ………………………………………………………(235)
　　第三节　系统的环境、行为和功能 ………………………………………(242)
　第十六章　系统的分析、评价与应用 …………………………………………(245)
　　第一节　系统的分析及方法 ………………………………………………(245)
　　第二节　系统的评价与决策 ………………………………………………(256)
　　第三节　系统设计的应用 …………………………………………………(259)

第六篇　控制 ………………………………………………………………………(267)
　第十七章　控制论 ………………………………………………………………(267)
　　第一节　控制论概述 ………………………………………………………(267)
　　第二节　控制论的发展 ……………………………………………………(269)
　　第三节　控制论的三种思想 ………………………………………………(273)
　　第四节　控制论的意义和影响 ……………………………………………(276)
　第十八章　控制系统概述 ………………………………………………………(278)
　　第一节　控制工程 …………………………………………………………(278)
　　第二节　控制系统 …………………………………………………………(281)
　　第三节　控制系统的基本结构 ……………………………………………(291)
　第十九章　控制的应用 …………………………………………………………(306)
　　第一节　控制论的应用 ……………………………………………………(306)
　　第二节　自动控制的应用 …………………………………………………(313)
　　第三节　自动化控制的前景 ………………………………………………(320)

参考文献 …………………………………………………………………………(326)

第一篇 技术

第一章 技术概述

从人类使用制作工具开始,技术就为满足人类需要而开始了它的历史旅程。技术是人类有计划、有目的地利用天然自然和人工自然的物质资源和规律,以满足人类不断增长的物质和文化生活需求的社会实践活动。随着人类物质、文化生活水平的提高,技术与自然、社会的联系更为密切,成为人与自然能否协调发展的一个重要因素。技术发展的社会因素和技术的社会作用已经引起社会的广泛重视。

第一节 技术的本质及属性

一、技术的含义

人类改变或控制其周围环境的手段或活动,是人类活动的一个专门领域。在我国古代,技术泛指"百工","凡执技以事上者,祝、史、射、御、医及百工"。英文中的"技术"一词 technology 由希腊文 techne(工艺、技能)和 logos(词、讲话)构成,原意是指技能、技艺、技巧、手艺等[①]。这个词最早出现在英文中是 17 世纪,当时仅指各种应用工艺。到 20 世纪初,技术的含义逐渐扩大,涉及工具、机器及其使用方法。随着资本主义工业革命的发展,技术活动逐步成为社会关注和研究的重点。

著名哲学家尼采指出,"只有无历史的东西才可以下定义"。这表明给技术下一个非历史的定义是不可能的。既然技术是一个历史现象,那么只有在特定的历史背景下才能概括出技术的概念。其实,技术是随着时代的发展而不断发展,技术的概念也随着技术的发展与人们对技术认识的深化而不断发展。因而各个时代的学者也根据当代技术发展的情况给出了不同的技术定义。许多学者都对技术的定义进行了研究。

H. 贝克依照形而上学(哲学层面)的传统,全面地说明了技术的特征。他认为技术是"通过智慧对自然的改造……人按照自己的目的,根据对自然规律的理解,改造和变革无机界、有机界和人本身的心理和智慧的特性(或相应的自然过程)"。艾斯提出的与此相近的定义是:"技术是赋予人的意志以物质形式的一切东西。"也就是说,技术就是把人的思想意志

---

① 那日苏.科学技术哲学概论[M].北京:北京理工大学出版社,2006:15.

通过实践的方式以物质的形式表现出来的东西。由于人类意志和人类精神差不多是一回事，而后者（人类精神）有无限多样的表现形式和可能性，因此，尽管技术依赖于物质世界，但还是具有某种纯粹精神世界的无限性。戴沙沃也强调创造性改造的思想，"技术是通过对自然资源的有目的地造型和处理而从思想中引出的现实"。

有些学者是从技术活动的方法论特点来探讨的。如萨克斯强调技术措施的成功是通过把技术过程分为不同的中间阶段和专门的职能而取得的，这虽然是一种迂回的办法，但是能最快地达到预期目标。哥特尔·奥特里连菲尔德根据同样的观点，把技术定义为"在主观上是达到目的的正确途径的艺术……在客观上是人类活动的特定领域中所用方法和手段之和"。汤德尔认为，技术是作为主体的人为了改变世界的某些特征以便达到一定目标而置于自己同客观世界之间的东西。图切尔更加具体地指出："技术是指在创造性建造的基础上为满足个人和社会需要而生产的一切对象、过程和系统，它们通过规定的功能服务于特定目的，并且总体上改变世界。"

从上面的分析，我们可以从狭义和广义的角度总结技术的含义。

狭义的技术界定认为：技术是人类为了满足社会需要而依靠自然规律和自然界的物质、能量和信息来创造、控制、应用和改进人工自然系统的手段和方法。这种界定是比较明确的。把技术仅限于人与自然的关系领域，即人工自然界的范围内。但是，这样就会必然地忽略一些非人工自然的技术形态，比如管理技术、语言分析技术、心理分析技术、社会调查技术等技术形态。而这些技术现象在当今的社会同样是十分广泛和重要的。同时，在前面我们已经提到，技术是主体智慧的凝聚和外化的结果。狭义的界定只关注物化的技术形态，而把主体智能排除在外了。这样来看，显然是片面的，没有深刻把握住技术的本质。

广义的技术界定认为：围绕如何有效地实现目的的现实问题，是主体后天不断创造和应用的目的性活动或方式。这种界定是基于人的本质的。人是具有目的性的存在物，如何有效地实现目的是人类生存与发展所面临的首要问题。充分地体现了技术的属人的特性。

对于这两种理解，许多学者都给出了评价。郭贵春先生在《后现代科学哲学》中说道：狭义的技术定义作为具体的技术概念，在理解和分析由现代技术所导致的物理世界的大尺度变化方面具有极大的启示作用。而广义的界定作为广泛的概念则在处理各个历史时期不同技术类型和工具的产生和发展方面具有更适当的解释力。

法国科学家狄德罗在他主编的《百科全书》中给技术下了一个简明的定义："技术是为某一目的共同协作组成的各种工具和规则的体系。"这个定义至今仍有指导意义和研究价值，技术的这个定义，基本上指出了现代技术的主要特点，即目的性、社会性、多元性。任何技术从其诞生起就具有目的性。技术的目的性贯穿于整个技术活动的过程之中。技术的实现需要通过社会协作，得到社会支持，并受到社会多种条件的制约。这诸多的社会因素直接影响技术的成败和发展进程。所谓多元性，是指技术既可表现为有形的工具装备、机器设备、实体物质等硬件，也可以表现为无形的工艺、方法、规则等知识软件，还可以表现为虽不是实体物质而却又有物质载体的信息资料、设计图纸等。在作为物质手段和信息手段的现代技术中，技能已逐步失去原有的地位和作用，而只是技术的一个要素。[①]

[①] 姜振寰. 技术哲学概论[M]. 北京：人民出版社，2009：43-53.

二、技术的本质特征

技术是人类在利用自然、改造自然的过程中掌握的各种活动方式、手段和方法的总和。我们从技术作为一种社会性的实践紧密结合于社会物质生产的过程来考察技术的本质特征。技术的本质特征大致表现在以下几个方面：

其一，技术是一种生产力。它通过将一般的技术原理转化为技术设计、技术程序，以形成劳动者在生产过程中具体应用的操作手段、知识、能力，物化为各种技术设施、工艺流程，具体运用于物质生产过程中，成为物质生产的基本手段，并成为物质生产发展水平的基本标志。

其二，技术的发明和推广是人类的实践活动。一方面，技术的发明和推广是人类利用、改造和控制自然的一种实践活动，是人类将技术的方法、程序、物质手段与自然界发生相互作用的物质交换过程。它既为人类的存在和发展创造了物质资源，同时又变革了自然，创造了人工自然，使人类存在和发展的生态环境不断发生变化（或是优化，或是恶化）。另一方面，技术的发明和推广本身是一种社会实践，具有强烈的社会性，要受到人类社会生产发展水平和社会不同政治管理体制的制约和影响。因而，技术的发展和推广是否符合全人类长期存在、发展的利益，不仅和人类对自然规律认识的程度，人类利用、控制自然规律的能力有关，而且和人类社会的政治管理体制密切相关。

其三，技术是客观的物质因素和主观的精神因素相结合的产物。技术一方面是对各种自然状况（诸如能源、材料、自然条件、自然规律等）、现有科技信息、目前和长远人类生存和发展需求等综合分析和思维加工的过程；另一方面，技术是人类有目的地改造自然的活动，是人类依靠经验、知识、能力，通过物质手段和自然（包括人工自然）相互作用，形成一定的物质后果的活动。也就是说，技术是在主观和客观相互结合的基础上产生和发展起来的有特定功能的系统。

其四，技术的存在和发展始终是在人与自然界相互作用的过程中，是人类有目的地变革自然（包括人工自然）的社会实践过程，反映了人作为自然的一部分对整个自然界的能动关系，是人与自然、人与社会之间进行物质、能量、信息变换的"媒介"和调控手段。

三、技术的属性

技术是一种以自然为作用对象的社会实践活动，必然会形成一定的自然和社会后果，也会受到自然和社会条件的制约，因而技术具有双重属性：自然属性和社会属性。

1. 技术的自然属性

技术的自然属性包括客观规律性和物质性。技术的形成和发展是建立在对自然界客观规律的认识和应用基础之上的。技术活动虽然是人类有目的的活动，但不是主观随意的，它必须按照客观自然规律办事。任何技术手段和技术实施方案的选择和综合，都是对客观自然规律和主观技术能力进行客观分析和判断后，才能确定其最优化的。随着现代技术和物质生产水平的发展，人类要完成一个既定的生产任务，达到预期的生产目的，往往需要多种技术的综合配套、组合。这种复杂的技术组合，不仅需要对自然规律有全面而深刻的认识，而且要对技术组合形成的各种可能的后果有预测性的认识。也就是说，随着现代技术和生产的高速发展,随着技术的普及和推广,对客观规律性认识的要求也大为提高。因而,现代技术应用的力量和影响的覆盖面也大为增加,对人类社会生存和发展的关系也更为密切。

技术的物质性是指技术活动必然依赖于物质实体、物质交换过程,形成物质后果。技术活动的整个过程,不论是主体因素,还是客体因素,都必须依附于一定的物质载体。诸如知识、经验、能力的载体是劳动者、图书、资料等,技术硬件的载体是机器、设备、工具、仪表等,技术软件的载体是技术文件、软盘等。技术活动的结果也必然会产生新的物质实体。

2. 技术的社会属性

技术的社会属性是指技术的目的性和社会条件性。人类创造和应用各种技术都具有鲜明的、现实的社会目的性。社会物质生产和生活的需要是技术创造的前提和出发点,也是技术的归宿。所以,社会需要是技术目的性的基本内涵,也是技术发展的内在动力。这种目的性虽然会激发人类强烈的创造欲望,但同时由于不可能完全准确预测新技术所能形成的影响,所以也包含了某种威胁人类存在的因素。

技术总是一定社会的人在一定社会历史条件下创造的产物,因而,技术的发明、应用和发展方向,都强烈地受到社会各种条件的制约和影响。特别是那些重大的技术应用,它们大都是国家、政府的行为,因而国家、政府在开发、应用、推广一种新技术时,必须保护本国、本届政府甚至某些团体和个人的政治、经济利益。另外,技术的开发、应用和推广是和社会现实的政治、经济需要相关联的,也依赖于一个国家现实的政治、经济条件,受到国家、民族的文化传统、法规政策的制约和影响。尤其是现代高新技术的开发、应用和推广,更集中体现了一个国家的政治和经济利益。

四、技术与科学的联系与区别

人们常常把技术与科学连起来使用,简称为"科技",而且,在日常生活中我们很容易把技术与科学混淆起来。为进一步认识技术的本质和特征,有必要对技术与科学之间的关系进行探讨。

1. 技术与科学的联系

人类在生存和发展的过程中,与自然有着密切的关系。一方面,人类要认识自然;另一方面,人类为了满足自身的需要要对自然进行改造。因而,作为认识自然的科学和改造自然的技术也就有着必然的联系。尤其在现代科学技术革命条件下,技术与科学相互联系、相互影响的关系更为密切。首先表现为技术与科学都是以解决人与自然矛盾为宗旨的一种社会活动。二者的根本目的,都是为了满足人类利用、控制、改造、创造和保护自然的需要。科学认识自然是技术改造自然的前提,技术改造自然是科学认识自然的最终目的。其次,技术与科学都与社会的物质生产密切相关。它们都产生于人类的生产实践,都可归于生产力的范畴。社会物质生产需求是技术和科学发展的直接动力。第三,技术与科学本身在其发展过程中彼此互为动力、互为条件,相互渗透、相互影响,有着不可分割的联系。技术在其发展过程中必须依靠科学的进步,这种依赖性随着科学的发展而日益增大。科学的发展为技术发展指引了正确的方向,提供理论基础和技术创新实施的方法。科学会研究技术提出的问题,采用一定的技术手段;技术也会研究科学提出的问题,应用一定的科学知识。往往一个突破性的科学成果会产生一系列重大的新技术。例如电磁理论对于电力技术,遗传学对于生物遗传工程等等。科学的超前发展是技术发展的前提,科学的发展也在更大程度上依赖于技术的发展。同时,技术也为科学研究提供了各种技术装备、技术手段、技术人才,使科学研究得以进行和深入下去。

2. 技术与科学的区别

科学和技术虽然是人类社会密切联系的两种社会实践活动,但是,它们在很多方面都有着明显的区别。科学和技术是两个不同的概念。科学(Science)是对各种事实和现象进行观察、分类、归纳、演绎、分析、推理、计算和实验,从而发现规律,并予以验证和公式化的知识体系;技术(Technology)则是人类有计划、有目的地利用天然自然和人工自然的物质资源和规律,以满足人类不断增长的物质和文化生活需求的社会实践活动。[①]

科学活动指向自然界的存在方式,主要是认识自然,要解决的问题是"自然界是怎样的",主要偏重于回答自然事物、自然现象"是什么"、"为什么"等困惑,这些往往来自科学认识发展过程中出现的难题和困难。其目标是探索自然事物的本质和规律性,其结果是为了满足认识世界的需要,增进人类的知识财富。而技术指向人的活动方式,技术的任务则是利用自然规律,用最优化的方式控制和改造自然,要解决的问题是"我们应当怎样做",主要是解决"做什么"、"怎么做"等具体操作手段、方法和装备等方面的问题,为人类的生存和发展创造良好环境,是满足人利用物质资料的需要和完成既定目标的手段和方法。

技术是双刃剑,科学不是双刃剑。自然科学没有阶级性。自然科学的争论是认识问题,并不直接涉及人的行动。科学不是现实的、物质的生产力,不会给社会物质生产和物质生活带来危害。不同的学术观点都可以发表,没有必要也不应该给科学研究划出禁区。技术是要付诸行动的,直接影响到人们的物质利益。我们不会被迫去赞同某一种科学上的看法,但我们常常被迫接受由于技术的乱用所产生的恶果。对于技术的研究与应用,应加以合理的、必要的约束,包括舆论、道德和法律的约束。

第二节 技术的分类、结构和体系

随着人类社会的发展,技术已发展成为一个种类繁多、结构完整的庞大体系,其内在的逻辑联系越来越决定着它的整体发展,而这种逻辑联系来自客观事物本身的逻辑运动以及人类探索这种运动规律的活动特性。

一、技术的构成和分类

1. 技术的构成

(1) 技术构成的基本要素

技术具有多种要素,可以概括为经验形态的技术要素、实体形态的技术要素和知识形态的技术要素。

经验形态的技术要素主要是指经验、技能等主观性的技术要素。经验、技能是最基本的技术表现形态。经验是人们在长期实践中的体验,主要是在生产过程中,对生产方式及方法

---

① 顾建军. 技术与设计(通用技术必修1)[M]. 南京:江苏教育出版社,2009:14.

等直觉体验的积累和综合。技能则是以技术知识、劳动工具和经验为基础，在劳动过程中所表现出来的主体活动能力，如技巧、诀窍等实际知识。在不同的历史时期，经验、技能的表现形式也是不同的，如古代以手工操作为基础的经验技能、近代以机器操作为基础的经验技能和现代以技术知识为基础的经验技能。这三种形式的经验技能代表了人类在利用自然和改造自然的过程中主体活动能力或方式的不同发展阶段。[①]

实体形态的技术要素主要指以工具、机器等生产工具为标志的客观性技术要素。实体技术也可以按不同历史时期分为手工工具、机械装置和自控机床三种表现形式，它们表现出人类利用自然、改造自然的物质手段的不同发展阶段。[②]

知识形态的技术要素主要是以科学为基础的技术知识，是现代技术构成中的主导要素。人们往往把技术看作科学的应用，但这只是一个方面，其实在科学理论产生前，人类就已经凭借技能和经验使用技术了。技术知识就是人类在劳动过程中所掌握的技术经验和理论。它有经验知识和理论知识两种表现形式。前者是关于生产过程和操作方法规范化的描述与记载，后者则是关于生产过程和操作方法的机制或规律性的阐述。

（2）不同形态技术要素之间相互关系的特点

① 相关性与独立性。各类技术要素之间既是相互联系的又是彼此独立的。工具代替不了经验，知识也不能代替技能。中国古代工匠的经验技能及其经验知识在世界上可谓首屈一指，可是标志近代技术革命开端的工具机变革并没有出现于东方；电力技术的星星之火是英国人点燃的，但发展壮大却是在德国和美洲大地。如果无视技术要素之间既独立又相关的统一关系，将会贻误技术发展的时机。

② 互补性与主导性。互补性是指在技术结构内部，各类技术要素之间存在着互补机制，其中某类技术要素的变化都可能影响或牵动其他要素的变化。互补性机制保证了技术结构的整体协调，不至于使技术要素之间存在的相关链条彼此分化，使技术结构失去整体功能。同时由于三类技术要素矛盾运动的过程中各要素发展的不平衡性，在一定时期有的要素处于矛盾的主导地位，其发展变化制约其他技术要素的发展变化，这就是技术要素之间的主导性功能。这决定了主导技术要素具有触发性放大作用，我们只要抓住了当前的主导技术要素，根据现实的生产力水平，实现以信息化带动机械化，就可能不必花费很大的能量而收到事半功倍的效果。

③ 自稳性与变异性。技术要素的自稳性是指各个技术要素都有自我稳定的一面，当某个技术要素在受到其他技术要素的干扰时，它自己就有抗干扰的能力。近代发生的技术革命使机械工具对原有手工经验技能产生了威胁，但后者并没有因此退出生产领域，而是在一定时期与前者并存。

然而，技术要素的自稳性是相对的，在一定条件下，经验的积累会转化为技术知识。在历史阶段上属于知识水平的东西也会成为经验性的常识，从而表现出变异性。如在20世纪的非洲，汽车驾驶员是最高级的技术人员，因为他掌握着最高级的"技术知识"，但这些知识对于包括日本在内的大多数欧美国家而言，已经属于生活技能性的操作了。因此，只有利用

---

① 孟庆伟. 科学技术哲学[M]. 哈尔滨：哈尔滨工业大学出版社，2006：154.
② 孟庆伟. 科学技术哲学[M]. 哈尔滨：哈尔滨工业大学出版社，2006：155.

自稳性促进传统技术的发展,利用变异性加强现有技术的改造,并促进高新技术的产业化,才能使我国的技术结构整体能力呈现稳步发展、跃迁创新的势头。

2. 技术的分类

技术分类是依据技术的特点,按照一定的标准把技术分门别类,从而揭示其相互关系的工作。技术分类的目的是为了理解技术之间的从属关系、结合方式、差别与相互补充以及每种技术在整个技术系统中的地位和作用。技术的分类对于全面理解技术系统,探索技术发展方向,认识技术的社会功能以及技术与科学、产业、经济、社会各方面的关系,都是必不可少的参照系与概念框架。

由于技术本身的复杂性以及人们对技术的认识水平的限制,与对科学的分类不同,迄今为止,还没有大家公认的、系统的技术分类标准和结果。这里介绍一下常见的技术分类标准及分类结果。

从总体上看,人类的活动领域不外乎三大类,即认识和改造自然界的活动、认识和改造社会的活动、认识和改造人类自身的活动。与此对应的广义的技术,也可以分为三大类,即自然技术、社会技术和人类自身的技术。

自然技术是人类在同自然界的相互作用中产生的一类技术的总称。它是整个技术领域中出现最早、最为基本也最为重要的技术。自然技术是人类和自然界之间相互作用的媒介和中间环节,体现了人对自然的能动作用。

社会技术是指人类社会为了达到某种预定的目的和满足人们精神和物质的需要而对科学知识和物质手段的运用。如管理技术、交通管制技术、教育文化技术、社会保障技术等。

人类自身的技术是作用于人类的身体和精神的技术,包括医疗技术、心理技术和思维技术等。

由于学科内容的限制,下面主要探讨自然技术的分类。

自然技术作为一个整体,主要是处理人与自然之间的关系,主要是利用自然和改造自然。自然技术也可以分为实验技术、专业技术和生产技术(或产业技术、工程技术)。

实验技术,即科学实验中的技术,是根据现有的科学理论和一定的目的,通过实验设计,利用科学仪器和设备,在人为的条件下控制或模拟自然现象的技术或方法的集合。一般来说,实验技术是为了获得、加工、改变自然信息,检验假说和理论。这一活动的直接产物是数据,即使产出少量实物,主要也是作为样品供进一步的研究。按照实验领域不同,实验技术可相应地分为天文观测实验技术、地学实验技术、生物实验技术、化学实验技术、力学实验技术、物理实验技术等。①

专业技术,是与技术科学相对应的专门技术。把技术科学不同专业的理论与一定的物质手段相结合并应用于不同对象的研究及开发,就产生了不同类型的专业技术。例如,把能源科学应用于对能源的研究和开发,产生了能源技术;把激光科学应用于激光的研究和开发,产生了激光技术等等。专业技术以技术科学理论为指导,把技术科学的理论转化为生产技术,是技术科学理论和生产力之间的桥梁,也是检验技术科学理论真理性的客观尺度。

生产技术,是直接改造自然的技术,直接体现在生产劳动过程中。专业技术虽然也具有

---

① 那日苏.科学技术哲学概论[M].北京:北京理工大学出版社,2006:124-125.

直接可用性，但在它未与具体的生产过程结合之前，其生产力功能是得不到发挥的。只有把它应用于具体的生产过程中，同现实的改造自然的活动结合起来，才能发挥现实的生产技术的功能。因此，生产技术是专业技术在生产中的进一步具体化。生产技术有以下几种分类：

（1）根据生产中改造对象的不同，可以把技术分为物质材料技术、动力能源技术和信息通信技术等。

物质材料技术是对各种原材料进行加工，改变物质材料的性质、结构与形状并制成特定性质材料的技术。

动力能源技术指开发自然界的各种能量资源并转变为人们所需要的各种资源和动力的技术，如对石油、煤、天然气、核能、太阳能、潮汐能等第一次能源的开发，以及将一次能源转变为成品油、煤油、氢燃料、电力等二次能源的生产技术。水轮机、蒸汽机、汽轮机、内燃机等各种原动机的设计及相应的发电设备等，也是动力技术的组成部分。动力技术体系在技术体系中处于中心地位。

信息通信技术是对文字、语言、数据、资料等信息进行运输与变换，对各种仪器、设备进行控制与调节的技术。电子信息技术是当代日益向前发展的高技术群落的先导与主角，是当代社会特别是未来社会发展的技术基础。

（2）根据生产过程进行分类，可以把技术分成以下三类。

农业生产过程中的技术，包括植物栽培技术、饲养技术、捕获技术等。

工业生产过程中的技术，包括采掘技术、材料技术、机械制造技术、交通运输技术、建筑技术、动力技术等。

信息产业过程中的技术，包括通信技术、控制技术、系统技术等。

（3）根据各个生产要素在生产部门集中的程度把社会生产划分为"劳动密集型"、"资本密集型"与"知识密集型"的产业和产品，与此相对应，可以把技术划分为以下几类。

① 劳动密集型技术，是指投入的活劳动中体力劳动所占比例比较大、消费较多，而物化劳动消耗较少的劳动密集型产品所应用的技术，如轻纺工业、农业、初级服务业等。

② 资本密集型技术，是指生产消耗物化劳动或需要资金投入较多的资本密集型产品所应用的技术，如重化工业等。

③ 知识密集型技术，生产这种产品所投入的活劳动不只是简单劳动，更多的是复杂劳动，要求劳动者掌握许多科学技术知识，故该产品凝聚着更多的知识量，资源、能量耗费少，研究与开发的投资额大，其产品由少品种、大批量转向多品种、小批量、更新换代快等。

二、技术的结构

对于技术的构成方式，除了在宏观上对技术体系进行分析外，还有必要从微观上分析技术结构。技术结构是由相互联系和相互作用的经验形态、实体形态和知识形态三种技术要素组成的有机整体。在社会发展史上有三种类型的技术结构。

按照技术要素在技术结构中的地位和作用，相应的可以将其划分为经验型技术结构、实体型技术结构、知识型技术结构。经验型技术结构是由经验知识、手工工具和手工性经验技能等技术活动要素组成，并以手工性经验技能为主导要素的技术结构；实体型技术结构是由机器、机械性经验技能和半经验半理论的技术知识等技术活动要素组成，并以机器等技术手段为主导要素的技术结构;知识型技术结构是由理论知识、自控装置和知识性经验技能等技术要素组成,并且以技术知识为主导要素的技术结构。这三种技术结构分别在农业社会、工业社会和后工业社会中占据主导地位,形成相应历史时期的社会技术基础,其中每种技术结构都是社会技术基础中的一个功能结构单元,即"结构相位"。

技术结构的历史发展模式就是从单相技术结构(经验型技术结构)向双相技术结构(经验型技术结构、实体型技术结构)和三相技术结构(经验型技术结构、实体型技术结构和知识型技术结构)逐步强化的过程。

古代单相的技术结构模式只包含一个功能结构单元,即经验型技术结构,这和古代低水平的生产力发展是一致的。在人类历史早期,技术发展水平很低,人只能够直接或通过简单的工具作用于自然,实体技术一直没有摆脱手工工具的形态,在这一阶段,人们认为技术就是经验、技能的表现。这样,以手工操作为基础的经验技能便在此时的技术结构中占据了重要的地位,它是实体技术和知识技术发展的基础。

近代双相的技术结构模式包含着两个功能结构单元,即经验型技术结构和实体型技术结构,这充分体现出近代工业革命以来技术发展的特点。在工业革命进展过程中,随着飞梭、纺纱机和织布机的问世,蒸汽机的改进和刀架、精密镗床的发明,逐渐诞生了和古代手工工具有着本质区别的新的实体技术形态——机械工具(机器)。但是,机器的诞生并未使工匠的手艺从此销声匿迹,只不过改变了形式,"从工人身上转到了机器上面",这样,以手工操作为基础的经验技能便让位于以机械操作为基础的经验技能。同时,由于工业革命初期的工匠受到教育程度的限制,实体型技术结构中的知识形态也是半经验、半理论的。此时,经验型技术结构仍然存在于农业和手工业等领域,而代表农业机械化的拖拉机等农机具直到20世纪才出现。这充分表现出近代技术结构模式的双相位特征。

现代三相的技术结构模式包含着三个功能结构单元——经验型技术结构、实体型技术结构和知识型技术结构。双相技术结构奠定的工业化社会的技术基础,使劳动资料取得机器这种物质存在方式,并要求以自然力代替人力,以自觉应用自然科学代替从经验中得出的成规。在此基础上,现代技术过程又发生了深刻变化,更加突出了技术知识的重要地位,产生了更加独立于人的新工具——自控装置,引起以技术知识为基础的知识性经验技能的产生。此时,工人不再是生产过程的主要当事者,而是站在生产过程旁边,作为生产过程的监督者和调节者同自动装置发生关系,这就需要工人深刻理解技术过程的原理知识,从而导致许多发达国家中的知识型工业技师的人数与日俱增。

在现代技术结构中,实体型和经验型的技术结构仍然存在。在20世纪80年代,有人做过这样的统计,即使是在进入后工业化社会的美国,在977个工业部门中,名副其实的知识型技术结构的高技术部门也只有36个,还有56个是准知识型技术结构部门,剩下的全是实体型和经验型的技术结构。由此可见,三种技术结构并存将是现代技术发展的一个重要特征。

三、技术体系及其特征

技术体系是在人与自然、社会及人自身的能动性相互作用过程中形成和发展的,是随着人类认识自然、改造自然的深入,技术从低级向高级发展过程中不断地由简单到复杂、由低级向高级发展的。技术体系由一些相互关联的技术门类所构成,种类繁多,功能各异,新技术层出不穷,但所有这些技术并不是相互孤立、杂乱无章的,而是相互联系、相互依存的。正如日本著名技术论学者星野芳郎指出的:"无论在同一级技术的相互关系中,或者在低级技术和高级技术的相互关系中,各种技术都是相互联系的。作为一个整体,则形成了一个把所有技术部门从低级到高级联系到一起的、复杂的、立体网络结构的技术体系。"若干技术以其内在联系为依据,根据自然规律、社会规律和社会条件,以一定的方式相互联结而组成的一个具有特定功能的有机整体,就形成了所谓的技术体系。这是从宏观的角度来看待技术的结果。一项新的技术被发明出来后,要能在生产中加以应用,一般来说,除了其自身具有实用性等优势外,还要有一系列其他的技术(如材料技术、动力技术、新的知识)与之配套。也就是说,它必须与已有的技术联系起来构成技术体系。所以可以说,技术体系是技术在社会中的现实存在方式,是把技术之间的联系放在社会条件下加以考察而形成的复杂的技术网络系统。

技术体系一般具有如下几个特征:

(1) 社会目的性。任何技术体系都是按照一定的社会目的构成的,社会目的和要求不同,技术体系的构成以及不同技术之间的相互联系也就不同。例如,运输货物的交通工具与运输人的交通工具,其技术体系就不相同。社会目的既是形成技术体系的外在要求,同时也是衡量、评价技术体系功能的基本标准。它规范着技术体系社会存在的形式,决定着它的产生、存续和变化,是将不同技术联系起来的最重要的前提。

(2) 功能整体性。技术体系追求的不是其中某一技术构成的单个功能,而是不同技术组分相互联系而形成的整体功能。任何技术组分都有自己的特定功能,它们是形成技术体系整体功能的"技术单元"。但技术体系整体功能的发挥不仅取决于各个"技术单元"的性能和水平,同时也取决于各个单元之间的联结方式,即结构。只有各技术单元之间在性能上互补、水平上匹配以及整体结构合理,才能使整个技术体系功能优化。

(3) 构成的层次性。系统是分等级的,下一个层次的系统是构成更高一级系统的要素。技术体系也具有这种层次等级性。例如,按规模大小来划分,可以分为国家的技术体系、部门的技术体系、行业的技术体系、企业的技术体系、产品的技术体系等不同的层次。而且,当代随着经济技术的全球化,在国家层次之上,还有世界技术体系。层次性表现出技术体系构成的范围的大小,也反映了技术体系的相对性,即确立一个技术体系,既要看其内部要素的有机联系,也与研究目的和特定环境有关。

(4) 环境制约性。技术体系是由现实的相关技术组合而成的,而所有现实的技术都具有民族性、地域性,都受特定时期、特定地区的自然资源、地理环境、人才状况以及社会文化因素的直接影响。这些自然环境和社会文化条件就构成了技术体系的外部环境。因此,同样社会目的的技术体系在不同的环境条件下,其构成可以有相当大的差异。在一定时期内,为满足某一技术目的,究竟形成何种技术体系,除了自然规律起作用外,主要取决于社会的条件和环境状况。例如,美国汽车追求舒适豪华,日本汽车追求经济省油,两国的汽车生产技术体系就呈现不同的特点。

(5) 发展的连锁性。技术体系中某一子系统的变化,会引起相关的其他子系统的相应变化。在技术体系中,有最先产生并起带动作用的先导技术,有渗透性强、关联度大的主导技术或主导技术群,以及相配套的辅助技术。技术发展史表明:在原有技术体系的基础上,先导技术的产生与发展,使原来的主导技术逐步向新的主导技术转换,于是造成技术体系中横向网络的不平衡性;当量的积累达到一定程度时,就会引起技术体系的更替。正是这种连锁效应,使技术体系不断复杂化。

第三节 技术的价值

一、技术价值的概念与特点

价值是指客体的存在、作用以及它们的变化对于一定主体需要及其发展的某种适合、接近或一致,它是客体属性与主体需要之间的一种关系[①]。技术的价值是指作为实现人类需求或目的客体的技术的种种属性和作为实践主体的人的需要之间形成的一种特定关系[②]。技术与人的这种价值关系是客体(技术)与主体(人或社会)在技术实践活动过程中实现的,是客体的属性在与主体发生关系中的体现。技术实践过程是人与技术相互作用的过程,是人的需求与技术的属性通过实践相互制约、相互转化的过程。从价值客体角度看,技术本身所固有的种种属性及功能,是技术存在的依据,也是技术有用性的客观基础。不同技术的属性与功能各不相同,在实践过程中展现出来的有用性不尽相同,因而会形成不同的技术价值,这是技术价值的客观特征。从价值主体角度看,技术所具备的属性与功能以及表现出来的实在作用,对于不同主体甚至处于不同境况下的同一主体的有用性或意义也各不相同,因而他们所感受到的价值也不一样。这是技术价值的主观特点。技术具有二重属性,即自然属性和社会属性,因此在技术与其主体发生的相互关系中,技术的二重性显现为技术价值的二重性。也就是说,技术的自然属性与社会属性共存于技术之中,技术的自然价值与社会价值也共存于技术与其主体的体系之中。技术的自然价值是技术的自然属性所表现出来的对人和社会的作用和意义,它是由技术本身的性质和特点所决定的,不依社会环境而改变。而社会价值则是技术的社会属性所表现出来的对人和社会的作用和意义。社会环境不同,同样的技术其外在价值却可能不同。

技术价值具有如下五个特点:

(1)客观性。一方面,技术价值的客观性源于技术的属性。技术属性是技术本身固有的,是客观存在的,因此,技术属性在技术与主体发生相互关系中所显现出的技术价值是有客观基础的。另一方面,同时,人类社会的需要是受到自然和社会历史条件制约的,主体对技术的需要也不纯粹是主观的。因此,技术价值不以主体是否认识、如何评价为转移,人们可以以不同的标准和眼光认识和评价技术的价值,但不能随意取消技术的价值。

(2)实践性。技术只有通过与主体发生相互作用关系,才能显现出其价值来,而这种相互作用的关系是在实践过程中产生的,具有实践性。实践是人类活动的基本方式,也是孕育新技术的温床,技术价值也只有在实践中才能体现出来。离开了主客体之间的相互作用,离

[①] 李德顺.价值论[M].北京:中国人民大学出版社,1987:13.
[②] 常立农.技术哲学[M].长沙:湖南大学出版社,2003:39.

开了人们的实践活动,单纯从自然属性角度分析技术的价值,既不能解释技术价值的来源,也无法对技术价值的性质做出准确、合理的说明,技术价值就无从谈起。

(3) 社会性。技术价值的社会性源于技术目的与技术价值主体的社会性。任何技术和技术活动都是为一定目的服务的,这种技术目的性是在社会中产生并随社会的发展而变化的。不同社会的政治、经济、文化环境会萌发不同的技术需求;人们对技术价值的评价无不受到他们所处的社会关系的制约和影响。

(4) 历史性。技术价值的实现,以及人们对技术价值的认识,有一个历史发展的过程。由于社会的技术需求随社会的发展而不断提高,因此,技术及其价值必然随着社会历史的发展而变化。一方面,技术价值的显现表现为一个历史过程。例如,计算机的价值最初只体现在提高计算速度上,以后随着各种软件的研制、开发和应用,计算机的更广泛的价值才逐渐显现出来。另一方面,对技术价值的承认也需要一个历史过程。例如,火车最初被引进中国时,并没有被当时的中国人接受,甚至很多人将火车当成怪物,只有在火车作为交通运输工具的优势充分显现出来后,火车才被国人认同。

(5) 相对性。技术本身的自然属性是客观绝对的,但技术价值反映的是技术与主体之间的关系,是相对的。它不仅取决于技术本身的属性与功能,而且也取决于主体的状况,并随时间、空间等主客观条件的变化而改变。条件不同,主体不同,技术的价值也就不同。例如,制造计算机病毒的技术,对于其制造者——黑客来说是有价值的,但对大多数计算机用户却是有害的。

二、技术价值的主要内容

1. 技术的自然价值

技术的自然价值是技术本身的价值,是技术主体创造某种技术成果所花费的劳动。它是在技术发明和技术设计过程中,技术与技术主体发生相互作用、相互制约,逐渐形成的作用于技术主体思维中的价值。它以一种无形的方式存在于技术创造活动之中,展现出技术活动不同于其他活动的特质,制约着技术共同体成员的行为方式,有力地推动着技术实践活动的开展。

从技术的二重性的观点看,技术的自然价值是指技术在与主体发生作用的过程中,主要通过技术设计和发明,由其自然属性显现出来的价值,技术的效用价值是其主要成分。例如,电子计算机技术等在处理与传输信息过程中体现出来的价值等等。技术的效用价值在技术实践中,是以精确性、耐久性和低成本等形式具体地表现出来的,它可以为任何时代、任何区域中的人们所认同,因此,它具有世代传承、跨界转移等特点。因此可以说,技术的自然价值是中立的,是技术长期演化的产物,不受或很少受外在因素的作用与影响。

技术的自然价值表明,技术在存在意义、进步指向、活动形式、实施方法和评价标准等方面都与科学有区别,这就要求我们对待技术要以技术的需要和尺度为标准进行价值判断,不能以衡量科学的标准来衡量技术。技术的自然价值还要求我们在技术发明、技术设计与开发以及技术管理等方面要按技术的自然规律办事,不能像管理科学那样管理技术,要为技术的产生与发展创造必要的物质基础与文化环境。

2. 技术的社会价值

技术的社会价值是指在技术与技术主体发生相互作用的过程中,主要由社会属性显现

第一篇　技术

出来的现实价值。依据技术对社会不同领域的作用,可以将其分为技术的经济价值、政治价值、文化价值和生态价值等①。

（1）技术的经济价值。技术的经济价值是指技术在与经济发生的相互作用中,它的经济属性显现出来的价值。从根本上说,技术是生产力的构成要素与内生变量,是直接的、现实的生产力,是推动经济社会发展的直接的、根本性的动力。在人类社会的发展历程中,经济的发展始终依赖于技术的进步。技术的经济价值主要涉及技术与生产、技术与消费、技术与服务、技术与企业管理、技术与国家生产力发展水平等方面。技术的经济价值是其他社会价值的基础和保障。技术的经济价值具体体现在促进经济发展的量和质的两个方面。一方面,技术成果在生产过程中应用,渗透到生产力的诸要素中,提高了劳动者的生产技能和素质,改进和变革了劳动资料(主要是生产工具),扩大和深化了劳动对象的利用,从而转化为直接生产力。技术进步提高了劳动者的科技水平和劳动技能,再加上技术的进步带来的生产工具的改进,使得生产方式逐渐向自动化、智能化方向发展,使得劳动效率和生产效率大幅提高、产品质量提高,为社会创造出了更多的物质财富。另一方面,技术进步引起了技术产品结构和产业结构的变革。技术进步引起技术产品结构的变化,表现为原材料生产、能源结构和消费结构的变化。这种结构变化,显示了技术进步对人类社会物质生活的重大作用。

（2）技术的政治价值。技术的政治价值指在与人和社会的相互作用中,技术的政治属性(如技术与权利、权力、社会革命、社会分层、国家安全等的关系)所显现的价值。具体表现为:技术是一个国家综合国力强弱与国际地位高低的重要标志之一,国家的威严和实力是以它的技术经济发展水平为基础。当今发达国家与发展中国家的划分,就是以技术经济水平为依据的。技术的政治价值还表现在它对政治民主化的推动上。技术专家进入国家政治决策过程,参与政治权力和权利的分配等等,必然会加快社会政治生活的科学化、民主化进程。

（3）技术的文化价值。技术的文化价值主要是指在技术与文化(社会经济、政治之外的狭义的文化)发生相互作用中,它的文化属性(如观念、审美意识等)所显现出来的现实价值。技术是文化的组成部分之一,它主要通过文化的三个层次即器物层次—制度层次—观念层次一步步渗透到文化的各个部分,成为各个时代文化的基本要素和文化变迁的重要动力。每一种新技术的发明与创造都包含着一定时期的人类文化或民族文化的特质,它们不仅会以一种独特的形式出现,而且本身还包含着独特的价值内容,向人们提供新的知识与观念,并促使人们重构新的价值观念与行为方式。

纵观技术发展史,技术是精神文明建设的客观物质基础,是变革世界观、价值观及传统伦理观念的重要力量,是推动思维方式、文学艺术、影视艺术、文化教育发展的重要物质基础和手段,还是改变人们的生活方式、提高生活质量的重要的物质条件与可靠保障。技术理性已经深深根植于我们的头脑,影响着人们的思维方式和行为方式。人类发展史上每一次重大的技术进步,都对传统文化产生过深远的影响。

（4）技术的生态价值。技术的生态价值是指技术被人类用来改造自然、保护自然环境、协调人与自然关系的过程中,它的自然属性与社会属性所显现出来的价值②。主要体现在人

---

① 孟庆伟.科学技术哲学[M].哈尔滨:哈尔滨工业大学出版社,2006:196.
② 孟庆伟.科学技术哲学[M].哈尔滨:哈尔滨工业大学出版社,2006:197.

类利用技术节能和开发再生能源、综合和循环利用资源、对废物实施零排放和低排放等。这就是技术进步的绿色化、生态化方向。尽管当今人类面临的环境污染、生态危机等重大问题是技术对生态所显现出的负面价值,但这都是人们过度或无度地使用技术的结果。因此,必须从可持续发展的理念出发,限制使用已经造成负面效应的技术,防止其不良后果的蔓延。近年来,绿色技术、生态技术的开发与推广应用,消除或减轻了技术的生态负效应,促使技术的价值转向保护生态环境、协调人与自然关系的生态价值。

技术的自然价值与其社会价值既是统一的,又是矛盾的。一方面,自然价值是社会价值得以实现的基础。正是由于技术具有变革自然的现实功能,人类才从事技术活动,当今各国政府才不断加强对高技术开发和发展的支持。技术的社会价值是其自然价值在现实社会环境中的实现,技术的发展离不开人,离不开社会背景。另一方面,两者具有不同的特点。技术在现实社会中的实际作用和价值,是技术的自然价值与社会环境共同作用的结果,一般并不是由其自然价值单方面决定的。现实生活中存在的对技术的滥用(如B超技术导致性别失衡),也造成了技术两种价值之间的相互背离。技术的自然价值主要体现为技术性能上的优与劣(如功率大小、效率高低等),一般不能用社会道德的标准对其是好还是坏做出评价。而技术的社会价值则是道德评价的对象,我们可以对它做出好坏、善恶评价并加以调节。所以,不能因为技术给社会、生态造成了某些危害和问题,就把责任完全归咎于工程技术人员。

技术的各种社会价值之间是既相互统一又相互矛盾的。有些技术有经济价值,但却破坏生态价值。因此,在进行技术选择、技术评估和预测、确定技术发展战略时,应当正确认识和处理它们之间的关系,对其进行科学的价值判断,更应该关注技术的社会价值。

三、关于技术价值的几种主要观点

究竟应当如何评价技术的价值?这些有关技术的价值属性以及技术价值的性质的问题,长期以来一直是人们争论的热点。关于技术的价值问题,存在着技术价值中立论、技术负荷价值论、技术价值折中论、技术批判理论等一些观点。

1. 技术价值中立论

在技术中立论者看来,技术是简单的工具,本身是中性的。技术与伦理、政治无涉,技术的全部领域都是价值中立的,没有对错、好坏和善恶之分,它不过是达到目的的一种手段或工具体系。当然,这里不是指技术的应用而言。因而当涉及技术的不良后果时,技术是无可指责的。它既可以用于善良的目的,也可以为邪恶势力服务,或同时用于这两个方面,但这并不是由技术本身能够决定的,而是由外部因素强加于它的。技术手段对于其内容的这种无明确规定的工具性,使得技术既可用于行善,也可用于作恶。换言之,作为实然领域中的技术只指向"能做",至于是否"应该"做则是由属于应然领域的道德所决定的。

基于大量的事实,技术中立论者得出支持自己论点的四个论据:① 技术的中立性是指技术作为工具手段的中立性。技术作为一种纯粹手段,可以被应用于任何目的,与它所服务的价值目的不具有必然的相关性。② 技术与政治无关,作为工具的技术对任何社会都有用,不因政治和社会因素的变化而改变,它们与社会和政治因素无关。③ 技术对于社会价值的中立性根源于技术的理性特征及其所体现的真理普遍性。技术的基础在于它普遍的科学理性,在任何社会中都具有认知作用。由于不同技术形态具有实现同一目的的功效,因此,同一效用标准可以用于衡量不同的技术形态。技术对于提高不同国家、时代和文化的人类目的性活动效率具有相同的效应。④ 技术的普遍性意味着同一度量标准可以被应用于不同的社会背景,在不同的社会制度中,技术都可以提高其劳动生产率,而且技术的评价与选择的标准(如效率等)也是相同的。

2. 技术负荷价值论

技术价值负荷论者认为,技术在政治、文化、伦理上并不是中性的,技术创造者或使用者的价值取向会体现、渗透或转移到技术形态之中;任何技术本身都蕴涵着一定的善恶、对错甚至好坏的价值取向和价值判断,即技术负荷特定的社会文化或人的价值观。这种观点认为,由于技术不仅仅是具体的工具、设备,而是包括工具、设备等物质手段以及方法、知识和各种活动方式的总和,因而发明者的价值观、意志、信仰、思维习惯必然在技术的设计、发明等一系列环节中渗入到技术之中,使根源于社会的普遍标准被纳入其中,技术是负荷价值的,任何技术都有一定的价值取向和价值判断,这已为越来越多的技术哲学家所接受,辛普森等人就持这种观点。他们认为,技术拥有自身特定的价值。技术能够控制并统治人类,使人类成为被控制的对象。加拿大学者邦格认为,技术在伦理上绝不是中性的,它涉及伦理学,并且游移在善和恶之间。

与中立论者狭隘的理论视野不同,负荷论者从人与技术、目的与手段的内在联系角度看待技术。他们认为,作为技术的创造者、操纵者或建构单元,主体的目的性体现并包含于技术形态之中,与物化技术因素融为一体。技术的本性是和资本及其统治联系在一起的。技术与科学不仅是生产力,而且也是意识形态。作为该学派代表人物之一的马尔库塞认为,在当代工业社会的极权主义面前,技术"中立"的传统观念已不再适用。技术本身已不可能独立于它的使用。技术总是一种社会的设计,一个社会和它的统治打算对人和事物所做的一切都在其中设计着。换言之,任何技术活动无不体现出人们的目的和愿望,无不包含着人们的意志和追求,无不渗透着人们的智慧和创造。统治的特殊目的和利益并不是随后或外在的强加于技术的,而是在其被设想、发明和创造时就已进入了技术机构本身。这种价值的存在并不以是否实现和怎样实现为根据。一旦投入使用,技术的内在价值就会在特定条件下转化为现实价值。因此,技术形态中必然渗透着主体的价值观念,负载着意义和价值取向。

3. 技术价值折中论

这种观点主张,技术在一方面是中立的、无价值的,而在另一方面却是有价值负荷的。例如,阿诺德·佩斯认为,机器的本身是中性的,但机器的使用却是有价值负荷的。

4. 技术批判理论

这种观点认为,技术价值是在技术的自然属性和社会属性相互作用的过程中表现出来的。例如,芬伯格就认为,技术价值存在于技术的自然属性(技术编码)和社会属性(人类控制)的相互作用之中(交叉域),这种相互作用的过程就是他所说的"斗争场景"。技术价值就是在这个"交叉域"范围内,经过"斗争场景"表现出来的。

从技术的二重性的观点来看,"技术价值中立论"主要是从技术的自然属性来理解技术价值的,它只承认技术具有自然价值,忽视了技术的社会属性;"技术负荷价值论"则主要是从技术的社会属性来理解技术价值的,它只承认技术具有社会价值,不承认技术有自然属性的一面;"技术价值折中论"则把技术的自然价值和社会价值(即技术应用的价值)区别开来,但没有从技术的自然属性与社会属性的对立统一上理解技术价值;"技术批判理论"虽然注意到了技术的自然属性与社会属性的相互作用关系,但没有具体论述技术属性与技术价值之间的辩证关系。马克思主义的技术哲学,从技术对人和社会的作用与意义上看待技术价值问题,从而要求从技术的二重性的辩证关系上理解技术观的实质。只有这样,才能树立科学的技术价值观。

第四节 技术实践基础

技术实践内容十分丰富,其方法更是多种多样,研究技术活动的过程,探讨技术认识和方法的特点,分析技术创造过程的程序,不仅为改造世界的技术实践提供认识论和方法论指导,也有助于深刻地理解技术和社会的关系。本节主要讨论技术认识活动中的认识论和方法论问题。

一、技术认识和技术方法

技术认识是以人们对技术活动及其结果为研究对象,从认识论的角度考察技术认识的特征与过程、技术研究与技术活动的方法[①]。技术方法是人们在技术的研究和开发过程中所利用的各种方法、程序、规则、技巧的总称[②]。人们在长期的技术实践中,创造了众多的技术方法。但这些方法都是适用于某种特定技术的特殊方法,它们分属于各个技术学科,并且构成这些技术学科的内容。它反映了各种特殊方法的共性,比特殊方法具有更大的普适性。

技术方法与科学方法属于同一层次的方法,它们具有许多共同的方面。例如,它们都必须以对自然规律的认识为前提,都应用已有的成果,都以实践为基础,都有一定的可操作性、规则性;选题的原则类似,都需要有信息资料的搜集及调研;检验的方式相同,都要有数据处理、分析、综合和归纳等。但是,技术方法与科学方法毕竟不是一回事,科学认识和技术认识的差异,决定了技术方法也有一些和科学方法不同的特点。

1. 目的性与客观性。 技术是人们有目的地创造人工自然的活动,技术方法总是与人的一定目的相对应。目的性反映了技术方法的应用是以达到目的为前提和归宿的。技术方法具有客观性,人们常常是利用已有的客观因果性的科学认识来设计和确定相关的技术目的。违背自然规律和科学原理,技术目的就不可能成立或无从实现。

2. 功利性与折中性。 技术方法带有明显的功利性,它存在的价值就是要保证技术活动达到预先设计好的主观愿望。功利性决定了技术方法的评价以"有效"还是"无效"、是效率高还是效率低为标准。同时,技术方法又具有折中性的特点。这是指人们会最大限度地追求技术活动的效用,但在这个过程中,人们还会考虑技术活动的其他效应,诸如投入与产出的合理性、环境及人的智能的适应性等,尽量达到近期功利与远期效益、经济利益与社会利益的多方面调和,所以技术方案或措施的选择要根据具体应用条件进行适当的折中。

---

① 孟庆伟.科学技术哲学[M].哈尔滨:哈尔滨工业大学出版社,2006:167.
② 那日苏.科学技术哲学概论[M].北京:北京理工大学出版社,2006:193.

3. 多样性与专用性。技术方法的多样性是指为实现同一技术目的，人们可以寻找多个不同的可相互替代的方案或方法，以便从中选优；同一性质的技术原理可以转化为多种类型的工艺方法和技术产品。比如相同的建筑原理，可以有不同的外观设计和施工方法。此外，技术方法的多样性还表现在方法与装置的多样组合上。技术方法又具有专用性，这不仅表现在不同的技术领域或不同的技术问题有自己特有的技术方法，而且还表现在方法的使用有时会打上个人的烙印。因为在技术领域，个人的经验和技能仍具有重要的地位。经验、技能是人在长期实践中练就的，有时很难用语言明确表达、传授，即使能够传授，学习者在短时间内仍无法熟练掌握它们。

4. 社会性与综合性。技术本身就具有自然性和社会性这两种属性，作为实现技术目的和技术规范的方法，必须符合技术本身的这两种属性。因此，在技术方法中，不仅有对自然规律的应用，而且还有对社会规律的适应。对技术方法的选择和应用，不能不考虑到各种社会因素。此外，技术方法同在纯化和理想化条件下研究自然物的自然科学方法不同。在技术研究中，必须把那些在科学研究中被舍弃的因素和关系恢复起来，并在技术设计和研制中，对可能出现的各种偶然因素都要综合考虑。

二、技术创造活动的基本程序

从技术的角度来看，人类社会的进步与发展的过程就是不断地发现问题、解决问题的过程。在技术领域的问题解决过程中，一般也经过提出问题、寻求解决的方法或方案、实现解法以及验证等各个阶段。技术活动中所经历的这些阶段可以具体化为课题规划、方案的构思与设计、试验与实施三个环节，从整体上构成技术开发的基本过程和立体框架。

第一阶段：课题规划

课题规划是对所要展开技术工作的宏观决策。任何技术活动都是为了满足一定社会的需求，技术需求的直接指向是现有技术的性能指标，也是技术开发的社会基础。通过对社会需求的判断和响应，根据现有的科学技术基础判断实现这种需求的可能性，设定具体的技术目的，并对技术发展及其后果作出预测、评估等几个环节。为了保证这一过程的顺利进行，需认真进行技术经济预测和搜集科技情报，对技术发展趋势、未来市场需求走向以及竞争态势等都要做到心中有数，以保证技术研究工作切实可行。

第二阶段：方案的构思与设计

技术方案的构思与设计是技术研究中最关键、最富于创造性的阶段。创造性构思的任务是寻找在既定的限制条件下满足课题要求的新方案，包括提出技术原理和解决问题的基本思路。设计的任务是通过概略设计、技术设计到施工图设计的从抽象到具体的发展阶段，把创造构思得到的设想或方案具体化，拟定出具体的可供实施的技术方案。方案设计是把技术知识物化为需要的技术装置或其他物质技术成果的中间环节，既是把技术原理付诸实现的过程，也是对技术原理检验和选择的过程。这个阶段渗透着技术分析、经济分析、法律分析、宜人分析、生态分析等因素，具有综合性、系统性，往往是在多种方案的比较、鉴别中进行优化选择。

第三阶段：试验与实施

技术的试验与实施是技术实现的阶段，技术的最终表现形式——物质性成果，是在这一阶段完成的。这一阶段的主要任务是，根据技术设计提供的详细图纸和技术文件，进行产品的研制、小批量生产、技术鉴定和正式投产等工作。同时，这个阶段对方案实施中出现的问题还要及时反馈到设计阶段，以便对设计方案作出调整和改进。

研究技术开发过程对研究技术认识的程序有重要意义。技术开发的基本程序是从社会提出技术需要开始，经过规划、研究、设计等阶段，使技术原理具体化，最后通过研制、实施创造出合乎需要的产品。当然，这些阶段的划分不是机械的，从技术预测、技术评估到技术实施的整个过程也不是一次能完成的，要经过不断的反馈与修改。这个过程在具体的实施中还有各个环节与各种方法之间的纵向和横向的联系，在一个阶段上会涉及许多不同的方法，或者同一个方法步骤会在不同的创造阶段多次使用。工程技术的方法论所研究的程序、方法和原则是相互制约、紧密联系的有机整体。技术开发的基本程序是技术方法的骨架和主线，它统率和贯通了各种方法和原则，形成一个逻辑清晰的方法论纵向结构。

三、技术预测

1. 技术预测的含义

技术预测这一概念是美国人林茨（Lenz）于1959年最早提出的，它确定战略性的研究领域，选择对经济和社会利益贡献最大的技术群。技术预测是指国家、企业或研究部门利用已有的理论，通过科学的方法和技术手段，对某类技术根据其过去和现在的状况，对未来一定时期内的科学、技术、经济和社会发展进行系统研究，寻求技术发展的规律性，并借此推测和判断技术发展的未来状态和趋势，以及选择那些对经济和社会具有最大化贡献的共性技术。

2. 技术预测的分类与方法

技术预测按技术的门类可划分为多种，依据技术的层次性又可分为不同技术层次的预测，还包括技术与社会其他因素相互关系的预测。在实际预测活动中，可以按预测对象的性质、期限及目标作如下分类：

（1）定性预测和定量预测。定性预测主要指研究和探讨技术预测对象在未来所具有的质的规定性，如技术系统发展的总体趋势、技术发明和应用的各种可能性及其造成的影响、技术与其他社会因素的相互影响等。定量预测指研究预测对象的量的规定性，如技术未来发展的规模、速度、水平应用周期等。前者主要通过预测者的经验和逻辑分析能力对技术发展的未来状况做出文字性描述，后者则要依据统计资料运用数学方法建立数学模型，提供技术未来的数量描述。

（2）短期、中期和长期预测。在实际的技术预测过程中，考虑技术发展变化的复杂性及预测的精度。根据预测期限的划分，一般将预测期限5年以内的技术预测称作短期技术预测，主要涉及经济和市场变化，多作为对新技术、新产品在市场中发展趋势的预测；5年至15年为中期技术预测，主要对技术革新、新产品问世及补充或扩大原有市场情况的预测；15年以上为长期技术预测，这种预测比较关心技术的潜力，特别是技术对未来社会发展的影响。无论哪种预测，都要考虑技术对政治、经济、社会、文化及生态的影响问题。中期预测一般精度较高，短期及长期预测精度较低。这是因为，时间太短或太长对于未来发展的有关问题不可能把握充分,特别是对超过15年的技术预测,由于其不确定性因素很难把握,因此只能做出大体估计。

(3) 规范性预测和探索性预测。规范性预测指预先确定一技术的发展目标,并以此为规范预测能够达到这个目标所需要的时间以及所需的条件和过程。探索性预测则指通过对预测对象的有关历史和现状的分析,得到预测对象从过去到现在的发展趋势,然后以一定的方法延长到未来,以探索技术未来发展的可能性及发展变化情况。

上述分类不是唯一的,经常是相互包含的。例如,探讨某类汽车10年后的发展趋势,显然这是一个中期探索性预测,而且既可以定性预测也可以定量预测。

技术预测的方法种类繁多,按照不同的标准可以分为不同的类型。根据逻辑分类,一般可以将技术预测的方法分为类比性预测方法、归纳性预测方法和演绎性预测方法。

(1) 类比性预测方法。类比性预测方法又称类推法,是利用两个技术系统具有相同或相似的特征,已知其中一个技术系统的发展变化过程(该技术被称为先导技术),根据类推原理,类推另一个技术系统的发展趋势。类推预测的关键是选好先导技术。人们常常把历史上发展较为成熟的技术作为先导技术,进行类推,得到类比预测。例如,以历史上军用飞机的发展为先导技术来对民用飞机的发展作出类推预测。类比推理是类推预测的逻辑基础,所以类比预测的正确性是或然的。特别的,同一技术在不同国家、不同社会条件、不同文化背景和不同发展时期,其发展状况不可能相同,差异甚至会是很大的。

(2) 归纳性预测方法。归纳性预测方法是利用若干个别的预测判断和陈述,概括出关于未来的普遍的判断和陈述。我们已经知道,归纳是从个别到一般的推理过程,由于个别判断之中包含着一般性,因此归纳推理的结论具有一定的可靠性。然而,由于预测往往属于不完全归纳推理,特别是作为归纳基础的个别判断和陈述本身也是一种预测,因此采用归纳法进行技术预测时,由归纳推理得到的结论也具有或然性。技术预测中常用专家预测法,为了使专家预测法取得准确的预测结果,需要有限度地增加征询和收集专家意见的次数,并认真地筛选被征询的对象,以增加材料的全面性和可靠性。

(3) 演绎性预测方法。演绎性预测方法是根据有关预测对象的历史和现状资料,选取一个恰当的数学模型,运用数学方法求解所选预测模型的待定系数,从而得到一条表示预测对象发展趋势的曲线,据此进行外推就可以得到预测对象未来发展的技术特征。常用的演绎性预测方法有趋势外推法、计算机模拟法等。这类方法都是根据一定的规则、原理或数理逻辑而进行的演绎推理过程。为了使演绎性预测方法能取得准确的结果,首先要保证选定的前提正确,其次还要注意边界,超过边界极限就会使预测失掉可靠性。

上述三类方法各有优劣,都不是尽善尽美的。在实际预测中,根据不同的预测对象和预测要求,可以有选择地运用其中一种方法或将几种方法结合起来使用,以做到综合预测。

3. 技术预测的基本程序

技术预测的一般步骤如下:

(1) 确定预测课题和任务。根据社会需求和相关信息,提出预测的课题,确定预测的目标和任务。

(2) 成立预测机构或组织专门的专家预测小组,或者委托给专门的研究机构去做。

(3) 调查、收集和整理资料。把与预测对象有关的过去的、现在的资料尽量收集齐全。

此外,还要收集大量预测的背景材料,并收集国内外同类预测研究的成果。

(4) 确定预测方法。一般是采取几种预测方法同时进行,以便互相验证,增加预测结果的可靠性。

(5) 建立预测模型。对于计量经济模式分析,建立表示因果关系的模型;对于时间系列分析,则抓住主要变量建立相关的数学模型。

(6) 评定预测结果。将预测的初步结果再次征求专家意见,根据专家意见,进一步检验和修正预测模型。

(7) 提出预测报告并交付决策。

在预测的实施步骤中,收集资料、建立物理模型或数学模型是最为关键的环节。情报资料是预测的前提,情报中的观念、观点性资料主要用于建立物理模型,数据资料则主要用于建立数学模型。

四、技术试验及技术方案的实施

1. 技术试验及其特点

(1) 技术试验的含义

技术试验是指在技术开发和设计、实施过程中,为了实现和提高技术成果的功能效用,利用科学仪器、设备,人为地控制条件,变革对象,进而对技术对象进行尝试、检验、优化的实践活动和研究方法。试验在技术活动中占有十分重要的地位。可以说,伴随着技术项目的确定,就开始了为实现这一项目所必需的各种各样的试验。技术试验作为不同于科学实验的实践活动,它是伴随着技术开发过程而进行的。在技术研究和开发过程的不同阶段上,有着不同的技术试验类型。以一项新设备的研制过程为例,它大体上可以分为科研、中间试验、生产使用三个阶段。据此,技术试验也相应地分为实验室试验、中间试验以及生产试验三种类型。

实验室试验:是指在科研阶段,为了检验技术原理的科学性和可行性,对原理性样机所进行的试验。科研阶段的主要任务是确定研制目标方案,构思技术原理。要完成这一任务,除了充分调动和发挥技术主体的创造性思维外,还需要以实验室试验作为必要手段。技术方案是否可行,技术原理是否科学,只有在实验室试验中才能得到验证和确定。

中间试验:科研阶段的成果是原理性样机,但生产中的许多实际问题,如工艺问题、材料问题、社会经济效益问题等,都不可能通过实验室试验来解决。要使实验室中取得的成果变成实用化的商品,就必须做大量的"转化"工作。中间试验就是为了实现这种转化而进行的一种技术试验。与实验室试验不同,中间试验不是单机试验,而是小批量的实地扩大试验,因此,它需要更多的人力、物力和财力,而且其时间周期一般也较实验室试验长。

生产试验:在一般情况下,一项技术成果通过中间试验就可以直接应用到生产中去,但是,对于那些技术复杂、生产规模大的全新工艺发展过程,在完成中间试验后,还必须经过以生产为主而又带有试验性的生产试验,才能最后定型。与前两类试验不同,生产试验的重点是放在工艺研究上,它的目的是要使产品具有良好的工艺性。

由此可见,三类技术试验各有自己的目的和任务,具有不同的特点,与技术开发的不同阶段相对应,依次完成自己的功能。但不管哪一种试验,都是由思想或观念到现实的尝试转变过程,这是它们共同具有的特点。

(2) 技术试验的特点

技术试验具有两个方面的特点。① 试探性和验证性的统一。在多数情况下,试验总是为了验证事物的有关规律、过程或功能特性是否能满足或实现某种特定的需要。但这样的验证又带有试探性。因为要完成这种验证,或是要把科学原理和技术经验转化为技术原理的构思,或是要把技术原理的构思转化为创造性设计,或是通过研制把这种构思和设计加以物化,而这些都是一种特殊的试验探索的过程,具有明显的探索性。这种试探性和验证性的统一,表现在具体试验研究过程中,既是每一阶段的验证性试验,同时又是下一阶段的试探性试验研究;而每一阶段上的试探性试验,同时又是对上一阶段的试验研究结果的进一步验证。因此,在进行试验设计时,要考虑试验结果的全程性和连续性。② 纯化性和综合性的统一。技术试验的试探性,决定了在试验中要像实验研究一样,对试验研究对象进行适当的纯化,即通过撇开对象中次要的、非本质的因素,在纯化状态下达到对它的本质和规律的认识。但技术的试验研究,不只是要认识试验研究对象,而更主要的是要创造新的技术客体。因此,在进行纯化研究的基础上,又要逐步把被撇开的各种因素一一综合起来。不难看出,纯化的目的在于认识试验研究对象,而综合的目的在于在此基础上创造出满足需要的技术客体。因此,在技术试验研究中要解决好纯化性和综合性两者之间的关系。

2. 技术方案的实施

(1) 技术方案实施的方法

技术方案的实施是在技术方案经试验确证后,根据设计阶段提供的生产或施工图纸试制新产品或建造技术系统,以获取技术研究与开发成果的过程。技术人员既负责设计又负责实施制造,这是最理想的情况。可是,自从机器大工业出现以后,就出现了技术发明者和产品生产者的分离,出现了工程师这一特殊的职业。实际上,设计工程师与制造、管理工程师往往是分开的。因此,观念性的设计转化为实在的发明,就需要把设计者的意图成功地传达给制造者、管理者。

技术方案的实施方法可分成特殊实施方法与一般实施方法两类。特殊实施方法主要是指用于解决生产或施工过程中的某些特定的技术问题的方法,仅适用于某个工程技术领域的某个实施阶段,其普适性小。一般实施方法可解决各种工程技术领域实施阶段的共性问题,它包括在判定实施计划、样机研制、小批量试制、鉴定、试销、正式投产及质量管理等实施阶段中所利用的一般方法,其普适性大。

(2) 技术方案实施的一般程序

技术方案的实施一般遵循如下程序。首先,方案设计者与生产制造和管理人员进行交流,修改设计,完成样机制造。为确保方案顺利实施,三者必须进行思想成果(主要是图纸)和情报系统的交流,使设计符合生产条件。其次,进行生产设计。对于设计师完成的设计文件,制造工程师还要结合本企业制造条件和实际的生产环境,对一些不合适的细节部分作必要的改进和变动,以使此产品的批量化生产成为可能。第三,制定生产作业计划。这个阶段的任务主要是解决批量制造过程中的工艺问题。包括确定每个零部件的详细制造阶段和工序、规定合适的机器、估算每个制造阶段和工序所用的时间、完成每个制造阶段详细生产图纸的制备等,其核心工作是选择加工工艺、设备和拟定制造程序。第四,进行生产控制和质量管理。在批量化生产过程中,为了保证生产作业计划顺利实施,还需要加强生产过程的控制和管理,掌握生产进度,协调好各项工作之间的关系,合理地调整人力、物资和设备。至此,产品进入正式的批量生产阶段。技术开发活动告一段落。技术方案的实施是复杂的过程,需要各方面因素的统一协调,选择适当的技术支持;需要对技术实施方案进行空间上、时间上、逻辑上的细化;要经过方案实施、运行与评价、方案改进、再实施的循环提高过程,逐步实施,不断改进。

(3) 技术方案实施的意义

技术的实施阶段在技术活动中有着极其重要的作用。只有通过实施,在技术方案的设计阶段所设计出的图纸才能成为现实的存在物,才能检验出设计意图和要求(如经济性、可靠性等)的合理程度。只有通过实施,才能协调技术开发所必需的五大要素,即人、方法、材料、机械和资金之间的关系,以发挥它们的最佳效果;新的技术方案的实施,可以对企业的规章制度、生产流程等进一步优化,达到"以建促改"的目的。

五、技术评估

1. 技术评估的含义及特点

技术评估(Technology Assessment)是指利用各种科学方法,预先从各个方面系统地分析技术对人类社会、自然界诸相关因素(社会政治、经济、生态环境、人的价值观念)的利弊影响,并进行综合评价的活动[①]。作为与技术问题有关的社会宏观决策活动和一种政策研究形式,技术评估的主要目的是系统地确定技术在开发、引进、扩散、转移、改造和社会应用等一系列过程中可能对社会的各个方面所产生的影响,并对这些影响及后果进行客观、价值中立的公正评价,为决策部门提供咨询和建议,以便引导技术朝着趋利避害的方向发展。

由于技术评估的内涵决定,它表现出以下一些特点:

(1) 评估内容的系统性。技术评估是从政治、经济、生态环境、技术、法律、文化、伦理道德、宗教信仰等各个可能产生较大影响的方面对技术正负效应作出的全面评价,它包括对近期利益和长远利益以及不同地区、不同部门、不同学科领域、不同社会阶层、不同利益集团的利益的系统考察与均衡,既有对技术的直接效果如经济效益等的评估,也有对价值、文化等潜在方面的考虑。

(2) 评估主体的跨学科性。技术评估涉及技术应用的广泛的社会后果和政策的选择,其中,包括社会、经济、技术、生态等一系列问题。因此,进行技术评估需要来自不同学科领域的评估者的通力合作,不仅要有技术专家,还要包括社会学家、伦理学家、生态学家、法律学家乃至社会公众,这样才能克服各自专业局限性,保证评估的全面性、客观性和公正性。

(3) 评估对象的广泛性。技术评估不仅以现在的、未来的技术、技术规划和技术政策为评估的直接对象,而且以广义上的技术(包括自然技术、社会技术)为评估对象,甚至与技术有关的法律制定、社会制度的理想状态等都纳入技术评估的对象之中。

(4) 评估方案的可操作性。技术评估通过对技术预测所形成的各种方案作出定性和定量的分析评估,从需要和可能、现实和未来、社会道德和经济利益、技术基础水平和长远发展

---

① 孟庆伟.科学技术哲学[M].哈尔滨:哈尔滨工业大学出版社,2006:177.

能力等多方面进行审定和可行性分析，提供适合于实践的具体方案、策略和规划，具有较强的可操作性。

(5) 评估过程的动态持续性。在技术评估初始阶段，对评估的深度、范围和评估时间等预设不一定是十分确切的，随着研究工作的进展和外在条件的变化，对这些方面必须适时作相应的调整。此外，开始取代预警性技术评估的建构性技术评估把技术评估看做一个过程，它包含有对技术发展及其后果的分析，以及在这些分析基础上的辩论。技术评估应该提供相关信息，这些信息能帮助那些所涉及的行动者发展他们的战略，并定义进一步的分析确定主题，此时，技术评估贯穿于技术开发—创新—应用的全过程，直接作用于技术发展的取向。

(6) 评估视野的开阔性。技术评估不仅是对技术作用的效果进行预测分析，而且直接作用于技术开发、创新、应用的全过程；不仅关注到技术的直接的经济效益，而且关注技术间接的、潜在的、重大的全局性问题。技术评估是客观描述性和主观规范性的统一，兼顾近期利益和长期发展的有机统一。

2. 技术评估的程序

针对不同对象的技术评估，评估的程序和方法也各异。但是，这里总有一些可以共同遵循的东西。不论是针对何种对象，下面六个步骤是必需的：

(1) 资料收集。首先，掌握有关评估对象的资料，如该项技术研发的目的和内容，其次，要掌握有关的背景资料，如该技术的对比技术，以及与该技术发展有关的相关技术的资料，与该技术应用实施有关的社会、经济、环境、资源方面的资料，从而确定评估的要求、范围和重点。

(2) 寻找影响。深入、全面地寻找评估对象的一切影响方面，既包括积极的影响，也包括消极的影响，不仅要寻找直接影响，而且更要寻找间接、潜在的影响，甚至还要寻找更间接的影响。

(3) 影响分析。在找到影响因素后，还必须对影响的程度、范围、发生的频率、发生的条件以及这种非容忍性影响与该项技术的相关程度作出尽量确切的判断，对影响的性质、真实性及影响规模等作出分析，并进一步明确影响的因果联系以及政府对影响可能采取的政策和措施，进行比较分析。

(4) 找出非容忍性影响。根据事前规定的若干评估项目，参照某些价值标准对各个项目进行逐个判断，按其程度的不同从总体上逐个归纳，最后按它们的恶劣程度、相关程度、频度和范围等因素进行判断，从各种消极影响中找出不可逆的负影响，即非容忍性影响。这是技术评估中最重要的一个环节。

(5) 制定改良方案。根据影响分析结果，提出相应对策，特别是针对消除非容忍性影响的对策。研究避免或减轻非容忍性影响的可能性和所需条件，寻找改进措施，力求把非容忍性影响的副作用降到最低程度。

(6) 综合评价，明确被选择方案。在前面工作的基础上进行综合归纳，作出总体评价。也就是从系统的整体观念入手，权衡利弊，对技术作出合理的选择。如果非容忍性影响的消极作用通过改良，达到可容忍的程度，则该项目可实施；如果各种改良方案均不能使其达到可容忍程度，则这样的项目不能实施。

3. 技术评估的常用方法

20世纪60年代以来，技术评估的方法发展很快，迄今已有上百种。这些方法分别适用于不同的评估对象和不同的评估阶段。以下是几种常见的技术评估方法：

(1) 矩阵技术法。它从系统的整体观念出发，站在事物普遍联系的高度，分析研究对象和各种因素之间的相互关联性。由于事物之间的相关性分为随时间变化和不随时间变化两种情况，因而也就有相对应的两种方法。不考虑时间变量的是相关矩阵法，它把评估对象与各评估因子之间的相互联系和相关程度以矩阵形式表示出来，进而获得各评价值以作出判断。考虑时间变量的是交叉影响矩阵法，它从技术之间的相关性出发，考察新技术开发对其他技术促进或抑制的情况，通过多轮模拟设计，获得各技术发生的最终概率估计，作出新技术开发的评估。交叉影响矩阵法兼具定性和定量的优点，相对比较全面。

(2) 效果分析法。这类方法的评估重点是对象的未来效果即间接效果，而非直接的第一级效果。常用的方法有效果费用分析法、模拟综合评价法等。前者根据技术特性和寿命，分别研究开发、投资和使用各阶段所需费用的关联性，作出效果评价。后者是运用模糊数学的方法，借鉴模糊综合审计的成功经验，力图使对模糊性事物的评价精确化。

(3) 多目标评估法。技术通常是一个多目标的复杂系统，与社会系统相互影响、相互制约，因而评估中必然存在着价值观的对立。例如，质量好、成本低、产量高、污染少，都可以成为技术目标，而这些目标又相互矛盾，如何评估是十分困难的。多目标评估法的出现，为此提供了一些工具。例如折中评价法是把最重要的一对对立目标选出来，确定共同的评价尺度，再根据各种约束条件提出满足各项目标的方案，并比较各方案与对立价值观的异同，做出折中的选择。

(4) 环境分析法。评估对象是生态学、审美学以及人类利益等涉及面非常广的问题。这种评价发生在技术开发和应用的实施之前，具体按照权重和评价分数分级排序的方法进行。

(5) 技术再评估法。评估对象为已开发或需要推广的技术。技术再评估立足于长期、综合、根本的利益，从人的适应力、自然的吸收力、资源的有限性出发，重视价值观的变化，重视技术的副作用和负面效果，把技术本身和社会效应两个最基本方面综合起来作出评估。

第二章　技术的发展过程

第一节　技术的起源

技术的起源是和人类的起源紧密联系在一起的。"当人们自己开始生产他们必需的生活资料的时候,他们就开始把自己和动物区别开来。"在这里,劳动既是从猿到人转变的根本动力,又是人与动物的本质区别。当人通过劳动从其他动物中提升出来后,还必须借助于劳动去获取维持自身生存的生活资料,为了解决由此而形成的人与自然的矛盾,便引起了人们认识自然和改造自然的活动。

工具的制造意味着人类改造自然活动的开始,原始技术的产生根植于最初的改造自然的实践活动。现已发现的考古材料证明,人类大约已有三百万年的历史。其间约有99%以上的时间,都是在漫长的原始社会里度过的。在这段充满艰难险阻的岁月里,劳动不仅仅创造了人、创造了人的语言、创造了能满足人类最低生活所需要的财富,更为重要的是,人类在改造自然界的过程中,通过自身劳动来利用和支配自然界,使自然界为自己的目的服务。从而,人的劳动就成为一种自觉的、有目的的、能动的活动。但是在这一活动中,人类必须具有认识自然的一定知识和改造自然的一定技能作为依据和手段。因此,随着人类认识自然、改造自然历史的发展,作为人类活动的依据和手段的技术也必然会产生和发展。技术的历史依顺着由简单的工具及能源(多为人力)至复杂的高科技工具及能源的过程发展。

最早的技术会单纯地转变现有的天然资源(如石头、树木和其他草木、骨头和其他动物副产品)为简单的工具。经由如刻、凿、刮、绕及烤等简单的方式,将原料转变为有用的制品。人类学家发现了许多早期人类由天然资源所制造出的住所和工具。这一时期称为石器时代。在旧石器时代,原始人类便学会了用打击的方法制造出石刀、石斧之类的粗糙石器。随着一代一代工具的积累,他们已经可以制造出由两种以上材料组成的复合工具。在大约一万多年前,又发明了弓和箭。到了新石器时代,人们在不断改进工具的过程中又发明了研磨技术。利用这种技术和方法,可以在打击石器的基础上,经过研磨后便可以制造出形状规则、表面光滑、使用方便的新石器。石器时代的工具制造和改进,是人类历史上第一项伟大的技术创造,它作为当时人们作用于自然界的主要物质手段,构成了原始社会生产力发展的重要内容。

在旧石器时代,最重要的技术发明是打制石器、火的利用和人工取火,以及制造弓箭。在新石器时代,其主要的是磨制石器、烧制陶器、冶炼金属,以及原始农业、畜牧业和手工业等技术的产生。

(1)石器的打制和磨制

原始技术最初的发明物是石器,在捕获野兽、挖掘植物块根、砍削用具等方面,都离不开这一"万能"的工具。所以,它是人类最早普遍使用的工具。同时,石器工具的不断改进,也促成了原始社会生产力的发展。

据考古发现,旧石器时代的石器加工粗糙,主要靠石块相互敲打。依据当时生产和生活需要所打制出的石器来看,大致可分为尖状器、刮削器和砍砸器三种类型。到了新石器时代,石器制造技术从打制发展到磨制,磨制的石料不只是随意选取,而主要是从地层开采、切割石料。石料的加工也更加精细,经沙子或砾石磨制过的石器,其形状更规整、尖端更锋利。而在这一时期最大的创造是石器穿孔,穿孔后的石器能比较牢固地拴在木柄上,这可以说是最早的复合工具。由于这种工具便于携带和使用,从而大大提高了劳动效率。同一时期还出现了用于农业生产的石镰、石铲、石锄和装有石铧的犁,还发明了加工粮食的石臼和石杵。石器制作技术的进步,使人类摆脱了单纯向大自然索取食物的状况,开始靠创造性的劳动获得自己生活所需要的东西。

(2)弓箭的发明

在一万四千多年前,即旧石器时代晚期,由于狩猎的需要,发明了弓箭。这是劳动工具的一项伟大发明,"弓、弦、箭已经是很复杂的工具,发明这些工具需要有长期积累的经验和较发达的智力……"弓箭的制造已涉及多种材料的配合和运用,其中有一种材料搭配不当,便得不到预期的效果。同时,弓箭已具备了动力、传动和工具的机器要素,并对弹力和箭体飞行有一定的认识,因此,弓箭是科技史上的一项重大的发明创造。

(3)人工取火和手工业技术

人工取火是原始社会最重要的技术发明之一。火的使用和掌握是人类技术演进的转折点,提供了一个具有许多深远用途的简单能源。早在五十万年前,人类便懂得了用火。人类最初是使用和控制天然火,然而大自然赋予的火种不是经常出现的,并且常常遭到风、雨的袭击而熄灭。为了摆脱对自然界的依赖,人类不得不寻找人工取火的方法。人们经过了漫长岁月的不懈努力,终于在一两万年前依靠自己的力量逐步发现并掌握了摩擦取火的方法,其中包括敲石取火和钻木取火。摩擦取火的发明不仅是科技史上一项具有重要意义的发明,而且也是人类历史上划时代的重大事件。正如恩格斯所说的:"就世界性的解放作用而言,摩擦生火还是超过了蒸汽机,因为摩擦生火第一次使人支配了一种自然力,从而最终把人同动物界分开。"

火的使用和制火的技术发明,给人类的生存带来了新的生机。他们利用火作为照明和取暖的手段,利用火作为自卫和袭击猛兽的武器,利用火改变了自己茹毛饮血的生活方式,从此便开始熟食,这不仅增强了人的体质,而且促进了人脑的发展。而且在用火的过程中,人们还发现它能把黏土烧制成陶器,并在制陶过程中又发明了用于加工粗坯的陶轮,这是人类最早使用的一种加工机械,也是现今一切旋转切削机具的始端。新石器时代晚期,烧制陶器已达到相当的水平,只有掌握烧制陶器技艺的一些人才能从事制陶,从而形成了专门制造陶器的手工业。尤其是在制陶过程中,人们又发现温度较高的火能将矿石冶炼成金属。这不仅为人类从石器时代进入青铜器时代提供了必要的技术前提,而且为一部分人专门从事金属工具的制造开辟了道路,使手工技术进一步扩大和发展起来。到原始社会末期,随着金属工具的使用和改良,又引起了农业和手工业的分离,形成了人类社会的第二次大分工。

(4) 原始农牧业技术

最早出现农业生产的地区是西亚,在两万年前左右。我国农业生产也比较早,约在六七千年前已经出现。早期的农业被称为"刀耕火种农业",人们用火烧荒,用石器工具挖坑播种。后来逐渐发展成"耕锄农业",土地经过耕锄后再播种,并用拦截河水的办法进行人工灌溉。到原始社会末期农作物物种也逐渐丰富起来,已能生产稻、黍、稷、麦、菽及部分蔬菜和水果。

农业生产的发展,使人们的定居生活成为可能,并为成批地饲养家畜创造了条件。于是,原始的畜牧业也随之出现。动物的驯化大约始于一万多年前。当时出于狩猎的需要,人们最早开始驯化的动物是狗。随着狩猎技术的不断进步,猎物的数量和品种不断增多,人们又先后驯养了牛、羊、马、猪等。同时,还注意了对品种的改良工作。例如,从我国不同时期所出土的猪的骨骼化石研究,就发现了猪的形体在不断地增大。随着饲养牲畜的不断发展,不仅使一部分已定居的人转为游牧,到远处去寻找适合的草场;而且还促使畜牧业从农业中分离出来,形成了人类社会的第一次大分工。从此人类便开始以"真正的生产劳动"在自然界中生产他们所需要的生活资料。随着原始农业和畜牧业的发展,人们先后学会了播种、耕锄、灌溉、栽培农作物;学会了驯养野生动物,开始饲养家畜、家禽等。这一时期人们所从事的农牧生产活动,不仅使人们的生活有了较好的保障,而且直接导致了社会结构的变化。

上述这些原始技术,尽管还十分粗糙、简陋,但我们的祖先依靠这些技术上的伟大创造,在改造自然界的同时也改造了人类自身,在推动生产力发展的同时又推动了社会的进步。原始技术的产生和实际应用是一种开创性的创造活动,它作为原始社会以后技术继续进步的新起点,具有深远的历史意义。

第二节 古代技术的产生和发展

原始技术的出现对人类社会和科技的发展起到了奠基性的作用。新石器时代以及随后的青铜时代,人类的历史进入到古代文明,在技术上也出现了许多新的领域、特征和面貌,从而进入一个新的时期。

新石器时代所伴随的陶器(或土器)的出现(抑或说陶器的出现标志着新石器时代的开端)也揭开了人类利用自然的新篇章。一般认为陶器的发明是伴随着人类定居和种植农业的发生而出现的,是用谷物贮藏、炊煮以及盛水盛汤之需而产生的,表明技术实践的人造器物是由社会和生活的需要推动而产生的。陶器制作的技术过程包括使用黏土、纤维、太阳光热等原料,通过混合、成型、用火加热等技术活动,制成陶器、砖等人工物。布鲁诺·雅科米评价道:"陶器的来临,代表了以矿物为基础的技术系统的漫长发展道路上的一个重要阶段,石器是这个系统的起源,随着埃及人建造宏伟的纪念性建筑物的本领越来越高,这个技术系统达到了顶峰。"

新石器时代出现的制陶实践,使人们逐渐掌握了高温加工技术,导致人类进入熔化铜和铁的金属时代。金属时代使得技术的形式和内容更加复杂和丰富,它以石头、金属、木、黏土、火为自然原料,需要进行探矿、采矿、冶炼、铸造和锻造等技术活动,并且还需要直觉、技艺、独创等技术思维活动,最后制成结构物、工具、武器、可贸易的货物等人造物。其中的技术成分也导致最先成为从事产业生产的专职人员(金属工人)的出现。

金属时代首先是铜器时代。公元前6 000年左右,人类逐渐学会了从铜矿石中提炼铜,然后是铜与锡的合金——青铜工具的出现。据考古发现,约在公元前4 000至前3 000年,青铜器开始出现,标志着人类进入青铜时代。其技术活动的方式主要是熔化和成型。在青铜时代,人们使用的工具、武器、生活用具、货币、装饰品等,绝大多数都是用青铜制造的。

金属时代中更加重要的发展是铁器时代的到来,真正的铁器时代开始于公元前1 200年左右。铁的普遍使用将人类的技术提高到了一个新的水平,因为铁的分布广泛且容易获得,铁制工具比青铜工具更为便宜有效,这使得大规模的砍伐森林、沼泽排水以及耕作水平的提高都成为可能。就水力技术来说,青铜工具还不能为大型水利工程技术提供最基本的条件,因此在青铜器时代,还看不到大型水利工程技术。铁制工具的出现则不同,正如恩格斯在《家庭、私有制和国家的起源》中所说的:"铁使更大面积的农田耕作,开垦广阔的森林地区,成为可能;它给手工业工人提供了一种其坚固和锐利非石头或当时所知道的其他金属所能抵挡的工具。"铁器工具的使用一方面提高了社会生产力,导致食物生产以外的更多剩余劳动力的出现;另一方面大量铁制工具则为大规模的艰巨施工提供了最重要的手段,使得大型水利工程开始出现。它还对农业技术产生了促进作用,铁器农具的使用使得深耕细作成为可能,再加上畜耕的普遍使用和播种、施肥、田间管理等一系列农业技术的革新,农业生产力得到了空前的提高。

在古代社会,中国的大型结构和水利技术更是举世闻名。例如,始建于公元前200年的万里长城迄今仍是世界历史上的伟大的工程之一;公元前227年建成的都江堰作为我国最古老的水利工程,今天仍在发挥灌溉效益,造福于人;此外还有大运河、宏伟的历代皇城等,都体现了我国古代工程技术的非凡成就。当然,还需特别指出的是,我国古代的四大发明在人类技术与文明发展中,曾经起到了十分重要的作用。所有这些都显示了中华民族技术发展具有悠久的历史、丰富的成就和杰出的贡献。

在经历了漫长的封建时代,古代技术在世界各国都得到了不同程度的发展,下面就具有普遍意义的技术作简要介绍。

(1) 农业技术

农业技术成就主要是兴修水利、畜耕和栽种管理。古巴比伦和古埃及处在雨水稀少的地带,各代王朝都十分重视兴修水利,曾进行了大规模的水利灌溉网的建设,修筑了不少堤坝和渠道。畜耕最早出现在中国,商代时就用牛耕作。后来古巴比伦和古埃及也分别利用牛和驴牵犁耕地。随着冶炼技术的发展,还把石制的犁头换成了铜犁头,古巴比伦人还发明了一种用畜力牵引的播种机。在中国,除了掌握种植粮食、瓜果、蔬菜技术之外,还出现了栽桑养蚕、除草、轮作等具体技术,这些技术对当时农业生产和农田管理起到了重要作用。

(2) 冶金技术

古巴比伦、古埃及和中国都先后分别发明了青铜冶炼技术。所谓青铜,实为铜锡(或铝)的合金,它的发现是偶然的。由于矿石知识的贫乏,采集的矿石虽含多种成分,但当时人们并不清楚,在炼铜过程中就炼出了青铜。后来,性能稳定的青铜是在制陶业为冶炼提供的高温条件和人们总结经验的基础上,逐渐先炼出纯铜、纯锡、纯铝,后按不同比例配料冶炼才出现的。古埃及古墓中的壁画、浮雕记载了从管子吹风到新王朝时期用脚踏鼓风器冶炼的发展过程。青铜的硬度为纯铜的 2~3 倍,熔铸技术使青铜器制造较石器更加规范,损坏之后又能回炉重造。这些优点决定了青铜的出现直接或间接地标志了社会生产力已发展到一个新的阶段。古埃及和古巴比伦缺乏铜矿,使青铜器未能完全代替石器,但仍对农业发展起到了较大的促进作用。

青铜冶炼已经意味着金属时代的到来,但石器完全被金属工具代替则是在铁取代青铜之后。发明炼铁技术的可能是公元前 2000 年左右居住在亚美尼亚高原的基兹温达人。后来经过几个世纪,到公元前 12 世纪才在巴比伦两河流域普遍使用铁器,然后传至地中海沿岸。古印度使用铁器较晚,大约开始于后期吠陀时代(公元前 1200—公元前 550),真正广泛使用是在孔雀王朝时期(公元前 321—公元前 187)。现矗立在德里的高 7.25 m、重 6.5 t 的铁柱是公元 5 世纪笈多王朝时期所造,说明在这个时期印度的炼铁技术已达到相当高的水平。可是,最初用冶炼青铜的技术炼铁,只能炼出海绵状铁,后来经过冶炼熟铁的阶段,又发明了渗碳方法,到淬火、退火这套工艺过程发明之后,炼出的铁才优于青铜。

铁矿蕴量丰富而广泛,加上冶炼青铜的技术基础,冶铁业发展迅速。铁质器具又有它独有的特点,铁器不但应用于战争,也广泛应用于各行各业,为人类社会的进一步发展提供了必要的物质基础。

(3) 其他手工业技术和建筑

农业的发展、金属工具的应用和社会经济的需要,促进了其他手工业迅速发展。古埃及在新王国时期就出现了拥有 150 个工匠规模的手工作坊。人们现今能看到的大批绘画和浮雕,都展现出了古埃及的手工业盛况。

冶金业的发展又反作用于制陶业,这个时期已普遍使用陶轮制作陶坯。雕刻技艺的成熟,使当时的陶器更加精美。同时,在制陶的过程中已偶然发现玻璃的制造,至今人们还能看到公元前 1000 多年古埃及和古巴比伦所制造的玻璃,虽透明度不太好,但色彩绚烂夺目。这说明玻璃的染色技术当时业已出现。古埃及以亚麻纺织著称于世。曾出土的一块第一王朝时期的亚麻布残片,麻纱均匀,其经纬密度已达每平方厘米 63 根×74 根。新王国时期立式织机已有取代卧式织机的趋势。古巴比伦两河流域盛产羊毛,其羊毛织物早已远销小亚细亚。古印度则是棉花的最早产地,棉纺织技术发达,产品大量出口。正是由于手工业的发达,贸易活动日益频繁,人力、畜驮已满足不了运输货物的需要。在古巴比伦先是出现泥橇,而后发明了有轮子的车。据考证,世界上最早的车辆大约出现在公元前 3000 年的古巴比伦。古埃及主要是靠水上运输,造船业较为发达,曾出土了一艘公元前 2000 年以前所造的长达 47 m 的木船。在哈拉帕文化遗址中发现一座造船台,表明印度很早就从事了航海事业。除此之外,像制砖、皮革、珠宝、石刻等行业在《汉谟拉比法典》中反映出的有十多种,实际中要远远超过十几种。

随之,城市建设的规模逐渐扩大。建于尼撒二世时期(公元前 604—公元前 562)的新巴比伦城,三道城墙环绕。主墙上塔楼多达 300 多座。城内宽广的大道石板铺路,穿城的幼发拉底河上石墩桥美丽壮观,七级高达 90 m 的梯形塔矗立在马都克神庙之中。王宫中的悬苑被誉为世界七大奇迹之一。巴比伦的建筑材料主要是木材和泥砖,虽较难长期保存,但从遗迹可知当时的神庙和城市建筑也具有相当高的技术水平。古埃及文称为"庇里穆斯",即金字塔,建筑更是雄伟,它是公元前 16 世纪以前古埃及法老为自己营造的坟墓。第四王朝(约公元前2680—公元前2560)法老胡夫的金字塔,在公元19世纪以前是世界上最高的建筑物,它坐落在边长230 m的正方形土地上,高达146.5 m,用230万块平均每块重2.5 t的巨石筑成。据近代测量,最大的金字塔底座南北方向非常准确,其北面正中入口至地下宫殿的通道与地平线形成的倾角是30°,正对当时北极星,这很可能是用天文方法测量的。完成于公元前1317—公元前1251年间的底比斯阿蒙神庙,主殿占地5 000 m²,矗立着134根圆形石柱,最大的12根直径为3.6 m,高达21 m,可谓世界奇观。

古代印度的建筑不及以上两个地区那样壮观,可是,哈拉巴文化遗址的砖木结构建筑证明,烧制过的砖最早出现于印度,这是建筑中的一大创举。在印度,自公元前324年起即孔雀帝国初期,佛教建筑——庙宇、佛塔和石窟开始出现在次大陆上,婆罗门的寺庙继之而起,其规模之宏大、建筑之诡异,足以震慑众生,使人望而生畏。建筑技术是一项综合性技术,要有精密的计算和设计,在某种程度上它代表了人们当时所具有的总的技术水平。

归纳起来,古埃及、巴比伦和印度在技术上的成就主要有以下几方面:在农业上主要使用畜耕和从事修堤筑坝等水利事业;在冶金上主要从冶炼铜到冶炼青铜和铁;在手工技术上,主要有制陶、制玻璃技术和木材、皮革、纸草等加工业;纺织技术比较发达,巴比伦的纺织品曾远销国外;在建筑方面,古代的金字塔、石窟以及道路建筑等,以其巍峨雄伟和做工精致而流芳百世。

第三节　近代技术的发展

一、近代技术的形成——第一次产业革命

第一次技术革命发生于18世纪60年代的英国,这与当时英国的社会条件密不可分。英国资产阶级上台一百多年来,对内进行了农业资本主义改革,大规模的圈地运动使得封建庄园变成了资本主义牧场。失去土地的农民成为城市工业的"自由"劳动力。资产阶级还采取了一系列保护私人财产、鼓励工商业发展、奖励技术发明、优待欧洲大陆的能工巧匠等政策。对外不断扩建殖民地、扩大海外贸易、掠夺各地资源、贩卖黑奴等,积累了巨额资金。从而使英国成为第一次技术革命的发源地。这场革命首先从棉纺织业开始,以蒸汽机的发明为基础,从而带动各个产业部门实现了从手工生产向机器生产的转化,最终用机器代替了人的部分体力劳动,使人类社会从农业社会跨进了工业社会。

1. 纺织技术

1733年,织布工人凯伊发明了织布用的飞梭,将织布效率提高了一倍,从而引起严重的"纱荒",形成了纺织技术不断革新的局面。1765年,纺织工人哈格里沃斯发明了多轴纺纱机即"珍妮机",揭开了第一次技术革命的序幕。1769年,理发匠阿克莱特发明了使线更结实的水力纺纱机。1779年,工人克伦普顿综合了珍妮机与水力机的优点,发明了纺线既匀称又结实的走锭精纺机,即自动"骡机",大大提高了纺纱的数量和质量,初步完成了纺纱机的革新,却引起了新的不平衡。1785年,牧师卡特莱特发明了用水力推动的卧式自动织布机,提高效率40倍,基本解决了纺纱与织布的矛盾。随之而来的是一系列与纺织配套的机器发明,先后出现了净棉机、梳棉机、轧棉机、自动卷布机、漂白机、整染机等机器,实现了纺

织行业的机械化,并带动相关的行业,如毛纺织业、造纸业、印刷业等出现机械化浪潮。

2. 蒸汽机技术

纺纱机、织布机等工作机的大量出现形成了机器与动力不足的矛盾,这就需要一种动力装置来保证动力的实现。此需求有力地推动了蒸汽技术的产生和发展。1698年英国军事工程师托马斯·塞维利发明了一种可实际用于矿井抽水的无活塞式蒸汽机。它不是靠蒸汽来推动活塞,仅利用大气压完成回程,而是靠由蒸汽形成的真空用大气压来做功。这种设备要靠高压蒸汽排水,使吸水容器处于高温高压和低温低压的不断交换状态,因而具有爆炸的危险。1705年,英国锁匠托马斯·纽科门发明了一种更加合适的大气活塞式蒸汽机,又称"大气机",这种蒸汽机采用了气缸和活塞结构,有很多优点,但是也有很大的缺点,如燃烧的燃料多,效率低,在很多行业使用困难。后来,英国格拉斯哥大学的仪器修理工詹姆斯·瓦特,从1765年到1784年期间,对纽科门蒸汽机进行了一系列根本性的改革。经瓦特改革的蒸汽机,通过传动装置,成为大工业普遍应用的动力机。

3. 钢铁冶炼技术

冶金业在工业革命时期得到了极大的发展。这一时期,冶金业最重要的技术成就是发明了焦炭炼铁法、蒸汽鼓风法和搅炼钢法。1735年,英国人达比首先发明了把煤炭炼成焦炭,再用焦炭炼铁的方法。燃料问题的解决使英国的铁产量迅速增长。到1760年斯密顿发明了"蒸汽鼓风法"。它运用蒸汽的压力,通过唧筒把空气送到炼炉里去,不但起到了助燃、降低燃料消耗的作用,而且起到了去掉硫磺和其他杂质的作用。生铁容易铸造,但不易锻造,不能适应工业机械化的需要。1784年,工程师亨利·科特又发明了搅炼法,让铁水在不停的搅动中脱碳,冷却后锻压即成熟铁。搅炼法的出现为精炼优质铁开辟了一条广阔的道路。到18世纪末,英国已成为欧洲重要的钢铁出口国,率先进入钢铁时代。

4. 机器制造术

蒸汽机的发明和广泛的运用促进了整个工业生产的机械化的进程,各个生产部门都迫切需要大量的工作机和蒸汽动力机,这导致机器制造业的兴起。1769年英国斯密顿首先制造出了一种可以切削蒸汽机气缸圆柱的空腔内表面的镗床。但它的加工精度很差,加工出的气缸工件面很粗糙。1774年英国发明家威尔金斯发明了一种精密镗床,可以把加工精度提高到1 mm。1797年英国机械师亨利·莫兹利为解决人手持刀具的困难而发明了一种可以安装在车床上的刀架,这个发明提高了刀具移动的准确度,保证了加工质量,从而可以大量地向机器制造业提供精密零件了。随后的几十年里,许多人在莫兹利的影响下不断改进和提高机床技术,发明并制造出了刨床、铣床、冲床、多用途钻床等机械,由此构成了机械技术的坚实的基础。

5. 交通运输技术

产业革命又刺激了交通运输业的发展。在18世纪,英国主要依靠运河,利用木船运输工业原料和燃料,这远远不能适应工业生产的需要。1807年,美国工程师富尔顿发明了轮船。船长40 m,宽4 m,所用蒸汽机功率是13.4 kW。1836年至1838年间,"天狼星"号和"大西洋"号轮船完成了横渡大西洋的航行,以后轮船的航速不断加快,到1860年,"格利特伊斯坦"号横渡大西洋只用了11天,水上航行开始进入蒸汽机时代。与此同时,陆路运输的蒸汽机车也逐渐成熟并投入使用。1814年,英国煤矿工人斯蒂芬逊建造出第一台可供实际使用的蒸汽机车；1825年，又制造出第一台客货混合运输的蒸汽机车。此后，火车作为重要的交通工具进入实用阶段。1836年，从利物浦到曼彻斯特铁路正式通车，仅10年时间，英国和爱尔兰铁路就增加到1 350 km，到19世纪40年代，世界铁路总长达9 000 km。

6. 化工技术

化工技术在其他生产技术发展的推动下，也随之兴起。1746年，英国医生罗巴克发明铅室制造硫酸的方法，由此开始了硫酸的工业化生产。1791年，法国医生路布兰发明了以氯化钠为原料的制碱方法。为了提高粮食产量，人们开始研究植物所需的肥料成分，并开始了人工制造肥料的历史。到19世纪40年代，德国、英国等欧洲国家陆续建立了磷肥厂、氮肥厂、钾肥厂，化肥工业获得发展。同时，有机化学合成技术也有了较大发展。

二、近代技术的发展——第二次技术革命

以蒸汽机的改进和推广为重要标志的第一次技术革命，不仅使蒸汽机作为一项专门技术获得了应有的历史地位，而且为更多的新技术的产生创造了条件。但到19世纪中叶以后，蒸汽机在广泛使用中逐步暴露出自身固有的缺点，即热效率低、结构笨重和使用不方便等。为了解决这些问题，最终使电力技术和内燃机应运而生。从这个意义上说，如果把第一次技术革命看做是解决机器和动力问题，那么19世纪出现的第二次技术革命则主要是解决新型机器和电力问题，并以电力技术为中心带动了其他技术全面地更新和发展。

1. 钢铁冶金技术

在钢铁冶金技术方面，英国的威廉·凯利(1811—1888)最早发现了"靠空气使铁水沸腾法"。1855年，英国的吉利·贝塞麦(1813—1898)又提出了"酸性转炉法"，即贝塞麦转炉炼钢法。此后，英国的托马斯(1850—1885)于1878年3月又提出了碱性转炉炼钢法，即托马斯炼钢法。特别是1864年德国人马丁(1824—1915)在威廉·西门子(1823—1883)的帮助下，用蓄热提高炉温的办法，终于用生铁和废钢试炼出优质钢，而威廉·西门子又用这种改造了的反射炉的蓄热法，使生铁和铁矿石直接炼钢获得成功，这就是现在仍在广泛使用的西门子—马丁炼钢法，即平炉炼钢法。19世纪炼钢方法的发明和使用，使钢铁冶金技术不断发展并日趋完善。

2. 内燃机技术

早在13世纪初期就产生了把煤炼成焦炭的技术。进入19世纪中叶，一批工程技术人员在热力学理论的指导下，开始了内燃机的研制。1859年，德国的莱思瓦研制成功了二冲程的煤气内燃机。1860年，法国人雷诺研制出第一台电点火的煤气内燃机，但热效率只有4%。1862年，法国工程师罗沙斯为提高内燃机效率进行了理论分析，提出了等容燃烧的四冲程循环原理。1876年，德国工程师奥托依据罗沙斯提出的原理，研制出第一台四冲程往复活塞式内燃机。1883年，与奥托合作的德国工程师戴姆勒用汽油代替煤气作内燃机的燃料，制成了第一台汽油内燃机。从此，马力大、体积小、重量轻、效率高的内燃机成为交通工具的主要动力，并带动了汽车工业的迅速崛起。

3. 化工技术

化工业的发展是与19世纪的纺织业、农业的发展相联系的。因为旧的纺织品漂白需要用酸碱来处理，工艺过程往往需要几周。随着蒸汽纺织机的广泛应用，急需要新的制酸、制

碱技术，于是便出现了塔式生产硫酸的新技术。1831年，英国的菲利浦又创造了用铂作催化剂的接触法制硫酸的新工艺。关于制碱技术，早在1791年法国医生卢布兰曾发明了"卢布兰制碱法"，后来经过许多人的改进，在1861年比利时的化学家索尔维又发明了制造纯碱的"氨碱法"，并取得了此项发明的专利。到19世纪末，由于电力技术的发展和电能的利用，卢布兰制碱法最终被德国斯特劳夫发明的电能苏打法制碱技术所取代。在制酸、制碱技术的发展中，制皂、造纸、制药、染色、玻璃等有机化学工业也得到了相应的发展，并产生了诸如苯胺、苯胺紫、茜素等许多人工合成的新染料。化工技术发展的另一个方面是化学肥料的研制。1828年德国化学家维勒首次人工合成了有机肥料——尿素。其后，德国化学家李比希提出了合成肥料理论，根据这个理论人们又造出了与植物灰成分相同的人造肥料。到了19世纪40年代，德国、英国和欧洲其他国家都陆续建立了磷肥厂、氮肥厂、钾肥厂，使化肥工业成为无机化学工业中的重要组成部分。

人们用化学方法人工合成了许多新材料，如第一种热塑性塑料赛璐珞的合成，以及硝酸纤维人造丝、硝酸纤维炸药等。这些新材料的人工合成极大地促进了有机合成工业的发展。

4. 建筑技术

建筑是一项综合性的技术。19世纪后欧洲建筑业在继承已往的建筑风格的同时，运用新的建筑技术手段，相继建成了许多著名的建筑物。如1851年英国专门为伦敦国际博览会建筑了一座面积为72 000 m² 的"水晶宫"。当1889年国际博览会在法国巴黎举行时，法国根据埃菲尔(1832—1923)的设计，建造了一座高达1 000英尺(1英尺＝0.304 8 m)的铁塔。1890年在瑞士用钢筋混凝土建造了跨度为40 m的拱桥。特别是1845年英国建造的一座横跨门莱海峡的不列塔尼亚铁路大桥，仅仅用了5年时间便建成使用。

5. 电力技术

在电磁理论的指导下，不少工程师和科学家进行着发电机和电动机的研究。1866年，德国的发明家、商人沃纳·西门子用电磁铁代替永久磁铁，并靠电机自身发出的电流为自身电磁铁励磁，制造出了第一台能提供强大电流的自激式发电机，从而打开了近代强电技术的大门。1873年，德国人阿尔特涅克又研制成功了鼓状转子，使发电机能产生更加均匀的电流，从此发电机得以广泛推广而进入实用阶段。

6. 通信技术

19世纪是通信技术全面发展的时代。远距离通信技术早在1791年便产生了。当时法国的夏普(1763—1805)与其弟曾发明了一种机械式的"夏普通信机"，用于军事和商业船舶的通信联络。之后德国的索麦林发明了以伏打电堆为电源、以电解水装置做接收器的电解式电信机。在奥斯特发现电流磁效应以后，德国的高斯(1777—1855)、韦伯(1804—1891)又发明了电磁式有线电报机。但实际使用的电报机则是由美国发明家莫尔在亨利等人的帮助下于1835年发明的。1844年美国便在华盛顿和巴尔德摩架设了有线电报线路。随后，世界各国纷纷成立了电报公司。到1851年，在英、法之间架设了横跨英吉利海峡的海底电报电缆。1866年又成功地架设了横跨大西洋的海底电缆。

关于电话——能直接传递语言的电话，最初是德国的物理学家莱伊斯(1834—1874)制造的。随后，美国的贝尔(1847—1922)、格雷(1835—1910)、华特逊(1854—1934)都曾对电话进行了研究和改进。在1876年，贝尔发明了用电线传递声音的电话，并进行了相距150 m

的通话表演。美国另一著名的发明家爱迪生(1847—1931)在1877年发明了一种碳粒话筒，1891年美国的斯特罗齐尔(1847—1905)发明了自动电话交换机，从此，电话真正进入到应用和普及的发展阶段。但是，电报和电话都是靠电流的有线传导来传递信息的，这就使通信事业的发展受到通信线路的限制。为了解决这个问题，1894年意大利的马可尼(1874—1937)在前人试验研究的启发下，立志献身于无线电技术的开拓。他在哥哥亚比索的协助下终于在1895年9月成功地完成了第一次无线电通信。接着马可尼又在英国索尔贝林平原上成功地进行了相距15 km的无线电通信。1897年7月，马可尼获得伦敦专利局的"电冲击以及传播信号的改良和设备"的专利。同年又在伦敦建立了马可尼无线电信公司，后改名为"意大利无线电公司"。与马可尼大致同时，俄国水雷学校教官波波夫(1859—1906)于1895年在彼得堡大学也成功地进行了无线电通信实验。在1896年他又实现了海上船舶间的无线电联系。特别是1899年3月，马可尼又成功地实现了英法海峡两岸之间的无线电通信。1901年12月12日，马可尼又将无线电信号从英国的康瓦耳传到加拿大的纽芬兰，相距约2 700 km，终于建立了横越大西洋的无线电联系，从此，无线电通信技术便迅速发展起来。

19世纪的技术发展除了钢铁冶金技术、内燃机技术、化工技术、建筑和通信技术外，电力和其他技术也得到了迅速的发展，其中电力技术是这一时期的主导技术，它在整个19世纪的发展中始终占有核心地位，以电力技术为中心所引起的第二次技术革命，使人类真正进入到了电气化的时代。

第四节　现代技术多元化发展

第二次世界大战以来，科学技术发展速度越来越快，规模越来越大，并且科学技术、自然科学与人文社会科学之间呈现出综合化发展的趋势。

一、技术发展速度越来越快

据统计，近40年来人类科学新发现和技术新发明的数量，比过去几千年的总和还要多。人类的科学知识，19世纪是每50年增加1倍，20世纪中叶是每10年增加1倍，当前则是每3年至5年增加1倍。全世界发表科技论文的数量，每隔一年半就增加1倍。由于科学知识激增，新学科不断涌现，当今学科总数已超过6 000门。所以，有人称当代是知识"爆炸"的时代。

新的科学技术成果产生速度加快，并很快用于实际生产中，使以前的工业技术变得陈旧而被淘汰。近20年来，一些过时工业技术已占30%；在电子信息领域，过时技术已占50%以上。第二次世界大战后兴起的电子计算机科学技术指数曲线的发展最具代表性。世界上自1946年第一台计算机投入使用以来，经历了电子管、晶体管、集成电路、大规模和超大规模集成电路几代的发展，其性能提高了几千万倍甚至上亿倍。目前，人们已经在研究更先进的计算机了。

科学技术知识的更新速度也在加快。当今，工程师知识的半衰期是5年，即5年内有一半知识已过时。由于科技知识更新速度快，社会劳动结构和工作岗位不断变化，职业培训已成为一种终身教育。

由于社会对科学技术有更大的需求,因而对科学技术事业进行了大量投入,从而使科学技术发展规模越来越大。第二次世界大战后,科学研究的队伍不断扩大,美国是每10年翻一番,西欧发达国家是每15年翻一番。现在,全世界的科学家和工程师人数约占全世界人口的1%。预计未来100年,从事科研工作的人数将占世界总人口的20%。国家规模和国际规模的科技攻关项目也日益增加,如国际空间站、极地考察、人类基因组计划、热核聚变装置、探测反物质的装置、高能加速器、大型射电望远镜,等等。

科学技术在加快发展的同时,还不断地向深度和广度进军。第二次世界大战以来,科学技术的发展经历了五次伟大的革命。1945年至1955年,第一个10年,以原子能的利用为标志,人类开始了利用核能的时代;1955年至1965年,第二个10年,以人造地球卫星的发射成功为标志,人类开始摆脱地球的引力而向外层空间进军;1965年至1975年,第三个10年,以1973年重组DNA实验的成功为标志,人类进入了控制遗传和生命过程的新阶段;1975年至1985年,第四个10年,以微处理机大量生产和广泛使用为标志,揭开了扩大人脑能力的新篇章;1985年至1995年,第五个10年,以软件开发和大规模产业化为标志,人类进入信息革命的新纪元。进入21世纪,纳米($1\ nm = 10^{-9}\ m$)技术已成为核心技术,给人类带来无数的新产品和新工艺。

现代技术的认识正在不断地向自然界微观的各层次和宏观的各层次两个方面延伸,使人们对自然界各层次的认识更加清晰。

今天,技术正在步步逼近自然界的各种"极限"。目前,超高温、超低温、超真空、超导、超强磁场、彻底失重等研究已经取得进展。

当前,"人工智能"的开发和遗传工程的研究,在21世纪最初的二三十年就会取得重要成果,而宇宙空间技术和海洋开发技术的进展,预示着21世纪人类将进入宇宙工艺学和宇宙工厂的时代,无限地开拓人类生产和经济活动的新领域。

二、技术发展综合化

现代科学技术的学科不断地分化与综合,形成了众多的分化学科和综合学科。例如,物理学分化出粒子物理学、核物理学、原子和分子物理学、光物理学、凝聚态物理学、等离子体物理学等分支学科。在科学技术门类不断分化的同时,出现了各知识门类之间的相互渗透、相互交叉,形成了跨专业、跨学科界限的大规模的综合现象。例如,物理学和化学相互渗透,产生了物理化学、化学物理学;化学和生物学相互渗透,形成了生物化学;研究物质最深层次的粒子物理学与研究大尺度的宇宙科学也融合在一起。再如,生命科学综合了生物学、化学物理学、控制论等方面的知识;环境科学综合了生态学、地球化学、生物学、地学、医学工程等方面的知识。据估计,目前中观层次上的交叉(综合)学科几乎占了全部学科总数的一半。

科学技术的综合化还表现在现代技术与科学之间关系的变化上。在19世纪中叶以前,技术与科学的发展往往是脱节的。技术的进步主要依靠传统技艺的提高和改进,只凭经验摸索前进。科学理论也经常是跟在实践之后来概括和总结人们在生产技术活动过程中积累起来的经验材料。因此常会出现这种情况,在科学理论上还没有搞得十分清楚的东西,在技术上却可以实现它。例如,蒸汽机早在18世纪下半叶就达到了生产实用阶段,而作为其理论根据的热力学理论直到19世纪中叶才建立起来。而在科学上发现了的东西,在技术上却很久不能实现。例如,发电原理1831年就已发现,半个世纪后才生产出发电机。

现代技术的发明越来越依靠科学,科学和技术的关系已密不可分。现代技术完全是建立在科学理论的基础之上的,如激光技术建立在光量子理论之上,生物技术建立在生物化学和分子生物学等理论之上。现代科学也装备了复杂的技术设施,如粒子物理学装备了高能加速器、探测器、大型计算机等设备。科学技术化和技术科学化是现代科学技术的鲜明特征。

新知识和新的科学原理物化为技术手段的速度也越来越快。计算机科学、遗传工程等技术与科学几乎同时问世。所以,在一定程度上,科学正在变成技术,现代技术与科学二者之间的界限变得越来越模糊不清了。

不仅现代科学之间相互综合成繁多的学科,现代技术与科学,现代技术之间也相互结合、融合出新技术。例如,电子计算机就是数学、信息论、仿生学、半导体技术、电子学和电子技术等的结合成果。各种高技术都有组合技术的性质,如火箭技术涉及几十种科学和技术的协同作用。

当代技术的发展方向是标准化、大型化、组合化、高速化、集约化(节省劳动力、节省资源和能源)和信息化。现代新工艺具有如下特点:少工序性、少废性或无废性、高度灵活性的柔性生产系统、高精密性和高可靠性。从宏观的机械加工向微观的改变物质结构的新工艺发展。

三、技术与人文社会科学相结合

科学技术是现代文明的一种主要创造力量,是现代人类文化的重要组成部分。科学技术的发展对整个人类文化的内容、结构、形式以及发展方向都有着重大的影响。现代科学技术与人文社会科学一同携手,共建当代人类文明。

当代人类所面临需要解决的问题,诸如经济问题、社会发展问题、国家安全问题、环境问题等,都具有高度的综合性质,不可能单纯依靠自然科学或单纯依靠社会科学去解决,而是要求自然科学和社会科学各部门密切配合,综合运用多学科的知识和方法去解决。因此,自然科学和人文社会科学的结合,是当今科学技术发展的新趋势和新特点。

20世纪以来,特别是第二次世界大战以后,科学技术的飞速发展,在理论上和思维方式上有了革命性进展,对人的科学世界观和方法论产生了重大影响。科学技术的概念、方法和手段向人文社会科学的渗透,以及人文社会科学的价值、伦理观念和理论在科学技术中的广泛应用,引起了当代思维方式的深刻变革。当代富有创造性的理论成果正是出自各门自然科学和社会科学相互交汇之处。

随着自然科学和社会科学之间的相互渗透、相互交叉,形成了一批边缘学科或综合学科,如控制论、信息论、系统论、技术经济学、技术美学、数理语言学、行为科学等。

第三章 现代高新技术

高新技术是指以科学发现为基础,在现代这一时期的整个科技领域中起到先导作用并推动同期经济飞跃发展和文化、社会巨大进步的,实现社会经济环境文化可持续发展的新技术群,是知识、技术、人才和投资高度密集的各个技术领域的总称。现代高新技术主要表现在信息技术、空间技术、新能源技术、新材料技术、生物技术及先进制造技术等一系列高技术领域。

第一节 现代信息技术

信息技术(Information Technology,简称 IT)是人类开发和利用信息资源的所有手段的总和。它的内涵随着信息技术的发展在不断扩展。广义上说,凡是涉及信息的获取、存储、加工处理、传递、利用和服务等以增强人类信息功能为目的的技术都可以称作信息技术。现代信息技术的核心是微电子技术、电子计算机和现代通信技术。

一、微电子技术

进入 21 世纪,人们面临的是以微电子技术(半导体和集成电路为代表)电子计算机和因特网为标志的信息社会。高科技的广泛应用使社会生产力和经济获得了空前的发展。现代电子技术在国防、科学、工业、医学、通讯(信息处理、传输和交流)及文化生活等各个领域中都起着巨大的作用。以微电子技术为基础的计算机技术的飞速发展,使计算机迅速普及和广泛应用,从而实现社会的信息化、工业的自动化等。计算机已成为当代社会和人们日常生活中不可缺少的工具,推动着社会的进步,改变着人类的工作、生产和生活方式。

传统的电子技术是以真空电子管为基础元件,产生的电子产品有广播、电视、无线电通信、仪器仪表、自动化技术和第一代电子计算机。现代微电子技术是指以集成电路为代表的研制、生产微小型电子元器件和电路,实现电子系统功能的技术。微电子技术的核心是集成电路技术,它是随着集成电路技术的发展而发展起来的一门新兴技术。

1. 微电子技术的发展

现代微电子技术的成就,来源于 20 世纪 40 年代对半导体导电理论的深入认识,40 年代末半导体晶体管的发明、50 年代末硅平面型工艺的发展以及 60 年代 MOS 场效应器件成熟等一系列微电子技术为现代微电子技术奠定了重要基础。

1788 年赫兹(H. Hertz)用气体火花放电实现了电磁波发射,意味着电子学的诞生。1904 年弗莱明(J. Fleming)发明了真空二极管,随后又相继发明了三极管、四极管、五极管。在此期间电子技术得到了迅速的发展,并在通信、广播、电视、雷达、电子计算机等方面显示了巨大的生命力。1947 年肖克莱(W. B. Shockley)、巴丁(J. Bardeen)、布拉顿(W. H.

Brattain)发明了锗晶体三极管,1959年基尔比(J.S.Kilby)宣布集成电路诞生。

20世纪40年代,人们开始考虑是否可以将控制真空中电子运动的原理用于控制固体中的电子运动,制造固体放大器。1947年肖克莱、巴丁、布拉顿用两个金属探针探测半导体锗片,把锗片作为公共电极,两根金属探针作为电极,发现一个金属探针上的电流变化,能使另一金属电极上的电压成比例变化,即可以实现电信号放大,从而宣告了晶体管的诞生。1951年在市场上出现了晶体管产品。

1959年基尔比宣布可以用半导体制造电阻、电容、二极管、三极管,并把它们做在一个基片上构成一个基本完整的单片功能电路。同年仙童公司用平面工艺制造出硅晶体管。从此集成电路得到飞速发展。1961年仙童公司和德克萨斯公司开始大量生产硅集成电路产品。自此以后,随着半导体器件、电路设计技术和微细加工技术的进步,集成电路中单个元器件的线度急剧下降,一块半导体芯片中所包含的元器件数迅速上升。从1960年至1975年经历了小规模集成电路(SSI)、中规模集成电路(MSI)、大规模集成电路(LSI)、超大规模集成电路(VLSI)四个发展阶段,现在正向规模更大的集成电路技术进军。1978年生产的超大规模集成电路在1.5 mm^3的硅片上含有3万个元器件,而一个微型真空电子管的体积大约在1 cm^3以上,也就是说一个硅片上的晶体管只有微型真空电子管体积的千万分之一,从而大大推进了电子系统向微小型、低功耗、高可靠和高性能方向发展。

集成电路将各种不同功能的元件造于一个硅基片内,并以整体的形式将它们相互连接,其设计出发点不是单个元器件,而是整个电路系统。因此,集成电路技术不仅是对使用分立元件的传统电子产品加以微型化的技术,而且是使整个系统的设计、工艺、封装等发生质的进步的新技术。

集成电路的集成度在不断提高。目前批量生产的超大规模集成电路已能在几十平方毫米的硅片上集成几百万至几千万个二极管、三极管和电阻、电容等,最小线宽小于0.25 μm,甚至小于0.18 μm。现在1G位随机存储器集成了10亿个元器件。为了满足超高速电路、微波电路等的要求,性能更好但工艺更复杂、成本也更高的砷化镓基片已投入生产。超导材料制作的集成电路正在试验中。

2. 微电子技术的地位和应用

微电子技术是各种高科技中的关键技术,也是衡量科学技术水平的重要标志。

(1) 微电子技术已成为一种既代表国家现代化水平又与人民生活密切相关的高新技术。

从计算机、通讯卫星、信息高速公路、军事雷达到程控电话、手机,从天气预报、遥感、遥测到闭路电视、激光唱盘、数码相机、摄像机,从医疗卫生、能源、交通到环境工程、自动化生产、日常生活,微电子技术深入各个领域。洗衣机、电冰箱、空调、电饭煲等加上芯片就能更好地为人们服务;一片小小的心脏起搏器,可以让心脏病人正常生活;小汽车中的微电子产品只占成本的10%～15%,却可以使小汽车灵巧方便、可靠、节能。微电子技术在人们生活中无处不在,人们在解决了温饱问题后,微电子产品便成为人们追求的主要目标。因此,微电子技术不仅推动着一个国家现代化建设的步伐,同时,提高了人民的生活质量,满足了人们日益增长的物质需要。

(2) 引进微电子技术是企业技术改造的关键。

一个企业要发展、要新生、要获得竞争力,首先必要的措施就是引进微电子技术。例如:当普通机床引进微电子技术成为数控机床后,其加工效率和精度大幅度提高;传统的纺织工业引进微电子技术后,不仅生产效率和质量大幅度提高,同时,新产品、新款式层出不穷,等等。

微电子技术与传统技术相互渗透、相互结合,成为新技术、新产业产生的摇篮。例如:微电子技术与生物技术结合,形成生物电子技术;微电子技术与能源技术结合,形成能源电子技术;微电子技术与医疗技术结合,形成医疗电子技术,等等。

一方面,企业的技术改造引进了微电子技术后大大增加了生产力;另一方面,微电子技术与传统生产技术结合而产生的新技术、新产业又创造了新的生产力。因此,微电子技术对我国工业、农业等各个行业生产技术现代化水平的提高具有重要的作用。

(3) 微电子技术在国防现代化建设中具有重要的作用。

在军事上,微电子技术的引进已成为现代化军事装备的一大特色。有人说海湾战争是硅片战胜了钢铁,联合部队在发起进攻之前,先摧毁了伊拉克的通讯指挥系统,使伊拉克的庞大队伍失去了指挥,成为一盘散沙。巡航导弹超低空飘游,穿堂入室,以难以置信的准确度打击目标,这一切都是制作在小小的芯片上的集成电路在起作用。因此,一个国家要强盛,要有尊严地立于世界之林,必须发展微电子技术。

二、计算机技术

计算机的产生是 20 世纪最伟大的技术成就。计算机的全称为电子计算机,它具有存储信息,按照人们设计的程序自动完成计算、控制等各种任务的功能。计算机又称为电脑,这是因为计算机不仅仅是一种计算工具,它还可以模仿人脑的许多功能,是人脑的延伸,是一种脑力劳动工具。

1. 计算机发展历程

第一代电子管计算机(1945—1956):1946 年 2 月 14 日,标志现代计算机诞生的 ENIAC(Electronic Numerical Integrator and Computer)在费城公诸于世。它通过不同部分之间的重新接线编程,还拥有并行计算能力。第一代计算机的特点是操作指令是为特定任务而编制的,每种机器有各自不同的机器语言,功能受到限制,速度也慢。另一个明显特征是使用真空电子管和磁鼓储存数据。虽然 ENIAC 的功能还不如今天在掌上使用的可编程计算器,而且工作时常常因电子管烧坏而停机维修,但它却是计算机发展史上的一座里程碑,标志着电子计算机的问世。

第二代晶体管计算机(1956—1963):1956 年,晶体管在计算机中使用,晶体管和磁芯存储器导致了第二代计算机的产生。这一代计算机体积小、速度快、功耗低、性能更稳定,还有现代计算机的一些部件——打印机、磁带、磁盘、内存、操作系统等。在这一时期出现了更高级的 COBOL 和 FORTRAN 等语言,使计算机编程更容易。

第三代中小规模集成电路计算机(1962—1971):1962 年,美国 IBM 公司首先生产了 IBM360 集成电路系列机。用集成电路取代原先分立的晶体管,使原先晶体管计算机的体积缩小为原来的几百分之一,运算速度和内存容量提高了一个数量级,分别达到每秒钟上千万次和十几万字节。1971年1月,世界上第一只微处理器,即芯片4004问世。它的发明人是Intel公司年仅34岁的霍夫。4004处理器的功能相当于一台"埃尼阿克"计算机,芯片上集成了2 250个晶体管。从此之后,以微处理器为核心的计算机带来了计算机发展史上的又一次革命。

第四代大规模和超大规模集成电路计算机(1971—现在):随着大规模集成电路的出现,美国开始制造第一批军用试验型大规模集成电路计算机。1973年,美国在航天局开始使用第一台全面采用大规模集成电路为逻辑元件和存储器的计算机LLIAC—IV,该机的运算速度达到了每秒钟1.5亿次。这标志着计算机的发展进入了第四代,并出现向"巨型"和"微型"两极化发展的趋势。

目前,第五代计算机——超大规模集成电路的人工智能计算机正在研制之中。它将突破传统的冯·诺依曼的设计思想和传统的技术束缚,采用与人脑思维并行处理方式相接近的工作方式,使其具备人工智能,像人一样具有推理—学习—联想的思维能力。这种计算机一旦研制成功,将全面扩展人的脑力,对人类产生更加深远的影响。

2. 计算机的应用

随着计算机技术的发展,计算机的应用领域在不断拓展。计算机由最初的用于科学研究数据处理,到计算机辅助设计、数据库应用、图形处理、专家系统以及管理和控制方面的应用,计算机应用正进一步向各行各业渗透。

目前,计算机主要应用的领域有:

(1) 科学计算。虽然科学计算在计算机应用中所占的比重在逐渐下降,但在基础科学研究和高新技术研究领域,仍然具有十分重要的地位,并且在许多方面对计算的速度和精度仍不断提出更高的要求。

(2) 信息处理。目前,计算机信息处理已经广泛应用于办公自动化、企业计算机辅助管理与决策、文字处理、文档管理、情报检索、激光照排、电影电视动画设计、会计电算化、图书管理以及医疗诊断等各行各业。据统计,世界上的计算机80%以上用于信息处理。

(3) 自动控制与机器人。从20世纪60年代开始,人们就利用计算机来控制设备的工作,在冶金、机械、电力、石油化工等行业都有用计算机进行实时控制。在军事上,用计算机控制导弹等武器的发射与导航,自动修正导弹在飞行中的航向。计算机的硬件设备与软件系统是机器人研究工作的基础。

(4) 计算机辅助设计与辅助制造(CAD/CAM)。这主要服务于机械、电子、宇航、建筑、纺织、化工等产品的设计、加工与控制等环节。它能够缩短产品的开发周期,增加产品种类,提高产品的竞争能力。

(5) 计算机辅助和管理教学。这是计算机在教育领域的应用,是目前普及较快的一种新兴教育技术。

(6) 多媒体应用。它是计算机技术与图形、图像、动画、声音、视频等技术相结合的产物,使得计算机除了能够处理文字信息外,还能处理声音、视频等信息。多媒体技术的发展虽然只有短短十几年的时间,但它对人类的影响不容忽视,对计算机应用领域的开拓意义深远。

(7) 网络应用。网络化是计算机发展的又一个显著的特点。目前,越来越多的计算机开始接入因特网(Internet)。我国1998年底上网用户总数为210万,而截至2009年年底,中国的网民数量已经达到3.84亿,互联网普及率为28.9%,高于世界平均水平,成为世界上名副其实的互联网大国,但还不是互联网强国。目前,全世界Internet用户的年增长率高达300%。

(8) 电子商务。电子商务是指在网上进行交易以及与交易相关的一些活动。它包括网上购物、安排旅游、代购车票、远程教育等各种服务。

(9) 电子出版物。它是指将各种信息存储在磁、光、电介质上,通过计算机等设备阅读使用。

随着计算机的普及,计算机应用的范围在不断扩展,还有许多计算机应用的实例,这里就不一一列举了。

3. 21世纪计算机的发展方向

根据人类对计算机应用的需求和目前计算机发展的状况,科学界认为未来计算机的发展方向主要有生物计算机、光计算机、量子计算机和神经网络计算机。

生物计算机:20世纪70年代以来,科学家发现DNA处在不同的状态下,可能有有信息和无信息的变化。逻辑电路中的0和1、晶体管的导通和截止、电压的高和低等,激发了科学家们研究生物元件的大胆设想。生物计算机的主要原材料是蛋白质分子,并以此作为生物芯片。其优点是:① 生物元件比硅芯片上的电子元件要小得多,甚至小到几十亿分之一米。② 生物芯片本身具有天然的立方体结构,其密度比目前的硅集成电路高5个数量级。其存储信息的空间是普通计算机的百亿亿分之一。③ 生物芯片本身具有并行处理的功能,其运算速度要比目前最先进的计算机快10万倍,而消耗的能量仅是普通计算机的十亿分之一。并且,生物芯片一旦出现故障,可以进行自我修复。

1997年,美国南加州大学计算机科学家伦纳德·埃德曼已研制成功一台DNA计算机。2003年,以色列科学家研制出一台速度达每秒钟330万亿次运算的生物计算机。这种计算机中的DNA既可以为整个计算机输入信息,也能为计算机运行提供必需的能量。科学家们认为,生物工程是全球高科技领域中最具有活力和发展潜力的学科。如果计算机、电子工程等各个相关学科的专家联手合作、共同研究,有可能在21世纪将实用的生物计算机推向世界。

光计算机:光计算机是用光电集成电路(即由光学和电子器件相集成的新型器件,主要由激光器、光纤和开关等组成)代替传统的电子型集成电路制成的计算机。其工作原理是利用光子束处理和存储程序。由于光速远大于电子的传输速度,因此可以大大提高计算机的运算速度。同时,光纤可以采用并行传输,故传输的信息量也大为提高,同时还可以避免电子计算机存在的电磁干扰。

科学家估算,光计算机处理信号的能力将是电子计算机的成千上万倍。光计算机的应用领域主要为语音及图像的识别、交换大量的电话信号以及工作量极大的计算工作。但是由于技术上的困难,短期内光计算机实现应用还很困难。

量子计算机:量子计算机所采用的处理器是量子器件,并且它的计算过程是建立在量子理论的基础之上的。微观粒子具有波粒二象性。由于波动性而表现出来的种种现象,如隧道效应,便是量子效应。利用量子效应作为基础的器件便是量子器件。建立在量子概念上的量子计算机具有超快速度、耗能少、体积小等突出优点,已经引起世界各国的重视。2000年8月美国IBM公司、斯坦福大学及卡加利大学的研究人员联合研制成功了5个原子作处理器及记忆体的实验性量子计算机,并利用它找出了密码学上的一个函数的周期。但迄今为止,真正意义上的量子计算机还没有问世。

对量子计算机和量子信息技术的研究,在科技界具有不可动摇的地位,科学家们正在逐渐克服障碍从而使量子计算机能够成为最快的超级计算机。相信未来的量子计算机将导致整个电子技术的革命。

神经网络计算机:神经网络计算机是利用非线性中的一些基本原理而设计的模拟人脑功能的一种新型计算机。从第一代到第四代计算机基本上是按照冯·诺依曼结构的串行处理系统模式发展起来的,称作冯·诺依曼型计算机。这种计算机在认字、视图、听话及形象思维方面的功能特别差,一个初生的婴儿能很快认识母亲,而一个运算速度很快的计算机却很难识别不同的人。生物学家研究表明,人脑之所以能够在瞬间完成学习、记忆、逻辑推理等复杂的信息处理,是因为人脑和担任信息处理基本要素的神经细胞是以并行方式传输信息的。因此,神经网络计算机的设计方案是模拟人脑,利用多个处理器并行连接方式来加速计算机的信息处理能力,使之接近于人脑的功能。

我国目前已研制出"高精度双权值突触神经元计算机 CAS-SANN-II"。该计算机在一次运算中可实现具有1 024个神经元512 K个双权值突触的神经网络规模,其通用性强、适用面宽,总体技术达国际先进水平。

三、通信技术

通信技术和通信产业是20世纪80年代以来发展最快的领域之一,无论是在国际还是在国内都是如此,这是人类进入信息社会的重要标志之一。通信就是互通信息。从这个意义上来说,通信在远古的时代就已存在。人之间的对话是通信,用手势表达情绪也可算是通信。以后用烽火传递战事情况是通信,快马与驿站传送文件当然也可是通信。现代的通信一般是指电信,国际上称为远程通信。

纵观通信的发展,可分为以下三个阶段:第一阶段是语言和文字通信阶段。在这一阶段,通信方式简单,内容单一。第二阶段是电通信阶段。1837年,莫尔斯发明电报机,并设计莫尔斯电报码。1876年,贝尔发明电话机。这样,利用电磁波不仅可以传输文字,还可以传输语音,由此大大加快了通信的发展进程。1895年,马可尼发明无线电设备,从而开创了无线电通信发展的道路。第三阶段是电子信息通信阶段。从总体上看,通信技术实际上就是通信系统和通信网的技术。通信系统是指点对点通信所需的全部设施,而通信网是由许多通信系统组成的多点之间能相互通信的全部设施。而现代的主要通信技术有数字通信技术、程控交换技术、信息传输技术、通信网络技术、数据通信与数据网、ISDN与ATM技术、宽带IP技术、接入网与接入技术。

数字通信即传输数字信号的通信,是通过信源发出的模拟信号经过数字终端的信道编码成为数字信号,终端发出的数字信号,经过信道编码变成适合于信道传输的数字信号,然后由调制解调器把信号调制到系统所使用的数字信道上,再传输到终端,经过相反的变换最终传送到信息。数字通信以其抗干扰能力强,便于存储、处理和交换等特点,已经成为现代通信网中最主要的通信技术基础,广泛应用于现代通信网的各种通信系统。

现代通信的目标是"全球一网",其基础是数字技术、计算机技术、微电子与光电子技术。总的趋势是数字化、宽带化、综合化、智能化与个人化,最终是构成一个全球一体的宽带、智能、个人化的综合业务数据网。当今通信界的三股热潮是光纤通信、卫星通信与移动通信。

1. 光纤通信技术

在传统的有线通信中,信息是以电流或电波为载体,以电缆为传播媒介的。而在光纤通信中,信息是以激光为载体,以光导纤维为传播媒介的。

光纤通信技术是在激光技术的基础上发展起来的。激光具有方向性好、频率稳定的优点,是光纤通信所需要的理想光源。为了保证激光在传播过程中损耗小、不受影响、畅通无阻,需要为激光寻找一种传播媒介。1966年美籍华人高锟在一篇论文中提出:只要解决玻璃的纯度和成分就能获得光传输损耗极低的光纤。1970年美国的康宁公司依据这一观点发明了光导纤维,简称光纤。从此光纤通信技术得到迅速的发展和应用。

光纤通信的过程:① 在发送端用光—电转换器把电流或电波中的信息转载到激光上,形成携带信息的光波;② 利用光纤把载有信息的光波传送到接收端;③ 接收端再把光信号转换成电信号。因此,在光纤通信中,光纤和光电子器件具有非常重要的作用。

光纤是比头发丝还细的由石英玻璃丝制成的光导纤维。它有两层,内层叫做内芯,其光的折射率远大于外层,外层叫做包层。当光信号折射到光纤的内芯后,在内层经多次全反射而畅通无阻地传输,从而把带有信号的光波从一端传送到另一端。如果把许多根光纤组合在一起并进行增强处理,就可以制成多芯的像通信电缆一样的光缆。

光纤通信的优点很多,主要有:① 制作光纤的原材料丰富、成本低廉。② 通信容量大,传输距离长。可以在同一条线路上进行双向传输。从理论上讲,一根光纤可以容纳1 000万套电视节目,可以让200亿人同时通电话,只需20 s就能把北京图书馆的全部信息传送完。由于光缆的传输损耗比电缆低,因而可传输更长的距离。③ 抗电磁干扰。光纤通信系统避免了电缆间由于相互靠近而引起的电磁干扰。另外,光纤不导电的特性避免了闪电、电机、荧光灯及其他电器源的电磁干扰。同时,光缆对其他通信系统也不产生干扰。④ 保密性强。由于光纤不向外辐射能量,因此它能防止金属感应器对光缆的窃听,具有较强的保密性。除此之外,它还有重量轻、便于施工等优点。

2. 卫星通信技术

卫星通信是指利用微波信号通信。微波的特点是通信频带宽,但由于微波频率很高,沿地面传输时很快就会衰减,它也不能像短波那样依靠电离层的反射作用传播,因此,只能在地面到电离层之间的空间传播。又因为,一是微波波长短,任何大于1 m的障碍物都将直接影响它的传播,二是地球表面呈球形,而微波只能沿直线传播,不会拐弯,所以,微波只能在地面上空相互看得见的两点之间传播。要利用微波实现远距离通信就需要建立微波中继站。为了使信息传播的范围更大,人们设想将中继站高悬在空中,卫星使这一设想变成了现实。

卫星通信是指利用人造地球卫星作为空间的中继站,由地面向卫星发射信号,卫星将信号变频、放大后再发回地面,从而实现远距离、大信息量的通信传输。只要在地球赤道上空放置三颗等距离、相隔120°的同步卫星,就几乎可以覆盖地球上除两极外的全部地区。

卫星通信的特点:① 通信距离远,且费用与距离无关。② 覆盖面积大,可进行多址通信。③ 通信频带宽,传输容量大。④ 机动灵活,可用于移动通信。⑤ 通信线路稳定可靠,经济效益高。

3. 移动通信技术

1895年无线电通信的发明标志着移动通信的诞生。但移动通信技术的真正发展,始于20世纪20年代。在不到100年的时间内,移动通信技术的飞速发展,正深刻地改变着人们的生活和工作方式。

移动通信是指通信双方至少有一方在移动中进行的信息交流的通信方式,是当今世界上最先进的通信方式之一。

移动通信系统由移动台、基站、控制交换中心等组成。移动台是移动通信用户所使用的设备,包括手机、呼机、无绳电话等,其中手机用户占移动通信用户的绝大多数。基站是与移动台联系的第一个固定收发机。它与移动台相接,进行无线发送、接收及资源管理;它与控制交换中心相连,实现移动用户与固定网络用户之间或移动用户之间的通信联系。控制交换中心的主要功能是信息交换和整个系统的集中控制管理。

移动电话系统采用小区制通信系统,即将一个服务区划分为若干个半径为2~10 km的六角形小区,形如蜂窝,故取名为蜂窝移动通信系统。每个小区有一个基站,为该小区的移动用户提供服务。

迄今为止,移动通信经历了两代,第一代蜂窝移动通信系统,简称1G,是传输模拟信号的,称为模拟系统,至今人们还记得那大得像砖头一样的手机;目前全球广泛使用的是第二代数字蜂窝移动通信系统,简称2G,现已改为数字系统,不管是通话还是传输画面,系统里流动的全部是数字信号。GSM(全球通)是数字蜂窝移动通信系统的典型代表。

从1995年到2000年,中国移动通信的用户年平均增长率接近100%,我国的移动电话网规模已居世界第一位,用户可以使用手机直接通过卫星进行通信。据统计,2003年5月末,中国移动通信用户达到2.3亿户,超过美国,居世界第一。到2006年第二季度,中国移动通信用户已达到4.26亿户,整体移动增值服务市场规模达到65.93亿元。飞速发展的市场,不仅吸引了世界上最新的通信产品,而且也使中国成为通信技术创新最活跃的国家之一。

4. 多媒体通信技术

多媒体技术中的"媒体",通常是指信息的表现或传播形式(如声音、文字、文本、图形、图像、动画、视频等)及对各种信息的综合处理。多媒体一般理解为对多种媒体的综合。而多媒体技术并不是对各种信息媒体的简单复合,它是一种把文本、图形、图像、动画、声音和视频等形式的信息结合在一起,并通过计算机进行综合处理、控制并完成一系列交互式操作的信息技术。

多媒体通信是使人们在进行通信时,不再仅仅使用一种信息媒体,而是利用多种信息媒体。它是以VIP方式,即"可视的、智能的、个人的"服务模式,把通信、电视和计算机三种技术有机地结合在一起,构成图、文、声并茂,用户可以随时随地获取、传播和交换的信息。可见,多媒体通信技术就是多媒体技术和通信技术的集成。

美国人称现在已进入"信息技术革命"时代,多媒体通信和个人通信是信息技术革命时代的两大目标。目前,信息高速公路的建设是各国的战略计划,将影响每一个国家的政治经济发展,影响各种事业和每一个人的生活方式。在信息高速公路中起关键作用的多媒体通信技术必将获得高速发展,人们期待多媒体通信时代的到来。

5. 计算机网络通信技术

20世纪90年代,计算机网络通信技术得到了迅速发展。其特点是:以计算机技术、光纤传输技术为中心,向着高速、多媒体通信的方向发展。

局域网(LAN)、城域网(MAN)和广域网(WAN)技术是计算机网络通信技术的组成部分,在20世纪90年代都有大的发展。局域网用于将有限范围内(如一个实验室、一幢大楼、一个校园)的各种计算机、终端与外部设备互联成网。范围通常为几米到几十千米,是短距离工作的网络;城市地区网络简称为城域网,城域网是介于广域网和局域网之间的一种高速网络;广域网也称为远程网,它所覆盖的范围从几十千米到几千千米。

目前,最有代表性的通信应用是因特网通信,它在全球范围内,结合了广域网、局域网和单机的通信技术,是目前世界上规模最大、覆盖范围最广、通信节点数最多的全球性通信网络。它为世界范围内的新闻通信、文化和科学技术传播、商业广告、信息咨询以及人类工作、生活的各个方面,创造出前所未有的通信条件,给人们营造了一个全新的传播信息的环境。

6. 微波通信技术

微波是指频率在300 MHz～3 000 GHz之间,波长为0.1 mm～1 m范围的电磁波。微波通信就是利用微波技术实现的通信方式。

微波的主要特征:① 似光性。微波具有反射、直线传播的特征,超越人眼视线范围的微波通信必须依靠中继站。② 高频性。微波的频率很高、频带很宽,因此,宽频带、大信息量的无线传输大多采用微波进行。③ 穿透性。微波照射到介质时具有良好的穿透性,云、雾、雨雪等对微波的传播影响小,为微波遥感和全天候通信提供了保障。同时,有些波段的微波受电离层影响较小,成为人类探测太空的"宇宙之窗"。④ 抗干扰性。由于微波频率很高,一般电磁干扰的频率与其差别很大,所以基本上不会对微波通信产生影响。⑤ 热效应。微波在有耗介质中传播时,会使介质分子相互碰撞、摩擦,从而使介质发热。微波炉、微波理疗便是利用微波的这一特征。

由于微波频率很高、频带很宽,所以,利用微波进行通信具有频带宽、信息传输量大、抗自然和人为干扰能力强等优点,使微波技术的应用越来越广泛。

微波通信可分为有线和无线传输两大类,采用同轴电缆进行的有线电视信号传输就是有线传输的一种;而微波视距通信、移动通信、卫星通信、散射通信等采用的是无线传输。

数字微波通信是数字信号通过微波信道进行通信的传输方式。数字微波通信具有数字通信所固有的抗干扰能力强、可靠性高、保密性好、易于集成等优点,现已成为微波通信的主要方式。

第二节 空间技术

空间技术是探索、开发和利用宇宙空间的技术,又称为太空技术和航天技术。它是20

世纪50年代后期蓬勃发展起来的一门新兴的、综合性的高技术,是利用空间飞行器作为手段来研究发生在空间的物理、化学和生物等自然现象的一门综合性的尖端技术。它包括由地面至太空的一切运载工具的研制,人造卫星、宇宙飞船、宇宙探测器、空间站等飞行器的研制,飞行器的发射、跟踪、控制、通讯、遥测等系统的建立与实施。它综合应用了几百年来人类在数学、天文学、物理学、生物学和医学等方面的研究成果,并对当代的科学和技术提出了许多新的要求。空间技术是新技术革命的重要领域,是衡量一个国家科技水平和现代化程度的重要标志之一。

一、空间技术的发展

空间技术是指包括航天器、航天器发射场、航天测控的数据采集网、用户设备和其他保障设施等在内的综合大系统。其中航天器又分为人造地球卫星、载人飞船、空间站、航天飞机和空间探测器五大类。从20世纪50年代到今天,空间技术的发展大体可分为试验、应用和提高三个阶段。

20世纪50年代末至60年代中期为摸索试验阶段。主要通过向月球和太阳系的星球发射基本无人驾驶的探测卫星和探测装置,对这些地方的环境条件进行探测、测试和检测仪器设备的可靠性及摸索载人航行时应采取的各种特殊措施。这项探索试验工作主要是由苏联和美国两国完成的。

20世纪60年代中期至60年代末期为应用研究阶段。主要是发射各种应用卫星,如通信、气象、地球资源探测、全球导航等各类卫星和少量载人空间航天器。

20世纪70年代初至今天为发展提高阶段。主要是在技术上经过不断改进提高后,发射一系列实用卫星并进行载人航天飞行,空间技术逐步投入军事化和商业化应用。

二、空间技术的应用

当前,空间技术已进入实用阶段,并且随着空间技术的进一步发展,它在通信、气象观测、资源考察、军事、科学研究等方面的应用越来越广。

1. 通信卫星

通信卫星作为传递信息的枢纽,可以把信息直接送到全国和世界各地,提高了通信效率。通信卫星是远距离通信工具,且不受地形影响。它除可用来传递电话电报外,还可用做数据传输、广播、国际电视、电视教育、照片传真等用途。

在通信卫星进行通信时,从一个卫星地面站把微波信号发送到卫星上去,卫星上的转发器把接收到的信号放大,再通过天线发向另一个地区的卫星地面站,后者再把接收到的信号放大取出,这样就沟通了两地的通信(包括电话、电报、电视等)。只要在赤道上空的同步轨道上均匀地分布三颗卫星,就可以形成覆盖全球的卫星通信网。卫星通信具有通信距离远、传输质量高、通信容量大、抗干扰能力强、机动灵活性好和可靠性高等特点。自1964年5月美国发射第一个实用型静止通信卫星"国际通信卫星1号"以来,通信卫星技术日新月异。目前,已有200多个国家和地区正在应用约240颗地球同步轨道通信卫星,提供80%的洲际通信和100%的国际电视转播,并开通部分国内和区域卫星通信和广播电视业务。

2. 气象卫星

气象卫星是从太空对地球及其大气层进行气象观测的人造地球卫星。气象卫星凭借各种气象探测仪器,能拍摄全球的云图,精确地观测全球各处的大气温度、水气、云层变化、降水量和海洋温度,监视台风、强风、暴雨等灾害性天气的变化,从而为提高气象预报的及时性、准确性、可靠性和提前预知灾害性气象的出现以及长期预报提供了科学根据。利用地球卫星观测气象,从地球大气外层的不同高度鸟瞰大地,观测的范围广、时间长,不受地理条件限制,可以克服地面上的各种限制,掌握气象变化的全貌,大大提高气象预报的准确性。

气象卫星按轨道的不同分为太阳轨道(极轨道)气象卫星和地球静止轨道气象卫星;按是否用于军事目的分为军用气象卫星和民用气象卫星。气象卫星观测范围广,观测次数多,观测时效快,观测数据质量高,不受自然条件和地域条件限制,它所提供的气象信息已广泛应用于日常气象业务、环境监测、防灾减灾、大气科学、海洋学和水文学的研究。气象卫星也是世界上应用最广的卫星之一,美国、俄罗斯、法国和中国等众多国家都发射了气象卫星。

3. 地球资源卫星

地球资源卫星,可以对地球上的自然资源进行综合考察,如找水、找矿、观察作物生长情况、测绘地图等。地球资源卫星上装有高分辨率电视摄像机、多光谱扫描仪、微波辐射仪和其他遥感仪器,可用来完成多种任务。一是勘测资源,不仅可以勘测地球表面的森林和海洋资源,还可以调查地下矿藏和地下水源;二是监视地球,可以观察农作物长势,估计农作物产量,监视农作物的病虫害,还可以发现森林火灾,预警火山爆发,预测预报地震,监测环境污染,大面积调查污染的来源与分布、污染程度、天气和季节对污染的影响以及污染的昼夜变化;三是地理测量,拍摄各种目标的照片并绘制地质图、地貌图、水文图、云图等各种地图。

4. 侦察卫星

发射侦察卫星可作为窃取对方军事情报的一种手段。侦察卫星上装有各种仪器,可以在高空利用摄影技术或红外线遥感技术把地面上很小的目标拍成照片,经过特殊处理,辨认出飞机、舰艇、工厂、基地、阵地以及车辆型号等。如在卫星上装上电视机还能提供图像,把侦察到的情况及时送到地面,在屏幕上显示出来。

根据不同的侦察手段和侦察任务,侦察卫星可以分为电子侦察卫星、照相侦察卫星和预警卫星。电子侦察卫星的任务是在空中接收地面的无线电信号,确定对方雷达和电台的精确位置以及信号特征。平时搜集这些情报,到战时就可以进行电子干扰,使对方雷达找不到目标,无线电通信中断,处于情况不明、联络不灵的被动局面。照相侦察卫星又分为两种类别:一种用于粗略侦察,它的轨道较高,用来大致上对地面进行观察,观察结果转变为无线电信号送到地面;另一种用于详细侦察,它的轨道较低,一般只有 150 km 左右,装有高质量照相机,对可疑目标进行侦察摄影。预警卫星是为了防止敌方洲际导弹的突然袭击而设计的。一旦敌方导弹起飞,预警卫星就能在极短的时间内发现,并通知地面指挥中心,以便采取相应的应战措施。此外,还有监视对方军舰的海洋监视卫星、侦察核爆炸的核爆炸探测卫星及为潜艇、船只和飞机提供导航的导航卫星等。

5. 航天飞机

航天飞机属短期在太空飞行的载人航天器。航天飞机靠运载火箭发射升空,带有机翼,能像滑翔机那样在机场跑道上着陆,并可重复使用、往返于地面和近地轨道之间运送有效载荷。它是由消极转向积极利用空间的先驱,是潜在的最有效的卫星、导弹防御和进攻性武器。与火箭、卫星和飞船相比,航天飞机具有更多的优点和更广的用途,主要表现在五个方面；① 充当太空"间谍"；② 作为侦察、通信、导航等军用卫星的理想运载器和发射场；③ 担负拦截和捕获太空"敌人"等军事任务；④ 充当太空武器的理想试验基地；⑤ 充当太空加"油"站和转运站。将来军用航天飞机一旦建成，将具有更加完善的机动变轨能力，能更加灵活地起飞和着陆，在军事上的地位和作用将更加重要。

6. 空间站

空间站是一种可供多名航天员巡访、长期居住和工作的大型载人航天器，其结构复杂，规模比一般航天器大得多，通常有密封的居住舱、对接过渡舱和非密封的资源舱等。利用空间站可以进行多种有意义的活动，空间生产活动就是其中之一。

小型的空间站可一次发射完成，较大型的可分批发射组件，在太空中组装成为整体。在空间站中要有人能够生活的一切设施。空间站一般不再返回地球。其结构特点是体积较大，在轨飞行时间较长，有多种功能，能开展的太空科研项目多而广。空间站的基本组成是以一个载人生活舱为主体，再加上有不同用途的舱段，如工作实验舱和科学仪器舱等。空间站外部必须装有太阳能电池板和对接舱口，以保证站内电能供应和实现与其他航天器的对接。

三、未来空间技术展望

科学技术的发展是无止境的，空间技术也必然向更高发展。目前人们已在考虑把空间科学技术运用于生产的问题，"空间工业化"的设想就是一个例证。许多科学家推测，按现有的科学技术水平和发展速度，在不久的将来，有可能在月球上设采矿站，从上面取得矿石原料，再加工提炼制成产品运回地球；或者把月球作为材料来源，就地制造航天器，直接向其他行星发射。

运用空间技术，在太空中把太阳能转化为电能，设立宇宙电站，这是开辟能源的一个大胆设想。在地球上利用太阳能发电，常受天气、昼夜、地形等因素的限制，而制造一个大的地球卫星把它发射到3.5万多千米的高空，就能克服各种自然条件的影响，连续发电；再通过微波传输系统将电能转变成微波播送到地面，由天线接收，再把微波转换为电能供用户使用。

随着空间技术的发展，新的航天器的发射，将会开辟新的生产门路，宇宙太空将变成一个大工地，这就预示着一场新的工业革命有可能迅速到来。

第三节 新能源与新材料技术

一、新能源技术

新能源的各种形式都是直接或者间接地来自于太阳或地球内部所产生的热能。包括太阳能、风能、生物质能、地热能、核聚变能、水能和海洋能以及由可再生能源衍生出来的生物燃料和氢所产生的能量。也可以说，新能源包括各种可再生能源和核能。相对于传统能源，新能源普遍具有污染少、储量大的特点，对于解决当今世界严重的环境污染问题和资源（特别是化石能源）枯竭问题具有重要意义。

一般来说,常规能源是指技术上比较成熟且已被大规模利用的能源,而新能源通常是指尚未大规模利用、正在积极研究开发的能源。因此,煤、石油、天然气以及大中型水电都被看做常规能源,而把太阳能、风能、生物质能、海洋能以及核能等作为新能源。

1. 太阳能

太阳能一般指太阳光的辐射能量。太阳能的主要利用形式有太阳能的光热转换、光电转换以及光化学转换三种主要方式。

利用太阳能主要有三种方式:一是太阳能光伏。光伏板组件是一种暴露在阳光下便会产生直流电的发电装置,由几乎全部以半导体物料(例如硅)制成的薄身固体光伏电池组成。由于没有活动的部分,故可以长时间操作而不会导致任何损耗。简单的光伏电池可为手表及计算机提供能源,较复杂的光伏系统可为房屋照明,并为电网供电。光伏板组件可以制成不同形状,而组件又可连接,以产生更多电力。近年来,天台及建筑物表面均会使用光伏板组件,甚至被用作窗户、天窗或遮蔽装置的一部分,这些光伏设施通常被称为附设于建筑物的光伏系统。二是太阳热能。现代的太阳热能科技将阳光聚合,并运用其能量产生热水、蒸汽和电力。除了运用适当的科技来收集太阳能外,建筑物亦可利用太阳的光和热能,方法是在设计时加入合适的装备,例如巨型的向南窗户或使用能吸收及慢慢释放太阳热力的建筑材料。三是太阳光合能。植物利用太阳光进行光合作用,合成有机物。因此,可以人为模拟植物光合作用,大量合成人类需要的有机物,提高太阳能利用效率。

2. 风能

风能是太阳辐射下流动所形成的。风能与其他能源相比,具有明显的优势,它蕴藏量大,是水能的10倍,分布广泛,永不枯竭,对交通不便、远离主干电网的岛屿及边远地区尤为重要。

风力发电是当代人利用风能最常见的形式,自19世纪末,丹麦研制成风力发电机以来,人们认识到石油等能源会枯竭,才重视风能的发展,利用风来做其他事情。

1977年,联邦德国在著名的风谷——石勒苏益格—荷尔斯泰因州的布隆坡特尔建造了一个世界上最大的发电风车。该风车高150 m,每个桨叶长40 m,重18 t,用玻璃钢制成。到2008年为止,全世界以风力产生的电力约有94.1百万千瓦,供应电力已超过全世界用量的1%,风能虽然对大多数国家而言还不是主要的能源,但在1999年到2005年之间已经成长了四倍以上。

3. 生物质能

生物质能来源于生物质,也是太阳能以化学能形式储存于生物中的一种能量形式,它直接或间接地来源于植物的光合作用。生物质能是储存的太阳能,更是一种唯一可再生的碳源,可转化成常规的固态、液态或气态的燃料。地球上的生物质能资源较为丰富,而且是一种无害的能源。地球每年经光合作用产生的物质有1 730亿t,其中蕴含的能量相当于全世界能源消耗总量的10~20倍,但目前的利用率不到3%。

4. 海洋能

海洋能指蕴藏于海水中的各种可再生能源,包括潮汐能、波浪能、海流能、海水温差能、海水盐度差能等。这些能源都具有可再生性和不污染环境等优点,是一项亟待开发利用的具有战略意义的新能源。

波浪发电,据科学家推算,地球上波浪蕴藏的电能高达90万 kW·h。目前,海上导航浮标和灯塔已经用上了波浪发电机发出的电来照明。大型波浪发电机组也已问世。我国也在对波浪发电进行研究和试验,并制成了供航标灯使用的发电装置。将来的世界,每一个海洋里都会有属于我们中国的波能发电厂。波能将会为我国的电业作出很大贡献。

潮汐发电,据世界动力会议估计,到2020年,全世界潮汐发电量将达到1 000亿~3 000亿 kW。世界上最大的潮汐发电站是法国北部英吉利海峡上的朗斯河口电站,发电能力为24万 kW,已经工作了30多年。中国在浙江省建造了江厦潮汐电站,总容量达到3 000 kW。

5. 核能

核能是通过转化其质量从原子核释放的能量,符合阿尔伯特·爱因斯坦的方程$E=mc^2$,其中 E 为能量,m 为质量,c 为光速常量。核能的释放主要有三种形式:一是核裂变能。所谓核裂变能是通过一些重原子核(如铀-235、铀-238、钚-239等)的裂变释放出的能量。二是核聚变能。由两个或两个以上氢原子核(如氢的同位素——氘和氚)结合成一个较重的原子核,同时发生质量亏损释放出巨大能量的反应叫做核聚变反应,其释放出的能量称为核聚变能。三是核衰变。核衰变是一种自然的慢得多的裂变形式,因其能量释放缓慢而难以加以利用。

核能的利用存在的主要问题有:

(1) 资源利用率低。

(2) 反应后产生的核废料成为危害生物圈的潜在因素,其最终处理技术尚未完全解决。

(3) 反应堆的安全问题尚需不断监控及改进。

(4) 核不扩散要求的约束,即核电站反应堆中生成的钚-239受控制。

(5) 核电建设投资费用仍然比常规能源发电高,投资风险较大。

新能源除了上面所列举的之外还有氢能、燃料电池等能源。随着技术的进步和可持续发展观念的树立,过去一直被视作垃圾的工业与生活有机废弃物被重新认识,作为一种能源资源化利用的物质而受到深入的研究和开发利用,因此,废弃物的资源化利用也可看做是新能源技术的一种形式。除此之外,未来能源的利用还会有如下几种新能源。

波能:即海洋波浪能。这是一种取之不尽、用之不竭的无污染可再生能源。据推测,地球上海洋波浪蕴藏的电能高达$9×10^4$TW。近年来,在各国的新能源开发计划中,波能的利用已占有一席之地。尽管波能发电成本较高,需要进一步完善,但目前的进展已表明了这种新能源潜在的商业价值。日本的一座海洋波能发电厂已运行8年,电厂的发电成本虽高于其他发电方式,但对于边远岛屿来说,可节省电力传输等投资费用。目前,美、英、印度等国家已建成几十座波能发电站,且均运行良好。

可燃冰:这是一种甲烷与水结合在一起的固体化合物,它的外形与冰相似,故称"可燃冰"。可燃冰在低温高压下呈稳定状态,冰融化所释放的可燃气体相当于原来固体化合物体积的100倍。据测算,可燃冰的蕴藏量比地球上的煤、石油和天然气的总和还多。

煤层气:煤在形成过程中由于温度及压力增加,在产生变质作用的同时也释放出可燃性气体。从泥炭到褐煤,每吨煤产生68 m³ 气;从泥炭到肥煤,每吨煤产生130 m³ 气;从泥炭到无烟煤,每吨煤产生400 m³ 气。科学家估计,地球上煤层气可达2 000 Tm³。

微生物:世界上有不少国家盛产甘蔗、甜菜、木薯等,利用微生物发酵,可制成酒精,酒精具有燃烧完全、效率高、无污染等特点,用其稀释汽油可得到"乙醇汽油",而且制作酒精的原料丰富,成本低廉。据报道,巴西已改装"乙醇汽油"或酒精为燃料的汽车达几十万辆,减轻了大气污染。此外,利用微生物可制取氢气,以开辟能源的新途径。

第四代核能源:当今,科学家已研制出利用正反物质的核聚变来制造出无任何污染的新型核能源。正反物质的原子在相遇的瞬间灰飞烟灭,此时,会产生高当量的冲击波以及光辐射能。这种强大的光辐射能可转化为热能,如果能够控制正反物质的核反应强度来作为人类的新型能源,那将是人类能源史上的一场伟大的能源革命。

二、新材料技术

材料技术和能源技术都是综合性很强的领域,在整个科学技术中占有很重要的地位。材料科学、能源科学与信息科学鼎足而立,号称现代科学技术的三大支柱。

1. 人类应用材料和开发能源的历史

材料是人类生活和生产所必需的物质基础。纵观人类应用材料的历史,大体上经历了三个阶段:第一阶段是天然材料阶段,即石器时代;第二阶段是经验性人造材料阶段,这一阶段从青铜时代开始一直到 40 年前以钢铁为主的金属时代为止;从第二次世界大战后,人类应用材料的历史便进入第三阶段,即设计人造材料阶段。

在人类文明的天然材料阶段和经验性人造材料阶段,人们只能对材料的性能做出描述,或者部分地加以结构上的解释,但所需材料性能的获得主要靠机遇和经验,人们寻找优质材料时是盲目被动的。而当代材料科学与工程的进展使人们可以预见性的、有目的的设计出具有新性能的材料,现在人类开始主动地设计创造出地球上过去没有的新材料,材料的品种和性能正在迅速增加和改善,钢铁一统天下的局面已经被打破。

人类认识和改造自然的历史实际上也是开发和利用能源的历史。在古代,人们主要靠消耗自身肌肉的力量进行劳动,获取生活资料。后来发现了火,知道了把燃料中的化学能转变为热能。此后能源逐渐扩大,除了利用草木燃料、畜力、风力、水力外,还发现了煤炭、石油、天然气等能源。蒸汽机的发明和利用、内燃机的广泛使用,使煤和石油在能源中占据了主要地位。这次能源革命大大发展了生产力,人类对自然的改造达到了较高水平。

电磁学理论的建立和电工技术的发明,使电能进入了能源行列,这种能源便于传输、转换,易于管理,它的推广带来了生产电气化,使社会生活发生了巨大变革。这是历史上又一次大的能源革命。

能量守恒和转化定律的发现是能源科学发展史上的重大事件,它为人类开发利用各种能源提供了理论基础。自然科学和技术的全面发展,其中物质结构理论的建立,原子、原子核、基本粒子理论的提出,以及天文学、地质学、生物学等方面的成就,都在人类开发和利用能源的活动中发挥了重大作用。

当前,已经开始了历史上的第三次能源革命。能源的使用正由有限的矿物燃料向无限的可再生能源以及核能转变。此外,建立科学的能源结构、广开能源、综合利用能源、研究节能技术等问题也都引起人们的极大关注。

2. 材料与能源的种类

根据不同的划分方法可把材料分为不同的种类。按物质的组成来划分,材料可分为金属、半导体、有机高分子和无机非金属四大类。按材料的使用划分，不管它是金属、无机非金属还是高分子聚合物，又可大致归为两大类：一类是结构材料，主要利用其强度；另一类是功能材料，主要利用它们的电、光、声、磁、热等效应和功能。就材料的加工来划分，又可把材料分为天然材料、加工过的材料和人工合成材料。天然材料是自然界原来就有的，如沙、石，木材等；经过加工过的材料如钢铁、水泥之类；人工合成材料是人们利用自然的原料创造出来的，如各种复合材料、合成材料等。

在能源科学中，通常把能源划分为两大类型。一类是一次能源，如水力、风力、煤炭、石油、天然气等；另一类是二次能源，如电就是由一次能源转化而来。此外，能源还可分为可再生能源和非再生能源。前者如风力、水力、太阳能，后者如石油、煤、天然气等。

3. 新材料的出现与发展趋势

在20世纪中叶以前，材料的研究几乎只限于金属。从50年代开始，一些新兴的尖端技术对材料提出了许多新的要求，工程上的新发展日益广泛的涉及新的材料。这就引起经济发达国家对材料研究的高度重视，使各种新材料如雨后春笋般的出现。据估计，到目前为止，世界发达国家注册的新材料已达30万种，而且还以每年5%的增长率不断增加。新型材料尽管五花八门，但最引人注目的是三大类：

(1) 无机非金属材料。它被认为是信息社会的新一代产业的物质基础。如高温结构陶瓷、光导纤维、非晶态硅等。

(2) 新型有机合成材料。主要包括塑料、合成纤维、合成橡胶和其他合成材料，其发展速度已大大超过三大基础材料(钢、水泥、木材)。

(3) 新型金属与合金材料。如钛，其密度不到铁的60%，但强度高达普通钢铁的2～3倍，且耐腐蚀，已广泛用于飞机、宇航、化工、核能、发电等工业部门。

当前，世界上材料发展的趋势主要表现为三个方面：一是天然材料的直接利用逐渐减少；二是合成材料和非金属材料已在取代部分传统的金属材料，钢铁将不再是占主宰地位的结构材料；三是在金属材料方面正在出现一些高性能的金属或合金材料。

第四节　生物技术

现代生物技术，又称为生物工程，是指以现代生命科学为基础，结合先进的工程技术手段和其他基础学科的科学原理，按照预先的设计改造生物体或加工生物原料，为人类生产出所需产品或达到某种目的。它的成果已经在解决人类的粮食、能源、医疗、环境等问题上显示出了重要的作用。现代生物技术是能够改变人类未来的最重大的技术之一。

现代生物技术一般包括细胞工程、微生物发酵工程、酶工程、基因工程、蛋白质工程五大领域。

一、细胞工程

细胞工程是指应用细胞生物学和分子生物学的原理和方法，通过某种工程学手段，以细胞为单位，在体外条件下进行培养、繁殖，或人为的使细胞某些生物学特性按人们意愿发生改变，从而改良生物品种和创造新品种，加速繁育动植物个体，以获得某种有用物质的过程。

包括细胞体外培养技术、细胞融合技术、细胞移植技术等。根据细胞类型的不同,可以把细胞工程分为植物细胞工程和动物细胞工程两大类。

1. 植物细胞工程

植物细胞工程通常采用的技术手段有植物组织培养和植物体细胞杂交等。这些技术的理论基础是植物细胞的全能性。图3-1为植物细胞。

（1）细胞的全能性

生物体的细胞具有使后代细胞形成完整个体的潜能,细胞的这种特性叫做细胞的全能性。生物体的每一个细胞都包含有该物种所特有的全套遗传物质,都有发育成为完整个体所必需的全部基因,从理论上讲,生物体的每一个活细胞都应该具有全能性。

在生物体的所有细胞中,受精卵的全能性是最高的。有性生殖生物体的任何一个细胞,都是由受精卵分裂、分化而成的。生殖细胞,尤其是卵细胞,虽然分化程度很高,但是仍然具有较高的潜在全能性。在某些条件下,卵细胞可以进行孤雌生殖,由一个卵细胞分化形成各种类型的细胞。例如,蜜蜂中的雄蜂、蚂蚁中的雄蚁,都是卵细胞孤雌生殖产生的后代。体细胞的全能性比生殖细胞低得多。

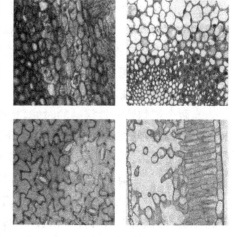

图3-1　植物细胞

（2）植物组织培养

植物组织培养是植物细胞工程中研究得比较早也比较成熟的技术。试管苗的快速繁殖、无病毒植物的培育等研究成果已经处于应用推广阶段。

离体的植物器官、组织或细胞,在培养了一段时间以后,会通过细胞分裂,形成愈伤组织。愈伤组织的细胞排列疏松而无规则,是一种高度液泡化的呈无定形状态的薄壁细胞。由高度分化的植物器官、组织或细胞产生愈伤组织的过程,称为植物细胞的脱分化,或者叫做去分化。脱分化产生的愈伤组织继续进行培养,又可以重新分化成根或芽等器官,这个过程叫做再分化。再分化形成的试管苗,移栽到地里,可以发育成完整的植物体。

植物细胞只有脱离了植物体,在一定的外部因素作用下,经过细胞分裂形成愈伤组织,才表现出全能性,由愈伤组织细胞发育、分化出新的植物体。

影响植物细胞脱分化产生愈伤组织的一个重要因素是植物激素。当细胞分裂素与生长素共同使用时,能强烈地刺激愈伤组织的形成。植物激素还会影响到再分化过程中芽和根的发生。

（3）植物体细胞杂交

20世纪60年代,有科学家提出这样一种设想:让番茄和马铃薯杂交,培育出一种地上结番茄果实、地下结马铃薯块茎的植物。因为不同种生物之间存在着生殖隔离,所以用传统的有性杂交方法是不可能做到这一点的。于是,这些科学家试图用这两种植物的体细胞进行杂交,来实现这一美妙的设想。

植物体细胞杂交是用两个来自于不同植物的体细胞融合成一个杂种细胞,并且把杂种细胞培育成新的植物体的方法。

植物细胞的外面有一层细胞壁,这层细胞壁阻碍了植物体细胞的杂交。因此,植物体细胞杂交的第一步就是去掉细胞壁,分离出有活力的原生质体。目前最常用的去细胞壁的方法是酶解法,也就是在温和的条件下用纤维素酶、果胶酶等分解植物细胞的细胞壁。获得原生质体后,就可以进行植物体细胞杂交了。植物体细胞杂交的过程,实际上是不同植物体细胞的原生质体融合的过程。将不同植物的原生质体放在一起后,必须通过一定的技术手段进行人工诱导,才能实现原生质体的融合。人工诱导原生质体融合的方法有物理法和化学法两大类。物理法是利用显微操作、离心、振动、电刺激等促使原生质体融合,化学法是用聚二醇(PEC)等试剂作为诱导剂诱导融合。经过诱导融合得到的杂种细胞,用植物组织培养的方法进行培育,可以得到杂种植株。

2. 细胞融合技术

当两个细胞紧密地接触的时候,其细胞膜可能融合在一起,而融合的细胞含有两个不同的细胞核,称为异核体,在适当的条件下,它们可以融合在一起,产生具有原来两个细胞基因信息的单个核细胞,称为杂交细胞。多年来,在进行体细胞融合过程中,常常发现杂交细胞染色体丢失,只保留亲代细胞的某一种特性。

目前有些科学家正在应用抗肿瘤细胞的特异性单克隆抗体去探索人类癌症诊断与治疗的新途径,可望在不久的将来,这种针对恶性肿瘤细胞的特异性抗体可能成为一种特殊的运载工具,将杀伤癌细胞的毒素和化疗药物等治疗剂结合在一起,特异地运送至恶性肿瘤细胞周围,发挥其应有的效能,这将为人类的癌症治疗开辟一个广阔的前景。

3. 胚胎工程

胚胎工程就是为了加速繁育经济动物,培育动物的优良品种,或挽救濒危动物使用的一种胚胎移植的方法。胚胎工程一般来说包括超数排卵、试管牛犊、冷冻胚胎、卵分割法、核移植技术等。图3-2为人造胚胎"超数排卵"和"人工授精"。

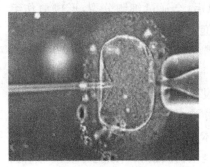

图3-2 人造胚胎"超数排卵"和"人工授精"

一头母牛在自然情况下每次只能排一个卵,这就是说只能生一头小牛。能不能让动物多排卵呢?科学家们多年来终于研究成功了一种超数排卵技术,这就是在母牛发情期的第9~14天的时候,给母牛注射一种促排卵剂。这种促排卵剂叫做促性腺激素,促使只能生成1个成熟卵细胞的卵巢一次排出十多个卵,甚至多达40个以上的成熟卵细胞。为了培育优良品种,首先选择良种母牛,使之多排卵,同时,选择优良的公牛,取其精液进行人工授精。在人工授精的母牛发情后的第6~8天,从受了精的母牛子宫里取出优良品种的胚胎,在37℃下,10 h之内,将这个早期胚胎移植到事先选择好的发了情的母牛子宫里,也可把这头母牛看做是养母(也有人称为假母),让养母怀孕,这可以称为借腹怀胎。最后,养母生下了优良母种的小牛。因为母牛产卵多,人工授精后,可能形成很多胚胎。把很多胚胎移植到很多养母的子宫里,就能生下许多优良品种的小牛,最多的可达50多头。

无论是动物的"人工授精",还是"试管动物",都会产生很多优良品种的胚胎,假如一时用不完或找不到合适的"养母"进行移植,或需要将优良品种的胚胎运输到远处进行繁殖,科学家们就把胚胎放在-196℃的液氮里保存,待需要进行胚胎移植时,把冷冻胚胎解冻,仍能正常发育成个体。科学家们为了更快地繁育动物优良品种,又研究成功了卵分割法。所谓卵分割法,就是把胚胎内的细胞一个个分离开,变成单个受精卵细胞,再把单个受精卵细胞育成胚胎,进行胚胎移植,就会产生双犊、四犊等家畜。

胚胎工程不仅蕴藏着巨大的经济效益,同时对保护珍稀动物和挽救濒临灭绝的野生动物也发挥着重大作用。如中国科学院动物研究所的科研人员研究大熊猫的体外受精取得了很大进展,这将给人工繁殖大熊猫带来希望。

4. 胚胎干细胞(Embryonic Stem Cell,ES 细胞)

当受精卵分裂发育成囊胚时,内层细胞团的细胞即为胚胎干细胞。胚胎干细胞具有全能性,可以自我更新并具有分化为体内所有组织的能力。早在 1970 年,Martm Evans 已从小鼠中分离出胚胎干细胞并在体外进行培养。而人的胚胎干细胞的体外培养也获得成功。图 3-3 为干细胞移植示意图。

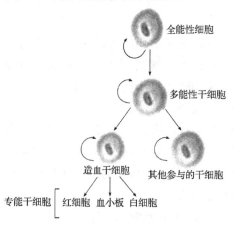

图 3-3 干细胞移植

进一步说,胚胎干细胞(ES 细胞)是一种高度未分化细胞。它具有发育的全能性,能分化出成体动物的所有组织和器官,包括生殖细胞。研究和利用 ES 细胞是当前生物工程领域的核心问题之一。ES 细胞的研究可追溯到 20 世纪 50 年代,由于畸胎瘤干细胞(EC 细胞)的发现开始了 ES 细胞的生物学研究历程。

目前许多研究工作都是以小鼠 ES 细胞为研究对象展开的,如德美医学小组在 2001 年成功地向试验鼠体内移植了由 ES 细胞培养出的神经胶质细胞。此后,密苏里的研究人员通过鼠胚细胞移植技术,使瘫痪的猫恢复了部分肢体活动能力。随着 ES 细胞的研究日益深入,生命科学家对人类 ES 细胞的了解迈入了一个新的阶段。在 1998 年末,两个研究小组成功地培养出人类 ES 细胞,保持了 ES 细胞分化为各种体细胞的全能性。这样就使科学家利用人类 ES 细胞治疗各种疾病成为可能。然而,人类 ES 细胞的研究工作引起了全世界范围内的很大争议,出于社会伦理学方面的原因,有些国家甚至明令禁止进行人类 ES 细胞研究。无论从基础研究角度来讲还是从临床应用方面来看,人类 ES 细胞带给人类的好处远远大于在伦理方面可能造成的负面影响,因此要求展开人类 ES 细胞研究的呼声也一浪高过一浪。

5. 克隆羊

1996 年出生的多莉,使人类首次实现了利用成年动物体细胞克隆哺乳动物的梦想。图 3-4 为克隆羊多莉。多莉身份于 1997 年 2 月公布于众之后,世界范围内随之掀起克隆研

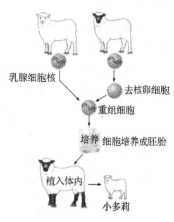

图 3-4 克隆羊多莉

究热,各国培育出的克隆牛、克隆鼠等竞相问世。尽管如此,多莉在克隆技术发展史上仍将拥有无法替代的鼻祖地位。

二、微生物发酵工程

利用微生物生长速度快、生长条件简单以及代谢过程特殊等特点,在合适的条件下,通过现代化工程技术手段,由微生物的某种特定功能生产出人类所需的产品,称为发酵工程。现代发酵工程自抗生素工业的建立而兴起后,氨基酸、柠檬酸、酶制剂、维生素、单细胞蛋白、微生物农药等独立工业体系也相继兴起。

氨基酸发酵是抗生素以外最大宗的微生物工程产品。其中,产量最大的为谷氨酸(味精)的生产。20世纪80年代中期,日本味精就曾以低于我国味精一半的价格出现在广州市场。他们还有如特鲜味精(肌苷酸)等产品,使我国味精生产面临严峻挑战。如今,随着生物工程的兴起,各国都在加紧发展,试图依靠先进的技术占领更广阔的市场。用发酵法生产维生素,我国生产的品种有维生素 B2、维生素 B6、维生素 B12、维生素 C。我们生产维生素 C 用的两步发酵法新工艺居世界领先地位,已经在全国推广。

我国在用微生物方法生产甾体激素方面也有一定基础,有了系列产品,其中上海药物所成功地把喜树碱(治疗癌症药物,但毒性较大)转化为 10-羟基喜树碱(毒性小),提高了对癌症的疗效,也属国际首例。中科院微生物研究所研究出来的微生物多糖,可以做石油开采的注水稠化剂,也可以做钻井泥浆的悬浮剂。山东大学也研制出了与国外产品相似的微生物多糖,可以用来采油。我国在这方面的研究起步虽晚,但发展较快,很有前途。我国人口众多,蛋白质缺乏的问题始终存在,广大农村情况更严重。单细胞蛋白的生产对解决这个问题大有帮助。我国目前已有上海和华南的一些工厂在研制生产单细胞蛋白的酵母和利用有机废弃物生产蛋白质方面取得了一些成绩,但未来的道路还很漫长。

微生物还能通过对石油及淀粉类物质的利用,生产出许多重要的化工原料。我国目前这类发酵产品有丙酮、丁醇、脂肪酸、苹果酸等多种,在国民经济中发挥了不小的作用。比如用十五烷烃酵母转化产生的两种物质可以用来合成麝香酮等香料,每吨产值可达数万元。微生物冶金我国也有一定基础。利用微生物浸出铜、铀、钴、镍和锰等有色金属已经具有工业化水平了。

发酵是在人工设定的环境下使目的微生物大量繁殖。其过程包括:上游处理过程;发酵、转化;下游处理过程。

发酵和转化是微生物合成大量产物的过程,是整个工程中的中心环节,因此在发酵过程中应选择合适的方法和发酵器。材料经发酵后,便进入了最后环节——目的产物的分离、纯化。最初人们面对"鱼龙混杂"的发酵产物,只能通过初步的过滤然后经蒸馏得到"纯净"的目的产物。随着技术的发展和人们对高纯度产物的要求,这一后续环节不断得到完善。微生物发酵工程是一门古老的学科,在各种技术的不断渗入下面貌焕然一新,与人们生活息息相关,相信在未来其必将成为国民经济新的增长点。

三、酶工程及其发展

酶工程就是利用酶、细胞器或细胞所具有的特异催化功能,或对酶进行修饰改造,并借助生物反应器和工艺过程来生产人类所需产品的一项技术。包括酶的固定化技术、细胞的固定化技术、酶的修饰改造技术及酶反应器的设计等技术。实际上,人类有意识地利用酶已经有很多年历史了,也经历了几个发展阶段。开始的时候,人们直接从动植物或微生物体内提取酶做成酶制剂,用于产品生产,这种方法直到现在仍被沿用。比如,现在人们使用的洗涤剂,大部分是加酶的,去污力大大加强了。此外,在制造奶酪、水解淀粉和酿造啤酒中,酶制剂都可以得到直接的应用。由于从动植物中提取酶较麻烦,数量也有限,人们普遍看好通过微生物大规模培养,然后从中提取酶,以获取大量酶制剂的方法。目前,很多商品酶,如淀粉酶、糖化酶、蛋白酶等,主要是来自于微生物。所以酶工程离不开微生物发酵工程,也可以说是发酵工程的产物。

20世纪70年代以后,伴随着第二代酶——固定化酶及其相关技术的产生,酶工程才算真正登上了历史舞台。固定化酶正日益成为工业生产的主力军,在化工医药、轻工食品、环境保护等领域发挥着巨大的作用。不仅如此,还产生了威力更大的第三代酶,它是包括辅助因子再生系统在内的固定化多酶系统,它正成为酶工程应用的主角。

对酶进行改造和修饰也是酶工程的一项重要内容。酶的作用力虽然很强,尤其是被固定起来之后,力量就更大了,但并不是所有的酶制剂都适合固定化的,即使是用于固定化的天然酶,其活性也往往不能满足人们的要求,需要改变其某些性质,提高其活性,以便更好地发挥其催化功能。于是,酶分子修饰和改造的任务就被提出来了。

一般来说,科学家们是通过对酶蛋白分子的主链进行"切割"、"剪切"以及在侧链上进行化学修饰来达到改造酶分子的目的的。被修饰、改造的酶分子,无论是物化性质还是生物活性都得到了改善,甚至被赋予了新的功能。

人工设计和合成具有生物活性的非天然大分子物质是科学家们共同努力的目标。

四、基因工程

1. 基因工程与DNA

1953年,英国剑桥大学留学的美国青年生物学家沃森和克里克揭示DNA(脱氧核糖核酸)分子的立体结构以后,给传统的生物技术注入了崭新的活力,使之发生了革新换代的变化。尤其是20世纪70年代兴起的现代生物技术,导致遗传学研究发生了一系列的深刻变化。在这中间,基因工程技术尤为引人注目。基因工程是指在基因水平上的遗传工程,它是用人为方法将所需要的某一供体生物的遗传物质——DNA大分子提取出来,在离体条件下用适当的工具酶进行切割后,把它与作为载体的DNA分子连接起来,然后与载体一起导入某一更易生长、繁殖的受体细胞中,以让外源遗传物质在其中"安家落户",进行正常复制和表达,从而获得新物种的一种崭新的育种技术。

美国的吉尔伯特是碱基排列分析法的创始人,他率先支持人类基因组工程。如果将一种生物的DNA中的某个遗传密码片段连接到另外一种生物的DNA链上去,将DNA重新组织一下,就可以按照人类的愿望,设计出新的遗传物质并创造出新的生物类型。这与过去培育生物繁殖后代的传统做法完全不同,它很像技术科学的工程设计,即按照人类的需要把这种生物的这个"基因"与那种生物的那个"基因"重新"施工"、"组装"成新的基因组合,创造出新的生物。这种完全按照人的意愿,由重新组装基因到新生物产生的生物科学技术,就被称为"基因工程",或者称为"遗传工程"。

2. 人类基因工程

1866年,奥地利遗传学家孟德尔神父发现生物的遗传基因规律;1868年,瑞士生物学家弗里德里希发现细胞核内存有酸性和蛋白质两个部分,酸性部分就是后来的所谓的DNA;1882年,德国胚胎学家瓦尔特·弗莱明在研究蝾螈细胞时发现细胞核内包含有大量的分裂的线状物体,也就是后来的染色体;1944年,美国科研人员证明DNA是大多数有机体的遗传原料,而不是蛋白质;1953年,美国生化学家华森和英国物理学家克里克宣布他们发现了DNA的双螺旋结构,这为基因工程奠定了基础;1980年,第一只经过基因改造的老鼠诞生;1996年,第一只克隆羊诞生;1999年,美国科学家破解了人类第22组基因排序列图;未来的计划是可以根据基因图有针对性地对有关疾病对症下药。

人类基因组研究是一项生命科学的基础性研究。有科学家把基因组图谱看成是指路图,或化学中的元素周期表。也有科学家把基因组图谱比作字典。但不论是从哪个角度去阐释,破解人类自身基因密码,以促进人类健康、预防疾病、延长寿命,其应用前景都是极其美好的。破译人类和动植物的基因密码,为攻克疾病和提高农作物产量开拓了广阔的前景,这将成为医学和生物制药产业知识和技术创新的源泉。

科学研究证明,一些困扰人类健康的主要疾病,例如,心脑血管疾病、糖尿病、肝病、癌症等都与基因有关。依据已经破译的基因序列和功能,找出这些基因并针对相应的病变区位进行药物筛选,甚至基于已有的基因知识来设计新药,就能有的放矢地修补或替换这些病变的基因,从而根治顽症。基因药物将成为21世纪医药中的耀眼明星。基因研究不仅能够为筛选和研制新药提供基础数据,也为利用基因进行检测、预防和治疗疾病提供了可能。比如,有同样生活习惯和生活环境的人,由于具有不同基因序列,对同一种病的易感性就大不一样。明显的例子有,同为吸烟人群,有人就易患肺癌,有人则不然。医生会根据各人不同的基因序列给予因人而异的指导,使其养成科学合理的生活习惯,最大可能地预防疾病。人类基因工程的开展使破译人类全部DNA的日子指日可待。

3. 基因工程的重要特征

(1) 外源核酸分子在不同的寄主生物中进行繁殖,能够跨越天然物种屏障,把来自任何一种生物的基因放置到新的生物中,而这种生物可以与原来生物毫无亲缘关系。

(2) 一种确定的DNA小片段在新的寄主细胞中进行扩增,这样实现很少量DNA样品复制出大量的DNA,而且是大量没有污染任何其他DNA序列的、绝对纯净的DNA分子群体。科学家将改变人类生殖细胞DNA的技术称为"基因系治疗",通常所说的"基因工程"则是针对改变动植物生殖细胞的。改变个体生殖细胞的DNA都将可能使其后代发生同样的改变。

迄今为止,基因工程已在从细菌到家畜的几乎所有非人生命物体上做了实验,并取得了成功。事实上,所有用于治疗糖尿病的胰岛素都来自一种细菌,其DNA中被插入人类可产生胰岛素的基因,细菌便可自行复制胰岛素。基因工程技术使得许多植物具有了抗病虫害和抗除草剂的能力。

虽然有许多基因的功能及其协同工作的方式人类目前还不知晓,但利用基因工程可使番茄具有抗癌作用、使鲑鱼长得比自然界中的大几倍、使宠物不再会引起过敏已获成功。人们便希望也可以对人类基因做类似的修改。毕竟,胚胎遗传病筛查、基因修复和基因工程等技术不仅可用于治疗疾病,也为改变诸如眼睛的颜色、智力等其他人类特性提供了可能。目前我们还远不能设计定做我们的后代,但已有借助胚胎遗传病筛查技术培育人们需求的身体特性的例子。比如,运用此技术,可使患儿的父母生一个和患儿骨髓匹配的孩子,然后再通过骨髓移植来治愈患儿。

4. 基因工程的基本操作步骤

首先获取目的基因;其次基因表达载体的构建,这是基因工程的核心;再将目的基因导入受体细胞;最后看目的基因导入受体细胞后,是否可以稳定维持和表达其遗传特性,只有通过检测与鉴定才能知道。

5. 基因工程技术的应用

最初,基因工程技术的应用主要集中在改善人体体质及疾病治疗等方面。进入21世纪后,在动物改良、虫害控制、植物升级换代、增进健康能源和环境工程等领域中,它的发展方向将更为广泛。

基因技术虽然对保护和增进人类健康有着卓著的功效,但它并不能解决目前人类所有的健康问题。因为影响人体健康的因素众多,且相互之间的作用非常复杂。

6. 基因工程的前景

基因工程在20世纪取得了很大的进展,这至少有两个有力的证明:一是转基因动植物;二是克隆技术。转基因动植物由于植入了新的基因,使得动植物具有了原先没有的全新的性状,如今,转基因技术已经开始广泛应用,如抗虫番茄、生长迅速的鲫鱼等。生物技术的巨大进步使人类对未来的想象有了更广阔的空间。

人类将挑战生命科学的极限。1987年,美国科学家提出了"人类基因组计划",目标是确定人类的全部遗传信息,确定人的基因在23对染色体上的具体位置,查清每个基因核苷酸的顺序,建立人类基因库。1999年,人的第22对染色体的基因密码被破译,"人类基因组计划"迈出了成功的一步。可以预见,在今后的不长时间里,科学家们就可能揭示人类大约5 000种基因遗传病的致病基因,从而为癌症、糖尿病、心脏病、血友病等致命疾病找到基因疗法。

随着人类基因组研究工作的进一步深入,生命科学和生物技术将随着新的世纪进入新的纪元。

五、蛋白质工程

蛋白质工程是在基因重组技术、生物化学、分子生物学、分子遗传学等学科的基础之上,融合了蛋白质晶体学、蛋白质动力学、蛋白质化学和计算机辅助设计等多学科而发展起来的新兴研究领域。其内容主要有两个方面:一是根据需要合成具有特定氨基酸序列和空间结构的蛋白质;二是确定蛋白质化学组成、空间结构与生物功能之间的关系。在此基础之上,实现从氨基酸序列预测蛋白质的空间结构和生物功能,设计合成具有特定生物功能的全新的蛋白质,这也是蛋白质工程最根本的目标之一。

1. 蛋白质结构分析

蛋白质工程的核心内容之一就是收集大量的蛋白质分子结构的信息,以便建立结构与功能之间关系的数据库,为蛋白质结构与功能之间关系的理论研究奠定基础。三维空间结构的测定是验证蛋白质设计的假设,即证明是新结构改变了原有生物功能的必需手段。晶体学的技术在确定蛋白质结构方面有了很大发展,但是最明显的不足是需要分离出足够量的纯蛋白质(几毫克至几十毫克),制备出单晶体,然后再进行繁杂的数据收集、计算和分析。

另外,蛋白质的晶体状态与自然状态也不尽相同,在分析的时候要考虑到这个问题。核磁共振技术可以分析液态下的肽链结构,这种方法绕过了结晶、X射线衍射成像分析等难点,直接分析自然状态下的蛋白质的结构。现代核磁共振技术已经从一维发展到三维,在计算机的辅助下,可以有效地分析并直接模拟出蛋白质的空间结构、蛋白质与辅基和底物结合的情况以及酶催化的动态机理。从某种意义上讲,核磁共振可以更有效的分析蛋白质的突变。国外有许多研究机构正在致力于研究蛋白质与核酸、酶抑制剂与蛋白质的结合情况,以开发具有高度专一性的药用蛋白质。

2. 结构、功能的设计和预测

根据对天然蛋白质结构与功能分析建立起来的数据库里的数据,可以预测一定氨基酸序列肽链空间结构和生物功能;反之,也可以根据特定的生物功能,设计蛋白质的氨基酸序列和空间结构。通过基因重组等实验可以直接考察分析结构与功能之间的关系;也可以通过分子动力学、分子热力学等,根据能量最低、同一位置不能同时存在两个原子等基本原则分析计算蛋白质分子的立体结构和生物功能。虽然这方面的工作尚在起步阶段,但可预见将来能建立一套完整的理论来解释结构与功能之间的关系,用以设计、预测蛋白质的结构和功能。

3. 蛋白质的创造和改造

目前,蛋白质工程主要集中在改造现有的蛋白质这一领域。蛋白质的改造,从简单的物理、化学法到复杂的基因重组等有多种方法。物理、化学法:对蛋白质进行变性、复性处理,修饰蛋白质侧链官能团,分割肽链,改变表面电荷分布,促进蛋白质形成一定的立体构象等;生物化学法:使用蛋白酶选择性地分割蛋白质,利用转糖苷酶、酯酶、酰酶等去除或连接不同化学基团,利用转酰胺酶使蛋白质发生胶连等。以上方法只能对相同或相似的基团或化学键发生作用,缺乏特异性,不能针对特定的部位起作用。采用基因重组技术或人工合成DNA,不但可以改造蛋白质,而且可以实现从头合成全新的蛋白质。

蛋白质是由不同氨基酸按一定顺序通过肽键连接而成的肽构成的。氨基酸序列就是蛋白质的一级结构,它决定着蛋白质的空间结构和生物功能。而氨基酸序列是由合成蛋白质的基因的DNA序列决定的,改变DNA序列就可以改变蛋白质的氨基酸序列,实现蛋白质的可调控生物合成。在确定基因序列或氨基酸序列与蛋白质功能之间关系之前,宜采用随机诱变,造成碱基对的缺失、插入或替代,这样就可以将研究目标限定在一定的区域内,从而大大减少基因分析的长度。一旦目标DNA明确以后,就可以运用定位突变等技术来进行研究。

定位突变蛋白质中的氨基酸是由基因中的三联密码决定的,只要改变其中的一个或两个就可以改变氨基酸。通常是改变某个位置的氨基酸,研究蛋白质结构、稳定性或催化特性。

蛋白质融合是将一种蛋白质的部分基因移植到另一种蛋白质基因上或将不同蛋白质基因的片段组合在一起,经基因克隆和表达,产生出新的融合蛋白质。这种方法可以将不同蛋白质的特性集中在一种蛋白质上,显著地改变蛋白质的特性。现在研究得较多的所谓"嵌合抗体"和"人缘化抗体"等,就是采用的这种方法。

4. 蛋白质工程应用

蛋白质工程在食品工业、日用品工业方面有广泛的应用前景。比如用经过改造的稳定性好的酶,可由价格便宜的棕榈油生产出价格昂贵的可可脂,从而创造很高的经济效益。荷兰一家公司设计了一种能和漂白剂一同起作用的去污酶,并且通过对这种酶上的两个氨基酸的修改,使这种酶具有较高的抵抗力,在洗涤过程中不被破坏。因此,通过蛋白质工程可实现常规酶工程手段不能实现的目标。

在医学上,蛋白质工程也具有广泛的应用前景。比如,用人工手段去改造某些致癌基因的产物——蛋白质,使它失去致癌作用,从而开辟治疗癌症的新途径。我国的蛋白质工程具有国际先进水平,这些工程包括重组人胰岛素和溶血栓药物、重组人尿激酶等。

对动植物体内参与重要生命活动的酶加以修饰和改造,是蛋白质工程未来发展的一个重要目标。有朝一日,人们一定能够通过蛋白质工程来设计、控制那些与DNA相互作用的调控蛋白质,到那时,人为控制遗传、改造生命就不再是天方夜谭了。

当前,蛋白质工程是发展较好较快的分子工程。这是因为在进行蛋白质分子设计后,已可应用高效的基因工程来进行蛋白的合成。蛋白工程还可对酶的催化活性、底物专一性、抗氧化性、热变性、碱变性等加以改变,由此可以看出蛋白工程的威力及其光辉前景。

第五节 先进制造技术

纵观近200年制造业的发展历程,影响其发展最主要的因素是技术的推动和市场的牵引。人类科学技术的每次革命必然引起制造技术的不断发展;随着人类的不断进步,人类的需求不断产生变化,因而也推动了制造业的不断发展。先进制造技术(Advanced Manufacturing Technology,AMT)是制造业为了适应现代生产环境及市场的动态变化,在传统制造技术基础上通过不断吸收科学技术的最新成果而逐渐发展起来的一个新兴技术群。

一、先进制造技术概述

1. 先进制造技术的内涵及特点

制造技术是制造业所使用的一切生产技术的总称,是将原材料和其他生产要素经济合理地转化为可直接使用的具有较高附加值的成品/半成品和技术服务的技术群。先进制造技术是在传统制造技术基础上不断吸收机械、电子、信息、材料、能源以及现代管理技术的成果,将其综合应用于产品设计、加工装配、检验测试、经营管理、售后服务乃至回收的制造全过程,以实现优质、高效、低耗、清洁、灵活的生产,提高对动态多变的市场的适应能力和竞争能力的制造技术的总称。

先进制造技术的核心是优质、高效、低耗、清洁生产的基础制造技术,其目的是满足用户个性化、多样化的市场需求,提高制造业的综合经济效益,赢得激烈的市场竞争。为此,先进制造技术比传统制造技术更加重视技术与管理的结合,重视制造过程组织和管理体制的简化及合理化。

先进制造技术引入计算机技术、信息技术、传感技术、自动化技术和先进管理技术等新技术,并与传统制造技术相结合,成为一个能够驾驭生产过程中的物质流、信息流和能量流的系统工程。先进制造技术是针对一定的应用目标,不断吸收各种高新技术逐渐形成和发展起来的新技术,趋于系统化、集成化,已发展成为集机械、电子、信息、材料和管理技术为一体的新型交叉学科——制造系统工程。先进制造技术贯穿了从产品设计、加工制造到产品销售及使用维护的整个过程,注重产生最好的实践效果,以促进国家经济的快速增长和提高企业综合竞争力。

2. 先进制造技术的分类

根据先进制造技术的功能和研究对象,将先进制造技术归纳为如下几个大类。

(1) 现代设计技术是根据产品功能要求,应用现代技术和科学知识,制定设计方案并使方案付诸实施的技术,其重要性在于使产品设计建立在科学的基础上,促使产品由低级向高级转化,促进产品功能不断完善,产品质量不断提高。现代设计技术主要有如下内容:① 设计方法,包括模块化设计、系统化设计、价值工程、模糊设计、面向对象的设计、反求工程、并行设计、绿色设计、工业设计等。② 产品可信性设计是产品的可用性、可靠性和维修保障性的综合。包括可靠性设计、安全性设计、动态分析与设计、防断裂设计、防疲劳设计、耐环境设计、维修设计和维修保障设计等。③ 设计自动化技术是指用计算机软硬件工具辅助完成设计任务和过程的技术,它包括产品的造型设计、工艺设计、工程图生成、有限元分析、优化设计、模拟仿真、虚拟设计、工程数据库等内容。

(2) 先进制造工艺是先进制造技术的核心和基础,使各种原材料、半成品成为产品的方法和过程。先进制造工艺包括高效精密成形技术、高精度切削加工工艺、特种加工以及表面改性技术等内容。主要目标是为了提高产品质量、减少材料损耗,高效、高质地完成产品加工过程。

(3) 加工自动化是用机电设备工具取代或放大人的体力,甚至取代和延伸人的部分智力,自动完成特定的作业,包括物料的存储、运输、加工、装配和检验等各个生产环节的自动化。加工过程自动化技术涉及数控技术、工业机器人技术、柔性制造技术、传感技术、自动检测技术、信号处理和识别技术等内容。其目的在于减轻操作者的劳动强度,提高生产效率,节省能源消耗及降低生产成本。

(4) 现代生产管理技术是指制造型企业在从市场开发、产品设计、生产制造、质量控制到销售服务等一系列的生产经营活动中,为了使制造资源(材料、设备、能源、技术、信息以及人力资源)得到总体配置优化和充分利用,使企业的综合效益质量、成本、交货期得到提高而采取的各种计划、组织、控制及协调的方法和技术的总称。

(5) 先进制造生产模式及系统是面向企业生产全过程,是将先进的信息技术与生产技术相结合的一种新思想和新哲理,其功能覆盖企业的生产预测、产品设计开发、加工装配、信息与资源管理直至产品营销和售后服务的各项生产活动,是制造业的综合自动化的新模式。它包括计算机集成制造(CIM)、并行工程(CE)、敏捷制造(AM)、智能制造(IM)、精良生产

(LP)、绿色制造(GM)等先进的生产组织管理模式和控制方法。

二、先进制造技术

1. 数控技术

(1) 数控技术概述

数控技术,简称"数控"(Numerical Control,NC)。是指用数字、文字和符号组成的数字指令来实现一台或多台机械设备动作控制的技术。它所控制的通常是位置、角度、速度等机械量及与机械能量流向有关的开关量。这种技术用计算机按事先存储的控制程序来执行对设备的控制功能。由于采用计算机替代原先用硬件逻辑电路组成的数控装置,使输入数据的存储、处理、运算、逻辑判断等各种控制机能的实现,均可通过计算机软件来完成,因此也称作计算机数控(Computerized Numerical Control,CNC)。

数控系统是所有数控设备的核心。数控系统的主要控制对象是坐标轴的位移(包括移动速度、方向、位置等),其控制信息主要来源于数控加工或运动控制程序。因此,数控系统的最基本组成包括三部分:① 程序的输入输出装置的作用是进行数控加工或运动控制程序、加工与控制数据、机床参数以及坐标轴位置、检测开关的状态等数据的输入输出。键盘和显示器是任何数控设备都必备的最基本的输入输出装置。② 数控装置是数控系统的核心。它由输入输出接口线路、控制器、运算器和存储器等部分组成。数控装置的作用是将输入装置输入的数据,通过内部的逻辑电路或控制软件进行编译、运算和处理,并输出各种信息和指令,以控制机床的各部分进行规定的动作。③ 伺服驱动通常由伺服放大器(又称驱动器、伺服单元)和执行机构等部分组成。在数控机床上,目前一般都采用交流伺服电动机作为执行机构。在先进的高速加工机床上,已经开始使用直线电动机。对于简易数控机床,步进电动机也可以作为执行元件。伺服放大器的形式决定于执行元件,它必须与驱动电动机配套使用。数控系统的组成决定于控制系统的性能和设备的具体控制要求,其配置和组成具有很大的区别,除加工程序的输入输出装置、数控装置、伺服驱动这三个最基本的组成部分外,还可能有更多的控制装置。

(2) 数控机床

采用数控技术进行控制的机床,称为数控机床(NC 机床)。它是一种综合应用了计算机技术、自动控制技术、精密测量技术和机床设计等先进技术的典型机电一体化产品,是现代制造技术的基础。机床控制也是数控技术应用最早最广泛的领域,数控机床的水平代表了当前数控技术的性能、水平和发展方向。

数控机床品种规格繁多,对数控机床的分类方法较多,但定义明确、分类较确切的一般按加工工艺方法分为两类。其一是普通数控机床,是指加工用途、加工工艺相对单一的数控机床。按加工用途可以分为数控车床、数控铣床、数控镗床、数控钻床、数控磨床、数控齿轮加工机床等。这些数控机床虽然加工工艺方法各异,控制方式也各不相同,但它们与传统的同类机床相比,具有精度一致性好、生产率和自动化程度高的共同特点。除了金属切削数控机床以外,数控技术还大量用于压力机、冲床、弯管机、折弯机、电火花加工机床等。此外,非加工设备也是数控技术应用的重要领域,如数控多坐标测量机、自动绘图机及工业机器人等都广泛采用了数控技术。其二是加工中心,在普通数控机床增加自动换刀装置(ATC)可以成为加工中心。加工中心进一步提高了数控机床的自动化程度和生产效率。以铣、镗、钻加工中心为例,工件通过一次装夹,就可以完成大部分加工面的铣、镗、钻、扩、铰以及攻螺纹等多工序加工,因此特别适合法兰、箱体类零件的加工。

大部分数控机床都有相同的特点:① 加工精度高。数控机床部件制造和装配的精度都很高。控制过程中采用自动控制方式,脉冲当量小,位置分辨率高,并且具备自动补偿功能,大大提高了零件的加工精度。② 机床的柔性强。在数控机床上,改变加工的零件只需要重新编制程序就能够实现对不同零件的加工,为多品种、小批量及新产品生产加工提供了便利。③ 生产效率高。数控机床的主轴转速和给进量可以根据每一道工序选择合适的切削量。同时,对零件的加工是根据事先编好的程序自动完成的,一次完成多道工序的加工,节省了零件安装、调整的时间,并且避免多次安装造成的精度误差,提高了产品的质量。

2. 快速原型技术的概念

快速原型技术是20世纪80年代后期出现的一种新型加工技术。快速原型(Rapid Prototyping,RP)是一种基于离散/堆积成形思想的新型成形技术,它是在计算机技术、数控技术、激光技术以及三维实体零件制造技术的基础上诞生的。而快速原型制造(Rapid Prototyping Manufacturing,RPM)则是指使用快速原型(RP)技术,由CAD模型直接驱动的快速完成复杂形状三维实体零件制造技术的总称。通常情况下,往往都用快速原型来表示快速原型技术。

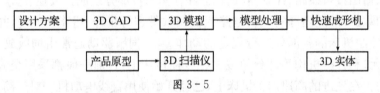

图3-5

快速原型的基本原理如图3-5所示。其基本过程如下:首先由三维CAD软件设计出所需的零件的计算机三维曲面或实体模型,然后根据工艺要求,将其按一定的厚度进行分层,将原来的三维模型转变为二维平面信息(即截面信息),并将分层后的信息进行处理(离散过程),产生数控代码;数控系统以平面加工的方式,有序地、连续地加工出每个薄层,并使它们自动黏结而成形(堆积过程)。就这样,将一个复杂的物理实体的三维加工离散成一系列的层片加工,大大降低了加工的难度。

快速原型制造工艺主要有以下几种:

(1) 立体光刻工艺

立体光刻(Stereo Lithography Apparatus,SLA)也称光造型,最早是由美国3D System公司开发的,其工作原理如下:由计算机传输来的三维实体数据文件,经机器的软件分层处理后,驱动一个扫描激光头,发出紫外激光束在液态紫外光敏树脂的表层进行扫描。液态树脂表层受光束照射的那些点发生聚合反应形成固态。每一层扫描完成,工作台下降一个凝固层的厚度,一层新的液态树脂又覆盖在已扫描过的层表面,再建造一个层,由此层层叠加,成为一个三维实体。

如果实体上有悬空的结构,处理软件可以预先判断并生成必要的支撑工艺结构。为了防止成形后的树脂槽实体粘在工作台上,处理软件还必须先在实体底部生成一个网格状的框架,以减少实体与工作台的接触面积。构型工作全部完成后,实体应从工作台上小心取出,用溶剂洗去未凝固的树脂,再次用紫外线进行整体照射,以保证所有的树脂都凝结牢固。立体光刻(SLA)方法是目前快速原型(RP)技术领域中使用最为广泛的方法,立体光刻(SLA)工艺成形的零件的加工精度较高,可达到 0.1 mm。但是,这种方法也有其缺点,主要为成形过程中需要支撑、树脂收缩导致精度下降、树脂材料本身具有一定毒性等。

(2) 分层实体制造工艺

分层实体制造(Laminated Object Manufacturing,LOM)也称叠层实体制造,最早是由美国 Helisys 公司开发的。该项技术将特殊的箔材一层一层地堆叠起来,激光束只需扫描和切割每一层的边沿,而不必像 SLA 技术那样要对整个表面层进行扫描。目前最常用的箔材是一种在一个面上涂布了热熔树脂胶的纸。在分层实体制造(LOM)成形机器里,箔材从一个供料卷筒拉出,胶面朝下平整的经过造型平台,由位于另一方的收料卷筒收卷起来。每敷覆一层纸,就由一个热压辊压过纸的背面,将其黏合在平台上或前一层纸上。这时激光束开始沿着当前层的轮廓进行切割。激光束经准确聚焦,使之刚好能切穿一层纸的厚度。在模型四周和内腔的纸被激光束切割成细小的碎片以便后期处理时可以除去这些材料。同时,在成形过程中,这些碎片可以对模型的空腔和悬臂结构起支撑作用。一个薄层完成后,工作平台下降一个层的厚度,箔材已割离的四周剩余部分被收料卷筒卷起,拉动连续的箔材进行下一个层的敷覆。如此周而复始,直至整个模型完成。

(3) 选择性激光烧结工艺

选择性激光烧结(Selective Laser Sintering,SLS)工艺最早由美国得克萨斯大学开发,并由 DTM 公司将其推向市场。选择性激光烧结(SLS)的原理与立体光刻(SLA)十分相像,主要区别是立体光刻(SLA)所用的材料是液态的紫外光敏可凝固树脂,而选择性激光烧结则使用粉状的材料。这是该项技术的主要优点之一,因为理论上任何可熔的粉末都可以用来制造模型,这样的模型可以用作真实的原型元件。目前,可用于选择性激光烧结技术的材料包括尼龙粉、覆裹尼龙的玻璃粉、聚碳酸酯粉、聚酰胺粉、蜡粉、金属粉(成形后常需进行再烧结及渗铜处理)、覆裹热凝树脂的细沙、覆蜡陶瓷粉和覆蜡金属粉等。和其他的快速原型技术一样,选择性激光烧结也是采用激光束对粉末状的成形材料进行分层扫描,受到激光束照射的粉末被烧结(熔化后再固化)。当一个层被扫描烧结完毕后,工作台下降一个层的厚度,一个敷料辊又在上面敷上一层均匀密实的粉末,直至完成整个造型。在造型过程中,未经烧结的粉末对模型的空腔和悬臂部分起着支撑作用,不必像立体光刻工艺那样另行生成支撑工艺结构。

(4) 熔融沉积成形工艺

熔融沉积成形(Fused Deposition Modeling,FDM)工艺最早由美国学者 Scott Crump 于 1988 年研制开发,并由 Stratasys 公司将其推向市场。熔融沉积成形(FDM)通常使用热熔性材料,如蜡、ABS、尼龙等。其加工原理如下:首先将丝状的热熔性材料加热熔化,通过带有一个微细喷嘴的喷头挤喷出来,喷头可沿着 x 轴方向移动,而工作台则沿 y 轴方向移动。如果热熔性材料的温度始终稍高于固化温度,而成形的部分温度稍低于固化温度,就能保证热熔性材料挤喷出喷嘴后,随即与前一个层面熔结在一起。一个层面沉积完成后,工作台按预定的增量下降一个层的厚度,再继续熔喷沉积,直至完成整个实体造型。

(5) 立体喷墨印刷工艺

立体喷墨印刷(Ink-Jet Printing,IJP)工艺与熔融沉积成形十分相像,采用喷墨打印的原理,将液态热熔性材料由打印头喷出,逐层堆积而形成一个三维实体。该项技术的主要特点是非常精细,可以在实体上造出小至 0.1 mm 的孔。为了支持空腔和悬臂结构,必须使用两种墨水,一种用于支持空腔,而另一种则用于实体造型。

(6) 三维打印黏结工艺

三维打印黏结(Three-Dimensional Printing,3DP)工艺的原理与选择性激光烧结十分相像,都使用粉状的材料,主要区别在于选择性激光烧结是用激光烧结成形,而 3DP 采用喷墨打印的原理将液态黏结剂由打印头喷出,逐层黏结粉状的材料成形。

第二篇 设计

第四章 设计概述

设计是人类特有的一种实践活动,是伴随着人类造物而派生出来的概念。设计是科学与应用、技术与生活、企业与市场、生产与消费之间的桥梁,是促进经济增长的工具。设计必须考虑"物与物"、"人与物"、"物与社会"、"物与环境"的关系。人类所有的设计行为可以被归纳为概念形态设计与物化形态设计两大类。概念形态存在于每个人的思维中,是只可意识而不可视见的形态。物化形态是指可视、可触摸的人为形态,至少是可视的人为形态。当然,人类今天的设计,不是以某种单一的设计类型支持着产品的创造,而是以人类迄今为止所掌握的全部设计智慧共同创造前所未有的事物,创造着人类的一切文明。因此,也不必过多强调如何分类。

第一节 设计的含义

设计在我们的生活中无处不在,似乎人们对设计应该是感受深刻、理解透彻的。然而"设计"就像"文化"、"思想"、"艺术"、"传统"等概念一样,一直伴随人类的发展,但又很难确切言说。作为一个概念,它包括内涵和外延。内涵指本质意义,外延指外在体现。"设计"的内涵可以理解为"有目的和计划的创造行为"[①],外延则可以是人类有历史以来绝大部分人造物品。如此,设计的内涵是模糊抽象的,外延是广阔宏大的。

设计是人类特有的一种实践活动,是伴随着人类造物而派生出来的概念。无论是远古时代还是科学技术迅猛发展的今日,人类要生存和发展,要在自然和社会中获得和谐的生存空间和生活环境,就无时无刻离不开对造物的冥思苦想和实际的造物活动,借此调节主客体之间的关系。特别是到了本世纪,随着科学技术的发展和工业经济的繁荣,社会从各个方面对设计提出了不同的要求,主要表现在两个方面:

(1) 设计要反映出工业化大生产(批量生产)和市场前提下的各种要求。

(2) 设计要反映出消费者(使用者)与生产者双方的利益和生理、心理上的要求,是一项综合性的计划。

设计是科学与应用、技术与生活、企业与市场、生产与消费之间的桥梁,是促进经济增长

---

① 麦高设计[OL]. http://www.maigaosheji.com/shejibushi.htm.

的工具。在当今世界经济中,制造业和服务业占有重要的地位,而在这两个部门的市场竞争中,需要生产、设计和销售三个环节的紧密配合,而设计便是平衡、协调各种制约因素,使消费者与生产者的利益达到一个均衡的整体,将我们的生活环境按照美和机能的统一进行造物的活动。因此,设计必须考虑产品的各个方面:"物与物"的关系,即构成产品的技术原理所决定的产品内部零部件之间关系的问题。"人与物"的关系,即由产品的使用方式所决定的结构、外形、表面处理、色彩装饰等问题。"物与社会"、"物与环境",必须兼顾到产品的合理性、经济性、审美性、独创性这四个方面,才能成为设计优良的工业产品,才是好的产品。

这表明设计是按某种特定的目的进行的有秩序、有条理的技术造型活动,是谋求物与人及社会和环境之间更好地协调,创造符合人类社会的生理、心理需求的环境,并通过可视化表现达到具体化的过程。从另一个角度来讲,设计的发展方向就是研究如何把科学与艺术有机地联合起来,从而创造出文化与价值。

一些设计大师们对设计也有他们独特的理解:

"设计不是一种职业,它是一种态度和观点,一种规划(计划)者的态度观点。"

——莫霍里·纳吉(Laszio Moholy·Nagy 匈牙利)

"设计是包含规划的行动,是为了控制它的结果。它是艰难的智力工作,并且要求谨慎的广见博闻的决策。它不总是把外形摆在优先地位,而是与有关的各个方面后果结合起来考虑,包括制造、适应手形使用操作、感知,而且还要考虑经济、社会、文化效果。"

——利特(Reuter 德国)

"设计对我而言……是探索生活的一种方式,它是探讨社会、政治、爱情、食物,甚至设计本身的一种方式,归根结底,它是关于建立一种象征生活完美的乌托邦或隐喻的方式。"

——埃托·索特萨斯(Ettore Sottsass 意大利)

"设计是一种带有市场功能的技术和职业……一个设计师在实现自己的意图之前,必须认识到使用者的意图。设计师在设计开始以前一定要对设计的市场目的有明确的认识和了解,目的是市场的成功。"

——昆特·伊安(Kunt Yran 挪威)

"设计的中心应该是'结果引导'。设计应该有明确的目的性,而不是艺术型漫无边际的创造。设计是一个解决问题的过程,而并非单纯的创造外形。"

——尼格·格罗斯(Nigel·Cross 荷兰)

"新设计试图恢复在家用物品和生活于期间的家庭成员之间的'联系和功能的系统',这种功能和联系的系统不能通过纯粹的人类工程学和功能概念来解释。从更宽泛的文化和表现来看,它还涉及着人与他的家庭成员和家中物品的关系。"

——安德拉·伯兰滋(Andrea Branzi 意大利)

"工业设计是一种创造性活动,它的任务是强调工业生产对象的形状特性,这种特性不仅仅指外貌式样,它首先指结构和功能,它应当从生产者的立场以及使用者的立场出发,使二者统一起来。"

——吉诺·法利(Gino Valle 意大利)

"工业设计是一种活动,它的最高目的是确定那些由工业生产的对象的形式特性。形式特性不是指外表特点,而是指把结构和功能关系转变成按照用户和制造者观点的内部一致性。"

——马尔多纳多(Maldonado 阿根廷)

"设计在这个高度复杂的世界中不应再是由那些擅长设计的个人或是设计产品的团队独立完成,而应通过多学科人员的组织或网络的合作,来创造'适合的品质'和'文化的氛围'。假如要从有限的物质市场和数量市场跨越到无限的更具有精神意义的市场和品质市场,就必须给设计自身以价值。"

——斯丹法诺·马扎诺(Stefano Marzano 意大利)

"设计是技术和人之间的一个接点,设计师就是安排技术和人之间的这个接触,创造最佳的传达。"

——乔纳森·伊佛(Jonathan Ive 英国)

每个社会阶段都会产生新的社会特点,都会产生新的理论,因此对于设计都会有不同的界定。应该说每种说法都是正确的,因为都能够解释当时的设计现象,符合当时的需求。但各种理论在相互否定中,又暴露了自身的不足。

设计发展的原动力在于人们对和谐(技术、文化、形象、人因、成本等各方面)的统一的不懈追求。这种追求是自发的,与生俱来的。正是这种对和谐的向往与追求,成为推动社会经济发展的强大动力。我们说科学技术是生产力,就在于它能推动社会经济的发展。而在人类历史上,设计是高新技术与日常生活的桥梁,是企业与消费者联系的纽带。同时,设计还推动市场竞争,联结技术和市场,创造好的商品和媒介,拉开商品的差别,创造高附加值,创造新市场,促进市场的细分,降低成本,在全球化经济日益激烈的竞争中,设计正在成为企业经营的重要资源。设计能够成为企业重要的资源,促进社会经济的发展,主要表现在它不仅满足了人们不断增长的物质需求,也满足了人们的精神需求。

作为人的个体,由于性格、兴趣、爱好各不相同,消费者对产品的形式设计提出了不同的要求。除了消费者所要求的共同实用功能外,不同的消费者还具有不同的精神功能。通常,一件产品的基本功能和外部条件都已确定,产品的造型设计采取什么形式,往往有多种方案可供选择。一盏台灯只要符合照明的规律,可以设计出众多的样式;一件大衣使用同样的面料,可以剪裁出多种不同的款式;一辆摩托车身喷涂什么色彩并不影响它的性能和造价。设计产品在效用功能和技术条件的制约下,设计多种样式的可能性就获得了产品"形式的自由度"。

设计是一个时代文化发展的综合体现,设计的风格伴随着工业生产的时代文化背景,以及设计师个人的才华与智慧,留下了时代信息、文化风貌、企业特征与个人情感的印迹。希罗卡诺夫·斯列姆涅夫在《现代科学的发展规律性与认识方法》一书中说:设计仍然"存在着对客体、主体及其相互作用的条件所固有的可能性的自由选择。客观规律的普遍性和必然性并不意味着它是单一的和一成不变的,规律的作用途径和形式是多种多样的"。客观规律表明,普遍存在于多样之中,不变存在于变化之中,必然存在于偶然和自由之中。也就是说,设计是在技术的限制中从事创作的。在这里,对科技规律的把握并不会妨碍创作;相反,可以为创作提供自由的选择。当然,作为实用品,设计师既不能让形式的审美功能取代并影响效用功能;同时也不能容忍为极力地追求产品的效用功能而忽视人类自身的情感要求和风格特征。就如斯堪的纳维亚的设计风格一样,让产品的艺术价值与功能产生美妙的和谐。在设计过程中既强调功能、理性,又与美观完美结合,设计简洁而典雅,体现了对多样化文化、政治、语言、传统的尊重和融合。设计善用自然材料,强调人文因素,非常富有"人情味"。因此,产品的形式设计以及由此而生的形式美感应该体现相对的自由度。

另外,产品的形式设计直接联系着人的情感,最容易产生情感的共鸣与变化,所以它成为产品最富于形式表现力的"产品语言"。当然,设计意象的实质是设计师对产品形式的构思过程,它是融合着理智和审美情感的创造性想象活动。意大利建筑家奈尔维(P. L. Nervi,1891—1979)指出:"一个技术上完善的作品,有可能在艺术上效果甚差。但是,无论是古代还是现代,却没有一个从美学观点上公认的杰作而在技术上却不是一件优秀作品的。看来,良好的技术对于良好的建筑说来,虽不是充分的,但却是一个必要的条件。"也就是说,在设计中技术与艺术的有机结合,可以从它的审美效果上体现出来。产品形式的审美创造,以功能为取向原则,使产品精神功能的发挥有助于整个产品目的性和实用功能的实现。另外,不同的产品依随其功能还会表现出不同的自由度,如机械设备、家用电器等的自由度相对较小,以审美功能为主的日用品和装饰品在形式上的自由度最大。但是,形式自由度的大小与产品是否具有较好的形式美感并无多大直接关系[①]。如电钻、电扇的叶片这类经过精确计算设计出来的纯技术产品或配件,更多体现了理性和客观的物质存在,没有给形式设计留下多少余地,但仍可以显示出一定的功能美和形式美。

设计的目的是满足人的需要,人类对美的追求是无穷无尽的,因而设计的发展也是无止境的,因此审美设计没有极致和终点。正如包豪斯的旗手格罗皮乌斯在《全面建筑观》中所指出的:"历史表明,美的观念随着思想和技术的进步而改变,谁要是以为自己发现了'永恒的美',他就一定会陷于模仿和停滞不前。真正的传统是不断前进的产物,它的本质是运动的,不是静止的,传统应该推动人们不断前进。"设计迫切要求人们正确认识产品的形式与审美的关系,用"美"的尺度,设计制造富有形式美感的现代"艺术品"。

第二节　设计的分类

人类所有的设计行为可以被归纳为概念形态设计与物化形态设计两大类,如图 4-1 所示。

概念形态的设计,指设计对象的形态是概念化的而非物态化的。概念形态存在于每个人的思维中,是只可意识而不可视见的形态。如政治、军事、经济、文化、金融、法律等领域中的体制、制度、计划、法令、法规与政策等,文学作品中所描述的人物、事物、场景等,IT 领域中的各种软件的框架与层次的结构等。

[①] 何颂飞,张娟. 工业设计[M]. 北京:中国青年出版社,2007:11.

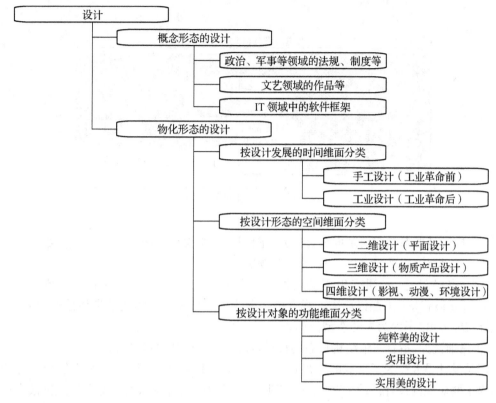

图 4-1

文学作品中的人物形象,最能说明概念形态的特征。《红楼梦》中的人物,特别是贾宝玉、林黛玉二人,通过作品的阅读,每一个读者都能在自己的头脑中建立起属于自己的贾宝玉和林黛玉的形象。不同的读者由于主观和客观的原因,在自己的大脑中构建起来的人物形象是不一样的。小说中的人物形象是思维想象的结果。正如"有一千个读者就有一千个哈姆雷特",一千个读者也有一千个林黛玉和贾宝玉。但是由于文学作品中文字描述的一元性,以及同一民族具有较一致的生活文化背景,人物的形象又具有基本特征的同一性。因此每一个读者在自己脑中构建起来的林黛玉和贾宝玉的形象,应该说都具有较为统一的主要特征,但却存在千变万化的细节特征。扮演宝、黛二人的影视演员其实是作为一种符号,以外形特征与表演特征尽可能接近却永远无法等同于文学作品中所描写的人物特征。

物化形态是指可视、可触摸的人为形态,至少是可视的人为形态,因此是二维与三维的物化形态,它包括平面的、立体的人为形态。

物化形态按不同的维面类别可有三种分类方法。

(1) 按时间维面分类,即按设计发展史,可分为 20 世纪初之前的艺术品设计、手工业设计与其后的工业设计(如图 4-2)。这种分类是建立在人类自身发展史上生产方式的不同之上:手工业生产方式与机器生产出现后的大工业生产方式。生产方式的不同导致产生完全不同的设计思想与设计观念:手工业设计与工业设计。

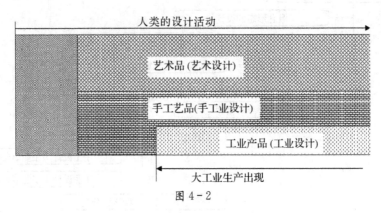

图 4-2

(2) 按设计形态的空间维面分,分为二维设计、三维设计与四维设计共三大类。

① 二维设计,指平面设计,一般称之为视觉传达设计。

"视觉传达设计"一词产生于 20 世纪 20 年代,正式形成于 60 年代。由英文 Visual Communication Design 翻译而来。视觉传达设计是人与人之间实现信息传播的信号、符号的设计,是一种以平面为主的造型活动。

② 三维设计,指有三维结构形态的设计,如产品设计、建筑设计等。

产品设计是人类为了自身的生存和发展,在与大自然发生关系时所必需的、以立体的工业品为主要对象的设计活动。产品是人类基于某种目的的有意识地改造自然或突破自然的限制而创造的种种工具与用品。

建筑设计可分为建筑物设计与建筑群设计两大类。建筑物设计是三维设计,而建筑群设计则是属于四维设计的范畴。建筑物设计在本质上是供人们居住的特殊的产品设计。

③ 四维设计,是在三维形态的基础上,加上时间维度而构成的四维结构形态,如环境设计、影视与动漫设计。

环境设计,是以整个社会和人类为基础,以大自然空间为中心的设计,也称空间设计,是自然与社会间的物质媒介。

四维设计不同于三维的立体设计。立体设计的重点是三维产品(包括建筑物)的特征设计。而四维设计则是由于时间维度的加入而产生动态的情感感受,这是四维设计的特征。如建筑群的设计则不仅要考虑单一建筑物的设计,还必须考虑建筑物之间的组合形式,使人们对众多建筑物的体验由于组合方式的不同而产生不同的情感变化。即当人按时间的先后,依次体验一幢幢建筑物给人的感受时,会产生由于时间积累而形成对建筑群的感受,如同由于时间维度而形成的由音符组成的音乐作品与乐章一样。如把每一个建筑物看作一个个不同的音符,那么,建筑物之间的组合方式就如同不同的音符组合而成的不同的乐章一样。不同的乐章表达的情感是不同的,但它们组合的单元(音符)却是相同的。

影视作品、动漫作品、人物、场景、事件由于时间维度的加入,不仅形成了动态的视觉效果,同时也发展为一个情节、一个故事,给人以强烈的情绪感受。当然,影视动漫还必须有其他要素如听觉(音响、音乐、语言等)的加入。因此,影视作品必须是多维度的形态设计。[1]

---

[1] 许喜华. 工业设计概论[M]. 北京:北京理工大学出版社,2008:8.

(3) 按功能目的维面分,物化形态可分成纯粹美的设计、实用设计和实用美的设计三大类。

纯粹美的设计是指艺术作品的设计,如美术、书法、金石、雕塑、影视、摄影、各类美术工艺品等。实用设计是指完全属于工程技术领域内物与物之间关系的设计,一般意义上所指的工程技术就属于此类。实用美的设计指那些既有实用的需求又必须有美的需求的设计。可以说,这一类是包括范畴最广的设计。

这三种类型的设计中,在某种意义上说,仅是实用而无须美的设计对象范畴是较小的,而且是越来越少。机器结构中的零件、部件均属于这一类中的典型。由于它们是处于产品的内部,又必须达到零件与零件、部件与部件间特定组合的目的关系,它们只能按自己的功能目标来决定形状,不能按照美的要求改变形态而最终导致功能的破坏。

纯粹美的设计,即艺术品的设计,因为属于精神上的审美功用设计,它们在现代社会中仍然不断发展着。艺术品的设计随着社会的发展将向两个方向发展:一方面,为人精神审美服务的艺术将不断发展,因为随着社会的发展,竞争的压力愈大,服务于精神解放的审美需求将日益增大。另一方面,艺术品向大众化、实用化方向发展,在未来,所有物品都应具有审美的功能,实现人类艺术化生存的最终目的。

实用美的设计,应该说是我们日常生活与生存中常见的活动。实用美设计的产品将构成人类生存环境的"第二自然"。从理论上来说,凡是构成人的生存环境的任何一个人工物,在实用的基础上,都必须有美的品质,以满足实用和审美的需求。不要说家用电器与日用品,就是矿山机械、水库甚至武器,在它们充分保证各自的实用功能的前提下,有什么理由可以拒绝它们同时又具备美的外表、给人以美的享受呢?

物化形态设计的分类,是从不同角度进行的分类,因此它们之间是交叉的。采用不同的分类方法,目的是比较不同设计间的特征。如按时间维面分类中的工业设计就包括了按形态的空间维面分类中的除影视、动漫外的所有设计;按功能维面分类中的实用与美的设计就属于工业设计的范畴,而美的设计与实用的设计就不属于现代设计的范畴。

严格地说,对人类设计活动进行准确的分类是极其困难的。首先,设计已渗透到现代社会生活的各个领域的各个方面,对设计分类实质上意味着对社会生活及行业进行分类。社会生活的复杂性、交叉性使得设计的分类时有矛盾之处。其次,不断变化着的设计形态体系只能产生不稳定的设计分类,我们只能以某一角度或某种原则或某种属性等进行粗略的区分。最后,人类今天的设计,不是以某种单一的设计类型支持产品的创造,而是以人类迄今为止所掌握的全部设计智慧共同创造前所未有的事物,创造着人类的一切文明。因此,从某种意义上说,过多强调设计的分类对设计目的论来说不具有太大的意义,而只具有设计方法论的意义。

第三节 现代设计理论

虽然设计更多的被认为是实践的学科,但是以下几个理论属于对设计影响比较大的,在这里还是应该有所介绍。由于能力有限,只能是概略性地谈论其对设计的影响。

一、系统学、事理学与设计

从整体上把握一个事物的能力是非常重要的。系统论的思想有助于设计的认识和实践,是重要的认识论和方法论。设计是交叉学科,涉及领域广泛,本身的复杂性和综合性就使设计成为一个系统工程。在设计中导入系统论的思想,设计师才能更好地把握目标,有效的控制设计进程。设计的事理学是在系统思想上更加深入的理解、剖析设计的本质,是方法论层次的形而上学。

面对设计要解决的问题,系统论的观点是将问题分析成内因和外因,设计是通过内部要素的组织去适应外部环境的变化,是外因和内因共同作用,是目标系统的求解。设计活动针对外因和内因分成两个部分内容。首先研究外因的特性和限定,明确适应外部环境的目标系统,也就是设计的定位,然后选择内部元素以及构建结构关系,寻找一个合适的状态。研究外因是确定设计的目的,组织内因是选择合适的方式,任何设计都是内因外因相适应的结果。

柳冠中教授创立的设计事理学对设计的认知是:"事"是塑造、制约"物"的外部因素的总和。事体现了人与物之间的关系,反映了时间与空间的情境,蕴含着人的动机、目的、情感、价值等意义。在具体的事里,人、物之间的"显性关系"与"隐藏的逻辑"被动态地揭示。"事"是体现"物"存在合理性的"关系场"。因此,设计应该先"实事",即研究不同的人在不同环境、时间因素下的需求以确立设计目的;然后"求是",即选择造"物"的材料、工艺、形态、色彩等内部因素。"事"是评价"物"合理性的标准。在具体的事里,我们才能知道物是否合乎特定的认定、特定的目的,是否符合人的行为习惯与信息的认知逻辑,是否合乎环境、人情、价值标准等。这一切就叫合乎事理。设计看起来是在造物,其实是在叙事、抒情、讲理。

二、符号学与设计

从语言学中衍生的现代符号学理论渐渐成为现代设计的方法论之一,它跨学科应用,使设计迈入社会学领域。符号学是研究符号系统的学问,最早是20世纪初由瑞士语言学家索绪尔、美国哲学家和实用主义哲学创始人皮尔士提出的。前者着重于符号在社会生活中的意义与心理学的联系;后者着重于符号的逻辑意义与逻辑学的联系。值得注意的是,符号学研究发展的一个重要趋势就是研究领域和作用的日益扩大。它逐步被应用于民俗学、神话学、音乐、宗教学、产品设计、广告学、认识论等领域。

符号学理论提倡用符号的观点来研究一切学科和现象。索绪尔说"语言是一种表达观念的符号系统"[①],他认为每种符号都有两个层面上的意义:一是指物体呈现出的符号形式;二是指物体潜藏在符号背后的意义,即思想观念、文化内涵、象征意义。

符号学理论将物的符号体系看作是对社会中人的参照系,符号的体系正是人在社会、文化、经济中所处地位的相应体系,即对物的组合排列规划的分析,从而可以对社会组合规律做出社会学的解释。二战之后,随着经济的腾飞和全球化的发展,人类进入物质社会,人们对服装、汽车、产品等物品的选择不再纯粹基于它们的功能和价格,更多的趋向于美观、个性、创意的要求。法国著名符号学家皮埃尔说:"在很多情况下,人们并不是购买具体的物

---

① [瑞士]索绪尔. 普通语言学教程[M]. 高名凯等译. 北京:商务印书馆,1980:15.

品,而是在追求潮流、青春和成功的象征。"人们通过选择或使用具有符号意义的造型将自己划分到某一社会群体。可以这样理解,物品的符号化源于物质生产。但随着生活世界的丰富化和复杂化,人们对物品的目的和物品所蕴含的意义也越来越多样化和细致化,从而使得物品符号化的过程也日趋丰富化和复杂化。物品开始融入意义的领域,成为意义的符号和象征。随着历史的发展,物品系统和意义系统之间建立了千丝万缕的对应关系,物一旦成为社会言说和关注的对象,就不再以实用的工具形态出现在我们面前,而成为文化的载体和符号,具有象征性功能。时尚流行、奢侈品的符号特性是最经典的。符号学将时尚、流行与形态联系起来,设计的内涵具有前所未有的社会意义,形态已经超越艺术创造活动,成为人们传达自我,制约和引导人们社会行为的媒介。

三、传播学与设计

人与动物本质的区别之一,是能够创造复杂的符号——意义系统,借助这一系统进行交流,这是人类文明社会存在和发展的基础条件。传播,是人类的生命本质的显现。从石壁上的岩画到长城烽火台上的狼烟,从活字印刷到电脑网络,传播现象一直伴随人类的成长。在中文传统里,圣贤必然是精通传播的。在古代,媒介与人本身合为一体。随着社会的发展,传播者、媒介与受众逐渐分离。工业化激起的传播科技的急剧发展以及迅速的城市化,促使人们必须关注传播。现代社会信息传播的形态、内容、方式等等,均已明显地影响到社会结构、社会心理、社会经济形态和创新模式的发展和变化。美国社会学家库利认为传播不仅仅是信息传递的过程,而且是一种文化建构的符号象征过程。传播涉及信息、信息传递、信道、编码、解码、再编码、信息冗余、噪音等问题,在传播的双方或多方之间,存在由信道和噪音决定的制度性调解。噪音和信道都有可能成为权力的工具,一旦实现对其的独占,他人的沉默无声将可能成为一种制度性规范。因此控制传播和媒介是一种权力的象征,国家、机构、企业都是通过媒介、广告、影视、广播等传播行为来推广自己的价值观、信仰、制度等信息的。符号问题是现代传播学研究的一个重要内容。传播学认为,人类的信息传播活动是凭借符号来进行的。符号是信息的外化形式,任何信息只有具备了必要的外化形式以后,才得以进入传播领域。人类传播活动中使用的符号一般分为语言符号(包括口头语言和书面语言)和非语言符号两类。而工业设计所涉及的大部分是非语言的视觉符号的传播。在信息时代的今天,系统设计则建立在企业的长期发展战略上,表现为一种使各种视觉符号趋向整体组合的艺术:对各种信息符号的总体把握和管理,从而使一个企业、一个组织作为一种有机的符号体系将其形象在一个超级媒体化、竞争化的时代中以完整的形式表达出来。企业形象以一种整体的形象被传播。

四、材料学与设计

材料在产品设计中一直是非常重要的要素之一,它是产品形态能够展现在人们视野中的物质基础。材料的性能很大程度上支撑了产品的功能。结构与机构的设计也建立在相应材料选择的基础上。

似乎所有的设计师与艺术家更愿意谈论创意的思想来源、哲学依据或者商业价值,而对基础的材料技术等相对不关注。中国古代匠师也强调"技进乎道",原本是材料、工艺的工作要追求只能意会的思想境界。但实际上所有技艺都是基于材料魅力的。换个角度看,人类文明的历史是一部材料应用与发展的历史。中国书画与西方油画的区别不仅是文化、审美价值的差别,也是水墨宣纸与油彩画布的材料属性的差别。我们在金字塔前为古代埃及的文明所震撼,在雅典神庙感受古希腊的辉煌,可为何汉唐盛世的风范只能从地下考古和历史典籍中寻觅?埃及、希腊使用石材,而中国建筑大量使用木材,使得中国久远的历史很难遗存。

材料与加工工艺的选择除了是设计的成型必要外,材料的材质感、肌理、空间感、色泽等因素对设计与人的关系,尤其是心理感觉的表达也有着重要的作用。虽然在人的视觉生理上,最先识别的是色彩特征,其次才是轮廓和形体特征,但是材料对情态的表达往往比纯粹的色彩要更准确,更加深入。色彩是单纯的形态元素,而材料不仅包含物理的因素,还包括心理因素,因此更加全面。一片麻布比一块黄颜色看起来更"温暖"。对于同一空间轮廓的造型而言,选用不同的材料,在视觉识别上会有较大的差异,给人的心理感受是微妙的,甚至是颠覆性的变化。材料质感和肌理的来源是对材料性能的充分理解,材质的使用要力求吻合材质的加工工艺。加工工艺是物质材料转变为设计结果的技术过程。同一设计的外观选用同一材料,而采用不同的加工工艺,这种心理感觉仍会产生变化。

五、色彩学与设计

产品的设计是一个整体、系统的过程,整合了从美学到技术的多种领域。产品设计不可缺少地要运用艺术和科学的原理,包括色彩、构造和形态,还有物理和技术上的属性,以形成产品整体上的创新。产品设计在美学上的一个主要考虑是色彩的选择。产品所具有的色彩风格给予产品一种个性。包豪斯的教授伊顿详细叙述了色彩的三种层次的表现:印象(视觉的)、表情(情感的)和结构(用符号表示的),所有这些都和产品的色彩学应用相关。设计中色彩的层次依产品的价值功能而改变,化妆盒与跑车可能使用了同一种颜色,但运用的层次是不一样的。

产品色彩设计的一种应用理论是色彩科学性决定原则。它的核心是利用色彩本身的性质以及人对颜色的生理反应来使用色彩。比如,黄色是明度最高的颜色,又是原色,识别度高,所以出租车、工程车、安全帽等需要引人注意的产品使用黄色。最特别的色彩描述符号是关于色彩波长和强度的科学数字标准,用光能的大小和光波的频率来确定色彩设计的规则。但用这些来描述产品的形象或风格的有效性是很困难的,因而定量化不是色彩设计限定的条件。比如,虽然紫色是一个高频率、高能量的颜色,但这不足以确定与紫色相关的意义,紫色运用得更多的是表述保守、典雅和神秘的颜色。同样,红色被认为是一个低频率、低能量的颜色,然而这是最常用于表达快速赛车、激烈运动的颜色。如果色彩应用建立在科学基础上,那么色彩表达的可能性会受限制。科学家的解释在于找寻一个普遍的色彩规律。例如纯色与复色、暖色与冷色、近色与远色、动色与静色等等,但科学的分析不能替代人的文化性,因为它不能决定和解释人们为什么选择这种而不是那种颜色。

第二种决定色彩应用的因素是色彩的伦理属性。二元对立理论认为颜色/无彩色对应着自然/非自然,进而对应非理性/理性。对于自文艺复兴时期以来就受科学理性主义领导的西方社会中,无彩色被认为是尊严和道德地位的典范,因为这些颜色在自然界不存在,是理性的。色彩纯度高、色相越接近原色的颜色往往被认为是艳丽、活泼、浮华的;纯度低、明度较低、色相不明确、色彩倾向暧昧的颜色被认为是高级、稳重、有内涵的。在传统产品色彩设计中,黑、灰、白等无彩色和褐色、棕色等复色这几种主要色调占主导地位,明艳的色彩很少用。第一批问世的家用电器色彩几乎不存在鲜绿、朱红、湖蓝、柠檬黄等亮色,因为明艳的、亮丽的色彩被认为是非理性色、不稳重的颜色,对这些色彩的使用应该是有节制的,避免大面积使用;相反,中性色或复色,如灰色和褐色、黑色、白色被认为是庄重的、稳重的、典雅的色彩。社会伦理在一定程度上支配着色彩的使用。

在消费社会中,有决定色彩应用的第三个因素:流行色。流行色以时尚为核心,因为文化语境的差异和技术发展的速度,使得流行色的确定具有较大的可变成分。流行色不屈从于视觉生理规则和伦理法则的限定,所有色彩都有机会在产品上得到应用和体现,但选择色彩的目的在于加快产品的更新换代,刺激、诱惑人们的消费欲望,以推动人们的消费来达到扩大产品销售的目的。物品的颜色跟随流行时而鲜艳活泼,时而深沉理性,呈现出多样性和丰富性,一种色彩体系的使用在于有效地更新市面流行的色彩,因而流行色的寿命是极为短暂的,一两个季节就会发生转变。当市场上的电脑还是黑色或灰色的时候,Apple电脑选择使用各种鲜艳明丽的色彩,深受年轻人的青睐。色彩设计决不是为了提供产品颜色视觉功能那么简单,而是要开创一个具有吸引力的亮点,使消费者体验到时尚的魅力,感受流行色的美丽变化。色彩的差异化设计和系列化设计已经逐渐成为推动消费的最常用的方法。

第四节 设计与文化

设计是文化的投射,文化无处不在。当今社会,设计不仅仅是单纯的策划活动或企业行为,已经进化为社会生存方式。作为社会行为的设计活动必定受到所处社会环境与人文传统的影响。东西方不同的文化对设计发展的影响日渐明显。比较东西方对宇宙、自然、人生的认知,传统哲学思想及衍生出的不同的文化观念,可以发现不同的文化对设计思维发展的影响以及设计的发展趋势。源于西方的设计理念与我国本土文化存在差异,并不完全适应我国的社会生活,也不利于建立我国设计的民族风格与独特的文化属性。

一、文化

文化作为人类社会的现实存在,具有与人类本身同样古老的历史。人类从"茹毛饮血,茫然于人道"(王夫之《读通鉴论》卷二十)的"植立之兽"(《思问录·外篇》)演化而来,逐渐形成与"天道"既相联系又相区别的"人道",这便是文化的创造过程。在文化的创造与发展中,主体是人,客体是自然,而文化便是人与自然、主体与客体在实践中的对立统一物。这里的"自然",不仅指存在于人身之外并与之对立的外在自然界,也指人类的本能、人的身体的各种生物属性等自然性。文化的出发点是从事改造自然、改造社会的活动,进而也改造自身即实践着的人。人创造了文化,同样文化也创造了人。举例言之,一块天然的岩石不具备文化意蕴,但经过人工打磨,便注入了人的价值观念和劳动技能,从而进入"文化"范畴。因此,文化的实质性含义是"人化"或"人类化",是人类主体通过社会实践活动,适应、利用、改造自然界客体而逐步实现自身价值观念的过程。这一过程的成果体现,既反映在自然面貌、形态、功能的不断改观,更反映在人类个体与群体素质(生理与心理的、工艺与道德的、自律与律人的)的不断提高和完善。由此可见,凡是超越本能的、人类有意识地作用于自然界和社会的一切活动及其结果,都属于文化,或者说,"自然的人化"即是文化。

二、人与文化

"文化是人类在实际的历史过程中所构成的所有方法、模式、成果的总体"[①]。文化不仅仅是人类在漫长的时间长河中创造的物质,更核心的问题是文化构成了人类的存在方式。有了人类,就产生了文化。文化是流动于过去、现在和未来的具有时间性的一种过程,是相对于现在和未来的总体社会存在方式,它在各个时间和空间里都深入地影响着人们的生活。人与文化之间存在着一种相互塑造的关系。文化的本质与核心都是"人",对人的本质的理解,不能脱离"文化"这个环境和活动的结果。理解"文化"又不能脱离人及其实践活动。主体人的能动性创造了文化,人们参与文化的发展且理解、接受、改变和规定着文化的存在形式与内容。文化构成了人类的存在方式,对文化的理解应着眼于能动的人自身。人类发展过程中的技术性、物质性的外化形态是文明,构成人类本质力量的精神的内在性因素则属于文化。

三、传统与文化

中国可能是最注重历史和继承的国家,历史对于中华民族的重要性远远超出别的民族和文明,历代的历史著作对中华文明的传承起了很重要的作用。这种历史的继承性使得民族文化中的核心价值被凝聚成为传统延续后世。华夏文化得以延续到今天,文化传统起了很重要的作用。传统并不完全等同于文化,不像文化那样有着形形色色的界定和解说。唐代陆德明《经典释文》中说:"传者,相传继续也。""传"是延续、继续的意思。传统的"统",原意是丝茧的头绪,引申为万事总有一个根本。传承就是指一脉相承、世代相继的某种根本性东西,是历代沿传至今,具有根本性的信念、行为、形象、准则、模式的总和。

传统是经由历史凝聚而沿传流变的文化系统,没有文化,就无所谓传统;没有传统,文化就无以沿传。传统是内在的,文化是外在的。对于传统,我们现代人常常将之与保守、成见、落后联系在一起,又由于传统中不符合现代社会发展需求的糟粕而否定传统。或者,有些狭隘的民族主义者又将传统奉为金科玉律,敌视外来文化。精华论或者糟粕论都是不客观的,应当站在文化的角度理解传统。民族传统的形成是该民族在特定环境中长期劳动生活而创造的,是通过历史积淀而成的适应该民族的生活观念。想发展中国特色的设计而不了解中国的传统是难以想象的。

四、文化的多元与设计的多样

"文化的本质是多样的"[②]。中国有56个民族,各个民族的服饰、生活用品、娱乐乐器等都千差万别。不同的民族都会产生相应的文化。地理、气候以及物产决定了人们的生活方

---

① 设计与文化传统的关系[EB/OL]. http://bbs.billwang.net/t335537-print/? pp=100.
② 郭孟秀. 正确理解民族文化差异的本质是实现文化多样性的重要保障[N]. 中国民族报,2010-12-3.

式和生存状态,由此影响到人的人生观、自然观、价值观、审美心理、思维方式等,进而形成相应的宗教、信仰、制度,这些又通过设计组成外在文化的环境,产生不同的文化。文化的多样性设计只是将文化的内涵与功能需求组合的一个过程。

由于地域辽阔,地理生态环境复杂多样,各民族生活于不同的地理环境,在对环境的适应和改造过程中,创造出各具特色的文化。同一个民族,因其地理、气候等自然环境的差异会造成文化的区域性差异。自然环境、物产、历史传承以及人文特点的差异因素相互结合,形成丰富的各具特色的地域文化。

第五章 设计简史

设计史是对设计的历史的研究。"设计"这个概念可以从两个方面来理解。一是从纯粹观念的角度,认为设计是一种改造客观世界的构思和想法;二是从学科发展演变的角度出发,认为设计是一种行业性的称呼。设计的历史可以追溯至人类产生之初,甚至可以说设计的出现是人类产生的标志。

第一节 设计的萌生

设计的萌生实际上是人类设计意识的萌生,这个过程大约经历了石器时代漫长的 200 万至 400 万年。设计是人类为了实现某种特定的目的而进行的一项创造性活动,是人类得以生存和发展的最基本的活动,它包含于一切人造物品的形成过程之中。从这个意义上来说,从人类有意识地制造和使用原始的工具和装饰品开始,人类的设计文明便开始萌生了。设计的萌生阶段从旧石器时代一直延续到新石器时代,其特征是用石、木、骨等自然材料来加工制作成各种工具。由于当时生产力极其低下,并受到材料的限制,人类的设计意识和技能是十分原始的。

一、旧石器时代

劳动和语言的产生是人类自意识的觉醒,标志着人类进入了旧石器时代。这时,人类开始制造和使用工具。工具的材料是利用天然和现成的石块、泥巴、竹木、兽骨等,制作的方法主要是选择后直接使用或者进行一些简单的现成组合、改造。改造的方法主要是利用石块的互相敲击形成新的便于使用的新形状,非常粗陋和原始。我们现在能看到的当时的工具有砍砸器、刮削器、尖状器,这些工具各自都有不同的用途。

二、新石器时代

对火和磨制技术、钻孔技术的掌握,标志着人类进入了新石器时代,也标志着人类掌握了创造性劳动的方法,摆脱了只能利用现成自然物的局限。这时的工具仍然以石器为主,但是这些石器和旧石器时代相比,在工艺上已经有了很大的进步。

在新石器时代,出现了第一次社会大分工,因而,石制农业工具(如镰、锄、镢、铲)和狩猎工具(如弓箭、鱼钩、渔网)成为这个时期设计的最主要成果。陶土、纤维等新材料逐渐广泛运用,利用制陶技术和纺织技术可以制作出更丰富的人造物。

从考古发现可以看到,这时,陶器皿的器型已经很丰富,和功能结合得很紧密,炊煮器、饮食器、汲水器、储物器的分别已经很清楚。陶器皿上广泛地运用装饰纹样进行装饰,是人类文字和审美活动的开始,是人类艺术活动产生的前奏。

将植物纤维或者动物毛发搓捻成绳，然后制作套索、网等工具，进而在结网技巧的基础上形成了原始的手工编制和织造技术，生产出人类早期的布料和衣物。纺轮和纺锤已经出现。

由于农业的出现，人类已经能够开始定居生活，因而摆脱穴居和巢居的生活方式，出现了各种原始建筑样式，如风篱、帐篷等。其后更出现了长期、固定建筑——干栏式建筑，并形成了一定规模的建筑群落——村落。

最先出现的交通运输工具是船，开始只是利用整根木头挖凿的独木舟，随后在非洲、亚洲、欧洲都出现了成熟的造船技术，这其中以北欧的维京人的造船技术最为著名。车的出现比船稍晚，但车的制造需要解决轮、轴等技术问题，因而代表着交通运输技术的一次飞跃。现存的最早的四轮"车"是在挪威发现的公元前7世纪的木制车。

将实用与美观结合起来，赋予物品物质和精神功能的双重作用，是人类设计活动的一个基本特点。从遗存的大量石器的造型来看，原始先民已能有意识地、有控制地寻找、塑造一定的形体，使之适应于某种生产或生活的需要。人们对线和形体的审美感在一开始并不是自觉的，而是在物质生产的基础上经过漫长的历史阶段的升华，才成为自觉的追求，这是人类设计文明的一个飞跃。

第二节　手工业时代的设计

手工艺设计阶段从原始社会后期开始，经过奴隶社会、封建社会一直延续到工业革命前。在数千年漫长的发展历程中，人类创造了光辉灿烂的手工艺设计文明，各地区、各民族都形成了具有鲜明特色的设计传统。在设计的各个领域，如建筑、金属制品、陶瓷、家具、装饰、交通工具等方面都留下了无数的杰作，这些丰富的设计文化正是我们今天工业设计发展的重要源泉。

手工业时代的设计最重要的特征是对金属材料的运用和纯粹依靠手工工艺的生产过程。在陶器之后，首先是青铜，其后是铁被广泛地应用于人类的生产、生活领域，造就了设计的青铜时代和铁时代，给后世留下大量伟大的作品。以金和银为代表的贵重金属也陆续出现，并在手工艺中得到大量应用。

在新石器时代长期积累的基础上，人类完成了第二次社会大分工，手工业成为独立的行业，手工工匠专心于器具的制作，建筑、手工艺、服饰等专业和独立的行业性设计逐渐出现和发展完善起来，创造了辉煌的手工业文明。在这一时期，古代埃及、古代两河流域、古代希腊和罗马、古代中国的成就是非常突出的。

一、早期手工业时代的设计

埃及

古代埃及的建筑成就闻名于世，集中体现在神庙和金字塔的建造中。神庙建筑主要是砖石结构的承柱式建筑，"柱廊"是这种建筑样式的突出特点。由于大量使用柱子，因而形成了丰富多样的埃及柱式。金字塔则完全使用巨大的石块砌造而成，石块之间不使用任何黏合剂，完全靠石块之间压叠咬合的力量来形成金字塔整体，其设计思想、设计方法和建造技术都令人叹为观止。

古代埃及的制陶技术有了长足进步,开始使用轮制技术制作壁较薄的精陶器,还出现了釉料和玻璃,并进而形成了琉璃工艺。到了新王国时期,著名的琉璃制品"雪花石瓶"已经风靡地中海。在国王的棺椁和陪葬物中也都有大量的琉璃制品,图坦卡蒙王墓中鱼形琉璃壶、琉璃枕头等都是很精美的手工艺品。除了琉璃制品,古代埃及的黄金、象牙、紫檀木、黑曜石等手工艺也有很高的成就。

古代埃及的造船技术已经颇具规模,可以制造大型木船,使用苇编成的席做帆。古代埃及制作车的技术也已经成熟,著名的拉美西斯二世的战车的形制已经非常完整。

两河流域

古代两河流域生活着很多民族,以农业生活为基础的苏美尔人最先在这里建立城邦国家。他们创造了楔形文字,书写在泥板上,这就是著名的泥板书。随后,阿卡德人建立闪米特王国。公元前18世纪,阿莫莱特人统一两河流域建立了巴比伦王国,制定了世界上第一部成文法典——《汉谟拉比法典》。巴比伦人首先开始使用釉料、玻璃和琉璃,在伊拉克西维埃出土的绿花釉小罐被认为是釉料和玻璃的最早标本。在巴比伦王尼布甲尼萨建造新巴比伦城的时候还使用琉璃砖砌成城门,成为建筑史上的创举。其间还建造了著名的世界七大奇迹之一——空中花园。波斯王朝吞并两河流域之后延续了这种设计方法,公元3世纪时贾普尔一世的宫殿中还出现了马赛克壁画。

由于长期的战乱,两河流域的军事设计非常发达,尤其是和骑兵相关的部分更加完备。武器、护具、马具一般都配有精美的装饰纹样,不但是作战利器,也是不可多得的工艺品。

希腊和罗马

古代希腊、罗马是现代设计发源地——欧洲的文化源头,因而在设计史上占有极其重要的地位。

希腊文明发源于爱琴文明。在建筑方面,米诺斯迷宫和阿特里乌斯宝库分别代表了爱琴文明的两个阶段——克里特文明和迈锡尼文明。"米诺斯迷宫"占地面积很大,但却没有对称的平面布局和庄严的外观,设计思想和其他帝王宫殿迥然不同。"阿特里乌斯宝库"是迈锡尼国王阿伽门农父亲的坟墓,和考古发现的其他同时期的迈锡尼建筑一样,它的最大特点是拱券和拱顶技术的运用。拱券在古埃及就已经出现,但在迈锡尼才得到了充分的发挥。在迈锡尼文明中还有一种被称为"迈加隆"(Megaron)的建筑,是希腊围柱式建筑的前身。

克里特和迈锡尼的陶器则分别呈现出两种风格。克里特的陶器在新石器时期有著名的"虹霓陶器",后期的陶器则明显受到西亚原始红陶的影响。而迈锡尼的陶器风格则明显接近希腊陶器。

古希腊的设计成就主要表现在建筑和陶器两个方面。受到迈锡尼"迈加隆"建筑和古埃及承柱式建筑的影响,希腊形成了"围柱式建筑",其代表是波赛冬神庙。而古希腊建筑的最高成就是由著名的雕刻家菲狄亚斯受雅典君主伯里克利斯的委托在公元4世纪设计完成的雅典卫城。其中有著名的帕提农神庙、厄瑞克忒翁庙和由建筑家墨涅西诺斯设计的卫城山门。希腊在建造围柱式建筑时形成了具有独特文化风格的希腊柱式,到今天都有很广泛的应用。古希腊建筑的另一个杰出代表是有世界七大奇迹之一美称的亚历山大港灯塔。

黑绘式陶器和红绘式陶器是古希腊比较常见的陶器皿。

古罗马文明最伟大的成就是建筑。罗马人使用火山灰和石子造成混凝土,作为建筑的黏合剂和浇筑材料,因而可以建造有大空间的圆顶和拱券的建筑,其代表是罗马万神殿。著名的罗马建筑还有巴西利卡(Basilica)、科西莫圆形斗兽场、康斯坦丁大凯旋门、卡拉卡拉浴场等,其中,凯旋门更是作为一种纪念性建筑一直沿用很久。

古罗马著名建筑师维特鲁威的《建筑十书》总结了罗马人的建筑技术,是西方设计实务的第一部有系统的完整著作。

古罗马另一个引人注目的设计领域是机械设计,牵引机、扬水机、弩炮和各种工程机械在《建筑十书》中都有记载。而亚历山大的有"古代爱迪生"美称的希罗则进行了大量的机械设计,最著名的是希罗汽动球,成为"蒸汽滑轮机"的雏形。此外,他还设计过神庙中的自动门、自动给水装置和齿轮组。

古罗马的工艺品设计以青铜和玻璃著称于世。古罗马人的青铜器皿华丽、精巧,对中世纪和文艺复兴时期的艺术产生了重要影响。例如,古罗马卷涡形装饰纹样就是文艺复兴装饰纹样的源头。古罗马人改造了玻璃工艺,将埃及的热融嵌条法改为吹制玻璃器皿,还发明了浮雕玻璃工艺。

中国

古代中国人在新石器晚期掌握了青铜的制造,春秋时期出现青铜制造的失蜡法,可以铸造很精美的青铜礼器,后来更将青铜广泛地应用在生产和军事领域,出现了耒(lěi)耜(sì)等农业工具和戈、矛、钺、戚、刀、剑、弓箭和弩机等武器。在生活方面,青铜器更是应用广泛,有鼎、鬲(lì)、甗(yǎn)等蒸煮器皿,簋(guǐ)、盨(xǔ)、簠(fǔ)和豆、铺、盂等盛装器皿,还有爵、角、斝(jiǎ)、觚(gū)、觯(zhì)、杯、觥(gōng)等饮酒器具,冰鉴则是一种冷藏设备。

古代中国的纺织以丝织技术和丝绸著称,考古发现早在新石器时代就有了丝织物。而在古代文献中记载的丝织物的种类就有缯(zēng)、缟(gǎo)、帛(bó)、素、练、纨(wán)、纱、绢、縠(hú)等。除了平纹织物之外,还出现了斜纹织物、重经织物、重纬织物和提花织物,这样服饰上的花纹就非常丰富。织物的染色技术完善起来,染色的颜料包括矿物颜料和植物颜料,品种十分齐全。

古代中国在服饰方面的另一个贡献就是刺绣技术。

古代中国的建筑设计不像埃及、罗马那样多采用石材建造,而是以木构架为骨骼的架构式建筑,形成了一套独特的建筑体系。

中国第一部手工业技术规范总汇——《考工记》,是在秦朝的时候编纂完成的。

二、后期手工业时代的设计

欧洲

中世纪欧洲是被宗教严格控制的时代,因而设计也是围绕宗教这个中心进行的。首先就是建筑以宗教建筑为主,出现了不同风格的宗教建筑样式。公元5—10世纪,西欧的宗教建筑仍以"巴西利卡"式建筑为主,而在东罗马帝国则出现了拜占庭建筑,其代表是君士坦丁堡的圣索菲亚大教堂。到了11世纪,罗马式建筑在法国和意大利大量出现,其代表是意大利的比萨大教堂,比萨斜塔就位于其中。12世纪在法国巴黎附近的圣德尼修道院院长苏哲的倡导下兴起了哥特式教堂,形成了哥特式建筑样式。

圣书手抄本是欧洲中世纪的重要工艺品，对后世的书籍装帧设计和字体设计都产生了很大的影响。中世纪圣书手抄本制作工艺复杂，多使用泥金工艺，因而也被称为泥金装饰手抄本。代表作品有意大利匠人制作的《蒂奥多林达装饰版》和德国匠人制作的《林道夫福音书》等。

中国

中国封建时期经历了很多朝代，每个朝代都建造了规模宏大、规划严整的宫殿，但是大多数遭到了不同程度的破坏，现存最完整的皇家宫殿是明清紫禁城。

在中国，另一种广泛存在的建筑是寺庙。中国的寺庙主要是佛教寺庙和道教的道观两种。由于受到历代统治者的重视，佛教寺庙一般规模宏大、布局严谨，著名的佛教寺庙及建筑有五台山的南禅寺和佛光寺正殿以及浙江杭州的灵隐寺。道教建筑为了体现道教的哲学思想，则以"险"和"玄"著称，著名的道教建筑有山西恒山的悬空寺。中国古代民居也是颇有特色的，其中以长江中下游地区的园林最具代表性。

中国家具不但样式丰富多样，而且手工艺制作也非常精美。宋代以后，尤其是明代，中国家具结构、材料、造型、色泽都趋于完美，形成著名的苏式家具。到了清代，在家具和建筑装饰上广泛采用了木雕工艺，出现了著名的徽雕艺术。

瓷器是中国封建时期另一项重要的手工艺。青瓷完成了从陶到瓷的转变，中国最早的青瓷出现在商代，到六朝时代，青瓷技术发展成熟，西晋楼阁人物青瓷罐是这一时期青瓷制品的代表。到唐代，综合了阿拉伯陶瓷工艺形成了唐三彩，具有独特的设计风格，对中国陶瓷工艺产生深远影响。

宋代的宋瓷是中国陶瓷艺术的高峰，形成了定窑、汝窑、耀州窑、景德镇窑等制瓷中心，景德镇更在元、明之后成为中国的"瓷都"。这些制瓷中心生产出白瓷、青瓷、影青瓷、大青花瓷、黑釉瓷、开片、彩釉等众多的瓷品种。中国匠人还运用珐琅工艺生产出著名的工艺品景泰蓝。

汉代东汉时期的蔡伦发明了造纸术，并经阿拉伯传播到整个世界，人类文明史从此开始了文化传播的纸媒时代。中国的造纸业也逐步完善和发展起来，出现了著名的宣纸。由于纸的出现，唐代出现了最早的印刷术——木刻雕版印刷。到了宋的时候，毕昇发明了用在纸媒上的活字印刷术。

"筒车"和"提花织机"是中国古代机械设计的突出成就。"筒车"是三国时的能工巧匠马钧设计出来的，汲取河水进行水利灌溉的机械，一直到近现代在中国农村还能看到这种木制灌溉设备。"提花织机"是中国整个封建社会丝织技术的最高成就，和现代的提花织机相比照，除了动力系统被改变，其工作原理几乎没有什么不同。

明代宋应星的著作《天工开物》是一部记载科学技术的书籍，是研究中国古代生产技术的重要史料。

阿拉伯

阿拉伯帝国统一后，兼收并蓄东西方的科学技术成果，伊斯兰文明达到了发展的高峰。阿拉伯人在印度数字的基础上创造了世界通用的阿拉伯数字。阿拉伯工匠则根据等速运动原理发明了有摆的钟表。

伊斯兰建筑结合东西方建筑文化，具有独特的设计风格。其主要成就表现在对宗教建筑清真寺的建造当中,代表建筑有巴基斯坦拉合尔的巴特贾希清真寺、叙利亚大马士革的加里夫·阿尔·弗列德清真寺以及西班牙科尔多瓦大清真寺。

阿拉伯陵墓建筑的杰出成就是印度的泰姬陵。

阿拉伯的手工艺品主要是阿拉伯地毯、玻璃工艺、象牙雕刻工艺。阿拉伯是琉璃技术、珐琅工艺的发源地。

三、文艺复兴到工业革命之前的欧洲

这一时期应划分到18世纪上半叶为止。经历了中世纪的压抑之后,欧洲进入了文艺复兴时期,人文主义兴起,对设计思想产生了重大的影响,出现了众多璀璨的融各种技艺于一身的艺术巨匠。那时,工业革命尚未出现,设计还主要集中在手工业领域,因而这一阶段的设计一般划归于后期手工业阶段。但这段时期承前启后,奠定了现代设计产生的物质和精神基础,是现代设计的摇篮,在设计史上是一段很重要的时期。

欧洲中世纪,哥特式宗教建筑一直是最主要的建筑样式。受到文艺复兴思想的影响,在建筑中体现人的需要的痕迹越来越明显,以破除哥特式建筑的宗教压抑感。被称为第一件真正属于文艺复兴时代的作品是由著名建筑设计师布鲁列涅斯奇(Brunelleschi)设计的和佛罗伦萨总教堂同时完成的育婴院。著名建筑家和理论家阿尔伯蒂(Leon Battista Alberti)阐发了古典建筑理论的构想:柱式论和比例论,把建筑艺术从圣·苏哲的神学泥潭中解放出来,形成了欧洲文艺复兴时期建筑的古典主义风格。由布拉曼底(Bramante)、米开朗基罗(Michelangelo Buonarroti)、贝尼尼先后进行设计的罗马圣彼得大教堂是古典主义建筑的辉煌之作。

古典主义风格到了后期,出现了过于强调"S"形曲线造型的倾向,进而出现了巴洛克艺术。由意大利样式主义艺术家罗索·菲奥伦蒂诺设计的法国佛朗索瓦一世长廊是巴洛克风格的蓝本,凡尔赛宫中路易十四的寝厅豪华奢侈,是巴洛克风格的代表。

在路易十五统治期间,对豪华风格的追逐发展到了空前的阶段,导致了堆砌装饰、内容空洞的洛可可风格的出现,因而洛可可风格也被称为路易十五风格,其在建筑上的代表是由建筑师波福朗设计的巴黎苏比兹府邸椭圆形客厅和阿萨姆设计的德国巴伐利亚州鲁尔巡礼者教堂的圣母升天祭坛。

洛可可风格尤其注重对室内家具的设计,以增强奢侈豪华的感受,因而洛可可风格在家具设计上鼎盛一时,对后世的家具设计影响很深。当时著名的洛可可家具设计师有法国的安托万·高德勒和英国的托马斯·奇宾达尔(Thomas Chipendale)。从发展根源上说,洛可可式风格是巴洛克式风格的延续,同时也是中国清式设计风格严重浸染的结果,所以在法国,洛可可又称为中国装饰。

洛可可风格服饰的代表是在当时欧洲贵族妇女中风行一时的飘摇裙。

在机械和工程设计方面,列奥纳多·达·芬奇做出了很大的贡献。他关于飞机、坦克、火炮的设计构想,不单显示出他个人的远见卓识,更显示出人文主义设计思想对欧洲中世纪传统设计思想的突破。

欧洲文艺复兴之后的手工艺品方面的成就主要表现在金银器和瓷器方面。尤其是瓷器出现了德国的"硬瓷"和法国的"软瓷"品种。手工艺品受到洛可可风格的影响也非常明显。

法国大革命之后,艺术和设计上的奢靡风气遭到批判和抛弃,新古典主义登上了历史舞台,巴黎大凯旋门就是这种以表现宏大、崇高见长的设计风格的典型代表。

第三节 工业时代的设计

工业时代的设计指的是18世纪欧洲工业革命之后的设计,以瓦特蒸汽机和珍妮纺纱机发明为开端的工业革命中,产品生产工艺出现了以下重大的变化:

以钢铁、塑料为代表的新生产原料大量出现,取代手工业时代的传统原料;以煤、电、石油和蒸汽机、发电机为代表的新能源和动力大量出现,取代了传统手工业的动力来源——畜力和人的体力;以瓦特蒸汽机和珍妮纺纱机为代表的新的自动机器,替代了手工操作,预示了大发明时代的到来,生产效率大大提高,生产规模急速膨胀;以机器为生产手段的生产组织形式——工厂出现,形成了更为细致的生产分工;以轮船、飞机、电报、电话为代表的新的交通工具和通讯工具使得人类交流和文化传播的效率大大提高;科学和工业紧密地结合起来,更多地参与到生产过程中。

从设计的角度来看,机器代替手工生产带来的最大变化是设计过程和制造过程分离,设计逐渐作为一个独立的行业出现了,开始了真正意义上的现代设计的进程。

工业时代的设计在发展的过程中,不断跟随科学技术的变革,加深对机械语言的理解,形成了很多次影响整个社会的设计运动以及众多的不同风格的设计流派,这些运动、流派合在一起就形成了现代主义设计潮流,对后世设计产生重要的影响。

一、工艺美术运动

在18世纪的欧洲,一方面从巴洛克到洛可可的贵族化审美情趣是手工艺品的主流,另一方面,大量以功能为唯一存在目的的丑陋工业品充斥平民百姓的日常生活。威廉·莫里斯对此非常敏感,因而发起了工艺美术运动,以手工艺品的复兴来反抗工业制品的粗制滥造。

莫里斯对待工业品的态度虽然是消极的,但是他回归自然、整体设计的设计思想对后世影响很大。当然,这种反抗也对当时的工业品的设计问题提出了疑问,使得工业家们意识到产品设计问题的重要性。

莫里斯和菲利浦·维伯合作设计建造的位于肯特郡的红屋是其整体设计和回归自然设计风格的集中体现。莫里斯在设计领域涉及很广,从建筑到装饰墙纸,从家具到其他手工艺品,都有他留下的优秀作品。他在设计中广泛应用曲线形花草植物纹样,形成了优雅、华丽的设计风格。他在1896年为《桥沙集》设计的书籍装帧是这种风格的代表作品,被装帧设计界称为"现代书籍装帧第一书"。

由莫里斯担任主席的"艺术与手工业协会"的成立成为工艺美术运动的高潮,对后世各专业设计领域产生重大影响的工艺美术大师维伯(室内设计)、麦金托什和沃赛(家具设计)、德莱塞(陶艺设计)、比亚兹莱(插图和书籍装帧设计)等在这个协会齐集一堂,创作出大量的优秀作品。

作为对莫里斯的响应,在苏格兰的格拉斯哥城出现了以麦金托什为领袖的格拉斯哥四人派。

二、新艺术运动

1. 新艺术运动的源起

"新艺术"（Art Nouveau）是流行于19世纪末和20世纪初的一种建筑、美术及实用艺术的风格。就像哥特式、巴洛克式和洛可可式一样，新艺术一时风靡欧洲大陆，显示了欧洲文化基本上的统一性，同时也表明了各种思潮的不断演化与相互融会。新艺术在时间上发生于新旧世纪交替之际，在设计发展史上也标志着是由古典传统走向现代运动的一个必不可少的转折与过渡，其影响十分深远。新艺术运动潜在的动机是彻底地与19世纪下半叶的西方艺术界流行的两种趋势决裂。

新艺术运动十分强调整体艺术环境，即人类视觉环境中的任何人为因素都应精心设计，以获得和谐一致的总体艺术效果。新艺术反对任何艺术和设计领域内的划分和等级差别，认为不存在大艺术与小艺术，也无实用艺术与纯艺术之分。艺术家们不应该只是致力于创造单件的"艺术品"，而应该创造出一种为社会生活提供适当环境的综合艺术。新艺术在本质上仍是一场装饰运动，但它用抽象的自然花纹与曲线，脱掉了守旧、折中的外衣，是现代设计简化和净化过程中的重要步骤之一。

工艺美术运动的思想通过各种各样的展览和出版物，在欧洲大陆广为传播。尽管工艺美术运动是反工业化的，但在欧洲大陆，反工业化的姿态较为温和，终于在追求美学社会理想的过程中转变为接受机械化，最终导致了一场以新艺术为中心的广泛的设计运动，并在1890年至1910年间达到了高潮。

2. 比利时的新艺术运动

新艺术运动的发源地是比利时，这是欧洲大陆工业化最早的国家之一，工业制品的艺术质量问题在那里比较尖锐。19世纪初以来，布鲁塞尔就已是欧洲文化和艺术的一个中心，并在那里产生了一些典型的新艺术作品。

比利时新艺术运动最富代表性的人物有两位，即霍尔塔（Victor Horata, 1867—1947）和威尔德（Henry van de Velde, 1863—1957）。霍尔塔是一位建筑师，他在建筑与室内设计中喜用葡萄蔓般相互缠绕和螺旋扭曲的线条，这种线条被称为"比利时线条"或"鞭线"。这些线条的起伏，常常是与结构或构造相联系的。

威尔德的影响同样是深远的，他之所以闻名是由于他广泛的兴趣，以及他逐渐由新艺术发展到了一种预示着20世纪功能主义许多特点的设计风格。就个人的设计而言，威尔德的设计大量采用曲线，特别是花草枝蔓，纠缠不清地组成复杂的图案。这在他们的平面设计和纺织品纹样设计上反映得最为充分，抽象线条形状的运用形成了威尔德独特的形式语言，刀叉餐具、珠宝、烛架、茶壶和其他实用物品的设计都传达了他那新艺术风格的强烈节奏。他能超越对自然的直接模仿去发掘生动和抽象的线条，认为这样的线条才是自然的本质。"线条是力量"成为"新"的装饰的基础。他于1899年设计的烛架，可以看做是这种思想的体现，它巧妙地阐述了设计师有关线条的理论，成功地将树枝线条的节奏转化为抽象排列的曲线。

3. 法国的新艺术运动

除比利时以外，法国的新艺术运动也很有影响。法国是学院派艺术的中心，因此，法国的建筑与设计传统上是历史主义的崇尚古典风格。但从19世纪末起，法国产生了一些杰出的新艺术作品。法国新艺术受到唯美主义与象征主义的影响，追求华丽、典雅的装饰效果。所采用的动植物纹样大都是弯曲而流畅的线条，具有鲜明的新艺术风格特色。

法国新艺术最重要的人物是宾，他原是德国人，1871年末定居巴黎。宾是一位热衷于日本艺术的商人、出版家和设计师，东方文化崇尚自然的思想对他产生了深远的影响。1895年12月，他在巴黎开设了一家名为"新艺术之家"的艺术商号，并以此为基地资助几位志趣相投的艺术家从事家具与室内设计工作。这些设计多采用植物弯曲回卷的线条，不久遂成风气，新艺术由此而得名。

另一位法国新艺术的代表人物是吉马德（Hector Guimard，1867—1942）。19世纪90年代末至1905年间是他作为法国新艺术运动重要成员进行设计的重要时期。吉马德最有影响的作品是他为巴黎地铁所作的设计。这些设计赋予了新艺术最有名的戏称——"地铁风格"。"地铁风格"与"比利时线条"颇为相似，所有地铁入口的栏杆、灯柱和护柱全都采用了起伏卷曲的植物纹样。

4. 西班牙的新艺术运动

在整个新艺术运动中最引人注目、最复杂、最富天才和创新精神的人物出现于一个与英国文化和趣味相距甚远的国度，他就是西班牙建筑师戈地（Antonio Gauti，1852—1926）。戈地以浪漫主义的幻想极力使塑性艺术渗透到三度空间的建筑中去。他吸取了东方的风格与哥特式建筑的结构特点，并结合自然形式，精心研究着他独创的塑性建筑。西班牙巴塞罗那的米拉公寓便是一个典型的例子。米拉公寓的整个结构由一种蜿蜒蛇曲的动势所支配，体现了一种生命的动感，宛如一尊巨大的抽象雕塑。由于不采用直线，在使用上颇有不便之处。另外，西班牙新艺术家具设计也有这种偏爱强烈的形式表现而不顾及功能的倾向。

5. 德国的新艺术运动

在德国，新艺术称为"青春风格"（Jugendstil），得名于《青春》杂志。"青春风格"组织的活动中心设在慕尼黑，这是新艺术转向功能主义的一个重要步骤。雷迈斯克米德（Richard Riemerschmid，1868—1957）是"青春风格"的重要人物，他于1900年设计的餐具标志着一种对传统形式的突破，一种对餐具及其使用方式的重新思考，迄今仍不失其优异的设计质量。著名的建筑师、设计师贝伦斯也是"青春风格"的代表人物，他早期的平面设计受日本水印木刻的影响，喜爱荷花、蝴蝶等象征美的自然形象，但后来逐渐趋于抽象的几何形式，标志着德国的新艺术开始走向理性。

三、美国的设计和芝加哥学派

19世纪70年代，正当欧洲的设计师在为设计中的艺术与技术、伦理与美学以及装饰与功能的关系而困惑时，在美国的建筑界却兴起了一个重要的流派——芝加哥学派（Chicago School）。这个学派突出了功能在建筑设计中的主导地位，明确了功能与形式的主从关系，力图摆脱折中主义的羁绊，使之符合新时代工业化的精神。

芝加哥学派包括了众多的建筑师，他们建筑设计的共同特点是注重内部功能，强调结构的逻辑表现，立面简洁、明确，并采用了整齐排列的大片玻璃窗，突破了传统建筑的沉闷之感。沙利文（Louis H. Sullivan，1856—1924）是芝加哥学派的中坚人物和理论家。他早年在麻省理工学院学习过建筑并到过欧洲,是一位非常重实际的人。他最先提出的"形式追随功能"的口号,成为现代设计运动最有影响力的信条之一。

第二代芝加哥学派中最负盛名的人物是莱特(Frank L. Wright, 1869—1959)。莱特吸收和发展了沙利文"形式追随功能"的思想,力图形成一个建筑学上的有机整体概念,即建筑的功能、结构、适当的装饰以及建筑的环境融为一体,形成一种适于现代的艺术表现,并十分强调建筑艺术的整体性,使建筑的每一个细小部分都与整体相协调。莱特的观点,特别是有关机械化的观点,在美国和欧洲广泛流行起来,并预示着20世纪20年代现代运动的许多中心信条。但他的思想中有些矛盾之处,他强调简洁的几何形态只是对于机器生产的欣赏,而没有考虑到现代机械技术更广泛的潜力,他对建筑工业机械化不感兴趣。莱特机械地把他的美学原则应用到他后来的设计之中,结果产生了一些极不舒适的几何形家具。

四、现代主义设计流派

1. 现代主义

现代主义,作为一种设计思潮及设计理念,作为一个设计流派,是指设计史中20世纪初至20世纪60年代中期,强调理性主义及功能主义色彩的"现代派"。现代主义在理念、形式与手法等各方面,从根本上改变了传统设计的范式,形成了符合那一时期社会的设计风格。首先在德国兴起,后来在法国、奥地利、意大利等国发展起来。

2. 现代主义设计理念

现代主义首先源起于对机器的承认,被称为"机械化时代的美学"。现代主义的核心因素是功能主义和理性主义。功能主义的口号是"形式追随功能",强调功能对形式的决定作用。而理性主义是以严格的理性思考取代感性意象,以科学、客观的分析为基础进行设计,尽可能减少设计中的个性成分,从而提高设计的效率与经济性。现代主义不仅力图改革现代社会的物质外观,并且致力于改造人们的生活方式,声称是第一个从根本上实现民主原则的设计运动,具有为大众服务的乌托邦式的社会改造理想。现代主义主要流派有以下几种:

(1) 立体主义

立体主义产生并形成于第一次世界大战前夕的法国,其基本原则是用几何图形(圆柱体、圆锥体、立方体、球体等)来表达客观世界,把外部世界以一系列各种不同平面、表面的一定分割来理解。毕加索是立体主义代表人物之一。美国1949年将新的艺术成分简化,创造出一种新颖别致的广告风格,既有效又吸引大众。

(2) 未来主义

未来主义产生于第一次世界大战之前的意大利。赞赏资本主义的物质文明,对未来充满希望。宣扬工厂、机器、火车、飞机等的威力,否定传统的艺术规律,创造一个全新的未来艺术,并提出把机器和工业作为现代艺术的偶像和主体。绘画中,未来主义描绘运动中人物形态的解析与映叠重构,通过色线、色点、色束表现光的闪耀与运动感,表达对现代都市生活中运动、变化、速度和节奏的欣喜。

(3) 表现主义

表现主义在造型艺术中强调艺术家的主观精神和强烈的情感表现,导致在方法上对客观形象作夸张、变形乃至怪诞的处理。

(4) 荷兰风格派

风格派是活跃于1917年至1931年间以荷兰为中心的一场国际艺术运动。风格派艺术从立体主义走向了完全抽象，对于20世纪的现代艺术、建筑学和设计产生了持久的影响。"风格派有一个共同的出发点：绝对抽象的原则，即艺术应完全消除与任何自然物体的联系，而用基本几何形象的组合和构图来体现整个宇宙的法则——和谐。"风格派的作品虽然没有可理解的主题，常冠以"构图第X号"之类的名称，但有其深层次的内涵及意义，体现了欧洲人民渴望和平与平衡的心态。只要普遍的和谐还未成为现实，那么，绘画可以提供一种暂时的代替。

(5) 构成派

"构成派艺术家力图用表现新材料本身特点的空间结构形式作为绘画及雕塑的主题。其作品，特别是雕塑很像工程结构物，因此被称为构成主义。"其理论基础：政治上，试图把对传统的抛弃以及对技术的热情与共产主义的理想联系起来；艺术上，以抽象的雕塑结构来探索材料的效能，并将产品、建筑与文化联系起来，根据与工业化世界的关系来定义"艺术家"。这样，构成主义就与绘画、雕塑等传统美术相脱离，走向了实用的"设计"范畴。

五、包豪斯设计

包豪斯是1919年在德国魏玛成立的世界上第一所专门培养设计人才的学校。

其设计理论包括三个方面：① 艺术与技术的新统一；② 设计的目的是人而不是产品；③ 设计必须遵循自然与客观的法则来进行。使设计逐步由理想主义走向现实主义，即用理性的、科学的思想代替艺术上的自我表现和浪漫主义。

包豪斯的影响不在于它的实际成就，而在于它的精神，对当代设计教育体系有着深远的影响。局限性：① "立方体就是上帝"，设计中过分强调抽象的几何图形，从而走向了形式主义的道路；② 严格的几何造型和对工业材料的追求使产品具有一种冷漠感，缺少应有的人情味；③ 由于过分提倡几何构图，设计中消除了地域性，忽视了各国、各民族的历史文脉，形成千人一面的"国际式"风格。

以平屋顶、白墙面、通长窗为特征的方盒子式建筑风行世界各地，使各国的建筑文化传统受到巨大冲击。

第四节 后工业时代的设计

一、后现代主义

现代主义采用同一的、单调的设计对待不同的设计问题，以简单的中性方式来应付复杂的设计要求，忽视了人的要求、审美价值以及传统的影响；另外，人们开始重视设计责任，要求保护有限的资源，因此国际主义造成了广泛的不满，促成了20世纪60年代末70年代初出现的以改变国际主义设计的单调形式为中心的后现代主义设计运动。日本山崎宾设计的"普鲁蒂—艾戈"被炸毁，可以说是现代主义结束、后现代主义兴起的重要标志之一。后现代主义也是从建筑上发展起来的，虽然后现代主义设计的风格繁杂，但从文化现象比较，宗旨仍然一致。强调以历史风格为借鉴,采用折中手法达到表面强烈的装饰效果,具有娱乐性和装饰细节的含糊性。1980年威尼斯双年展上格里夫斯和斯特林展出了后现代艺术的典型建筑,其风格被称为后现代古典主义,这是后现代主义出现的最早风格。从意识形态看,设计上的后现代主义是对现代主义、国际主义设计的一种装饰性发展,其中心是反对米斯的"少则多"减少主义风格,主张以装饰手法来达到视觉上的丰富,提倡满足心理要求,而不仅仅是单调的功能主义中心。设计上的后现代主义大量采用各种历史的装饰,开创了新装饰主义的新阶段。虽然后现代主义在70年代来势汹汹,但它的内容却是很脆弱的,这种脆弱性首先体现在它的思想基础上。后现代主义设计充满了对现代主义、国际主义设计的挑战,但这种挑战都处在设计的风格和形式上,而没有能够涉及现代主义的思想核心。后现代主义设计的最大弱点在于它把现代主义当作一个艺术运动来看待,而没有考虑现代主义所具有的民主性、大众性、工业化。因此后现代主义是对现代主义的形式内容的批判,而不是对其思想的挑战。它缺乏明确的艺术形态宗旨而成为一种文化上的自由放任的设计风格,其薄弱的思想性和形式主义的性格特征使它根本不可能取代现代主义设计。后现代主义的重要人物有温图利、穆尔、斯坦恩、格里夫斯等。后现代主义设计虽然发展迅速,但随着形式的反复运用,很快就产生了社会和设计家本身对这些符号性形式的厌倦,导致了后现代主义于80年代末90年代初的式微。

二、后现代主义的建筑

后现代主义是从建筑设计开始的,20世纪70年代建筑上出现了对现代主义的挑战,最早在建筑上提出比较明确的后现代主义主张的首推温图利。在他的思想影响下产生了纽约五人。这批人到70年代后逐渐分化,追随解构主义、新现代主义等不同的风格。对于后现代建筑的分类,不同的理论家有不同的见解。斯坦恩的理论分为:① 冷嘲热讽的古典主义。常采用大量古典的、历史的装饰符号、细节来达到丰富的效果,充满了冷嘲热讽意味。代表作为穆尔的意大利广场。② 潜伏的古典主义。采用传统风格为动机,往往半现代主义半传统,无冷嘲热讽的动机,具有强烈的历史复古特色。代表作为塔夫特事务所的河湾乡村俱乐部。③ 原教旨古典主义。强调必须将建筑与传统城市规划结合为一体,以古典比例达到现代与传统的和谐。代表作为罗西的卡洛·费利斯剧院。④ 规范的古典主义。主张在建筑设计的各个方面进行复古。代表作有泰利在英国设计的住宅。⑤ 现代传统主义。与冷嘲热讽古典主义无明显区别,只是装饰细节更奢华、更艳俗。而詹克斯的理论则分为:① 基本的古典主义;② 复兴的古典主义;③ 都市的古典主义;④ 折中的古典主义。但这种分法并不准确。

三、后现代主义的重要人物

温图利:美国建筑设计家。他是在建筑设计上奠定后现代主义基础的第一人。1969年提出少则烦的原则,从形式基础上对现代主义挑战,作品"温图利"住宅提出了自己的后现代主义形式宣言。他反对现代主义的核心内容,设计包含了大量清晰的古典主义单调的形式特征,但总的来看仍然是简单明确的、功能性的、实用主义的。温图利追求一种典雅的、富于装饰的折中主义的建筑形式。他设计的英国国家艺术博物馆圣斯布里厅是后现代主义建筑的重要代表作之一。

穆尔:美国杰出的后现代主义设计大师。他对于建筑设计一向持有非常浪漫的艺术态度,不少建筑都具有鲜明的舞台表演设计的特点。他对自然环境、社区环境与建筑的吻合、协调特点非常重视。代表作有意大利广场、双树旅馆。

格里夫斯:美国建筑家,是奠定后现代主义建筑设计的重要人物。他的设计讲究装饰的丰富,色彩的丰富,注重历史风格的折中表现。许多设计综合了画家和建筑师双重技术,完整地融合为一体。他最重要的设计作品是波特兰市的公共服务中心,成为最具代表性的后现代主义建筑。

约翰逊:美国最重要的设计理论家、当代建筑设计师之一,先后经历了两次重要的现代设计运动。他是最早把欧洲的现代主义介绍到美国的人物之一。他和密斯合作设计的西格莱姆大厦是其成为世界大师的重要转折点。在温图利提出少则烦主张后,他设计了美国电报电话公司大厦,成为后现代主义的代表作之一。他代表了后现代主义设计中比较讲究保持古典主义精华完整性的一派。

矶崎新:后现代主义的重要代表,极具个人特点。他能够在现代主义与古典主义间找到一种非常微妙的关系,达到既有现代主义的理性,又具古典主义的装饰色彩和庄严。代表作有洛杉矶当代艺术博物馆等。

斯特林:英国杰出的后现代主义设计家。他的探索方向是标准的后现代主义式的,采用现代主义与古典风格的结合,并且加以嘲讽式的处理,严肃中充满了戏谑和调侃的味道,最典型的例子是德国斯图加特的新国家艺术博物馆。

罗伯逊:美国弗吉尼亚大学建筑学院院长,他主张改革现代主义、国际主义设计风格的冷漠、非人情化的倾向,希望能利用历史传统达到建筑的文化气息。他不希望对古典风格和历史风格进行嘲弄和戏谑,努力把现代主义的结构和古典主义的动机进行完美的结合。代表作有阿姆维斯特总部大楼等。

阿道·罗西:意大利重要的后现代主义设计师,他把环境整体性、协调性看得至高无上,从而形成他的设计方法和理论。最集中体现其原则的例子是莫迪纳市的公墓建筑。

其他还有法列尔、詹克斯、塔夫特事务所、博塔、罗什等都是后现代主义的重要代表。

四、后现代主义的产品设计

后现代主义在产品设计上的影响没有建筑设计上的广泛。从形式上可以分为高科技风格、改良高科技风格、意大利的阿基米亚和孟菲斯集团、后现代主义风格、减少主义风格、建筑风格、微建筑风格、微电子风格等。高科技风格是从克朗和斯莱辛的著作《高科技》中产生的,特指:① 技术性的风格,强调工业技术的特征;② 高品位的,不是强调民主化的现代主义的衍生。高科技风格把现代主义设计中的技术成分提炼出来,加以夸张处理,形成一种符号的效果。把工业技术风格变为一种商业流行风格。给予工业结构、机构部件以美学价值是高科技风格的核心内容。它也是首先从建筑开始的,代表作有罗杰斯的蓬皮杜文化中心等。过渡高科技是一种对工业化风格、高科技风格的冷嘲热讽、嘲弄的表现,具有更高的个人表现特点,也比较难以批量化生产。此风格充满了荒诞不稽的细节处理,表现了设计师对高技术、工业化的厌恶和困惑,是庞克文化、霓虹灯文化的一种体现。它明显的讽刺特征造成了它不可能得到广泛的欢迎,代表作有阿拉德的"混凝土"音响组合等。意大利的阿基米亚和孟菲斯集团是两个关系密切的设计组织,代表了现代主义开始式微以来意大利设计的新发展趋向。这两个组织的设计原则基本相似,都是以高度娱乐、戏谑、艳俗的方法来达到与正统设计完全不同的效果,表现丰裕时代的艳俗和平庸。这种设计色彩鲜艳,普遍采用非常俗气的材料——装饰板,作为表面粘贴装饰基础,形成明显的波普风格。设计中玩世不恭的气息得到20世纪80年代青年的喜爱。后现代主义风格是从建筑设计中衍生出来的。它通过产品表现了与建筑上的后现代主义相似的倾向,包括了历史主义和装饰主义立场、对历史动机的折中主义立场、娱乐性三方面特征。代表作有克利夫斯设计的椅子MG—1等。减少主义风格是80年代开始兴盛的一个设计风格,特征是一种美学上追求极端简单的设计风格,一种加尔文式的简单到无以复加的设计方式。它受到米斯设计思想的影响,产品具有简单的结构、比较生硬的表面处理等特点。减少主义的重要代表人物首推斯塔克,重要的减少主义集团是宙斯设计集团。建筑风格是后现代主义在产品设计上的一个分支。此风格主要集中在由建筑师设计的家具上,大量采用后现代主义建筑的风格,甚至完全搬用建筑的形式,产生出像建筑的家具来。代表作有罗西设计的柜子AR—1等。微建筑风格指的是把后现代主义建筑风格延引到产品设计上,特别是小产品设计上。它是装饰主义的一个比较极端化的发展,大量采用艳丽的色彩和几何图案为装饰动机,加上华贵的材料,使这种风格的产品与20年代的装饰艺术运动风格有相似之处,是形式主义一个高度的发展。代表作有罗西等人设计的咖啡具等。微电子风格不是一个统一的设计风格,它是技术发展到电子时代,电子产品涌现而导致的新的设计范畴,重点在于如何把设计功能、人体工学、材料学等技术统一,在新产品上集中体现出来,达到良好的功能和形式效果。由于微电子技术的发展,产品尺寸越来越小,设计上则越来越简单明快,往往采用新理性主义和功能主义的方式。代表作有西门子等公司设计的电子设备。

五、解构主义

解构主义的形式实质是对结构主义的破坏和分解,作为一种设计风格形成于20世纪80年代,在建筑上最先开始。从字意来看,解构主义所反对的是正统原则和正统标准,即现代主义、国际主义原则与标准,因此具有很大的随意性、个人性特点。后现代主义兴盛了不长时间就衰颓了,重视个体、部件本体,反对总体统一的解构主义哲学却被少数设计师认同,认为是具有强烈个性的新哲学理论而采用。它不是设计上的无政府主义方式,所有解构主义作品都貌似零乱,而实质有内在的结构因素和总体性考虑的高度理性化特点。重要的代表人物有弗兰克·盖里、艾什曼等。盖里的设计采用了解构的方式,即把完整的现代主义、结构主义建筑整体破碎处理,然后重新组合,形成破碎的空间和形态。他的作品具有鲜明的个人特征,采用解构主义哲学的基本原理,重视结构的基本部件,认为基本部件本身就具有表现的特征,完整性不在于建筑本身总体风格的统一,而在于部件的充分表达。虽然其作品基本都有破碎的总体形式,但这种破碎本身却是一种新的形式。盖里的设计代表了解构主义的精神精华。艾什曼常运用现代主义、国际主义的各式结构,但大部分部件却是解构的,总体的风格是非一般几何式的、复杂的,代表作有威克斯奈视觉艺术中心等。解构主义因为存在许多结构的、工程上的问题,很难立即影响到工业设计,对于平面设计,则导致了达达主义风格的复兴。达达主义在版面是以简单字体和插图布局的零散乃至凌乱的方式,表达当时的无政府主义思潮。作为对国际主义、现代主义平面风格的一种反动,这种新的解构风格于20世纪90年代开始在青年设计家中流行,促成这种风格流行的另外一个原因是技术上的,即电脑设计的普及和发展。解构主义并没有能够真正成为引导性的风格,它一直是一种知识分子的前卫探索,具有强烈的试验气息。

六、新现代主义

在温图利向现代主义提出挑战以来,除了后现代主义还有一条道路就是对现代主义的重新研究和发展,被称为新现代主义或新现代设计。新现代主义坚持现代主义的传统,根据新的需要给现代主义加入了新的简单形式的象征意义,但总体来说它是现代主义继续发展的后代。这种依然以理性主义、功能主义、减少主义方式进行设计的风格人数不多,但影响巨大。20世纪70年代从事现代主义设计的以"纽约五人"为中心,他们的作品遵循了现代主义的功能主义、理性主义基本原则,但却赋予象征主义的内容。新现代主义是在混乱的后现代主义之后的一个回归过程,重新恢复现代主义设计和国际主义设计的一些理性的、次序的、功能性的特征,具有它特有的清新味道。新现代主义在平面设计上的影响特点之一就是新包豪斯风格:工整,功能性强,讲究传达功能,冷漠。新现代主义的代表作有迈耶的装饰艺术博物馆等。

第六章　设计程序

第一节　设计程序概述

　　工业设计程序与方法是贯穿工业设计过程中的指导战略和实施战术。整个设计进程，需要总体的战略部署和具体阶段的方法支持。

　　设计程序是有目的的实现设计计划的次序，体现出设计学科理性化、科学化的特征。设计程序的实施有时是循序渐进的，有时也会出现循环交错现象。无论哪种现象，其目标是有效地解决设计过程中各个环节的问题。也正是因为这一目标，在设计程序的科学化、规律化的总结和运用中，不能以单纯追求生硬僵化的理性逻辑而忽略并阻碍了创造性思维活动的发挥，束缚设计师的创造能力。因为对于设计来说，有时想象比程序更为重要。①

一、研究设计程序与方法的意义

1. 指导设计，使设计科学化

　　设计作为一项不断发展的社会活动，具有经验的积累性和实践的创新性。根据不同的设计内容和目的，可以遵循一定的设计程序。在具体的产品设计中，各个部门可以根据同样的设计规范和设计程序指导，进行设计的协同和整合，这样就保证了设计方向的同一性和设计程序的快捷性，为科学、合理的设计提供帮助和规范，保证了设计过程的行为合理性，保证了产品设计的顺利进行。

2. 合理规范设计要素，保证设计方向的合理性

　　目前的设计方法处于不断充实的阶段，方法形形色色，从理论指导到技术支持，从产品设计的调研到后期销售反馈，几乎都需要一系列的设计技巧和方法辅助进行。在设计过程中，不同的设计元素如形态、色彩、材料、肌理、加工工艺、市场消费信息分析结果与方案图等，需要统一的方法进行整合与规范，以方便设计。一些设计方法为设计提供了比较规范统一的设计评价标准和指导，从而保证社会整体设计方向的合理性。

3. 统一的设计环境下发展工业设计

　　设计是团队精神的体现，单独的力量无法成为设计整体的生产力。而团队设计的形成，首先依赖于设计理念和设计精神的统一。只有在统一的设计环境下，设计活动才能公平、合理、科学地进行。通过设计方法的规范，如协同设计成为设计者和企业生产之间的交流方法，电子商务为设计者提供及时快捷的市场信息，而绿色设计又保证设计者向消费者和社会环境提供产品的健康性。目前，工业设计领域处于个体设计向团队设计过渡的阶段，规范、

---

①　许喜华. 工业设计概论[M]. 北京：北京理工大学出版社，2008：189.

统一的设计方法无疑是取得设计发展成功的重要前提。

二、设计程序与方法的特点

（1）设计程序、设计方法与设计评价是共时态的存在，它们相互交叉在一起，保证了设计每一个进程的科学性与合理性。设计程序中的任何一个阶段都可能使用到一种或若干种设计方法，同时，又通过设计分析、综合与设计评价来衡量设计的合理性。

（2）设计具有与市场、企业、用户等信息之间的交互性和工作并行性。传统设计方法分具体的几个步骤，比如资料收集与分析、方案构思、方案细化、效果图绘制、模型制作、样机生产及投产等步骤，各个环节之间首尾相接，一项完成，另一项才可能开始。而且前期设计和后期生产往往脱节，一项产品设计是否合格只能到具体的生产阶段才能知道，许多产品在发现不适于生产时，需要再送回设计阶段，重新调整。这样一来，不仅影响了设计效率，而且对生产和材料也造成不可估量的损失。在现代的设计程序中，越来越被设计师认可的是打破线性设计程序、被称为并行工程的设计方法。即在设计之初，就将企业生产、市场销售和设计联系起来，形成一个信息共享平台。设计信息、生产信息、市场信息之间可以及时发送、反馈，设计者可以随时根据生产和市场调整设计。

三、设计程序——设计的过程系统

如果从系统论的观点看，设计程序的本质即为设计的过程系统。

产品设计是一种由多重相关要素构成的方法系统，而且也可以认为是一个由多种方法构成的过程系统。但是，如果从产品诞生到消亡的整个生命过程看，产品设计活动仅仅是一个子系统。如果从企业的宏观策略上看，产品设计只能是大系统中的一个关键要素。产品设计在整个战略中处于中下游的位置，但与所列出的所有领域有着不同程度的关联，其中产品企划和产品开发是更高一级的系统，产品设计系统往往要从属于产品开发系统。当然，在企业系统之外的或是仅限于某些侧面的产品设计，似乎不受过程系统的制约，如美的造型、时尚的形态等感性的因素，似乎都是凭着具有创意和个性的设计师的能力所为。实际产品的某些侧面确实需要依靠设计者个体才能的发挥，但产品功能的实现，毕竟要通过工业化的量产途径去面对难以确定的消费者，自然存在生产技术、成本等一系列的实际问题，尤其是如何获得良好的市场效果，必然脱离不了系统的制约，否则只能是纸上谈兵。

在实践中，设计的过程是一个动态变化的过程，受外部条件的影响很大。因此，设计系统的构成是多样化的。

四、设计的一般程序

设计的一般程序：

1. 市场调研与分析

（1）设计任务的确定。

（2）设计调研。

（3）信息资料的分析整理。

2. 设计点位

（1）环境分析（生态环境、使用环境、人文环境、人体环境等）。

(2) 用户群体分析(用户年龄结构分析、用户心理和行为分析、用户需求分析、用户收入分析等)、使用方式分析。

(3) 产品工作机制分析、功能原理分析、结构分析。

3. 设计方案

4. 方案评价、优化与初步审定

5. 效果图的输出制作

6. 方案的最后确定与设计制作

(1) 工艺可行性分析。

(2) 样机模型制作与设计检验。

(3) 结构工程图的规范制作。

(4) 设计模型的制作。

第二节　设计程序

一、提出设计问题

人们生活工作中的各种需求、各种问题的发现是设计的动机和起点。在设计实践中,设计任务的提出会有很多种方式：企业决策层以及市场、技术等部门的分析研究中产生的设计任务；受客户委托的具体项目；直接通过对市场的分析预测,找到潜在的问题进行设计开发等。

二、调查、研究与分析

调查内容包括社会调查、市场调查和产品调查三大部分,依据调查结果进行综合分析研究,得出相关结论。这个阶段要达到以下目标：

(1) 探索产品化的可能性。

(2) 通过对调研结果的分析发现潜在需求。

(3) 形成具体的产品面貌。

(4) 发现开发中的实际问题。

(5) 把握相关产品的市场倾向。

(6) 寻求与同类产品的差别点,以树立本企业特有的产品形象。

(7) 寻求商品化的方向和途径。

1. 社会调查

从社会需求、社会因素(人与产品的关系)等方面进行调查分析,通常是有针对性地对消费市场、消费者购买动机与行为、消费者购买方式与习惯等涉及消费者的内容展开。

2. 市场调查

针对设计物的行销区域对环境因素(物与环境的关系)进行分析,其中环境因素包括经济环境、地域环境、社会文化环境、政治环境及市场环境等方面。

经济环境是指总体的国家经济大环境,如国民生产总值与国民收入、基本建设投资规模、能源与资源状况、市场物价与消费结构等。

地域环境是指设计存在的外部因素,如自然条件、地理位置以及交通状况等。

社会文化环境是指消费者的总体文化水平、分布状况、风俗习惯、审美观念等。

政治环境是指政府的有关政策、法令、规章制度等内容。

市场环境是指与产品相关的产品价格、销售渠道、分配路线、竞争情况、经营效果等。

3. 产品调查

从产品的现状及过去进行的调查分析,其主体是产品自身。

对产品的现状如产品的使用功能、结构、外观、包装系统、生产程序等方面,从人机工程学和消费心理学以及管理学等角度进行调查研究。对产品的过去调查是对产品的历史发展状况的调查,包括产品的变迁、更新换代的原因及存在形式等内容。另外,对法规方面如产品的商标注册管理、专利权及有关的政策法规调查也属于产品调查范畴。

4. 资料分析

配合调查各组成因素而收集的文字和图片资料,其内容大致与调查相一致,不可忽视的是在许多资料中存在着的潜在价值,往往是影响准备阶段结果的重要因素。

把以上内容的研究分析结论加以综合整理,通过制订相应的各种图表进行分析比较和研究,使结论更加合理、客观。在这一阶段,不要急于得到一个结果,多种可能性结果并存的状态更有利于以后的设计构思和展开。

在市场调查过程中,可使用市场倾向分析图(如图6-1)。在这个图中,将各种产品的功能和用途进行分类,继而面向整个市场,就功能和用途设定几个能够涵盖市场倾向的关键词,并以其为基准将产品进行分类。实际做法是:建立一个由X轴和Y轴构成的概念框架,分别在X轴和Y轴两端置反义词(如古典的、现代的,精神的、物质的)。将市场上已有的同类产品按关键词进行分析且在分析图上分别予以定位,这样便可以对产品分布情况进行比较分析,从而掌握市场的倾向。

这种方法多用于市场细分,所以在产品开发设计时也应用广泛。图中产品分布越接近上下左右的位置,属性就越明确;越接近中心位置,属性就越模糊。

为了正确把握产品的市场特征,可以用不同的关键词对X轴上的关键词进行置换,如用"积极的"、"消极的"代替"古典的"和"现代的",然后再进行分析予以重新定位(如图6-2)。如此便可以进一步理解市场情况,最终与产品开发设计联系起来。

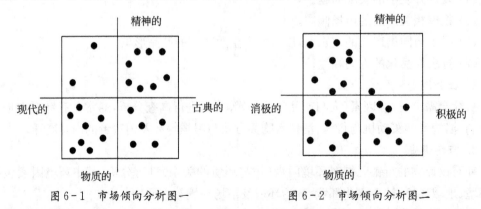

图6-1 市场倾向分析图一　　　图6-2 市场倾向分析图二

三、产品构思与开发定位

经过市场调查、分析，找到了需求所在和新旧产品方向之后，就要进入具体勾画产品形象阶段。首先，将调查所获得的与产品相关的各种信息罗列出来，这时可暂不顾及可行性问题，尽量将各种构思提出来。因为即便是存在现实问题的构思，也有成为现实的可能。

在这些罗列出来的产品设想中，对有深入价值的构想进行判断，这是进行下一步骤的基础。这些判断可以利用先前介绍的、用于市场倾向分析的概念分析图，即将所设想的产品标入分析图中，便可从中看出构思产品所处的市场位置。将此产品与相同位置的其他产品进行比较，看其他产品是否是强势产品，或是有望扩大市场的产品，以及技术上的可行性等，从各种角度对所构想的产品进行评价，使其接近成功。

随着构思范围的集中，产品开发方向也将趋于定位，这关键取决于集体创造性思考对市场领域的准确判断。如：在X轴用"消极的"和"积极的"关键词来界定市场时，"精神的"与"积极的"所界定的区域并无相应的产品存在，这正是值得考虑的开发方向。但是现有商品较为集中的区域未必没有扩大市场的可能，也可以通过准确的判断后投入有竞争力的产品。

产品的最终定位是有利于对市场的正确判断，市场调查分析是完成这种判断的具体手段，而概念框架图是这种手段的有效的作业方式。

1. 用户需求分析

不仅用户会为了解决某一需求而需要某种产品，而且在特定环境、特定的生活方式甚至特定的价值观念下，也需要产品与其"特定"相吻合。在淡水充沛的地区使用目前国内普遍使用的洗衣机没有什么大的问题，但是在淡水资源稀缺的海岛、沙漠等缺水地区，类似的洗衣机能否使用和推广就是一个很大的问题，此时就必须设计一种用水量特别节约的甚至不用水作为洗涤介质的洗衣机来满足他们的特定需求。

另外，农村中用户需要洗衣机还能另作他用，即帮助农家清洗农产品，如花生、土豆、地瓜、萝卜等。这样的洗衣机对农村用户就有着更广泛的用途。可设计如何满足这一部分用户的特定需求。

针对中国的人口、城市道路、能源与环境污染，中国人的出行方式除了大力发展公共交通之外，用于上下班及短途交通的工具能否比现有的轿车更小、更轻巧、更节能、更环保、更方便？把发达国家已形成的交通方式原封不动的拿来解决中国城市中人口众多、能源短缺、土地资源紧张的交通问题，是否具备科学性与合理性？在某种意义上，我们是否需要一种特定的方式来解决中国人的出行问题？

因此，设计中的使用者需求分析必须抓住其行为方式的本质，才能准确地了解顾客真正意义的需求本质。成功地进行需求分析应该做到：识别和区分顾客与使用现场，促使消费者表达真实的声音，理性地分析并量化调查数据。从系统论角度看，这个阶段就是要分析研究设计目标系统中的外部因素。

顾客现场是顾客真正关注的地方，也是企业和设计师应该着力加以分析研究的地方。使用者是在"现场"生活、工作、接受产品和服务的。同时，在需求分析时也应该借助于适时创造的产品使用的虚拟现场，以挖掘使用者的潜在需求，创造潜在市场。

有效地进行顾客细分也是寻找优秀解决方案的手段之一。将整体顾客根据不同的行为特点分为若干"共同需求主题",其中的原则是尽量满足每一位顾客的使用要求,尽管这一点很难做到,但是适当的顾客细分可以简化研究、设计和操作的过程,提高设计效率。

在进一步的使用者需求分析研究的过程中,设计师可以根据研究的深化去调整设计定位,修正设计发展的方向。

2. 概念创意

为了决定新产品的用途、性能、功能、形状等条件,对产品应该有一个具体的想法,这个想法或看法,就是产品的概念。通常人们对产品的竞争力都极为重视,而消费者对产品的感觉更为重要。在设计开发时,产品概念的定义,就是针对特定的消费者,或者说是基于特定的需求,根据企业所处的环境如社会状况、市场动向等,将产品战略性构想具体化。

总之,所谓产品概念就是根据市场需求,找到产品的"亮点",并将其明确化,成为产品开发设计的方针。如果存在着模糊概念,就可能导致失败。可以说产品概念是赋予产品以特征和个性。

产品概念的确立,是使产品越来越接近现实的过程。在这个过程中,必然伴随着各种技术上的问题,在构想时,应保持对技术上的预见性,设立现实可行的产品概念。在这个阶段与技术人员并行作业是解决问题的有效方法。

在概念创意阶段,设计工作的目的是获得各种解决问题的可能,寻找实现产品功能的最佳构成原理。所有解决方案的创意只能够有一个出发点,就是对用户的研究分析。伊利诺理工学院的惠特尼教授将这种分析研究过程分为两类:第一类,微观意义的产品焦点研究。通常通过概查、集中讨论、面谈、家庭走访和易用性测试来询问顾客。这类研究的优点在于它可以引导出关于供应的具体洞察,能够使得公司修正问题,并增加产品特性。它可以是迅速的、实用的,并能引导出在主要细节方面的有效的统计结果,为进一步的方案设计提供更为有利的功能框架模型。第二类,宏观意义的文化焦点研究。运用类似进行人口普查和人口统计学数据的措施来关注像价值系统、社会结构以及朋友和亲戚之间关系的日常生活总体模式。这类研究可以引出关于一种文化的惊人发现。设计师在这一阶段应该训练自身灵活运用各种手段快速记录灵感创意与分析思路的能力。

四、方案设计

在创新设计过程中,我们很容易被一些思维定式或者经验惯性所左右。如果设计一开始就陷入一些具体的功能、结构细节中,那么得出的方案很难带来创造性的突破。上述诸方面深入细致的研究分析的结论,就是从事物的本质入手寻找最佳方案的有力依据,同时它们也有可能给设计师的创造构思带来技术上的禁锢。因此在这个阶段,设计师必须学会将以物为中心的研究方法改变成为以功能为中心的研究方法。实现用户所要求的功能,可有多种多样的方案,现在的方案不过是其中的一种,但并不一定是最理想的方案。从需求与功能研究入手,有助于开阔思路,使设计构思不受现在产品方式和使用功能的束缚。设计师在理性分析与思考后,现在需要更为感性的创造灵感与激情。

产品设计的制约因素复杂多变,设计活动更是一种综合性极强的工作,这就要求设计师具有创造性地综合协调设计目标系统内诸多因素的能力。为了高效快速的记录各种解决草案以及草案的变体,速写性的表达方式是必不可少的。它是设计师传达设计创意必备的技能,是设计全过程的一个重要环节,是对产品总体造型构思视觉化的过程。但是,这种专业化的特殊语言具有区别于绘画或者其他表现形式的特征,它是从无到有,从想象到具体,是将思维物化的过程,因此是一个复杂的创造性思维过程的体现。设计师将头脑中一闪而过的构思迅速、清晰地表现在纸上,主要是为了展示给设计小组内部的专业人员进行研讨、协调与沟通,以期早日完善设计构想。同时,大量的草图速写也能够在设计初期起到活跃设计思维、使创造性思维得以延展的作用。这种草图类似于一种图解,每个构思都表现产品设计的一个发展方向,孕育未来发展的可能性。设计师可以借助于任何高效便捷的表现工具,例如钢笔、马克笔、彩色铅笔等,还可以使用一些二维绘图软件,例如 Photoshop、CorelDRAW、Painter 等手段进行表现。

这个阶段的主要任务是尽可能多地提出设想方案,设计师可以借助于排列组合的方法寻找问题解决的多种渠道,学会分解问题的方法是提出更多方案变体的前提,将现有的主要问题分解为诸多子问题,每一个子问题可以提出相应的几种解决方案,将不同子问题的解决方案做排列组合,就会得出意想不到的奇思妙想。

五、方案评价与优化

1. 较优化的评价体系与方案初审

传统的设计方法受自然技术与科学理性的影响,追求最优化目标,它要求在解决问题时统筹兼顾,多中择优,采用时间、空间、程序、主体、客观等方面的峰值佳点,运用线性规则达到整体优化的目的。但是,由于制约因素的多样性和动态性,在选择与评价设计结果时,无法确定最优化的标准。设计过程中,由于任何方案结论的演化过程都是相对短暂的,都不是走向全局"最优"状态的,真实的产品进化过程不存在终极的目的,面对客观环境的适应性而言,也总是局部的、暂时的。这就为当前工业设计的评价目标提出了相对和暂时的原则,"合理的生存方式"本来就是被界定在有限的范围内,因此这种合理也就是较优化。

设计评价应该是动态的存在于设计的各个阶段,贯穿于设计的全过程。设计只有通过严格评价并达到各方面的要求,产品才能降低批量生产的成本,让企业真正通过设计获得效益,让消费者得到性价比最佳的产品。优秀设计的评价标准,不同的项目具有不同的内容。一般情况下,一个好的设计应该符合下列几项标准:

(1) 高的实用性。
(2) 安全性能好。
(3) 较长的使用寿命和适应性。
(4) 符合人机工程学要求。
(5) 技术和形式的特创、合理性。
(6) 环境的适应性好。
(7) 使用的语义性能好。
(8) 符合可持续发展的要求。
(9) 造型原则的明确性;整体与局部的统一;色彩的协调。

在经过对诸多草图方案及方案变体的初步评价与筛选之后,优选出的几个可行性较强的方案需要在更为严谨的限制条件下进行深化。这时候设计师必须理性地综合考虑各种具体的制约因素,其中包括比例尺、功能要求、结构限制、材料选用、工艺条件等,对草图进行较为严谨的推敲。这一步工作应达到两个要求:① 使得初期的方案构想得到深入延展。因为作为一种创造性活动,设计构思通过平面视觉效果图的绘制过程不断加以提高和改进。这一过程不仅锻炼延展了思维想象力,而且诱导设计师探求、发展、完善新的形态,获得新的构思。这时的表现图绘制要求更为清晰严谨地表达出产品设计的重要信息(外观形态特征、内部构造、加工工艺与材料等),设计师可以根据个人习惯选择得心应手的工具,也可以借助于各种二维绘图软件及数位绘图板等计算机辅助设计工具。② 它能够有效传达设计预想的真实效果,为下一步进行实体研讨与计算机建模研讨奠定有效的定量化依据。设计师应用表现技法完整的提供产品设计的有关功能、造型、色彩、结构、工艺、材料等信息,忠实客观的表现未来产品的实际面貌,力争做到从视觉感受上沟通设计者、工程技术人员和消费者之间的联系。

2. 工作模型

在计算机介入产品设计领域的前提下,设计师有时为了缩短设计的周期,开始忽视或者跨过工作模型这一过程,实际上,这是一个具有极大风险的行为。许多设计开发失败的事例都发生在由设计向生产转化阶段。如从构想效果图直接进入生产工艺设计,然后又基于生产工艺设计进行模具的制作,当发现结构上的问题时,高额的模具费用已经浪费。在造型设计阶段,为了研讨绘出了无数效果图,但那只是在平面上表现的形象。之所以造成失败,问题在于由二维形象向三维形象的转化难以正确把握。有时会因为开发时间紧迫或费用方面的原因而省略制作模型的步骤,这往往就是失败的原因。

将设计形象转化为产品形象时,必须利用模型手段。在设计定案阶段所进行的设计评价和最终承认的是工作模型和生产模型。向生产转化时的生产模型,是从各个方面对产品进行模拟,所以能够明确把握构造上和功能上的问题。

这种广泛利用模型的案例,多见于汽车和家电领域的设计。设计汽车时,由于曲面多,所以需要制作原大模型,以利于造型研究、生产技术检验与制图检查等。在家电的设计开发生产中,也必须进行类似的模型制作,以用于严密的设计研讨和生产技术及构造上的检验。这样的模型制作,在有些企业(如汽车制造厂家)已成为专门的部门,但在多数情况下是通过外协解决的。因此,社会上已出现专业化的模型制作公司。模型材料常选用木材、黏土、塑料板材或块材,制作方法则多种多样。

工作模型制作的目的不仅是为了把先前二维图纸上的构思转化成为可以触摸与感知的三维立体形态,以此检验二维图形对三维形态表达的准确性;而更在于模型制作过程中进一步细化、完善设计方案。尤其是在当前先进的数字化、虚拟化技术得到广泛应用的前提下,设计师的感性知觉评价受到了前所未有的挑战。因为今天的设计师可以远离三维实体的空间感和具体材料的触感,构建起一个活生生的、逼真的三维视觉形象。但这仅仅是产品视觉形象的平面化,而非产品三维实体综合感觉的存在。总之,设计师应当为使用者创造出全方位、高品质的用品,应该用自己的手指去感知、去创造一个更为微妙的情感物体,而不仅仅是一个冷冰冰的机器。

工作模型的作用与意义就在于使得我们能用手指去感知设计,以综合感觉代替单一的视觉感受,有效弥补了二维图纸与电脑虚拟形态的致命技术缺陷,可以让设计师在更为感性的细节问题上进行深入研讨。工作模型应该是目的性较强的分析模型,是设计深化必不可少的手段。设计师可以根据需要就设计中的某些具体问题进行工作模型的制作研讨,可以专门为研究形态的变化而制作模型,也可以在选择色彩时制作模型,可以就某一工艺细节制作模型,还可以为改良功能组件的分布制作模型,等等。由于工作研讨模型的特殊要求,在选材制件上应该尽量做到快速有效地达到研讨的目的,一般都选择较为容易成型的材料,如石膏、高密度发泡材料、油泥等。在一些特殊专项的研究中,可以寻找一些更为简单有效的方法。

3. 计算机辅助参数化建模

由于计算机辅助设计和辅助制造的软件界面及功能的智能化、傻瓜化,设计生产中的并行工程、模块关联互动的特性不仅成倍的缩短了设计、生产的周期,更主要的是导致了设计者工作方法的变化。设计师可以更加充分的发挥自己的才智和判断力,从更直观的三维实体入手,而不必将精力过多的花费在二维工程图纸上,从此远离过去那些繁琐的图纸绘制、装配干涉检验、性能测试等繁重的重复性劳动,转而让更为智能化的计算机代替完成。在德国奔驰公司的设计部,设计工程师们已经远离繁重的油泥模型制作、样车打造、风洞实验、实体冲撞实验等耗费人力物力的传统设计检测手段,取而代之的是各种不同的数字化虚拟现实设备。波音公司在其波音 777 产品的设计开发过程中,完全借助于计算机,整个设计阶段没有一张图纸。现在,设计师凭借感性设计手段将最初的原创想法绘制成平面效果图,智能化软件就能在三维空间内追踪其效果图的特征曲线,完成三维实体建模及工程图纸的绘制。如果设计师在任何一个模块中的一个环节进行修改,相关模块中的参数也随之进行修正,这一优势在许多复杂系统的设计中更能发挥其长处,也许传统的以严格的尺度固定的模型已经失去意义,而仅仅成为设计者进行大体估量的参照系。在这样的设计生产环境中,设计者或工程师不必精确详细的了解整个系统,在需要时,他们会借助于电脑,从数据库里调出相应的功能参数,这样设计者和工程技术人员能够将更多的精力投入到前期富于创造性的工作中去。

4. 效果图渲染及报告书整理

经过上述诸多步骤的不断深化,设计已经基本定型,此时设计工作小组需要将整个工作成果展示给决策领导进行评价,逼真清晰的效果图将在最终的评价决策中起到关键作用。由于审查项目的人员大多不是设计专业人士,效果图的绘制渲染必须逼真准确,能够完全展示设计的最终结果。同时,设计分析过程的诸多调查分析过程与结果,也应该准确的加以展示,为设计方案提供有力的论证与支持,因此设计报告书的整体与展示也将成为左右最终决策的重要因素。一般情况下,设计师会调动较为强大的电脑软件进行效果渲染,甚至借助多媒体动画技术以求做到全方位逼真的展示方案。

5. 综合评价

在最终的方案评审过程中,评审委员中汇集了各方面的人员,既包括企业的决策人员、销售人员、生产人员、技术人员,也包括消费者代表、供应商代表等,他们会从各种不同的角度审查、评价设计方案。因此尽可能全方位立体、真实地展示与说明设计构想尤为关键。

综合评价的目的就是将不同的人、不同的视角、不同的要求进行汇编,通过定量定性化分析,对设计施加影响,其本质可以说是设计付诸生产实施之前的"试验",其目标是尽量降低生产投入的风险。

6. 方案确立

经过反复的论证与修改，方案终于确立。但我们必须清楚，这个过程往往并不是一帆风顺的，有时候需要多次反复才能得到较为圆满的结果。

六、设计的生产转化

由设计向生产转化阶段的重要工作就是根据已定方案的设计方案进行工艺上的设计和样机制作。这时，要对造型设计和产品化的问题进行最后的核准。具体地说，就是要为该造型寻求合适的制造工艺和表面处理方法等。把制造方法、组装方法、表面处理等问题作为生产技术、成本方面的问题进行充分的研究，需变更的地方要加以明确。根据样机，可进一步推敲材质感、手感等感觉方面的问题。

最终的产品形象和品质感，对外观制作的方法有很高的要求。因此，制造方面问题的重点往往与产品外观部分有关。如，要忠实地再现构成微妙曲线的、具有柔和感的设计形象，那么，便会对塑料注塑成型或铸模成型的制造工艺重点加以研讨。这种制造方法需要昂贵的模具费用，但却可能从量产方式中得到回报。而小批量生产时，往往因模具费用高而不被采用。小批量生产时往往要对真空成型、钣金、精密铸造等工艺方式进行研究。用这些方法所做出的形状往往受精密度的限制。所以，设计上要充分考虑装配、组合的问题。这些设计与制造方法的问题都必须在设计方案之前完成。

1. 结构工艺可行性设计分析

由于设计过程已对结构、材料、工艺进行了调查研究，因此在设计向生产转化前，设计人员的主要工作是协助工程技术人员把握结构与工艺的最终可视化效果，将其转化为量化的生产指导数据，以求设计原创性不在生产中损失。

2. 样机模型制作与设计检验

由于数字化技术的导入，计算机辅助设计与辅助制造技术不断得到完善，现在模型制作就不仅仅停留在传统手工技术的基础上了，设计师在实践当中有了更多灵活的选择。我们可以看到，基于参数化建模技术平台上的 RP 激光快速成型技术以及 NC 数控精密车铣技术是当前社会上常用的样机制作手段。虽然它们所应用的技术原理及成型材料具有一定的差异性，但是这些技术手段却拥有一些共同的优点：

（1）由于数控技术操纵下的机器设备处理的是设计研讨后的最终参数化模型文件，这就使得设计原创性得到了完整的体现，避免了传统手工制作样机模型时人为性的信息损失。

（2）在加工精度提高的同时，加工的时间也大大缩短。传统意义上需要一个月左右才能完成的样机，现在只需要三四天就加工完成了。这极大地缩短了产品研发的周期，为现代企业制度下提高市场竞争力提供了有力的武器。

（3）由于从设计初期就导入参数化的理念，使得无论是设计还是试制都在一个共同的数字平台上进行，也就为并行工程的导入提供了技术前提。也就是说，我们可以在设计的同时进行样机生产，在样机制作过程中修改设计，优化结构和功能。同时并没有因为这些调整与修改而使项目实验受到影响，反而进一步优化了设计，真正实现了样机模型的设计检验职能。

3. 设计输出

根据样机和电脑的参数化模型绘制工程图纸，规范数据文件（文件格式应转化为符合数字化加工的要求)。这时模型文件可以交付模具设计与生产,设计师同样肩负着生产监理的任务,以确保最终的实现效果。在可能的情况下,设计小组还要对产品的用户界面、包装、使用说明书以及广告推广等诸多因素进行统一设计,这才是一套完整的设计输出过程。

第三节　设计程序案例

1. 企业原始产品

明确设计内容:当我们跟客户确定设计合作后,会由我们的市场人员及设计人员跟客户沟通,了解指纹锁设计的内容及工业设计所应实现的目标。(见图6-3)

2. 确定指纹锁产品主要内部模块

根据客户提供的原始产品或产品功能模型,分析产品的功能实现原理,结构的变化幅度,确定指纹锁产品的限制条件和设计重点。(见图6-4)

3. 竞争对手产品市场调研

设计调研是设计师设计展开中的必备步骤,此过程使工业设计师必须了解产品的销售状况、所处生命周期的阶段、产品的竞争者的状况、使用者和销售商对产品的意见。这些都是设计定位和设计创造的依据。对于像指纹锁这类产品,设计难度主要集中于外观的悦目性和形态定位的准确性上,以及如何缩短设计周期来抓住变幻莫测的大众消费市场。(见图6-5)

4. 与客户商定产品粗略结构排布

在对产品的概念进行定位后,与客户确定产品的粗略结构排布,分析技术的可行性、成本预算和商业运作的可行性,了解客户对产品的基本构思。(见图6-6)

5. 构思产品草图

构思草图阶段的指纹锁工作将决定产品设计70%的成本和产品设计的效果,所以这一阶段是整个产品设计最为重要的阶段。通过思考形成创意,并加以快速的记录。这一设计初期阶段的想法常表现为一种即时闪现的灵感,缺少精确尺寸信息和几何信息。基于设计人员的构思,通过草图勾画方式记录,绘制各种形态或者标注记录下设计信息,确定3~4个方向,再由设计师进行深入设计。(见图6-7)

6. 完成产品平面设计图

2D效果图将草图中模糊的设计结果确定化、精确化,这个过程可以通过CAD软件来完成。通过这个环节生成精确的产品外观平面设计图可以清晰地向客户展示产品的尺寸和大致的体量感,表达产品的材质和光影关系。(见图6-8)

7. 产品3D设计图

三维建模即用3D的语言来描述产品形态和结构的过程,它的指纹锁最大的优点是设计的直观性和真实性,在三维的空间内多角度地观察调整产品的形态,可以省去原来的部分的样机试制过程,可以更为精确直观的构思出产品的结构,从而更具体的表达产品构思,提高产品设计质量。3D图有精确的形态比例关系和精致的细节设计,可以直观的用于与客户的沟通交流。(见图6-9)

8. 多角度效果图

多角度效果图使人以更为直观的方式从多个视觉角度去感受产品的空间体量,全面地

评估产品设计,减少设计的不确定性。(见图6-10)

9. 产品色彩设计

产品色彩设计是用来解决客户对产品色彩系列的要求,通过计算机调配出色彩的初步方案,来满足同一产品不同的色彩需求,扩充客户产品线。(见图6-11)

10. 产品表面标志设计

产品表面标志的设计和排放将成为面板的亮点,给人带来全新的生活体验。VI在产品上的导入使产品风格更加统一,简洁明晰的LOGO,提供亲切直观的识别感受,同时也成为精致的细节。

11. 产品结构设计草图

设计产品的内部结构和产品的安装结构以及装配关系,评估产品结构的合理性。(见图6-12)

12. 完成产品1∶1线框指纹锁图

按设计尺寸,精确地完成产品各个零件的电子元件和零件之间的装配关系。(见图6-13)

13. 产品结构图爆炸图

分析零件之间的装配关系是否合理,是否存在干涉显现,分析各个部件的载荷强度。(见图6-14)

14. 修改结构图

对结构设计中的问题进行修改和调整,确定最终的结构文件。(见图6-15)

15. 模型样机制作

通过CNC(数控加工中心)或RP(激光快速成型)完成结构样机制作。(见图6-16)

16. 样机调试

将全部电路和各个零件装入样机模型,检验结构设计的合理性,体验设计产品的使用感受,对出现的问题进行最后的调整,降低模具开发的风险。(见图6-17)

17. 产品调试

测试样机工作的可靠性,参加展览会,及时了解销售商的要求和意见,确定产品的上市计划。

18. 完成产品

完成产品设计,投入模具开发和大量生产。(见图6-18)

图6-3

图6-4

图6-5

图6-6

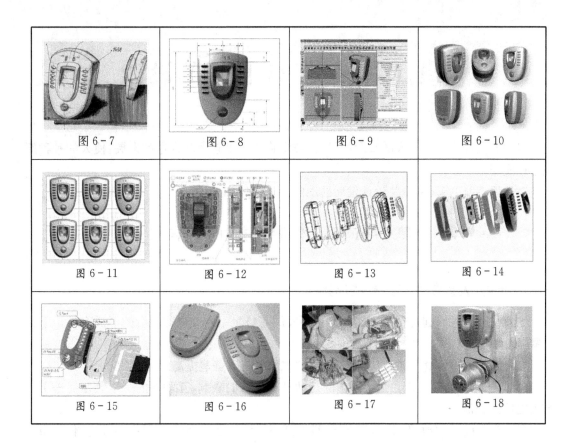

图 6-7　　　　　图 6-8　　　　　图 6-9　　　　　图 6-10

图 6-11　　　　图 6-12　　　　图 6-13　　　　图 6-14

图 6-15　　　　图 6-16　　　　图 6-17　　　　图 6-18

第七章 走进 21 世纪的设计

设计的发展实际上是人的观念的发展,技术将全力以赴地配合这种发展,使人的种种愿望得以实现。

在这里,我们将列举一些设计发展的动向,引发大家的思考。

第一节 标准化思想的终结

一、标准化、大批量生产方式的质疑

大众化社会的兴起是全球现代化的主要发展趋势之一。大众化社会的形成有赖于下列一些条件:

(1) 信息量的大量增加,使社会大众的知识水平得以普遍提高。

(2) 交通发达,使人们在大范围内的行动没有了大的限制,互联网的产生更是促进了人与人之间的交流。

(3) 农业技术的改良,粮食产量空前提高,给大众化社会的发展提供了基本的物质保障。

(4) 工业产品的大量生产,并由此产生了廉价商品,给大众化社会提供了充足的生活用品。

上述最后一个条件,即工业产品的生产,在全球现代化发展的初期,都具有大批量生产的特点,而大批量生产这一现代产业的特征是以产品规格化为前提的。

在这样的背景下,产业界只能把社会大众都假设为是特征相似的一个消费群体,以求得产品设计的定位。也就是说,必须先将消费者假设成一个标准化、规格化的均质群体,才能够以同样的设计和规格去制造和生产大量完全相同的产品,这也就是大批量生产体制所造成的产业条件。而整个现代化过程中的技术与科学的发展,似乎也都是以这种规格化与标准化的概念来作为模式的。就是这种硬将多样化的消费群体用标准化的概念去加以均质化的生产制度,才引发了现代思想、科学技术、社会构造、环境污染等诸多方面的种种问题。

二、从均质化进入到个性化

创造了现代大众文化的大批量生产体制产生于上述背景之下,企业为了不断促进商品的标准化而对人们大力灌输产品均质化的合理性和标准性等一系列观念,使社会大众对于所遭受到的均质化待遇习以为常。

但是,实际上每个人都是独特的个体,都有着各自不同的个性,我们不可能将这样的人群去视作均质化,视为一个真正意义上的毫无差异的均质化群体。

我们可以断言,个人的独特性将会成为 21 世纪社会发展的核心价值。因为社会大众的均质化在事实上是不可能成立的,每个人都有不同的个性和才能。无论是幼儿、老人还是残障人士,都是不同而独立的个体,不能认为谁是标准、谁是特殊的群体。如果认为人类有什么共同点的话,那就是他们都属于既独立而又各不相同的个体。

这种以均质化的消费者作为目标对象的设计方式实际上是以牺牲消费者彼此间的差异性为代价的,因为产品对他们中的任何一个人都有着一定的需求差异,因此这种需求差异的被抹杀是今天质疑标准化设计思想的出发点。今天,不但要以多样化、彼此不同的消费群作为我们设计的思考对象,而且必须从多样化的基本观点上去澄清旧有的观念。从事环境或商品设计的规划,设计师不应该盲目地崇拜全球化进程以来所惯行的规格化和标准化的生产体制,至少在思想认识上必须明确这一点。

三、进入产品多样化时代

所谓对标准化设计思想的终结,当然不是要求所有的商品都要以独一无二的设计方式来加以生产,实际上,我们目前的生产技术体系也无法保证这一点。我们强调的超越规格化或标准化的方式,并不对目前的这种设计方式与生产方式加以全盘否定。相反,我们只要能够很好的利用标准化所形成的经济优势,为大量生产的各种零部件予以多样化的组合来变换设计,就可以实现个性商品的生产和对应生活形态多样化的需求,以及社会可持续发展的思想。

为了实现这一目标,我们必须在商品设计观念中导入系统结构概念,也就是有效地采用由标准化概念大量生产的零件,继而发展出多种组合方式,并构成可以适应各种生活形态的多样化商品。这也是未来商品设计的概念。另外,大量生产的规格化零部件也可以成为各种商品在使用之后的后续维护的构件,使生产、流通、消费、废弃的单方向式生产方式能够合理的转变成为一种可以反复循环再生的生产模式。

第二节 不断成长的产品

未来的产品设计将进入不断成长和发展的产品及服务系统的设计新阶段。

所谓不断成长和发展的产品,是随着时代的发展与人类需求的提升,未来的产品将会在生产方的帮助下不断升级与扩展,使得原有的产品如同现在的电脑一样,可以扩充内存,可以进行软件升级,可以新安装原先没有的功能插件等,提升产品的功能,加强产品为用户服务的功能与范围。

在这样一种新的产品设计思想的指导下,将出现下列种种变化。

一、淘汰既成品的产品设计概念

工业化生产体系建立以来,关于产品设计的思想一直建立在创造一定功能内容的产品上。当这样的产品一经制作完毕,就成为一种既成品提供给社会。对于设计师来说,设计也就完成了。

实际上这种以产品制作为中心的产品设计思想,完全抛开了人的生存与发展的需求。

社会的发展和技术的进步促进了人的需求的产生与提升,为了满足人的新需求,传统的思路就是抛弃原有的产品,制作新的产品以满足人的需求。

于是产品作为废弃物就一代一代地发展着、积累着,成为环境问题产生的主要原因。为资源及环境寻找出路的一个最有效的方法之一,就是让产品像一个能不断成长的生命体一样,通过自己的扩容、升级等不断成长的方法,不断满足人类新的需求与环境的约束,这样就大大延长了产品为人类服务的寿命。因此,既成品的产品概念在未来必须淘汰,取而代之的是产品的未成品概念。就像一个孩子从婴儿成长为成人,其生理结构是积累、发展、成长的过程,而不是抛弃的过程。

二、未成品产品的概念

作为未成品概念的产品设计,在结构空间与结构逻辑上必须留有一定的空间,提供产品在成长过程中扩容升级的可能。这种为后续的升级与改善而提供的设计弹性是必要的,因为任何一件产品都不是以某种最终的固定形态出现的。

如吉普车的设计就属于多样化发展的弹性结构概念。

在第二次世界大战即将结束之前,于1943年开发出来的吉普车,可以说完全是以战场的需要为使用前提的一个产物。由于在战争中从当地运送体积较大的成车到前线去非常困难,而前线也缺乏足够多的能装配汽车的技术人员,所以最好的方法就是把装配中较为困难的初步组装先在当地完成,再把模块化的组装件以节省空间的包装方式运送到前线,最后由普通士兵手工完成汽车最终的组装工作。

因此,车体结构的设计就必须完全符合上述要求。而根据这一原则成型的吉普车,即使在战场上损坏了,也只要将损坏车子里还可以利用的零件加以手工整理便可以组装出一辆再生的吉普车。

这种设计方法包含着两个重要意义:首先,吉普车的造型及结构完全针对使用环境的需要而设计,所以具有相当的合理性,这不是一般的汽车设计方式所能够达到的;其次,它完全不针对一般的装配方式进行设计,而是根据零部件的互换性和方便性,采用了高标准化的模块组合方式。其结果就是,不应该单纯的着眼于造型的结果,而必须针对这种特殊的制造程序和需求背景。

基于使用环境的需要,吉普车在设计上优先考虑的就是保持其长期生存的可能性,它不像一般的汽车是以操纵性及一般的功能作为主要目标。能够在战地简易组装,以及损坏后可以拼装再生的可能性与方便性的特殊设计,正符合了生存性的要求。这一实例带给我们的重要启示是:无论是汽车还是其他产品,在设计其造型之前应该首先具备结构的再生概念。而这一概念的形成,首先应该来自于绿色设计的概念,来自于对该产品与其生活环境之间关系的深入观察的结果。

在未来的时代里,我们不能依照过去的思维模式,即只是将具有适当功能的产品制造出来,我们必须像上述吉普车的设计原则那样去重视产品在使用寿命上的耐久性。无论是建筑还是产品,都应该能够在使用中便于维修,便于再生。只要加以适当的维护或局部更新,就可以有效地延续其使用寿命。这样如同一个城市一样,必须具有持续再生、不断发展的可能。我们应该清楚地认识到"生产之后使用,使用之后丢弃"的时代已经成为过去,在追求可持续发展的今天,吉普车的设计实例启示我们要有预留性概念,以及有充分的弹性发展空间和组合结构的设计概念,在地球的环境保护中显得更为重要。

三、消费者参与产品设计

近年来,我们已经看到了许多由消费者参与商品开发过程的行为出现。例如耐克运动鞋就以为其代言的超级运动明星作为消费者的代表,并以采纳他们专业权威建议的方式来共同进行商品的研发。汽车可以说是集20世纪科技成就于一身、体现了尖端技术的一种工业产品。但是于1998年开始销售的DIY组装汽车(Kit Car)却非常出人意料,让我们可以像玩组合模型一样从头到尾由自己亲手把它组装起来。日本光冈汽车 Kit Car DIY 系列组装车是从 MC-1 起步的,它是一辆单人座的超小型迷你汽车,配备有汽油发动机和电动马达两种动力方案以供选择。这是一辆很适合在居家环境附近办事或者购物的小型汽车,对于高龄化以及重视环保的社会价值观而言,它已经颇具前瞻性的意义了,何况它能提供亲手组装的乐趣。此外,大型的民航客机也采取了协作研发的崭新模式,让作为乘客的使用者和航空公司、飞机制造公司共同进行开发工作。显然,上述种种现象已经逐渐形成了一种新的生产趋势。

今后,在进行环保以及无障碍空间等相关产品的设计研发时,也应该采用同样的方法,不能直接简单地将商品设计并制造出来,而是应该共同研讨并确定商品的协作开发体制,这一点将会变得日益重要。

四、服务业将成为产业主流

众所周知,生产制造业无疑是产业发展的起点。但是,自20世纪后半叶以来,产业界主宰的地位就已经转移到了零售业。而在追求可持续性发展的未来社会里,势必形成由服务业掌握产业界主流的社会构造。在终止了以抛弃为主的消费行为的情况下,从事商品及环境维护管理的产业将以供应适当零部件的方式,使社会整体消费维持在一个相对适宜的状态。这种从事商品及环境维护管理的专业,将是在第一线与消费者直接接触的服务业,它将会以代表消费者利益的形象督促生产制造业与零售业,成为新时代产业界真正的主导。

第三节　走向回归自然的时代

人类最重视的问题是如何与大自然相处。

人类过去对大自然的态度过于自私,因为我们一向只关心自己的既得利益。比如说我们不但单独脱离了自然界的食物链,而且还在以大自然的主宰者的姿态对地球的生态结构进行种种破坏。今后人类应该改正这种错误的态度,我们必须认清,人类自身事实上也是大自然的一个组成部分,千万不能随意加以改变。人类只能通过对大自然的了解而顺势引导,设法引导它朝着我们所期待的方向发展。唯有如此,我们才能超越自身作为大自然的一小部分却又能够将大自然作为掌握的对象的根本矛盾,进而实现与大自然融洽相处的理想。

为了达到增加生产却不增加废弃物的理想目标,唯一的办法就是将所有产品都充分的加以再生利用。我们必须建立一个不生产任何废弃物的全球性生产体系,以及物流与消费的运作体制。所谓"可持续发展",就是指在持续发展的过程中,减少资源耗竭的状态。自然环境中没有任何一种食物会肆意破坏自己周围的生存环境,人类作为其中的一种,当然也应该为了生态环境的可持续发展,而在产业结构、生活理念以及生活方式上寻找理想的解决方案,并且为此建立起一套新的价值观念。例如 BMW 汽车的零件就是以全部可循环再利用为标准而设计的。

为了实现上述的理想目标,我们有必要将产品零部件的回收与循环再利用作为一个融入商品的生产体制之中,因为回收工作确实要比生产本身困难得多。但是,可持续发展绝不只是一个生产体制的问题,而是人类生存与发展的唯一出路,它与人类的生活形态以及整个社会体制的构架密不可分。今后,传统的消费观念将逐渐被淘汰,取而代之的是一个由使用、零件交换以及回收利用等一系列程序构成的、可以称为产品生命循环的全新观念。在 21 世纪,生产、营销和消费应该共同构成这样一个理想的循环方式。我们坚信,今后的消费活动将成为整个生产过程的一部分,产品的生产与消费环境不可分离的时代已经来临。

第四节 人与物的融合

人类之所以需要创造出各种器物,是为了强化自身的各种生理功能。比如,眼睛及望远镜用来强化眼睛的功能;筷子是用来延伸手的功能;电脑是为了辅助人脑的功能。只是过去所有的器物都还仅仅存在于人体之外。

由于微电子技术的不断进步,许多商品都得以向小型化与轻量化快速发展,同时便携式技术也取得了重大突破。如电话的发展,就由每个地区才有一台,很快发展到今天每个家庭、每个房间甚至人手一部。这种设备的个人化与随身便携化的趋势之所以能够形成,可以说大部分是得益于小型化与轻量化的发展。从最早的手表、随身听到移动电话等通讯产品,一直到移动电脑,都已经逐渐成为我们生活中不可缺少的随身携带工具。

上述这些随身便携化产品的问世,同时影响着现代生活的形态以及价值观的变化。例如,自从随身听出现以后,城市的人际关系也随之越来越淡薄,有些新的生活习惯也马上养成,耳朵里塞上耳机,已经成为现代年轻人所共有的一种常态。移动电话,正在促使一种全新的人际关系的形成。

美国麻省理工学院媒体实验室人类设计研究组的科学家史蒂文·施瓦茨认为,即将问世的下一代个人电脑将具有相当水平的智能,它们不会被放置在桌上,而是被织进衣服里,这样我们就可以随时使用电脑和网络,拥有个人软件助理。甚至,如果人体内植入健康监视器,它甚至可以与电脑融为一体,人被联接进入网络即将成为事实。

我们相信,商品与人类的关系将会受到更多的关注,新的技术开发,也会转向以人的生理及心理因素为主的意识。一个以柔性、智慧型商品概念为主流的时代即将到来。

第三篇 结构

第八章 结构概述

第一节 结构的内涵

结构无处不在,比如社会结构、教育结构、产业结构、文章结构、农业结构、工业结构、产品结构等等,因此结构的内涵也十分丰富。普通高中通用技术课程是以产品结构为主线来进行讲述的。

一、结构的定义

关于结构的定义,有很多种表述,如:

辞海中对结构的注释有四方面的内容:一是指构造房屋,特别是指建筑物上承担重力或外力的部分的构造;二是指屋宇构造的式样;三是指各个部分的配合、组织,如物质结构(例如原子结构)、工程结构或文章结构;四是指文艺作品的组织方式和内部构造,作家、艺术家根据对生活的认识,按照塑造形象和表现主题的需要,运用各种艺术表现手法,把一系列生活材料、人物、事件等分轻重主次,合理而匀称地加以安排和组织,使其既符合生活的规律,又适应一定作品的体裁要求,达到艺术的完整与和谐。

哲学结构的定义是不同类别或相同类别的不同层次按程度多少的顺序进行有机排列。

日本的渡边邦夫认为,将社会体系多种结构要素作为独立的变数来分解,把它们的相互关系定性、定量化,那些要素和要素之间的关系具有相对正常性的场合,它的结构系统或是理想的状态等,就称为结构。

建筑与产品结构设计领域认为,"所谓结构就是用来支撑物体和承受物体重量的一种构成形式。"[①]

顾建军教授主编的《技术与设计(通用技术必修2)》中提到,结构(Structure)是指事物的各个组成部分之间的有序搭配和排列。

以上各种对结构的解释均能说明结构在不同领域的含义。笔者认为,顾建军教授对结构的解释,概括性比较强,通俗易懂。

---

① 李少林. 中国建筑史[M]. 呼和浩特:内蒙古人民出版社,2006.

二、结构在产品设计中的重要性

产品设计的目的,就是要创造无论功能还是审美都最具价值的产品。因此,产品设计的首要目的就是功能,而保证产品功能得以实现的,最重要的就是结构。结构决定了产品的功能,结构也丰富着产品的形态。结构是设计中特别应该加以重视的环节。

三、结构的特性

产品的结构具有层次性、有序性、稳定性的特点。

层次性存在于任何产品之中,只是产品的复杂程度不同,层次也不同。交通工具的层次较多,例如自行车(图8-1)就有二十余个部件,大的如车架部件、车轮部件,小的如车铃部件、脚蹬部件等,而每个部件里又有数十个零件。

有序性就是产品结构各个部分之间的组合与联系,是按一定的要求,有目的、有规律地建立起来的。机器设备的结构就是按照动力系统(如马达)—传动系统(如带传动系统、齿轮传动系统)—控制系统(如开关、电脑控制板)—操作系统(如切削加工工作台)—设备框架—面板护罩等的顺序组合而成的。

稳定性是对任何产品的统一要求,无论是静态的还是动态的产品,稳定是结构的前提,稳定性保障产品的牢固性、安全性、可靠性和可操作性等诸多方面的性能。静态产品比较简单,其结构造型只要达到物理平衡就可达到稳定,就像普通的椅子(图8-2);而动态产

图8-2

品则还需要在各种条件下达到运动中的动平衡,才能具有稳定性,比如两个轮子的自行车,只有运动的时候才具有稳定性。

四、产品的基本结构要素

1. 外部结构

一般来说,静态产品(图8-3)的外部结构不一定与内部结构发生本质的联系,而动态产品(图8-4)的外部结构与内部结构则有着密切的关系。如电脑,不论其外部结构如何变化,其数据处理、信息传输等功能始终存在;而自行车、摩托车的外部结构改变,将直接关系到骑行运动的姿势改变,如俯式、坐式,也直接关系到骑行速度、骑行舒适度和强度性能的改变等等。

2. 内部结构

图8-3　　　　　　　　图8-4

内部结构往往与一些复杂的技术有关,如电路结构、传动结构等,安置不同内部器件对

内部结构的要求也不同。如静态产品内部元器件发热与不发热所要求的内部空间结构就不同,动态产品的动件与动件之间以及动件与不动件之间的内部空间结构要求又不同。一个好的设计师除了要掌握外部造型技巧外,还要对产品的内部结构有很充分的了解,这样才能内外兼顾,有的放矢,避免多次反复,徒劳无功。

3. 系统结构

系统结构就是相关产品之间的关系设计。如分体结构:空调的室内机与室外机;系列结构:成套系列、组合系列、家族系列、单元系列等系列化产品;网络结构:信息高速公路等。系统结构设计要求设计师有全盘、细致、统一的考虑,重视产品的每个环节及其相互间的关系。

五、结构与形态

结构是构成产品形态的一个重要要素,即使是最简单的产品,也有一定的结构形式。一个供工作或学习用的台灯,就包含了很复杂的构造内容。如台灯如何平稳地放在桌上,灯座与灯架如何进行连接,灯罩怎样固定,如何更换灯泡,如何连接电源、开关等。人们对于这些灯的部件进行的连接、组合,就构成了一个产品最基本的结构形式。从中我们也可以领略到产品功能必定要借助于某种结构形式才能得以实现,在工业设计中,产品的形态与结构是紧密相关的。很多产品通过复杂的内部结构来构筑形态,从而实现其功能目标。同时,各种结构也担负着不同的功能,通过不同功能的配合,形成完整的功能链,即产品所实现的最终功能。因此,研究形态、结构与功能之间的相互关系是十分重要的。不仅如此,我们还要通过认真深入地观察自然,分析和研究普遍存在于自然界中的优秀结构,努力探索设计中新的结构形式的可能性。

产品结构与产品形态有着不可分割的内在联系,产品结构的创新在产品形态设计中占据至关重要的地位。一般在众多的同类产品中,如果有一个产品的结构非常新颖别致,一定会给人以强大的视觉冲击,吸引众多消费者的眼球,并激起他们的购买欲望或使用欲望。

一个好的结构,除了能满足产品的基本功能外,还能改善和拓展产品的功能。如一辆设计精良的折叠自行车(图8-5),其整体结构形态本身就是产品的主要形态,在满足基本的骑行代步功能外,还能在短短几分钟里被折叠得很小,甚至可以塞进一个小箱子里随手提走,这给如今的休闲生活提供了一个极为便利的设施,人们可以轻而易举地将它放进轿车的行李箱,或随身携带到海边或乡村玩耍。

一个便携式橡胶键盘(图8-6),由于橡胶的特性,使它在不用时可以像纸一样轻易地卷起,几乎不占空间,而打开使用时却具备与其他键盘同样的功能,它的形态由于结构而独特。此外,还因为这种结构而省去了很多材料,包装也变得更小,更神奇的是它可以在60℃的热水里清洗! 这样的产品谁不喜欢?

图8-5

图8-6

六、结构的强度

任何一个形态或产品的设计,都要求其结构具有一定的强度。只有具有一定的强度,才能承受形态本身或外力的重量,结构的强度受很多因素影响。

结构是支撑物体或承受载荷的一种表现形式。要使产品具有符合要求的强度,就必须充分考虑材料的力学特性,以合理的结构设计来达到强度的最优化。

结构的强度与材料的种类有关。材料的种类不同,其结构强度就可能不同。

结构的强度与材料的形态有关。材料的截面形状不同,其结构强度也有所不同。通常情况下,实心材料如果截面积相同,矩形材料长边方向的抗弯强度要比圆形材料高;而截面积相同的空心材料(管材)要比实心材料(棒材)的抗弯强度高。这就是为什么通常的桁架结构吊车(图8-7)没有用圆钢制作,而通常的自行车架也没有用实心材料制作的原因。

图8-7

结构的强度还与受力方向有关。矩形截面的材料,施加同样大小的力,使其沿长边方向折弯比沿短边方向折弯要容易得多(图8-8);折叠椅在竖直方向上能承受一个人体的重量,而在水平方向上只要稍加用力就可以轻而易举地将其折叠起来(图8-9);而长50 m以上的丁字钢,两端沿材料长度方向拉或压都不会有什么问题,但当它的两端被支起时,其自重竟能使其自身断裂!受力方向不同,结构强度竟会有如此大的变化,可见结构设计的重要性。①

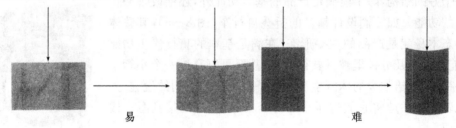

图8-8

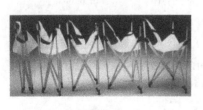

图8-9

几何造型对结构强度的影响:不同的几何造型所产生的结构强度有很大的不同(图8-10)。例如,用木条做成一个四边形木框,这样的几何形状稳定性较差,受到外力压迫时很容易发生变形。而如果在木框的对角线上再安装两条木条,即形成两个三角形,木框的强度会得到明显加强。可见,其他条件相同的情况下,三角形的几何形状

---

① 刘宝顺.产品结构设计[M].北京:中国建筑工业出版社,2009:18-23.

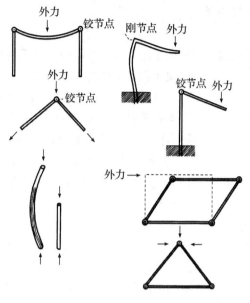

图 8-10

比方形具有更好的结构强度。很多产品的设计,就是利用了这一原理来设计其结构,获得良好的结构强度。

下图中是有关结构与强度关系的几个训练。其中图 8-11 是利用 KT 板材料来进行"桥梁"的设计制作,要求跨度大、材料省、承重好、美观;图 8-12 是"纸包蛋"的训练,用卡纸(允许少量使用双面胶)将鸡蛋包起来,然后让其从高处落下,要求尽量高并且用纸少、蛋不碎;图 8-13 是利用瓦楞纸来制作"纸鞋",要求能承受自身的重量,同时离地高、用纸少。这些训练可以增加对材料、结构强度、功能等关系的理解。

图 8-11

图 8-12

图 8-13

七、结构与机构的关系

任何一个立体形态都具有一定的结构。而结构中传递运动和转变运动的部分就是机构,并不是每个产品都需要有传动机构。从这个意义上说,机构是结构的一个组成部分。同时,结构也能影响机构,因为要保证机构的良好运作,往往需要设计出良好的结构来为机构提供足够的空间和恰当的位置。另外,机构的正常运行也需要稳定的结构提供保护和支撑。良好的机构也能使结构的其他组成部分和谐运作,从而形成一个结构合理、性能优良的产品。

产品的内部往往非常复杂,要实现结构和机构的良好配合,就需要对各个部分进行系统研究与设计,只有内部搭配合理,产品的形态设计才能有更加广阔和自由的想象空间。

下面介绍三种常见的机构类型。

1. 平面连杆机构

平面连杆机构的主要优点有：由于组成运动副的两构件之间为面接触,因而承受的压强小,便于润滑,磨损较轻,可以承受较大的载荷；构件形状简单,加工方便,工作可靠；在主动件等速连续运动的条件下,当各构件的相对长度不同时,从动件实现多种形式的运动,满足多种运动规律的要求。

主要缺点有：低副中存在间隙会引起运动误差,设计计算比较复杂,不易实现精确的复杂运动规律；连杆机构运动时产生的惯性力也不适用于高速的场合。(图8-14)

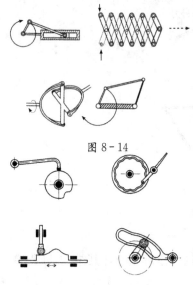

图8-14

2. 凸轮机构

凸轮机构的作用是将凸轮的转动变为从动杆的位置移动或摆动,凸轮机构一般由凸轮、从动杆和机架三部分组成。常用凸轮作匀速转动,从动杆则作移动或摆动。这种机构的特点是：只要凸轮具有适当的轮廓曲线,就可使从动杆实现复杂的运动规律。(图8-15)

凸轮机构种类繁多,按凸轮的形状可分为盘形凸轮、圆形凸轮、移动凸轮；按从动杆运动方式可分为移动从动杆、摆动从动杆；按从动杆端部结构可分为尖顶从动杆、滚子从动杆和平底从动杆。

3. 间歇机构

在机构的工作中,有许多机构需要在主动件连续运动时,从动件产生周期性的时动时停的间歇运动,实现这间歇运动的机构称为间歇运动机构,应用最广的有两种,即棘轮机构和槽轮机构。(图8-16,图8-17)

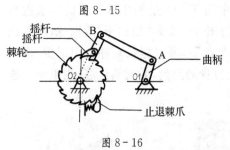

图8-15

图8-16

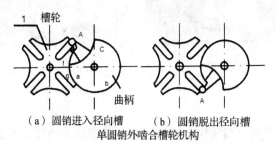 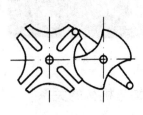

（a）圆销进入径向槽　　（b）圆销脱出径向槽　　　双圆销外啮合槽轮机构
单圆销外啮合槽轮机构

图8-17

八、机构的传动方式

产品或机械内部构件间的相对运动是依靠各种传动机构实现的。常见的传动方式有以下三种：螺旋传动、齿轮传动、带或链传动。

1. 螺旋传动

螺旋传动主要用来把回转运动变为直线运动(图8-18),根据使用要求不同,这种传动方式可分为三类:

(1) 传力螺旋　以传递动力为主,要求用较小的力矩转动螺杆或螺母,而螺母或螺杆产生轴向运动和较大的轴向力,以便承担起重或加压的工作。如千斤顶和压力机。

(2) 传导螺旋　传导螺旋以传导运动为主,并要求有较高的运动精度,如车床和铣床的长丝杠,中、小拖板丝杠等。

(3) 调整螺旋　调整螺旋用来调整零件或部件之间的相对位置,如插齿机中的丝杠。

螺旋传动的特点:具有传动平稳、增力显著、容易自锁、结构紧凑、噪声低等优点;同时也存在效率较低、螺纹牙间摩擦、磨损较大等缺点。

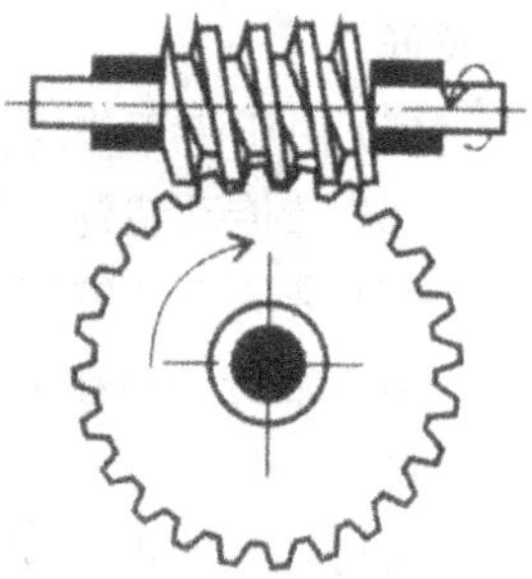

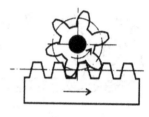

图8-18

2. 齿轮传动

齿轮传动是将一根轴的旋转运动传递到与它相近的另一根轴上去,并得到正确的传动比(图8-19)。这种方式具有以下特点:能保证恒定的瞬时传动比,工作平稳性好;传动比范围大,适于增速或减速运动;圆周速度及功率的调节范围较大,结构紧凑,传动效果好,寿命长。但要求精度较高,因此成本也较高。

图8-19

齿轮传动的主要缺点是要求较高的制造和安装精度,成本较高,不适宜于远距离两轴之间的传动,低精度齿轮在传动时会产生噪声和振动等。

3. 带或链传动

带传动由主动轮、从动轮和紧套在带轮上的传动带组成,在传动带和带轮的接触面有正压力存在;主动轮旋转时,就会在这个接触面上产生摩擦力,使传动带运动从而带动从动轮旋转(图8-20)。

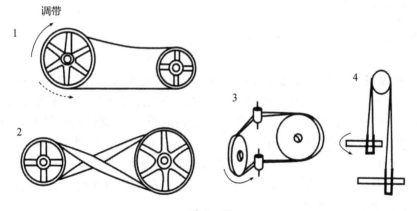

图8-20

1—直线调带　2—交叉调带　3、4—使用辅轮的调带

带传动一般有以下特点:

(1) 带有良好的挠性,能吸收震动,缓和冲击,传动平稳,噪音小。

(2) 当带传动过载时,带在带轮上打滑,防止其他机件损坏,起到过载保护作用。

(3) 结构简单,制造、安装和维护方便。

(4) 带与带轮之间存在一定的弹性滑动,故不能保证恒定的传动比,传动精度和传动效率较低。

(5) 由于带工作时需要张紧,带对带轮轴有很大的压轴力。

(6) 带传动装置外廓尺寸大,结构不够紧凑。

(7) 带的寿命较短,需经常更换。

由于带传动存在上述特点,因此通常用于中心距较大的两轴之间的传动,传递功率一般不超过 50 kW。

链传动主要由主动链轮、从动链轮和链条组成(图 8-21)。工作时靠链轮轮齿与链条的咬合而传递动力。它适用于两轴平行的传动。链传动可在多油、高温等环境下工作,但是链传动工作时噪声大,过载时无保护作用,安装精确度要求高。

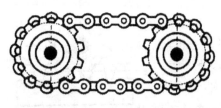

图 8-21

主要优点:与摩擦型带传动相比,链传动无弹性滑动和打滑现象,因而能保持准确的传动比(平均传动比),传动效率较高;又因链条不需要像带那样张得很紧,所以作用在轴上的压轴力较小;在同样条件下,链传动的结构较紧凑;同时,链传动能在温度较高、有水或油等恶劣环境下工作。与齿轮传动相比,链传动易于安装,成本低廉;在远距离传动时,结构更显轻便。

主要缺点:运转时不能保持恒定传动比,传动的平稳性差;工作时,冲击和噪音较大;磨损后易发生跳齿;只能用于平行轴间的传动。[①]

第二节 结构与连接

一、结构的连接方式

通常情况下,产品结构的连接有下列几种。

1. 插接

所谓插接,就是将一部分结构插入另一部分结构来进行局部或整体的连接。插接又分活动插接和固定插接两种。活动插接是可以反复松开连接部分的一种连接方式,如女士用的化妆镜开关、手提电脑盖子的开关、仪器设备的柜门开关,这类结构都属于活动插接。通常活动插接都带有弹性锁止结构(图 8-22)。还有一类活动插接常用于家具、玩具类静态产品(图 8-23、图 8-24);而用以连接服装吊牌和衣服的塑料扣带则是一种只能单向抽紧而无法解开的固定插接。一次性结合,无需打开修理或使用的结构通常采用固定插接,这种结构的头部一般带有契形无弹性卡口。

---

① 刘宝顺.产品结构设计[M].北京:中国建筑工业出版社,2009:77-80.

 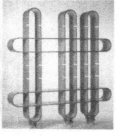 

图 8-22　　　　　图 8-23　　　　　图 8-24

2. 刚接

把材料完全结合为一体的连接称为刚接。刚接结构在受到外力的时候其余部分会发生形变，而通常结合部分不会发生变形(图 8-25)。刚接的形式有下列几种。

（1）榫接

榫接(图 8-26)一般用于木材结构的连接，在其他材料的连接中较为少见。除圆榫以外的多种榫接都是固定连接，或可看做是刚接。

　　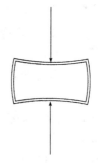

图 8-25　　　　　　　　　图 8-26

（2）螺纹连接

大多数螺纹连接都是用来固定两个或多个需要贴合在一起或连接在一起的元件的(图 8-27)。螺钉、螺栓是常用的螺纹连接件。用两个或两个以上螺钉或螺栓连接起来的方式都属于刚接。

图 8-27

（3）焊接

焊接是一种通过火焰加热，使材料互相熔化而连接在一起的连接方式(图 8-28)。焊接通常在金属间进行，现在也有人将塑料的热熔连接称为塑料焊接。

焊接根据材料和方式的不同，有熔焊、压焊、钎焊三类约 40 多种方法。

非虚焊的焊接结构一般强度很好，即使旁边的材料断裂，焊接部位也通常完好无损。

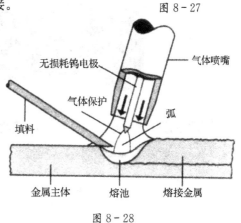

图 8-28

（4）铆接

用铆钉作为连接件的连接称为铆接(图 8-29)，铆接分固定铆接和活动铆接。铆接的连接可靠性好，成本较低，占据空间较小。大型交通工具如飞机、船舶的壳体上就常可见到固定铆接的形式,而一些折叠机构通常用活动铆接(图8-30)。

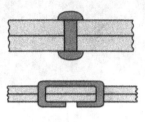

图8-29　　　　　　　　　　　　图8-30

铆钉的材料是用延展性好的金属材料制成的,常见的有铝铆钉、铜铆钉等。铆接方法通常在多数材料上都可使用。

(5) 黏结

采用黏结剂的连接称为黏结(图8-31)。多数材料都有其相应的黏结剂,黏结的优点是连接部位几乎看不到任何连接的痕迹。但黏结有时也不很可靠,实践中经常可看到,随着时间的推移,连接部位的黏结剂出现老化开裂或脱落,造成结构松动或脱开。当然,国外也有很多种性能相当优异的黏结剂,只是价格也出奇的高。

图8-31

3. 铰接

生活中常见的门窗合页(又称铰链)就是最典型的铰接。铰接一般用来连接需要互相转动的两个元件,铰接的结构允许被连接的两元件沿铰链轴的径向方向转动,而不允许它们沿铰链轴的轴向窜动(图8-32、图8-33)。

图8-32　　　　　　　　　　　　图8-33

木材的圆榫结构是一种铰接;用螺纹连接但两元件仍可以相互转动的连接也归于铰接之列。①

---

① 陈苑.产品结构与造型解析[M].杭州:西泠印社出版社,2006:24-26.

二、产品设计中影响连接结构的因素分析

1. 产品形态与连接结构

不同的产品形态要求有不同的连接结构与之相配合,同时,不同的连接结构会产生不同的产品形态。比如说饮料酒水的瓶盖设计。现有的瓶盖设计有螺旋式、按压式、拨开式等几种连接结构,不同的方式对应产生不同的产品造型,使得包装瓶千姿百态。

2. 产品功能与连接结构

有特殊功能要求的零部件,比如要起到防水防潮功能的药品包装瓶,其连接结构的选择就要有利于药品的密封性要求。

3. 产品材料与连接结构

当前的五大创意材料金属、木材、陶瓷、玻璃、塑料中,不同的材料属性要求用不同的连接结构。比如我们对金属和塑料采用焊接的方法,但是木材就不适合焊接,而是适合用榫接、黏接等。

4. 加工工艺与连接结构

加工工艺直接关系到产品的生产成本的高低。成本是当前厂家最关心的问题之一。好的设计(包括好的连接结构的选用),如果在生产中花费的成本高于竞争对手很多的话,那是很难被生产出来的。

5. 使用者的需求

这牵涉到时下的消费潮流。一旦消费者表现出对某种产品的购买热潮,那么马上就会导致相关产品的大量上市,产品中的某种连接结构就顺便被采用了。

6. 安全性

在选用连接结构的时候,安全性也是首要考虑的问题。产品是为人服务的,如果有安全隐患,那么对使用者的人身安全,对生产厂家的长远利益,都是十分有害的。

第三节　产品结构设计的稳定性

一、产品结构设计的稳定性原理

我们知道,一个好的结构首先必须是一个稳定的结构,其次还是一个美的结构。没有了稳定,一切都是虚无的,不中用的;一个结构没有了美的融入,也无所谓独特与吸引,就不会有眼球的积聚。

1. 结构的稳定性

结构的稳定性又可称为结构的物理平衡。如果把结构中的每一个元素看成一个物体,那么在这些物体的作用下必定有一个平衡点(即重心),这个平衡点的位置就决定了结构的物理平衡性。

寻找平衡点可以通过以下简单的方法求出。

假定两个物体(元素)并排靠在一起,物体 A 的重量为 M_1,重心在 a_1,物体 B 的重量为 M_2,重心在 b_1,a_1、b_1 的间距为 L,设 A 和 B 共同作用的平衡点为 c_1,而 a_1 到 c_1 的距离为 x,则:

$$M_1 \times x = M_2 \times (L - x)$$

求出 x 的值,就知道了平衡点的位置(这只是水平的 X 方向平衡点,空间坐标系中,Y 方向的平衡点也可以照搬此法,如果需要,Z 方向也可以套用)。

假如有很多个元素共同作用,就要分步骤一组一组来求,一步一步合并。对于具体结构,还要根据每个元素不同的材质比重(密度)、体积,先计算出各自的重量,找出各自的重心点位置,才能进行上述计算,求出平衡点(混合体重心)位置(图 8-34)。虽然步骤比较繁杂,但也不失为一个可靠的办法。

一般来讲,平衡点(重心点)落在几个着地点所包围的区域内,整个结构就会基本保持平衡;反之,就容易失去平衡。有经验的设计师通过目测,就基本可以判断整个结构的重心位置所在,而不需要经过具体计算。但对于初学者,特别是结构比较复杂,或材料比重差异很大,用目测难以判断的时候,还是老老实实计算一下来得稳妥。设计是需要科学依据的,当然设计师的经验也是一种依据。

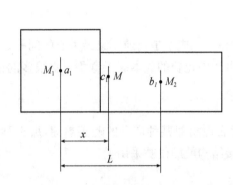

图 8-34   图 8-35

工作桌(图 8-35)在考虑物理平衡时应同时考虑下列两种情况的平衡:

(1) 空载(桌面上、下不负载任何物件)。

(2) 满载(桌面上、下负载最多物件时。所谓最多,只是一个估计量,而不是绝对量)。

这种结构是悬臂结构,虽然桌脚底部固定,一般的加载不会引起桌子的倾覆,但桌子整体结构在加载时如果发生显著的物理变形,也会证明它在结构强度上的不足。所以悬臂结构的设计在注意了物理平衡之后还要特别注意结构强度的处理。

玻璃酒瓶架(图 8-36)设计是个极简且奇妙的设计,不仅在结构上废除了所有不必要的结构,做到了造型和用材的极简,而且功能也因为一个架身上的孔而变得明确,但最为奇妙的是弧形的座架不仅使产品变得生动,更重要的是它在空载和满载时都能达到物理上的自平衡。

图 8-36   2. 视觉平衡

与平面构图相近,产品结构的视觉平衡就是要寻求一种立体的视觉稳定感和平衡感,有时候结构的物理平衡是没有问题的,但视觉上却不够稳定,结构构图就不太理想。

图 8-37 所示的长几,其造型源于独轮手推车的形态。如果在保持物理平衡的前提下改变轮子的大小和位置,虽然其功能不会受到影响,但在整体造型中,轮子起到的装饰作用

就会被削弱或夸大,造成视觉上的不平衡。

图 8-38 是一个对称设计的花器,本身并没有什么视觉平衡问题。尽管花枝也很轻,无论怎么摆放都能保持花皿的物理平衡,但改变花枝的摆放方向在视觉效果上会产生较大的变化。

图 8-39 展示的木制小椅,是一件充满叛逆色彩的作品,作者试图通过不寻常的造型方式来表达自己对结构平衡性的独特理解,寻求一种超常规的创意和视觉上的冲击。

图 8-37

图 8-38

图 8-39

二、产品结构设计的动力稳定性原理

产品结构设计的动力稳定性原理又称为动平衡原理。产品结构造型的动平衡,主要考虑的是机械结构的动力学问题。当然,如果是陆地或空中的交通工具,还得考虑空气动力学问题;如果是水上交通工具,还得考虑流体力学问题。

运动机械的工作状态通常分为静止状态和运动状态。运动状态又可分为加速运动、匀速运动和减速运动状态。

任何一种状态都是力平衡的结果。

1. 静止平衡

运动机械的静止平衡分为两种:一种是无外力作用时的静止平衡;另一种是有外力作用时的静止平衡。

无外力作用时的静止平衡,就是结构在静态能够保持的自身平衡。

这里重点要介绍的是另一种有外力作用时的特殊静止平衡——静摩擦力大于外力时形成自锁——死点平衡。

生活中最常见的是这样的例子,当人们骑自行车时,会发现如果骑行前脚蹬处于几乎垂直于地面(有一个很小的角度,要通过人机理论计算得出)的上、下两个位置时,很难用力启动,这个位置就称为该传动机构的死点。图 8-40 为曲柄摇杆机构,其 B_1、B_2 点位置即为该机构的死点位置。

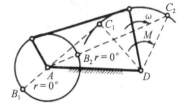
图 8-40

对于传动机构来说,机构存在死点是不利的。为了使机构能够顺利地通过死点位置而正常运转,必须采取适当的措施。利用机构的惯性来克服死点是一种常用的方法,自行车在骑行中传动机构能够正常运转,就是运用了这一惯性原理。

有趣的是实践中还有很多机构恰恰是利用了死点来实现特定的工作要求。

图 8-41 所示的是飞机起落架机构。当机轮放下时,杆 BC 与杆 CD 成一条直线,此时

虽然机轮或构件 AB 上可能受到很大的力,但由于机构处于死点位置,所以起落架不会反转(折回);而当要收起起落架机构时,只需在构件 CD 上施加一个驱动力矩即可。

图 8-42 所示的工件夹紧机构也是利用机构的死点来进行工作的。当机构夹紧后,BCD 成一条直线,即机构处于死点位置,所以即使工件的反力很大,也可保证工件不会松动。在要放松工件的时候,只要扳动手柄 2 即可。

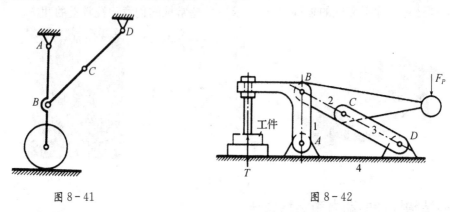

图 8-41　　　　　　　　　　　图 8-42

2. 动态静平衡

产品在动态中局部保持相对静止的平衡——动态静平衡,通常这种静平衡是利用摩擦或自锁来实现的。比如螺纹连接件在机件运转时螺纹连接处局部不发生相对运动,这就是动态静平衡。

虽然摩擦在相对运动中消耗动力、磨损机器,是一种有害阻力,但有不少机构却利用这种摩擦来保持动态的静平衡,实现工作要求。前面讲到的带传动(带与轮之间不发生相对运动,而是靠静摩擦力来传递动力)、摩擦轮传动(轮与轮之间靠静摩擦力传动)和摩擦离合器(摩擦片只靠静摩擦力传动)都是很好的例子。

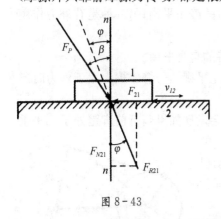

车床上的三爪卡盘夹持工件进行圆周运动,并且在刀具作切削加工的过程中保持工件与三爪卡盘之间不会松动,也是利用了摩擦的原理(图 8-43)。

3. 动态动平衡

机器在外力作用下克服阻力,产生相对运动。相对运动可以分为三种:加速运动、匀速运动和减速运动。

这三种运动无论是哪种,在运动中都保持着力的平衡:动力增大——加速运动;动力保持不变——匀速运动;动力减小——减速运动。

图 8-43

所谓阻力,是物体在特定环境中实现运动所必须克服的力。阻力的形成包含了多种因素。

(1) 物体在运动中产生的摩擦阻力

摩擦阻力与物体的自重有关。同样的物质,自重越大,摩擦阻力就越大。

摩擦阻力与两物体发生相对运动时,与摩擦接触面的表面粗糙度有关。接触表面的粗糙度越大,摩擦阻力也越大。

摩擦阻力还与运动环境的介质有关。单独一个物体在空气中运动,其表面与空气发生摩擦,会产生摩擦阻力;单独一个物体在液体中运动,其表面又与液体发生摩擦,也会产生摩擦阻力。

近年来许多国家的游泳运动员的比赛服采用号称"鲨鱼皮"的昂贵泳装就是为了尽可能地减少水与人体表面的摩擦阻力,提高比赛成绩。

(2) 物体在运动环境中受到的其他阻力

物体在运动环境中受到的阻力除了与环境的介质有关外,还与物体本身的形状、大小有关。

当物体在空气中运动时就受到空气的阻力,除上述的空气摩擦阻力外,还有物体在运动过程中由于自身的受风面产生的阻力——风阻。

实际设计运动产品时,为了获得合理的外形,设计师通常要将运动产品放置于相应的环境介质中进行运动试验,以检测运动阻力的大小和位置。如陆地或空中交通工具的设计通常要进行"风洞试验",具体是把交通工具放在一个特制的通道中,通过通道的前入风口(图8-44),向该交通工具吹送相当于其前进速度的彩色气流,借助各种贴于车体表面各部位并与电脑相连的传感贴片,可以正确检测到车体各部位的风阻大小,以及明显观察到各部位的气流走向,借助电脑可以判断出车体外形设计的合理性(图8-45)。随着科学技术的进步与发展,现在还可以通过电脑来模拟真实的风洞试验场面,获取精确的实验数据。

图8-44　功率为3 MW的F1风洞试验巨型风扇　　图8-45　观察F1风洞试验的结果

风阻在常规交通工具的外形造型设计中是必须考虑的因素,但也有利用风阻来完成特殊要求的例子。

空投物品采用降落伞就是利用降落伞的巨大受风面产生强大的空气浮力,使物品缓慢降落,不致因坠落速度过快而产生破损(图8-46)。

帆船的航行也是利用了空气对风帆的阻力来推动船体的行进(图8-47)。

图8-46　　　　　　　　　图8-47

真空环境中的自由落体实验,是对风阻概念的最好解释。真空环境下,由于物体与环境没有发生任何摩擦,又没有了空气的浮力,同样质量的棉花和铁块自由落体的速度是相同的,无论棉花和铁块的体积和外形看起来有多大的差异。

但如果在大气中将同样质量的棉花和铁块做自由落体实验,由于棉花的体积庞大,其排开的空气体积要远大于铁块排开的空气体积,因此棉花受到的空气浮力就远大于铁块,前者的下落速度自然就要远慢于后者。

当物体在液体中运动时又受到液体的阻力——液阻。其原理与风阻类似。

靠水的浮力,轮船能浮在水面上航行而不致下沉(图8-48);为了克服液阻,设计师又发明了气垫船,行进时使船底脱离水面,以消除水的液阻和摩擦阻力,获得很快的运动速度。

图 8-48

液体的浮力(阻力)远大于空气的浮力(阻力),这是由于前者的介质密度要远大于后者。这就是为什么水上交通工具的速度要远低于陆上或空中交通工具及人在水中屏住呼吸就不会下沉,但人在空气中屏住呼吸根本无法悬空的原因。

交通工具的流线形造型就是为了尽可能小的降低空气或水的阻力,获得尽可能快的运动速度。没有设计师把汽车设计成前大后小的形状,也没有设计师把汽车或轮船的前脸设计成垂直于运动方向的简单平面,更没有见过平头或大头的飞机、火箭。相反,降落伞伞面或风帆帆面的受风面如果没有足够大,就不能够满足运动的要求。[1]

第四节　自然结构的认知

结构普遍存在于大自然的物体之中。生物要想生存,就必须有一定的强度、刚度和稳定性的结构来支撑。一片树叶、一张蜘蛛网、一只蛋壳、一个蜂窝,它们看上去非常弱小,但有时却能承受很大的外力,抵御强大的风暴,这就是一个科学合理的结构在物体身上发挥出的作用。在人们长期的生活实践中,这些合理的自然界中的科学结构原理逐步被人们所认识,并最终获得发展和利用。

在现有的结构仿生设计中,设计者针对植物结构和动物结构进行研究,主要包括其各个组成部分的搭配和排列及其本身承担重力或外力部分的构造。人类社会一切结构的存在都是直接或间接的来源于自然,只有对生物结构进行严谨的科学研究和理性认识,才能将其合乎目的性的运用到设计中来。本节根据形态基本规律,将自然界中的结构表象分为静态平面结构、静态半立体结构、静态立体结构与动态立体结构四类。

1. 自然界中的静态平面结构

自然界将看似不相关的一些形状与科学的平面结构联系在了一起,特别值得注意的是,微观的生物结构具有很强的形式逻辑感。如生物学家研究了大量叶脉后,发现其构造原理很优越,这种构建叶脉网络的方法可给城市设计师们以启迪。阿普利亚小镇(一个欧洲的普通小镇)是这一实验的典范,从空中拍摄的图片中可以清晰地看到旧城墙和城市网络。每条线的稠密度表明最短线路的频率,最短线路总是经过镇中心的一条狭长小路,同时它们显示了实际采用的线路,外围使用最多但不是最短的线路,而是通常最快的线路。未来的道路设计也许会按树叶的叶脉来规划。

---

[1] 陈苑. 产品结构与造型解析[M]. 杭州:西泠印社出版社,2006.

2. 自然界中的静态半立体结构(如膜结构)

它是现在世界上比较先进的一种空间结构形式。它的原型在自然界中有很多,比如说蝙蝠的翼膜。膜结构雏形类似蒙古族的帐篷,后来发展到蒙皮结构、膜结构等,用于大跨度的工业厂房或体育馆等公共建筑中。

3. 自然界中的静态立体结构

它是现在世界上存在最多的一种空间结构形式。它的原型在自然界中也有很多,如人的膀胱、鱼的骨骼、欧洲一种防蛇进入的鸟窝,等等。

随着仿生学的深入开展,人们发现自然界中的静态立体结构有的十分精巧,而且用材合理;有些符合自然的经济原则,合乎"以最少材料"构成"最大合理空间"的要求;还有的甚至是根据某种数理法则形成,令许多专家赞叹不止。这些自然素材为人类提供了"优良设计"的典范,例如蜂巢是由一个个排列整齐的六棱柱形小蜂房组成,每个小蜂房的底部有三个相同的菱形,这些菱形结构与近代数学家精确计算出来的菱形钝角和锐角角度完全相同,是最节省材料的结构,且容量大、坚固度高。

4. 自然界中的动态立体结构

动态立体结构由于多样的活动结构的作用,使得原本形态的可研究性更强,内容层面更加丰富。

广义来说,无论是什么样的植物和动物都有动态的立体结构,从一个新生命细胞的孕育到成熟、衰老并死去,它们都有着不断变化的结构形态。当然,在动态方面更典型的是那些具有明显活动机能的动植物。动物的运动细胞普遍比较发达,因而它们的动态立体结构也大多比较复杂。

第九章 结构的设计

第一节 结构与力

一、结构构件受力分析的基本概念

1. 力的概念

人们在长期的生活和实践中,建立了力的概念:力是物体间的相互作用。这种作用使物体运动状态发生改变,并使物体变形。例如,人对车施力,可以使车由静到动,或使车的运动速度变快,与此同时人也感到车对人有力的作用;力作用在钢筋上可以使直的钢筋弯曲或使弯曲的钢筋变直,同时钢筋也有力作用在施力物体上。

2. 力的作用效应

力使物体的机械运动状态发生变化,称为力的外效应——运动效应。例如,重力作用下物体加速下落;行驶的汽车刹车时,靠摩擦力慢慢停下来。

力使物体的几何尺寸和形状发生变化,称为力的内效应——变形效应。例如,弹簧受拉后伸长;混凝土试块在压力机的压力下被压碎等都属于力的变形效应。在外力作用下几何尺寸和形状都不发生变化的物体称为刚体。

力对物体的作用效应取决于力的三要素:大小、方向和作用点。力的大小表示物体间相互作用的强弱;力的方向包括力的作用线方位和指向,反映了物体间相互作用的方向性;力的作用点表示物体相互作用的位置。

3. 力的合成与分解

作用在同一物体上的一群力称为力系。若作用于刚体上的力系,可以用一个力 F_R 代替而不改变原力系对刚体的作用效果,则这个力 F_R 称为原力系的合力,原力系的各力就是合力 F_R 的分力。工程力学计算中,有时需要把几个力合成一个力,叫做力的合成;有时需要把一个力分解成两个或几个力,叫做力的分解。

4. 平衡与二力平衡规则

物体相对于地球处于静止或匀速直线运动称为平衡。同时作用于同一物体上使物体处于平衡状态的力系,称为平衡力系。例如梁在自重、楼板重力和柱子支撑下保持静止不动,则该梁处于平衡状态,而梁的自重、楼板的重力和柱子的支持力,即是作用在梁上的平衡力系。

作用在刚体上的两个力,使刚体保持平衡的充要条件是:这两个力的大小相等,方向相反,且作用在同一直线上,简称二力等值、反向、共线。这一法则给出了刚体在最简单力系作用下的平衡条件,即二力平衡条件。

5. 力偶的概念

汽车司机用双手转动方向盘[图9-1(a)]、钳工用铰杠和丝锥加工螺纹孔[图9-1(b)]时，都作用了大小相等、方向相反、不共线的两个力。我们把大小相等、方向相反、不在同一直线上的两个力组成的力系称为力偶，记为(F、F′)，如图9-1(c)所示。

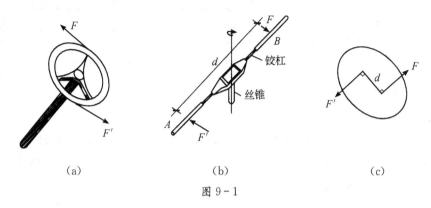

图9-1

力偶使刚体产生的转动效应，用其中一个力的大小和力偶臂的乘积来度量，称为力偶矩，记为 $M(F,F')$ 或 M。考虑到物体的转向，力偶矩可写成

$$M = \pm Fd$$

力偶矩的正负规定与力矩正负规定一致，即：使物体逆时针方向转动的力偶矩为正，反之为负。

在平面问题中，力偶矩也是代数量。力偶矩的单位与力矩单位相同，为 N·m。

根据力偶的概念可以证明，力偶具有以下性质：

(1) 力偶在其作用面上任一轴的投影为零。

(2) 力偶对其作用面上任一点之矩，与矩心位置无关，恒等于力偶矩。[1]

6. 作用在结构上的荷载

作用在物体上的力或力系称为外力，物体所受的外力包括主动力和约束反力两种，其中主动力又称为荷载(即为直接作用)。如人和物体的自重、风压力、水压力等。

荷载按分布形式可简化分为集中力、均布荷载、集中力偶。

(1) 集中力

荷载的分布面积远小于物体受载的面积时，可近似地看成集中作用在一点上，故称为集中力。集中力在日常生活和实践中经常遇到。例如人站在地板上，人的重力就是集中力(图9-2)。集中力的单位是牛(N)或千牛(kN)，通常用字母 F 表示。

(2) 均布荷载

荷载连续作用称为分布荷载，若大小各处相等，则称为均布荷载。单位面积上承受的均布荷载称为均布面荷载，通常用字母 F_q 表示，单位为牛每平方米(N/m^2)或千牛每平方米(kN/m^2)。单位长度上承受的均布荷载称为均布线荷载，通常用字母 q 表示(图9-3)，单位

---

[1] 杜绍堂,赵萍.工程力学与建筑结构[M].科学出版社,2006:5-21.

为牛每米(N/m)或千牛每米(kN/m)。

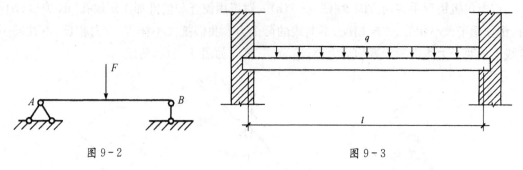

图 9-2　　　　　　　　　　　　图 9-3

(3) 集中力偶

如图 9-4 所示,荷载作用在梁上的长度远小于梁的长度时,则可简化为作用在梁上某截面处的一对反向集中力,称为集中力偶,用符号 M 表示(图 9-4),其单位为牛·米(N·m)或千牛·米(kN·m)。

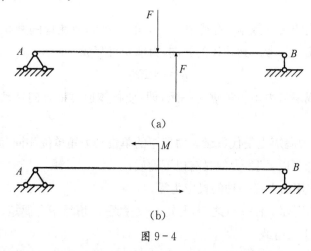

图 9-4

二、承载能力的概念及构件的变形形式

1. 承载能力的概念

构件在荷载的作用下会发生破坏或因变形过大而影响正常使用,为了保证构件能安全正常的工作,构件必须满足以下三个要求:

(1) 构件在荷载作用下不会发生破坏,具有足够的抵抗破坏的能力,即构件必须具有足够的强度。

(2) 构件在荷载作用下的变形必须在许可范围内,使构件在荷载的作用下不会发生过大的变形而影响使用,具有足够的抵抗变形的能力,即构件必须具有足够的刚度。

(3) 构件在荷载作用下必须保持其原有的平衡状态,即构件必须具有足够的稳定性。

构件满足强度、刚度和稳定性要求的能力,称为构件的承载能力。

2. 杆件及其变形的基本形式

(1) 杆件

所谓杆件,是指长度远大于其他两个方向尺寸的构件。如房屋中的梁、柱,屋架中的各杆。

杆件的形状和尺寸可由杆件的横截面和轴线两个主要元素来描述。横截面是指与杆长方向垂直的截面,而轴线是各横截面中心的连线,如图9-5(a)所示。横截面与杆轴线是互相垂直的。

轴线为直线、横截面相同的杆称为等直杆。如图9-5(b)所示。

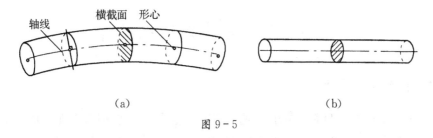

图 9-5

(2) 杆件变形的基本形式

杆件在不同形式的外力作用下将发生不同形式的变形。杆件变形的基本形式有以下四种。

① 轴向拉伸或压缩[图9-6(a)、(b)]

受力特点:受到一对大小相等、方向相反、作用线与杆轴线重合的外力作用。

变形特点:杆件将产生长度的改变,轴线伸长或缩短,横截面缩小或增大。

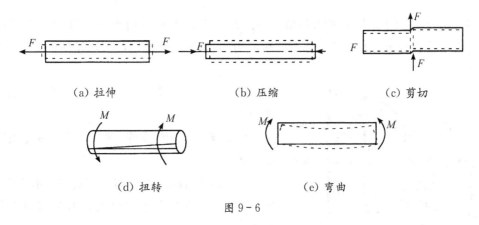

图 9-6

② 剪切[图9-6(c)]

受力特点:受到一对大小相等、方向相反、作用线垂直于杆轴线且相距很近的外力作用。

变形特点:杆件的轴线将变成折线,横截面将沿外力方向发生错动。

③ 扭转[图9-6(d)]

受力特点:受到一对大小相等、方向相反、作用面垂直于杆轴线的力偶的作用。

变形特点:杆件的轴线不发生变化,任意两个横截面将发生相对错动。

④ 弯曲[图9-6(e)]

受力特点:受到一对大小相等、方向相反、作用面在杆的纵向平面内的力偶的作用。

变形特点:杆件的轴线将由直线弯成曲线,横截面将发生相对于杆件中性轴的转动。

3. 内力的概念

杆件的内力是由于杆件在外力作用下发生变形,而在受力杆件内部相邻各部分间发生的相互作用力。显然,杆件的内力随外力的增加而增加,但是各个受力杆所能承受的内力是有一定限度的,超过了这一限度,杆件就会发生破坏,所以研究某一杆件的承载能力的大小,就必须研究其内力的大小。[1]

第二节 基本结构设计

一、壳体、箱体结构设计

各种工业产品的构成材料、结构、外观造型等可能千差万别,但大多在构成上均有外壳,一般壳体、箱体(仪器、工具及设备或构成部件等的外壳)暴露在产品外部,内部装置有产品的构成功能零部件。

1. 壳体、箱体的功能与作用

壳体与箱体没有本质上的区别,壳体是从产品构造和结构特点上习惯的称谓,具有包容内部组成部件且厚度较薄的特征,如电视机壳、手机壳等;箱体更多的是从零部件功能和结构特征方面的定义,具有包容、支撑等结构功能且相对封闭的特点,如汽车变速箱、计算机主机箱等。

尽管各种产品的功能、用途及构成产品外壳的壳体、箱体的构造、材料不尽相同,但产品外壳的主要功能与作用大致类似。以照相机为例,如图9-7所示,壳体、箱体的主要功能归纳如下:

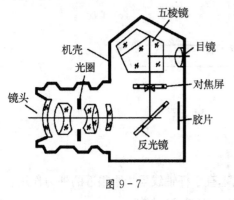

图9-7

(1) 容纳、包容:将产品构成的功能部件容纳于内。

(2) 定位、支撑:支撑、确定产品构成各零部件的位置。

(3) 防护、保护:防止构成产品的零部件受环境的影响、破坏或其对使用者与操作者造成危险与侵害。

(4) 装饰、美化:这正是工业造型设计主要关注的问题。

(5) 其他:依产品的功能和使用目的不同而定,如汽车的车厢、音响系统的音箱等。

---

[1] 杜绍堂,赵萍. 工程力学与建筑结构[M]. 科学出版社,2006:33-40.

2. 壳体、箱体的结构特点与设计要求

作为产品或其部件外壳的壳体或箱体,在满足强度、刚度等设计要求的基础上,通常采用薄壁结构,并设置有容纳、固定其他零部件的结构和方便安装、拆卸等结构。在具体结构设计上,除考虑其主要功能、作用外,还应考虑以下几个要素。

(1) 定位零部件:固定的零部件和运动的零部件在结构上需有不同的考虑,如图 9-8 照相机的镜头。

(2) 便于拆、装:考虑产品的组装、拆卸和维修、维护,壳体、箱体多设计成分体结构,各部分通过螺丝、锁扣等进行组合连接。对于长久使用或可能多次拆卸的产品,需考虑采用便于拆卸、耐用的结构,如在塑料壳上内嵌金属螺纹件;对经常拆卸的产品,需考虑采用便于快速拆卸、组装的结构,如塑料壳体上采用的弹性锁扣和打火机机芯与外壳的组装等,如图 9-9、图 9-10 所示。值得指出的是,某些产品

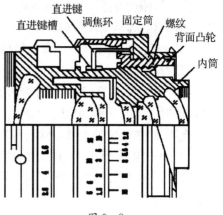

图 9-8

设计上只考虑产品出厂时的组装,不需考虑使用过程的拆装问题,如一次性产品和极少考虑拆卸维修的产品,如图 9-11 所示的手机电池和小电子产品。

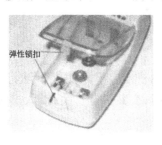

图 9-9　　　　　　　　图 9-10　　　　　　　　图 9-11

(3) 材料及加工、生产方式:产品的功能和使用目的决定了产品外壳采用的材料,考虑产品的生产批量和成本等因素,又决定了其加工、生产方式,进而又决定了壳体、箱体的结构设计。如铸造件结构、冲压件结构、模塑结构在设计上考虑的因素和结构特点是不同的。

(4) 装饰与造型:装饰与造型的设计应结合产品的功能、构件的材料及加工、生产方式进行。如照相机镜头调焦环表面的纹饰和机身上的皮质贴面,既起到了装饰、美化作用,又在功能上起到防滑作用。材料与加工方式反过来又影响外观造型,如模塑壳体比冲压壳体的造型变化能力要丰富得多。

3. 壳体、箱体的设计准则与程序

壳体、箱体的结构设计主要应保证刚度、强度、稳定性及加工性,在需要时进行相应的理论计算和实验。对于工业设计师而言,这方面的工作通常需要结构工程师配合,故在此不作详细介绍。

(1) 刚度:对于承受较大载荷及作为支撑和其他零部件定位的壳体和箱体,刚度是主要的设计准则。如齿轮减速器、变速箱,箱体的刚度决定了齿轮的啮合情况和工作性能;打印

机的壳体及机架刚度直接影响运动部件的运动精度,进而影响打印质量和精度。

(2) 强度:强度是考虑壳体、箱体的防护和保护性能进行设计的基本准则。一般情况下,需考虑搬运过程及意外冲击载荷造成的外壳强度破坏。如电视机、洗衣机等的外壳设计。

强度和刚度都需要从静态和动态两方面来考虑。动刚度是衡量抗震能力的指标,特别对于内部有高速运动部件的产品,如汽车、空调器等。

(3) 稳定性:受压及受压弯曲结构都存在失稳问题,特别是薄壁腹部还存在局部失稳问题,必须校核。

(4) 加工性:铸造、注塑构件应考虑液体的流动性、填充性和脱模,冲压件应考虑材料延展性和拉伸能力,并做相应的计算。

壳体、箱体通常的设计步骤与程序如下:

(1) 初步确定形状、主要结构和尺寸:考虑安装在内部与外部的零部件形状、尺寸、配置及安装与拆卸等要求,综合加工工艺、所承受的载荷、运动等情况,利用经验公式或参考同类产品,初步拟定。

(2) 常规计算:利用材料力学、弹性力学等固体力学理论和计算公式,进行强度、刚度和稳定性等方面的校核,修改设计以满足设计要求。

(3) 静动态分析、模型或实物试验及优化设计:通常,对于复杂和要求高的产品进行此步骤,并据此对设计进行修改和优化。

(4) 进行工艺性和经济性分析。

(5) 详细的结构设计。

值得指出的是,由于现代计算机技术及相应设计工具的普及应用,上述设计程序与内容已呈一体化和交叉进行的趋势,即在造型与结构设计的同时,交叉进行有关计算、校核、分析与优化。

二、连接与固定结构设计

连接与固定结构是产品设计中常用的重要结构。构成产品的各功能部件需要以各种方式连接或固定在一起形成整体,完成产品的设计功能。即便是为满足外观造型设计的产品外壳,通常也是由底、盖、主体框架等几个部分组合而成的,需要连接、固定形成一个整体。

连接与固定在功能含义上是不同的。有些连接结构同时也起到固定的作用,称为固定连接;有的连接结构允许连接的部件以一定方式在一定范围内运动,称为活动连接。固定结构的主要功能是固定部件。

从广义上讲,可起到连接与固定作用的结构形式很多,如螺纹连接、销连接、键连接等。本书将主要从功能结构的角度讨论这一问题。

1. 连接与固定结构的功能与种类

按照结构的主要功能和设计分,连接与固定结构可以划分为下列几种。

(1) 不可拆固定连接:连接的目的是使被连接部件形成一个功能整体,拆卸将破坏所连接部件或连接件。常用形式包括焊接、铆接及胶接等。

(2) 可拆固定连接:连接的目的是将被连接件按设计位置固定、组合在一起,拆卸的主要目的是方便维护、维修或保管、储存。常见形式包括螺纹连接、销连接、弹性连接及过盈连接等。其中,按拆卸的方便程度又可分为较少拆卸、经常拆卸及方便拆卸三种形式。

(3) 活动连接:连接的目的是将被连接件组合在一起构成一个功能体,被连接部件间允许以一定方式在一定范围内相对运动。按允许相对运动的形式又可分为转动连接、移动连接及柔性连接等。

(4) 固定结构:结构的目的是将部件与部件的位置固定,在不开启固定结构或结构失效前保持不变。常见形式很多,如锁插、锁扣等。

2. 连接与固定结构的设计要求

总体上讲,各种连接与固定结构在设计上都要求可靠、工作稳定、简单、耐久及便于加工制造。对每种具体的结构,按照功能要求又有一些特殊的要求。在此,仅概括讨论如下几点:

对不可拆固定连接,设计上一般要求达到一定的连接强度。具有封闭性功能的结构部件,还要求在一定条件下达到一定的密封效果。

对可拆固定连接,通常要求拆卸中被连接的主体部件尽可能被保护,万一出现损坏情况,尽可能出现在连接件上。此外,连接结构应不易松动、失效。对经常拆卸的固定连接,应考虑拆卸方便、快速。

对活动连接,主要考虑工作稳定性和使用寿命。

对固定结构,设计上主要考虑固定的可靠性、开启的方便性等[①]。

三、连续运动结构设计

运动结构装置是很多工业产品、设备的核心结构和实现设计功能的基础结构装置,也是产品设计中比较复杂、专业要求比较高的设计任务,通常由产品相关专业设计师或结构设计工程师配合工业设计师完成。

在机械设计中,通常将实现特定运动的结构装置依据其结构特点称为相应的机构,如齿轮机构、链轮机构、连杆机构等。

1. 机构学基础

机构通常由相互间有规律相对运动的刚性体组成,这些刚性体称为机构的构件。机构中自身相对静止的构件称为机架,其他构件称为运动构件。构件可以是一个零件,为制作和装拆方便,也可以是由若干零件组成的刚性系统。

机构的构件间允许相对运动,构件间需采用活动连接。这种使构件间保持接触又允许相对运动的连接成为运动副。面接触的运动副称为低副,点或线接触的运动副称为高副。运动副按运动范围可分为空间运动副和平面运动副两类,常用的是平面运动副。平面运动副按运动形式特征又可分为转动副、移动副、螺旋副、圆柱副等。在机构分析中,运动副常采用简图符号表示,如图 9-12 所示。

---

① 罗会昌.金属工艺学[M].北京:高等教育出版社,2001.

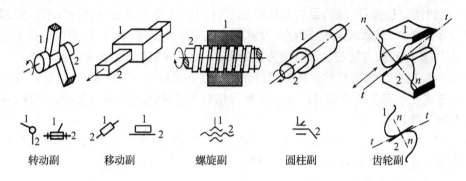

转动副　　移动副　　螺旋副　　圆柱副　　齿轮副

图 9-12

没有与其他构件连接的构件称为自由构件,自由构件在三维空间具有六个运动自由度,在平面空间具有三个自由度。运动副决定了所连接构件间的相互运动关系,运动副将构件连接起来,同时也限制了被连接构件的自由度。机架位置固定,运动自由度为0。一个通过转动副与机架相连的构件,只有相对机架转动一个自由度,其他自由度被转动副所约束,如图9-13(a),整个机构仅需一个独立参数即可确定机构各构件的位置,此机构有一个自由度;在此运动构件末端,再通过转动副连接一个运动构件,如图9-13(b),则第二个运动构件相对第一个运动构件有一个运动自由度,加上随同第一个运动构件的一个转动自由度,共有两个自由度,机构也需要两个独立参数确定各构件的相对位置,机构的自由度为2;同理,图9-13(c)的机构有三个自由度。

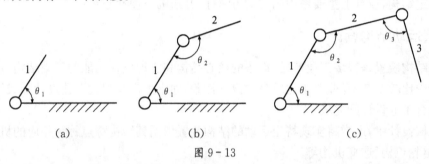

图 9-13

确定运动机构各构件位置所需独立参数的总个数称为机构的自由度。一个机构的自由度数应大于0,否则机构无法运动。机构中用于输入驱动力的构件称为驱动构件(也称原动件或主动件),驱动构件数应与机构的自由度数相同,其他运动构件称为传动构件(也称从动件),将运动和动力向外传递的构件又称为输出构件(也称执行构件)。

机构的实际构造通常比较复杂,用结构图表达时往往不直观,不便于进行机构分析、设计机构、组合机构及创新机构。在机构学中,一般利用构件和运动副符号及一些简单的线条、图形表示机构的结构组成、几何形状、相对位置关系等,称为机构运动简图,如图9-14所示的颚式破碎机结构及机构运动简图,其中图(a)为结构图,图(b)为机构运动简图。

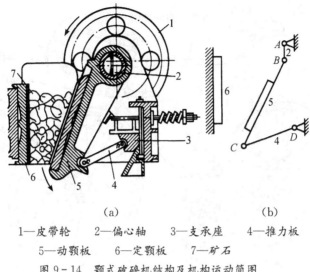

1—皮带轮　2—偏心轴　3—支承座　4—推力板
5—动颚板　6—定颚板　7—矿石
图 9-14　颚式破碎机结构及机构运动简图

绘制机构运动简图时,一般是在分析清楚机构工作原理的基础上,分析运动副的种类和数目,确定出机架、驱动件和从动件,然后将构件简化为杆件,用线条图表示出各构件、运动副及相对位置关系。机构运动简图不仅表示机构的结构和尺寸,也可表示构件的相对运动关系,最好按比例绘制。

机构运动简图中使用的符号(包括各种运动副、构件和常见的运动机构)是有一定规范规定的,使用时请参见有关设计手册或参考书。[①]

2. 常用运动结构的功能与种类

运动机构种类繁多,下面将主要介绍实现连续运动的常见机构工作原理及相关的设计问题。

运动机构种类繁多,产品的设计功能决定所选择和采用的机构。如图 9-15,以自行车为例,车轮的转动、前轮的左右摆动、车闸的摆动抱合和变速拨叉的摆动是设计要求的基本运动,是实现自行车功能需要执行的运动。直接保证这些运动的相应机构是飞轮、前叉合件、车闸组件及拨链器,按功能称为执行机构。为实现这些运动,需要相应的机构和装置将原动力和运动传递到执行机构,按功能称为传动机构。车轮的旋转通过曲柄链轮、链条将脚蹬动力传递给飞轮实现,车闸和拨链器的运动通过柔性钢丝(本质是连杆)将作用在闸把和控制器上的运动和动力传递给相应的执行机构完成。曲柄链轮和链条、闸把和钢丝、变速控制器和钢丝等即为所谓的传动机构。

综上所述,根据运动机构在产品中的作用,可分为执行机构和传动机构两类。为实现某一特定运动,可能需要多个传动机构连接起来传递运动和动力,形成所谓的传动链。

---

① 刘宝顺.产品结构设计[M].北京:中国建筑工业出版社,2009:67-71.

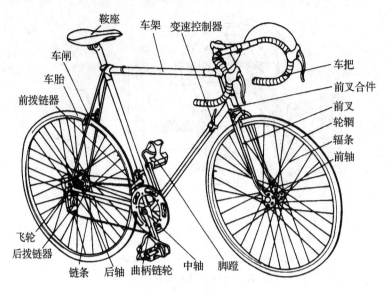

图 9-15

图 9-16 为一药片包装机数片机头结构示意图。机器工作时,由料斗(图中未画出)输送给倾斜料盘上的待装药片落入数片孔板一组孔中实现定数数片。料盘转动,落入小孔中的药片由下方的托盘托住,托盘不动,托盘上开有两个扇形孔。料盘孔转过托盘扇形孔时,药片释放,通过落片斗装入瓶中。电磁振荡器用于避免药片装瓶时堵塞;变换手柄通过变换槽轮或齿轮传动控制料盘作间歇(用于普通药片)或连续转动(用于糖衣药片);调节闸门用于控制药瓶在装瓶时停留在落片斗下,并与料盘的运动同步。

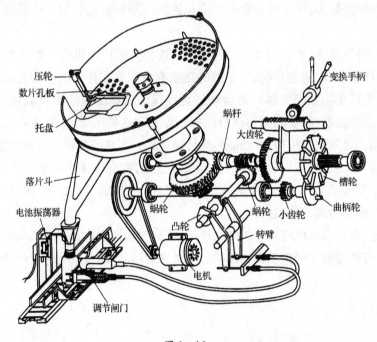

图 9-16

由图9-16可知,在产品或机械系统中,执行机构的主要作用是实现所需功能动作(包括执行运动和执行力),而传动机构(传动链)则负责传递、变换、调节运动和动力,以适应不同产品的功能需要。无论是执行机构还是传动机构,实现产品设定运动功能可选择和采用的具体机构种类和形式都不是唯一的。

一个具体产品中的运动机构通常可能由多个结构环节组成,可将其分解为一个个相对独立的结构环节或简单机构,如图9-16中的齿轮、蜗轮和蜗杆、槽轮等,这也是为了研究、分析和设计上的方便。这些简单机构是运动机构的基本形式,是运动结构系统的基本组成"构件",其组合千变万化,由此可实现产品需要的运动动作。运动结构设计通常就是选择、配置、组合、设计这些简单机构,因此,深刻理解、掌握简单机构的原理与设计要求很重要。

运动机构的种类可按照运动构件的运动规律或轨迹分为平面机构和空间机构两种。空间机构的运动构件可在三维空间中运动,其运动自由度至少在两个以上,如图9-17中的筛子,可在三维空间作复杂摆动。空间机构的结构组成和设计比较复杂。平面机构的运动构件在某一平面内运动,在设计中应用广泛。

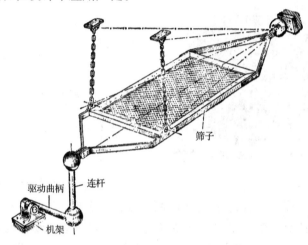

图9-17

按照机构运动构件的运动规律特征,运动机构又可分为转动机构、直线运动机构、曲线运动机构、往复运动机构、间歇运动机构等。这种划分方式有利于按类学习和掌握运动机构,便于设计中分析、选择合适的机构。

最常用的是按照机构的结构特点分类的运动机构,即分为齿轮机构、链传动机构、槽轮机构、曲柄滑块机构、连杆机构等。这种分类方式名称含义准确,容易把握、揭示机构类别的本质,也是设计师习惯使用的方式。

四、往复、间歇运动机构设计

产品对运动功能的需要是复杂多样的,大量机械、电子产品要求执行机构完成和实现一些往复循环的简单动作或按照一定的节拍工作,如电风扇的自动摆头运动、空调器送风叶的往复循环摆动、自动生产线按一定节拍的间歇运动及安装、加工机械手按设计既定程序重复执行规定动作和作业等,这就需要在产品结构上采用合适的机构配合实现。

往复运动从形式上分有往复直线运动、往复摆动、往复曲线运动和往复复杂运动等几种，其中往复直线运动和往复摆动最常见，应用也最广。

机构通常按机构的结构特征命名，实现往复运动的常用机构主要有凸轮机构、曲柄滑块机构、曲柄摇杆机构等。此外，气缸、液压缸可实现直线往复运动，摆动液压缸可实现往复摆动。

利用电磁原理也可实现往复移动和摆动，在现代电子产品特别是数字控制产品中，使用电磁原理的机构可实现精密的运动控制，图9-18为计算机硬盘结构，其寻道机构的运动控制就是利用电磁原理实现的。

往复曲线运动通常由连杆机构实现，主要用于有特殊执行动作要求的连续循环工作机械，如缝纫机的缝纫引线动作、织布机的编织运动等。图9-19是两种实现往复曲线运动的连杆机构，可用于实现缝纫机引线运动的执行机构等。由于曲线往复运动机构的设计、分析比较复杂，对于工业设计师而言，在产品设计中应重点关注设计概念、实现原理和运动的可实现性等，具体结构设计可与产品相关专业设计工程师或结构设计师配合完成。

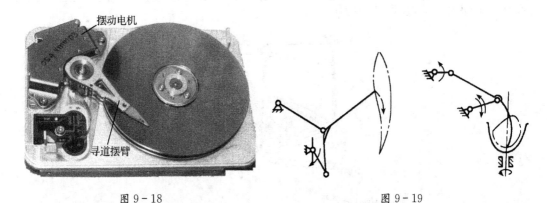

图9-18　　　　　　　　　　　图9-19

间歇运动是机构或机械设备、产品随时间的推移顺次规律地执行运动和静止，按一定的工作节拍循环作业或完成工序步骤。产品根据功能需要对运动动作的要求是多种多样的，如钟表的指针作间歇的跳动，电影放映机胶片作高速的间歇移动，发动机的气门按规律开启、闭合，这些都属于间歇运动。

现代化机械设备能完成很复杂的工作且自动化程度很高，特别是自动生产线，需协调执行很多工序动作，图9-20为裹包机执行的工序动作分解图。这些工序均需要一定的时间，很难实现连续运动完成，因此，多按间歇运动方式工作。

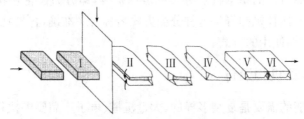

图9-20

设计中，将复杂工作分解工序后，需结合各工序的完成时间和顺序安排空间布置，如图9-21所示，进而采用合适的间歇运动机构实现设计。

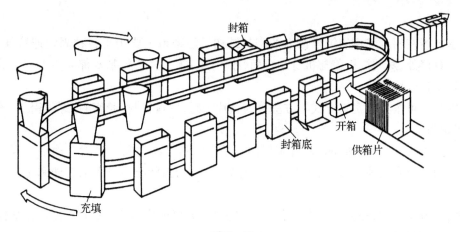

图 9-21

实现间歇运动的常见机构主要包括槽轮机构、棘轮机构、圆柱凸轮机构、欠齿轮机构、连杆机构和各种组合机构等,可分别实现旋转间歇运动、直线间歇运动、间歇曲线运动及复杂间歇运动等。

间歇运动机构停留位置的准确性对很多机械而言更重要,特别是强调高速运转效率的机械设备,如啤酒、饮料灌装机,贴标机,香烟盒包装机等。从定位的角度看,这些机构也称为分度机构。

五、密封结构设计

密封结构通常是产品设计中放在主体功能结构之后考虑的问题,有时甚至放在最后考虑,由此可能造成无法弥补的产品设计缺陷。在正式开展产品设计工作前,设计师应综合考虑各种因素,统筹协调、策划。对于有密封要求或可能出现影响的产品,密封结构应纳入总体结构设计的考虑范畴。

今天,当享受现代化舒适、方便的生活时,我们很难容忍即便是偶尔出现的钢笔漏水、暖气片漏水、冰箱缺氟、轮胎跑气等产品故障。实际上,这些故障往往都是密封出现了一些小毛病,产品的主体结构并没有什么大故障。钢笔漏水可能会把纸、笔记本和手弄脏;空调器中的氟利昂泄漏,不能再吹出凉风,还会破坏臭氧层,影响地球的生态环境。

1. 密封结构的功能与种类

密封结构的作用是造成一个相对封闭的空间。不同产品对空间封闭的严格程度要求不一,要求绝对封闭,一方面难以做到,另一方面对很多产品也没有必要,而且还要考虑成本。对不同的产品,密封的功能和要求不同。

对于依靠封闭实现功能或进行、完成工作的产品,密封结构的主要功能是保证产品可靠工作、实现产品设计功能和效率。如液压、气压系统、发动机、空压机等的密封。通常这类产品对密封的要求较高。对于容纳、储存、传输物料(介质)的产品,密封的主要功能是防止泄漏。如冰箱门、打印机墨盒、暖气片、输油管道、燃气输送系统等的密封。此类产品的密封要求主要取决于泄漏造成的影响程度,泄漏影响越大,密封要求越高。

密封的方法很多,可以按密封材料、工艺、结构特征、效果等划分。由于产品的密封结构通常都是在结合面上,通常按密封结构的运动状态,将密封结构划分为静密封和动密封两种。

静密封指在相对静止的结合面上的密封结构。静密封主要用于各种固定连接处,如管道的法兰对接处、发动机机盖与机身结合面、冰箱门口等。静密封基本都需要以一定的压力密合保持密封效果。

静密封又可按具体实施方式与方法分为垫片密封、填料密封、胶密封、螺纹密封、管箍密封、自紧密封等。

动密封指运动接触面间的密封,典型例子是活塞与缸筒之间的密封。动密封因运动需要在结合面处留有间隙,密封的要求和方法比较特殊,密封状况对产品的功能和工作效果影响很大。

动密封方法很多,按密封状态可分为接触密封、无接触密封等;按实施方式和结构特点可分为填料密封、机械密封、动力密封、迷宫密封等。

2. 密封结构的材料

可用于密封的材料种类和形式很多,需合理选用。选择密封材料的主要考虑因素包括:产品的特点(如工作温度、接触介质、运动状况等)、密封的要求(可靠性、耐久性等)、密封方式,维护维修(装拆方便性、互换性、频繁程度)、加工、制造工艺和成本因素等。

密封常用材料有以下几种:

(1) 金属:铜片垫、钢片垫(冲压成型,用于发动机缸体等密封),纯铜垫(液压系统的静密封)。

(2) 聚四氟乙烯:成型件主要用于重要的阀门等;生料带用于水暖管、燃气管道接头等螺纹密封。

(3) 橡胶:用于水截门、低压无腐蚀管道对接头等密封。

(4) 密封圈:有O形圈、V形圈、Y形圈、唇形圈等,由橡胶、聚氨酯等制成标准化零件,广泛用于液压、气动系统的动、静密封。

(5) 毛毡:机械系统油封等。

(6) 密封胶:有环氧树脂、酚醛树脂、氯丁胶等,按连接材料和密封要求选用。

六、安全结构设计

安全结构指产品工作、使用中出现特殊或意外情况时,用于保护产品、避免发生人身事故而设计的有关结构、装置等,如汽车的安全气囊、ABS系统及高压锅的热熔安全阀等。产品的安全性越来越受到重视,成为现代产品设计中极为重要的设计内容和任务。

1. 安全结构的功能与设计考虑因素

安全结构的基本功能主要是在出现意外情况时保护操作或使用者人身安全和产品的安全,但以何种方式、措施实现保护、提供保护的程度和效果及所能达到的保护范围取决于具体产品的工作特点、使用环境、意外情况的出现方式及安全结构设计的策略等。

例如,对汽车的有关安全结构设计问题,保护的对象包括司乘人员的人身安全、车辆的安全、零部件和附属装置(如发动机、轮胎)的安全等;保护的范围可以包括行驶在复杂路面(冰、雪、湿、滑、坑洼等)车辆的安全稳定性、紧急制动时的安全性、局部存在故障(如多缸发动机个别缸不工作)时的安全性及意外情况时的安全性;对人员的保护方式和措施包括安全带、安全气囊、前挡风用钢化玻璃、儿童锁等,对车辆的保护方式和措施有车辆仪表、故障指示器(警告灯)、前后保险杠等;故障指示器能达到的保护效果只是提示、提醒,儿童锁能达到的保护是限制车门容易打开,ABS刹车系统能获得的保护作用是使车辆在紧急制动下不抱死、稳定减速、制动,安全带和气囊则提供在碰撞等重大事故时对人员人身安全的最大可能保护。

产品的安全结构设计一般主要考虑当意外情况出现时,实施可能的保护。因此,首先要分析清楚各种可能出现的意外情况及其影响,然后有区别地选择,进而确定相应的设计策略,再进行相应的结构设计。

分析意外可能,一般以出现概率较高及影响较大的为主,通常从产品使用、工作条件和环境变化、产品本身有关部件失效或出现故障、操作者误操作及一些特殊情况(如故意人为、地震)等几个方面着手进行。可能出现的意外情况根据产品的具体工作方式、使用环境不同差别很大,需具体分析。以汽车为例,需考虑的意外情况包括:行驶中出现突发情况,紧急转向、制动;行驶在复杂路面时,可能出现的震动、颠簸、打滑、车身倾斜、方向暂时失控等;出现局部故障时的安全、稳定性,如个别轮毂紧固螺栓松动、发动机个别缸不工作、轮胎突然爆裂等;发生特殊意外情况,如挡风玻璃被异物打碎等。

分析意外情况造成的影响是制定安全结构保护策略和设计方案的前提。意外情况造成的影响主要包括对产品的影响和对人的影响两个方面。对产品的影响相对比较简单,容易分析确定,主要是分析对产品破坏的方式和程度;对人的影响需结合具体情况考虑有关的可能性(如离产品故障点距离、警觉意识状态等)、影响方式和程度及影响的时效性等。

安全结构设计的策略制定取决于可用安全措施及其效果、加工制造成本、发生意外的概率及相应的影响程度等。主要设计策略按安全结构、装置可能达到的保护程度分为:提示警告,保护程度不确定,需进一步采取措施;有限保护,尽可能减小破坏,保护主要部分和整体;完全保护,出现意外情况仍可工作或对产品、人员没有损害和影响。

2. 安全结构设计原理

安全技术分为提示性安全技术、间接安全技术和直接安全技术三种。

提示性安全技术是指在事故出现前发出警报和信号,提醒注意,以便及时采取措施,避免事故发生。如指示灯、报警器等。在安全设计原理上称为警示。

间接安全技术通过保护装置或保护系统实现产品的安全可靠,如安全阀、安全带及防护罩等。间接安全保护装置按实现保护作用方式分为:发生危险时发出保护反应动作,使系统安全,如安全阀,原理上称为转换;以自身的保护能力实现安全保护,如汽车安全带,原理上称为借助;无需保护反应实现保护功能,如防护罩,原理上称为隔离。

直接安全技术指结构设计中直接满足安全要求或借助工作系统部件、结构保证产品在使用中不出现危险。主要包括以下三种原理:

(1) 安全存在原理:所有构件及其相互关系在规定载荷和工作时间内可承受所有可能事件不发生事故,处于完全安全状态。

(2) 有限损坏原理:出现意外情况,次要部件或特定部位受损,保证主体和整机安全。

(3) 冗余配置原理:重复设置多个实现功能的装置,当出现事故时,产品仍可继续工作,产品性能不受影响或能力削弱但仍能实现功能。[①]

第三节 产品设计实例

一、产品概述和设计准备

在前面的章节中,我们谈了基础形态的设计以及功能、构造、材料等产品形态设计的基本要素,本章介绍的是一款车载卫星导航设备的设计过程。在此我们并不是为了完整的介绍工业设计的流程,而是要强调在设计的过程中对功能、材料、结构、工艺等的考虑,因为这正是缺乏经验的学生和设计人员最欠缺的。

这是一款电子产品,安装于汽车的仪表板上方(图9-22),内置 GPS 与 GPRS 两套导航定位系统,通过微电脑控制,可以为驾驶员提供地图信息,进行准确导航。导航仪配备有大屏幕液晶显示器,并且可以通过手机网络实现通讯和互联网功能;同时,还配备了扬声器系统,具有多媒体娱乐功能。本章详细叙述了该产品的外观和结构设计过程,可作为 3C 产品、家用电器等的设计参考。

图 9-22

在着手具体设计之前,先要做些准备工作,这个工作相当重要。我们首先要了解这个产品的功能,因为这时设计师对产品的概念还十分模糊,尤其是这类不是很普及的专用产品。这是个与厂商沟通的过程,通过多次交流,产品的大体轮廓开始慢慢形成。与此同时要进行市场调研工作,寻找同类产品的资料作为参考,当设计目标逐渐清晰后就可以进行外观的设计工作。

二、外观设计

产品外观设计通常会分好几轮进行。第一轮先大致勾勒一些轮廓,然后通过讨论等来确定产品造型的大致走向。在导航仪的设计中,我们通过上述第一阶段,对产品有了比较深入的了解。首先,这个产品的导航功能主要是靠屏幕显示的电子地图来实现的,根据产品所放的位置,考虑到驾驶员要在开车的过程中看清上面的显示信息,所以屏幕不能太小;但是也不能太大,否则会遮挡驾驶员的视线。也就是导航仪要尽量减小遮挡,同时最大限度地扩大显示屏的面积,所以我们很自然地想到,产品正面的主体就是显示屏。为了确定显示屏的尺寸,我们做了很多大小不同的简易模型,放在产品所要放的位置,然后请几个司机通过模拟使用来评价,最后我们选定了其中一块。由于市场上的液晶显示屏有一定的尺寸规格,所以我们选择了最为接近的一个尺寸 155 mm×87 mm,该尺寸与我们原先定的尺寸相差很小,对使用影响不大。

导航仪上面还有些功能按钮,通过讨论,我们觉得安排在屏幕下面比较合理,这样使用时手不会遮挡屏幕,同时也减小了在操作受力时对底座所产生的力臂,不会产生摇晃的情

[①] 刘宝顺. 产品结构设计[M]. 北京:中国建筑工业出版社,2009.

况,也符合一般的使用习惯。导航仪上面还有耳机、USB 等插口,本来我们考虑为了方便驾驶员使用,插口放在左边,但是,后来我们想到,这个插口并不是经常使用,一般来说,插好后就很少动了,并且如果插口在左边,耳机线、USB 线等会干扰驾驶员的视线,所以最后我们放在了右边。(图 9-23,图 9-24)

图 9-23 产品功能的构思

图 9-24 产品造型方向的确立

这款产品的设计还有一个比较特殊的地方,这一点很重要。一般来说,我们在做设计的时候,都希望所设计的东西尽量美观,引人注目。然而这个是要结合具体的产品来看的,并不是所有产品的造型都是越漂亮越好,造型必须为功能服务,否则就会喧宾夺主。对这款导航仪来说,为了不至于过多吸引驾驶员的视线而影响开车安全,这款产品的造型不宜做得过于抢眼,但是可以适当强调一下显示和按钮区域,这样便于视觉定位。

另外,我们考察了很多汽车的安装环境和其他车载产品的情况,觉得圆润的外形同汽车的内饰配合更协调。我们在综合以上情况的基础上确定了大致造型(图 9-25)。

接下来需要确定产品的主要电子零件和对外的接插部件,比如液晶显示屏模块(显示屏和触摸屏的总称,触摸屏外形像一块玻璃,用胶黏在显示屏上,设计时将其视为一个零件)、GPS 模块和 GPRS 模块、扬声器、耳机、USB 接口、电源插座等的类型。这

图 9-25 零件的选择

些关键零件直接决定了导航仪最终的体积和局部形态,所以在深入设计之前要综合考虑(图 9-26)。

主要零件选定了以后,接下来要在电子、机构等方面的工程师的协助下进行大致的布板,也就是把主要零件排放到印刷电路板上,并且决定印刷电路板的块数、相对位置等。由于受散热和电子干扰的限制,这时请电子工程师介入可以少走弯路。这些电子零件的排布过程可以通过计算机软件来实现,简单直观(图 9-26)。为了减小产品体积,对大体积的零件的排布要进行推敲,厚度大的零件尽量错开放,可以提高空间的利用效率。

图 9-26 零件的布板

导航仪内部零件的框架基本搭成后,就可以进行进一步的外观设计。这时首先需要考虑的是产品的选材,材料的选择对产品造型的影响是非常大的,一般来说,构成现代工业产品外壳的材料主要有两大类:塑料和金属。这两者在物化性质、加工工艺等各方面有着很大的差异,所以产品选择的材料不同,造型上会有很大的区别。总的来说,塑料的成型更自由,可以塑造的形态更加丰富多样,而金属的成型相对要困难一点,一般不宜进行复杂造型。随着塑料的普及和加工技术的提高,绝大部分产品都采用了塑料作为外壳,所以产品的形态变

得越来越自由和多样。

针对上述情况,这款产品的机壳我们首先选择以 ABS 塑料为主,这样同时可以减轻产品的重量。前面我们已经说过,在这款产品中,我们希望突出的是屏幕和按钮,所以我们考虑在正面屏幕的四周设计由金属铝冲压成型的饰板,既适当的丰富了外观,也强调了屏幕区域。之所以考虑铝合金,是因为它的密度小,不会影响整体重量。

基本选定材料后,就可以按照材料的成型特点和外观的初步概念进行进一步的设计。这个阶段可以在计算机中建模,这样可以把布局好的线路板和板上的零件一起包括进去,以此设计的造型才不会产生内部空间不足以及干涉等问题。

这个产品我们一开始的定位就是比较圆润的造型,其实从材料和结构的角度来讲,圆角设计对塑料件的成型有利,同时带有尖角的塑料件,往往会在尖角处产生应力的集中,影响塑料件的强度;同时,还会出现凹痕和气泡,影响塑料件的外观质量。为此,塑料件除了在使用上要求必须采用尖角之处,其余所有转角处应尽可能采用圆弧过渡。此外,有了圆角,模具在淬火或使用时不致因应力集中而开裂。另外,由于显示屏的形状大小已经确定,设计外观的时候发现圆弧的外轮廓显得有点臃肿,于是适当减少了轮廓的弧度,这样就可使产品看起来轻盈些。

通过以上所述的设计过程,外观基本确定下来了。一般情况下外观定稿后要做成效果图和模型以供委托方确认(图 9-27),同时还要不断和结构工程师讨论结构、机构设计的可实现性问题。当最终外形定稿后,就移交结构工程师进行结构设计。

三、结构设计

产品开发和建筑设计一样,光有外观是不够的,当外观基本

图 9-27

确定后就要根据产品的特性设计结构和机构。结构设计主要由结构工程师负责,但是结构设计中遇到的问题会直接影响到产品的外观。在很多情况下,外观设计人员会对结构设计师提出一些要求,结构设计师也会要求外观作适当的变动。这是一个交流和协调的过程,所以作为工业设计师了解一些结构设计的一般过程是非常必要的,这样可以避免不必要的返工。

在产品设计中,结构设计主要指对产品内部的受力、构造、零件的几何外形和装配方式等的设计,另外,我们一般把机构的设计也包含在结构设计之内。正如建筑结构设计在建筑设计中可以保证建筑的绝对稳定和安全一样,在产品设计中,结构设计也扮演着同样的角色,它可以使一个视觉形态最终变成能够使用的现实产品(图 9-28)。

图 9-28 结构设计

在进行结构设计以前先要做一系列的准备工作,首先要了解最终产品的使用情况,对产品要求达到的机械强度(抗冲击、震动、摩擦等)做到心中有数;其次研究外观模型和内部零件的空间关系,对设计可能碰到的问题和困难进行预估,以便设计时能从整体考虑,提高效率;还有就是仔细考虑产品生产时可能碰到的组装问题,好的结构设计要求产品在流水线上能够顺利、方便地组装。

前面已经说过,所谓结构是用来支撑物体或承受物体重量的一种构成形式,因此,一个合理的结构必定是充分利用材料的特性,在一定的条件下使其发挥最大的强度。针对这款导航仪来说,主体是由塑料件和铝合金钣金件所构成的(钣金件就是对金属板材进行机械加工而制成的部件),而支架则是铁皮钣金件和金属机加工件,下面将针对不同材料和加工工艺在结构设计中遇到的问题作一些说明。

导航仪的内部有很多元器件,所以它的主体内部是一个腔体,塑料件设计首先要形成一个有一定壁厚的壳体,然后由若干块壳体形成一个腔,用于安装零件。这款产品由上下壳组成,这是比较常用的一种方式,壳体的壁厚是结构设计的一个重要参数,确定时主要需要考虑下列因素。

塑料的强度和刚度:强度是指壳体本身的抗破坏能力,刚度是指抗变形能力。有些壳体在受到外力作用时,本身不会被损坏,但却产生了变形,造成内部元器件的损坏,所以要针对不同的情况进行综合分析。这个不仅包括实际使用要求的考虑,也包括在装配时能否承受紧固力,不至于变形和损坏,比如上下壳之间用螺丝拧紧的过程中,是不是会出现变形和碎裂,甚至还要考虑塑料件能否承受生产过程中脱模机构的冲击和震动。塑料件的体量对壁厚也有较大影响,一般体积大的产品壁厚也应相应大一些。

塑料件的外壳壁厚度要尽量一致。加强筋(图中的深色部分,用于加强壳体强度,加强筋形状就像肋骨,是和塑料件壁垂直的一些片状或条状结构,在大多数塑料制品上都能看到)和螺丝柱的壁厚应小于外壳壁厚的 2/3,否则容易在表面产生缩水痕迹,即一些不规则的凹痕,影响外观质量。另外,所选用的塑料不同,所要求的壁厚也不同。一般流动性好的塑料壁厚比较薄,反之则厚。如果选择不当会造成塑胶在注塑时不能完全充满模腔,使做出的产品缺损,影响质量,这个道理就像浓稠的液体不能很快地流到细缝里一样。

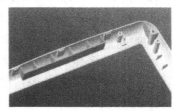

图 9-29

本款产品体积约 200 mm×120 mm×30 mm,选用的是 ABS 塑料,根据 ABS 的性质和该产品的体积,壁厚可选择 1.5~2.5 mm。考虑到汽车内的使用环境,强度要求较高,壁厚值应偏大。同时,考虑到该造型以弧线为主,本身强度较高,可适当降低壁厚;另外,考虑到支架的安装方式对机器的自重比较敏感,壁厚不应过厚。综合以上因素,壁厚定为 1.8 mm(图 9-30)。

图 9-30

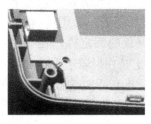

图 9-31

有了合适的壳体,紧接着就是设计螺丝柱和定位柱,这些主要是为了固定机壳和电路板。电子产品的内部零件大多是焊接在电路板上的,本产品也不例外,除了显示屏模块,扬声器和天线插座,其余零件全部固定在电路板上。现在通过螺丝柱和定位柱来固定电路板,同时把大多数零件固定在机壳上。

机壳和电路板通过螺丝柱和螺丝来连接和固定,上下壳之间的固定很多是通过螺丝柱和螺丝来完成的(图 9-31)。考虑到本产品的使用环境对强度要求较高,在设计上下壳的螺丝柱时嵌入了金属螺柱,螺柱像一根空心的管子,里层有内螺纹,外层有齿。使用螺柱可以增加连接强度,并可以大大增加拆装次数(在不嵌入螺柱的情况下,直接用自攻螺丝在塑料上拧出螺纹,拆装次数一多,螺纹就会磨损,影响装配)。但使用螺柱加工工艺复杂,成本较高。

因为对使用强度要求较高,所以本产品上下壳体的连接还使用了卡钩(图9-32)。卡钩可以使塑件之间的连接更加稳固。所谓卡钩就是在塑件上形成的钩子,一般上下壳之间各有一个,形状不同,但构成一副,配套使用。安装时,一副卡钩会互相卡合,牢牢地钩在一起,形成装配关系。卡钩同时起到固定和定位的作用,作为螺丝固定的补充。也有的产品对连接强度要求不高,直接通过卡钩连接,节省了成本和组装工作量。在很多情况下,正如本产品一样,是通过卡钩和螺丝共同作用,达到稳固的连接。

图9-32

在本产品的内部设计中,一般还需要有定位结构(如图9-33中的A)。在组装电路板时,定位结构可以使电路板迅速到位,使电路板上的螺丝孔和机壳上的螺丝柱对齐,大大提高组装工人的工作效率。同时可以起到防呆作用,避免组装出错。所谓防呆设计,是指能够避免人为出错的设计。比如在安装形状对称的部件时,就像计算机的CPU,容易弄错,所以故意做成缺一角的形状,这样如果出错,就安装不上去,这其实就是防呆措施。在设计可能出现组装错误的零件时可以通过定位柱来防呆。另外,定位柱还可以协助螺丝固定零件。使用螺丝是要计算成本的,但定位柱成本很小,有时可用定位柱来代替螺丝,简化产品生产流程,降低成本。

图9-33 定位结构

现在导航仪壳体有了定位柱和螺丝柱,显示屏模块、扬声器等都可以安装了,但就如此开模生产的话,得到的产品外观是很容易变形的。为了加强塑件的机械强度,除了一开始设计合理的壁厚,还需要设计加强筋。合理的加强筋设计可以增加强度,减少材料的用量,同时可以避免产品外观产生气泡、缩孔、凹痕、翘曲变形等缺陷(如图9-33中的B)。

大型平面上布置加强筋能增加塑件的刚性,沿着料流方向的加强筋还能降低塑料的充模阻力(指熔融的塑料在模具里面流动时受到的阻力)。我们经常可以看到一些塑料箱子的底部、显示器底部有这样的加强筋。在布置加强筋的时候,应尽量避免塑料的局部集中的情况,否则会有缩水、气泡等问题出现,具体操作时要尽量避免两根以上的加强筋交于一点上。同时,加强筋应设计得多而矮为好,加强筋之间的距离应大于两倍的外壳壁厚。

加强筋除了对产品的整体进行加固,还可以用在受力特别集中的地方,比方说连接上下壳的螺丝柱是集中受力的地方,这时需要在其周围布置加强筋。加强筋还有一个用途,就是形成一个支承面,对其他部分形成依托。比如本产品安装按键的线路板的固定螺丝在线路板两头,线路板又是长条形,中间受力大的部分缺少依托(图9-34),于是在后盖上设计加强筋形成支撑面,这样在按键的时候,按键板就不会变形了(图9-35)。其中A处为固定点,B处为按动按键时电路板的主要受力位置。为了使B处得到充分的支撑,避免电路板变形,在C处设计了加强筋,提供了一个支撑面(图9-34,图9-35)。

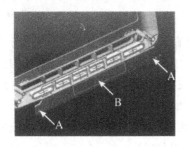
图 9-34 线路板的安装

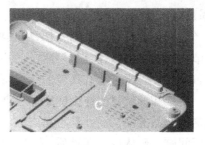
图 9-35 由加强筋所形成的支撑面

以上是从塑料件的设计角度论述产品的结构设计,但是还有一部分结构是和零件的特性有关,如扬声器的安装和固定结构。扬声器是一种电声设备,种类繁多。本产品使用的是密封式高功率微型扬声器,按照零件的技术规格,需要设计一个腔体,这样做才能使声音还原清晰洪亮。这些涉及具体某一方面的问题,往往需要电气工程师或者相关专业人员的协助。

在电子产品的结构设计中常常要考虑散热问题,比如在本产品中,需要解决电源和液晶显示屏部分的散热问题。一般情况下,可以通过在发热部件和其他部件之间尽可能多的留空间,利用空气对流来散热,或者在产品壳体中开散热孔,以及使用金属散热片、风扇强制散热,电脑中就有很多散热风扇。

本产品在设计时留出了散热空间,并在壳体上开了网状的散热孔,在正对散热孔的电路板上开了个洞,使空气流通更加顺畅。这就是在设计时故意形成空气的对流,通过流通的空气带走热量。需要注意的是,散热孔是显示在产品外观上的一个重要的造型元素,应该认真设计它们的形态,达到既满足散热的要求,同时形成美观的图案,不可随意处置,破坏整体外观(图 9-36)。出声孔的设计也有同样的情况。

图 9-36 散热孔设计

为了丰富产品的外观,增加材质之间的对比,这款产品除了塑料件,还用到了铝合金饰板作为装饰,同时起到突出显示屏的作用。这块饰板是冲压而成的钣金件,钣金件往往是由很多道工序加工而成,如冲裁、弯曲、拉伸等等。图 9-37 所示的是金属冲压加工的一个零件。

在产品结构设计的过程中,常常会遇到外观与结构相互制约甚至冲突的情况,这是很普遍的现象。设计本身就是一个很综合的过程,需要巧妙地协调各种矛盾。随着设计的进行,有些原先没有考虑到的问题会出现。举一个例子:导航仪上设有耳机等插座,这就需要在机身外壳上开口。插座从开口中伸出,这和随身听上的耳机插座类似,而这就要求外壳开口处是一个平面,这样才美观并且能保证接触良好。然而由于产品是圆弧形的,外壳上该处是一个曲面,与结构上的要求矛盾,这就需要局部设置一个平面来解决(图 9-38)。

图 9-37 金属冲压加工

这种由于结构的要求而在外观上做适当变化是相当普遍的,这些变化在实现功能与结构需要的同时,要尽量不影响产品的造

图 9-38 侧面的插孔设计

型,同时最好能起到丰富产品细节的作用。

　　本产品配件中有一个专用支架,用来把机器固定在汽车仪表板上方。这个支架应用了万向关节和转轴的机构,实现了导航仪的姿态调整。由于这部分内容属于机械机构设计,限于篇幅,这里就不详述了,有兴趣的读者可以结合有关机构的知识,思考一下它们可能的连接方式。支架和导航仪的连接使用了一个插槽结构,可以随意装卸(图9-39)。

　　到这里产品的结构设计基本完成了,一般来说这时需要做一个快速原型来验证外观、结构和装配问题。确认没有问题后,才进行开模生产(图9-40)。

图9-39

图9-40

四、表面处理

　　使用模具加工生产出来的是毛坯,无论金属还是塑胶制品,在大多数情况下还要经过表面处理才能进行组装。表面处理会在很大程度上影响产品的外观,下面简单介绍一下通常使用的表面处理工艺。

　　材料的不同,表面处理的方法会有较大的不同。塑料和金属都可应用的表面处理有喷涂、电镀、印刷等。此外,金属还有一些特殊的处理方法,如抛光、喷砂、拉丝、阳极氧化等。

　　本款产品的塑壳毛坯就经过喷涂处理,以获得更精美的外观。相比不经喷涂处理的塑件,喷涂可使色彩鲜艳、饱满、表面光洁。此外,喷涂还可模拟很多其他材料的效果,如金属、珠光、橡胶等。喷涂是通过压缩空气使油漆雾化,均匀附着在物件表面,然后通过阴干、烘烤、紫外线照射等手段干燥固化的加工方法。喷涂可用于金属和非金属表面,很多手机表面的珠光效果就是通过喷涂工艺加工而成。

　　这款产品的铝饰板是经过拉丝处理的,拉丝效果可以充分表现金属的质感,用在产品外表,可以起到画龙点睛的作用。拉丝就是在金属板表面用机械摩擦的方法加工出直纹等各种纹路的加工方法(图9-41)。

　　金属铝性质活泼,在空气中很快就会氧化,变得颜色黯淡,失去光泽,所以铝材加工后要经过阳极氧化处理,在金属表面生成一层特殊的氧化膜。这种氧化膜与自然形成的氧化膜不同,非常致密、耐磨,而且不失金属光泽。本产品的铝饰板在拉丝工艺处理后,也经过阳极氧化处理,以获得保护层。阳极氧化还有一个特点是加工时可以使用染料染色,成品除了可以制成一般的银白色外,还可以调配出许多鲜艳的颜色,极具表现力(图9-42)。

第三篇　结构

图 9-41　金属拉丝工艺　　　　　　　　　　图 9-42

电镀工艺也是广泛使用的一种表面处理手段。电镀可以应用在塑料和金属上，可以产生很强的金属光泽，对产品的形态起到很好的装饰作用。在本产品中，按键的表面做了电镀处理(图 9-43，图 9-44)。

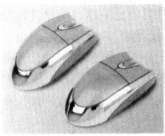

图 9-43　　　　　　　　图 9-44

印刷技术也广泛应用于产品的表面处理和后加工中，如产品表面的文字图案之类主要通过印刷完成。本款产品的耳机、电源等接插口的说明文字都是通过丝网印刷印制到机壳上去的。

印刷也有很多种类，可以加工出许多不同的效果。应用最为广泛的是丝网印刷技术。丝网印刷是将丝织物、合成纤维织物或金属丝网绷在网框上，采用手工刻漆膜或光化学制版的方法制作丝网印版。现代丝网印刷技术，则是利用感光材料通过照相制版的方法制作丝网印版(使丝网印版上图文部分的丝网孔为通孔，而非图文部分的丝网孔被堵住)。印刷时通过刮板的挤压，使油墨通过图文部分的网孔转移到承印物上，形成与原稿一样的图文。

除了丝网印刷，使用最广泛的是移印工艺，它能够在不规则异形对象表面上印刷文字、图形和图像，现在正成为一种重要的特种印刷。例如，手机表面的文字和图案就是采用这种印刷方式，还有计算机键盘、仪器、仪表等很多电子产品的表面印刷，都以移印工艺完成。

印刷复杂图案或在曲面上印制图案主要靠转印工艺。所谓转印就是将中间载体薄膜上的图文采用相应的压力转移到承印物上的印刷方法。根据采用压力的不同，转印分为热转印、水转印、气转印、丝网转印、低温转印等。此外，还有一种特殊的转印工艺，称为膜内转印(IMD)。这种工艺是将表面处理和注塑加工一同完成的加工方法，是近年来风行的表面装饰技术，主要用于家电、手机、电子产品、面板、仪器仪表盘等的装饰。所谓膜内转印，就是将已印刷好图案的膜片放入金属模具内，通过送箔机器自动输送定位，然后将成型用的树脂注入金属模内与膜片结合，使印刷在膜片上的图案跟树脂形成一体而固化成产品的一种成型方法(图9-45)。

图9-45

另外,本产品的按键上也有图形和文字,因为电镀件表面不容易进行印刷,上面的文字标识是用激光刻上去的,激光雕刻同时可以防止磨损。激光是能量高度集中的一种光源,经过聚焦照射在零件表面,瞬间产生很高的温度,可以雕刻各种精细的图案和文字。

工业设计是一个系统工程,牵涉的问题很多,绝对不是很多学生所认为的那样画几张草图就是工业设计了,它关系到审美、市场、材料、结构、制造等多方面的问题。在这里我们只是就部分问题作了初步的说明,希望能抛砖引玉,引起广大学生和年轻设计师的重视。

创造美观、合理的形态是工业设计师的主要工作,与此同时,在外观设计的过程中,还要适当地考虑到外观是否会引起产品功能、结构设计方面的问题。结构设计是把产品的造型设计变为生产图纸的步骤。工业设计不是纯艺术设计,其最终目的还是为了产品的批量生产、上市。由于结构设计和产品的最终形态有着很大的联系,作为成熟的工业设计师应对其有所了解,以免设计出难以生产的外观。同时,整个设计过程还是工业设计师和结构工程师、生产厂家等相互协作的过程,深入了解形态、功能、材料、结构、生产加工等一系列知识是一名优秀工业设计师的必备素质。[1]

---

[1] 李锋.从构成走向产品设计[M].北京:中国建筑工业出版社,2005:96-109.

第四篇 流程与设计

流程,是一个比较抽象的名词,不同的人对它有不同的认识。现在,流程主要被理解为一种管理的思想和工具。流程化、流程的规范化,促使人们从"如何做"向"如何更有效率地做转化",大大提高了人们的工作效率。本章将从流程的概述、流程的表达、流程的优化和流程优化的案例四个方面对流程进行简要的阐述。

第十章 流程概述

提到流程,第一个问题就是流程是什么,或者说我们该如何理解流程。

第一节 流程的含义

流程在日常生活、工作、生产中无处不在,人们总要和各种各样的流程打交道,小到开一扇门,大到生产一架航天飞机等,都需要按一定的流程去做,企业的存在更是依赖于各式各样的流程运作。关于流程是什么,很难有一个明确的定义。不同的字典、不同的人从不同的角度给出了不同的定义。在这里,列举了一些比较权威,被大多数人认同的流程定义。

(1) 1996年版《现代汉语词典》对流程的定义为:① 水流的路程。② 工业生产中,从原料到制成成品各项工序安排的程序,也叫工艺流程。

(2)《牛津英语大字典》中,对流程(Process)的定义是:一个或一系列有规律的行动,这些行动以确定的方式发生或执行,导致特定结果的出现;一个或一系列连续的操作。

(3) 在 Online Etymology Dictionary(在线词源字典)上,关于英文"process"的由来是这么解释的:early 14c., "fact of being carried on" (e.g. in process), from O. Fr. proces "journey" (13c.), from L. processus "process, advance, progress," from pp. stem of procedere "go forward" (see proceed). Meaning "course or method of action" is from mid-14c.; sense of "continuous series of actions meant to accomplish some result" (the main modern sense) is from 1620s. Legal sense of "course of action of a suit at law" is attested from early 14c. Verb meaning "prepare by special process" first recorded 1884.

(4) 行政或司法程序中,可以分为若干环节的总和、总称[①],如商标注册流程、商标转让流程。

---

① 商务百科:生产管理术语流程的解释。参见[OL]. http://baike.aliqq.cn/doc-view-49745.html.

(5) 流程指的是利用专业化的设备、生产线工作以及无干扰之原料流程的一种生产系统①。

(6) 所谓流程就是指工作步骤，也称为作业程序。在许多企业中，也被称为标准作业程序，英文称为 SOP(Standards Operation Procedure)②。

(7) 流程是为要完成一特定的目标或功能时，其间所包含的行动程序，这些动作程序可重复行动，而行动所产生的输入也都满足特定需求③。

(8) 流程就是多个人员、多个活动有序的组合。它关心的是谁做了什么事，产生了什么结果，传递了什么信息给谁。这些活动一定是体现企业价值的④。

(9) 什么是"流程"（程序），就是合理利用资源，一组将输入转化为输出的相互关联的活动，是一个功能团队正确地完成某一工作的步骤和顺序⑤。

在管理领域，流程也被理解为业务流程，所以流程也有了如下的定义。

(10) 被称为"流程之父"的迈克尔·哈默这样定义流程：业务流程是把一个或多个输入转化为对顾客有价值的输出的活动。

(11) T. H. 达文波特：业务流程是一系列结构化的可测量的活动集合，并为特定的市场或特定的顾客产生特定的输出。

(12) A. L. 斯切尔：业务流程是在特定时间产生特定输出的一系列客户、供应商关系。

(13) H. J. 约翰逊：业务流程是把输入转化为输出的一系列相关活动的结合，它增加输入的价值并创造出对接受者更为有效的输出。

(14) 国际标准化组织在 ISO 9001—2000 质量管理体系标准中给出的定义是：业务流程是一组将输入转化为输出的相互关联或相互作用的活动⑥。

(15) 李·克拉耶夫斯基和拉里·里茨曼在《运营管理——流程与价值链》第七版中是这样定义的：流程是一种或一组活动，这些活动利用一个或多个输入要素，对其进行转换并使其增值，向顾客提供一种或多种产出。

(16) 国内著名的流程咨询人士王玉荣女士则在她的著作《流程管理》第三版中给出了这样的定义：流程其实就是"工作流转的过程"的缩写，这些工作需要多部门、多个岗位的参与和配合，这些部门、岗位之间会有工作的承接、流转，因此流程也可以说是"跨部门、跨岗位工作流转的过程"。

(17) 一个流程就是一组能够一起为客户创造价值的相互关联的活动进程⑦。

(18) 流程（Process）是一种或一组活动，这些活动利用一个或多个输入要素，对其进行

---

① MBA 智库百科：流程(Flow Process)的解释. [OL]. http://wiki.mbalib.com/wiki/%E6%B5%81%E7%A8%8B.
② 张镦元. 执行就是走流程[M]. 北京：机械工业出版社，2009：3.
③ 畅享博客胡云峰个人专栏：流程管理《There is Always a Better Way for Process!》.
④ 百度百科：流程名片. [OL]. http://baike.baidu.com/view/158951.htm.
⑤ 百度文库：流程与制度. [OL]. http://wenku.baidu.com/view/98bf2eda6f1aff00bed51eab.html.
⑥ (10)~(14)出自王玉荣. 流程管理[M]. 第3版. 北京：北京大学出版社，2009：4.
⑦ 庞湛. 运作管理系列讲座——流程管理. 南京大学.

转换并使其增值,向顾客提供一种或多种产出[①]。

这些对流程不同的定义强调了不同的要点,事实上,我们很难用一个统一的语句给流程下一个普遍的、准确的定义。但归结起来可以发现,不管是什么领域,无论在自然界,还是在人类社会,一切事物的发生、发展及产生的结果,都会经历一定的过程。由于所经历的过程不同,才导致不同事物和不同结果的出现。也就是说事物的结果和事物的产生和发展,与它所经历的过程密切相关,这是一个普遍性的规律。我们不妨从自然和社会来考察一下各种事物运动变化的情景:一个生命的诞生必须经历特定的物质输入,再经历一系列特定的生物学和化学过程的发展和变化,最终产生新的生命(输出);火山的爆发(输出),必然通过能量积累(输入),再经历一系列特定的地质发展变化过程才能最终形成;一个企业要生产出某种商品,必有特定的原材料、设备和人力(输入),经过特定的生产和管理过程,才能最终产生所需要的商品(输出);一个学校要成功的培养学生(输出),必须面对学生实际情况,结合教育教学目标和教材、师资,以及学校的物质条件(输入),经历特定的教育教学及管理过程,才能最终达到培养好学生的目的。通过这些现实的流程案例,我们可以对流程作如下的定义:流程类似于一个黑箱,入口是输入,出口是输出。简单地说,流程就是将输入转化为输出的一系列活动。它强调的是在这一过程中各要素或部分的相互作用。

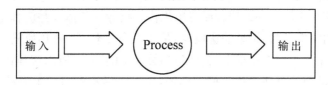

图 10-1 流程的定义

这样的定义,该如何理解呢?通俗地说,无论做什么事,都有一个"先做什么、接着做什么、最后做什么"的先后顺序,这就是我们生活中的流程,只是我们没有用"流程"这个词汇来表达而已。除了做事的先后顺序外,还经常说某某人能办事,某某企业善于做事,能办事、善于做事是说他们做事情有方法,比别人的更有效果。到底有哪些不同呢?可能是先后顺序不同,也可能是做事的内容不同。因此,流程可以理解为是一种做事的方法,它不仅包括做事的先后顺序,还包括做事的内容。同时,我们做任何事情都需要资源投入,都需要借助资源的效用,包括资金、信息、精力、人员、技术等等。因此对投入的资源也要善加管理,否则也难以成事。在此,我们对流程的认识又深入了一步,流程还包括对输入、输出的管理。同时,人们将做一件事情的经验和教训总结出来,告诉那些还不知道怎么做好这件事的人应该做哪些事情以及怎么做这些事情的方法,这个总结出来的东西也可以通过流程的形式表达出来,所以也可以说流程是经验的载体。

---

① [美]克拉耶夫斯基,里茨曼. 运营管理——流程与价值链. 刘晋,向佐春译. 北京:人民邮电出版社,2007.

第二节　流程的一般特征

一、流程的一般特征

通过对流程定义的解读，我们可以从一般意义上对流程列出以下特征：

目标性：是指制定流程时有明确的输出（目标或任务）。这个目的可以是一次满意的客户服务，或一次及时的产品送达；也可以是某种工业产品制成品完成的经济技术指标；也可以是教师要实现的教学目标，等等。只有明确了流程的目标，我们才能在设计流程或进行流程重组时确定未来的优化方向，做到有的放矢。

内在性（普遍性）：是指流程包含于任何事物或行为中。所有事物与行为，我们都可以用这样的语式来描述："输入的是什么资源，输出了什么结果，中间的一系列活动是怎样的，输出为谁创造了怎样的价值。"

整体性：任何一个流程都是一个系统，因而也就具有系统的特征——整体性特征。流程的整体性特征一方面表现为一个流程要有最终要完成的目标和任务，另一方面也可表现为不同的流程之间应有比较统一的理念或者思想作为指导。整体性是流程中各个要素通过活动过程协同作用的结果，这种结果的达成，不是某几个要素单一作用所能完成的。

动态性：是指流程在运作过程中，会受到相关因素的影响，所以流程在进行过程中，应及时进行调整、优化甚至是重新设计。换句话说，由一个活动到另一个活动，流程不是一个静态的概念，它按照一定的时序关系徐徐展开。流程的这种动态性也称为时序关系。这种时序关系是由事物的内在规律及所要达成的目标和任务的特点所决定的。

层次性：组成流程的活动本身也可以是一个流程。流程是一个嵌套的概念，流程中的若干活动也可以看做是"子流程"，可以继续分解若干活动。也可把这种流程的层次性称为流程的环节。

结构性：是指根据不同流程的实际执行情况，可分为多种方式。流程的结构性表现为流程中各要素如何通过活动和各个环节建立起内在联系，或者说各个要素、环节间内在关联方式。流程的结构可以有多种表现形式，如串联、并联、反馈等。一般来讲，串联结构有助于对流程节点活动和信息的控制；并联结构有助于流程节点活动的协同，提高运行效率；而反馈结构则有助于系统部分环节的改善和调整。这些表现形式的不同给流程的输出结果带来很大的影响。

例如吃早餐，从流程的角度看，目标和任务是为身体补充能量和营养，以便更好地开始一天的工作（目标性）。但吃什么（对象和价值），如何获得所要吃的东西（资源），如何加工制作（过程），这些就是我们吃早餐流程中的要素。而我们先要选择吃什么东西，然后要获取早餐的原料，进而要做早餐，然后吃早餐。这一切就是流程的各个环节，每个环节又可以看成一个子流程，比如怎样决定我们早餐吃什么东西（层次性）；这些环节必须按一定次序进行（动态性）；显然这些环节相互关联，不可或缺，比如怎样做早餐要依据获取的原料和人的口味才能决定，早餐质量的好坏（最终输出结果），决定于所获取的原料的质量好坏和加工早餐的方法等（整体性）；上述环节是一个串行结构（结构性）。

在图10-2中,输入的是新招收员工的基本资料,这时新招收员工还是作为自然人存在,再经过入职流程后,新招收员工被赋予了单位的相关属性(薪资账号、OA账号、CRM登录账号),由自然人变成了单位组织框架中的一分子,这里流程的目标是赋予新入职员工单位的相关属性,这种输出是有形的。而在图10-3登机流程中,该流程的目的是使乘客顺利登上飞机/离开飞机。而乘客要想顺利登上飞机/离开飞机,在该流程中的任何环节和要素都不能出现问题。该流程设计的主要业务工作和管理工作可能包括乘客需求和需求特征的预测、对机场食品饮料和其他必需品的供应及库存管理、对前台办理登机手续的服务的设计及效率的管理、对服务人员的业务培训、信息系统的建立和运行等。这里的输出是无形的服务。

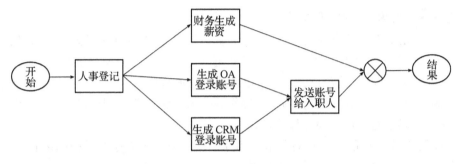

图 10-2　员工入职流程图

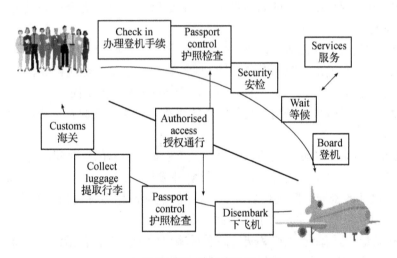

图 10-3　登机流程图

这两个例子的流程运营方式是完全不同的,一个是生产有形输出,一个是提供服务。但它们也有许多共同点,例如对需求的预测、工作进度安排、员工业务培训和激励机制、设备的维修保养、质量体系的建立和质量控制等。从内在来看这两个例子正好切合了"流程是将输入转化为输出的一系列活动"的这个定义。同时,满足了流程目标性、内在性、整体性等一般特点。

二、管理和企业生产领域流程的不同特征

流程运用到不同的领域,有不太相同的定义。同样的,在不同的领域,对流程的特征也

有不同的描述。在管理领域,构成流程有六个要素(特征):资源、过程、过程中的相互作用(即结构)、结果、对象和价值。

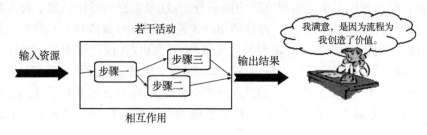

图 10-4 流程六要素

对流程的六要素,需做以下说明。

(1) 资源:是指流程运作初期,从外界环境流入流程的任何有形或无形的必备条件,这些必备条件都是流程涉及的基本要素。例如固定资产、信息系统、人力等。

(2) 过程:是指流程实施的具体环节,也可理解为流程中的若干活动。这些环节与活动都是为了满足对象需求所必须进行的相关操作。一般由流程单元(要分析的流动单位)和工序(需要考虑的转换过程的最简化形式)组成。

(3) 过程的相互作用:流程中各环节的相互作用。包含由工序组成的网络和信息结构。例如串行还是并行,哪个活动先做哪个后做。

(4) 结果:即流程输出产生的具体结果,无论是信息、材料、资金还是其他,都是从流程流回到外部环境中。

(5) 价值:即流程最终创造的价值。主要用于评价、优化流程。

(6) 对象:即流程输出的服务对象,可以为顾客,也可以是其他流程等。

在企业生产领域中,如同产品一样,一般用四个特征来衡量流程。

(1) 流程成本:是输入和输出之间所发生的总成本。它包括原材料成本、运作流程的固定和变动成本。

(2) 流转时间:是指从输入到输出转化一个流程单元所需的总时间。

(3) 流程灵活性:是衡量流程生产和交付多种输出的能力。其灵活性与其资源的灵活性紧密相连。灵活的资源可以进行多种工序,并能经常产生多种输出。专用的或专门的资源仅能完成有限的工序,往往是为了一种输出专门设计。

(4) 流程质量:是指流程生产和交付高质量输出的能力。它包括流程的准确性(空间上的精确和固定)、设计规划的一致性以及流程的可信任性和可维护性。①

第三节 流程的分类

流程存在于生活的方方面面。虽然我们很难以一个单一的标准来对流程进行分类,但是按照一定的标准把流程分门别类,从而揭示其相互关系,对于全面理解流程,探索流程优

---

① [美]克拉耶夫斯基,里茨曼. 运营管理——流程与价值链. 刘晋,向佐春译. 北京:人民邮电出版社,2007.

化管理的发展方向,认识流程的社会功能,把握流程与产业、经济、社会各方面的关系有着至关重要的作用。一方面,从跨行业的角度而不是狭窄的职能角度看待流程,对流程进行分类,可以更好地理解时序与环节在流程管理上的运用,跳出"不识庐山真面目,只缘身在此山中"的尴尬境界;另一方面,从流程在各个行业或组织中具体应用角度对流程进行分类,则可以更好地确定自己流程的独特点和受约束因素,从而把握流程各要素间的从属关系、结合方式。流程分类是流程设计与优化必不可少的参照系与概念框架。

在这里,按照不同的标准罗列了几种对流程的常见分类:

(1) 按流程存在的范围,将遇到的流程简单分为生活中的流程和生产中的流程。这样的分类对于初学者而言比较容易理解。

$$\text{流程}\begin{cases} \text{生活中的流程} & \text{例如上学、吃早餐等} \\ \text{生产中的流程} & \text{例如生产自行车、制作服装等} \end{cases}$$

(2) 按流程的结构可分为串行流程、并行流程和反馈流程。

(3) 按流程在各个行业的具体运用对流程进行分类,这类分类一般是在流程加上行业名称。如医疗保险的办理流程、外贸流程、船务流程、网站制作流程、手机研发流程等。

(4) 在企业中,可根据实际的有效性划分为增值流程(核心流程)和非增值流程(辅助流程)等,以期更能反映流程的绩效特点,为流程再造或优化奠定基础。

(5) 在企业内部的流程具有严密的层次性,通常按照流程的组织范围可将企业内部的流程分为公司级流程(跨部门流程)、部门级流程(跨岗位流程)以及岗位级流程(岗位操作规程)。三者之间具有严密的逻辑关系,上一级流程中的某个过程环节往往就可以细化成下一级的完整流程。

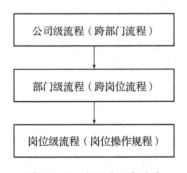

图 10-5 流程的三个层次

① 公司级流程(跨部门流程):跨部门流程往往是对公司整体经营运作具有重要影响的、相对比较宏观的重要流程,这些流程需要经常进行跨部门的协调运作才能最终完成流程的相关输出。比如企业发展战略管理流程、市场调研管理流程等。

② 部门级流程(跨岗位流程):跨岗位流程侧重于部门内部不同岗位之间的配合,通过相关岗位的协调完成部门的工作目标和工作任务。比如 PDM(产品数据管理)系统中产品发布流程和工程更改流程,它们通常跨设计、工艺和制造等几个部门。

③ 岗位级流程(岗位操作规程):岗位操作规程是指本岗位的具体作业程序和作业规范。比如机械工厂里装配工的工序、工艺操作。

(6) 在企业流程中,对流程的划分,还可以按照流程的功能特点,分为管理类流程、业务类流程和辅助类流程。

① 管理类流程：主要是企业实施开展各种管理活动的相关流程，它并不直接为企业经营目标负责，而是通过管理活动对企业业务开展进行监督、控制、协调、服务，间接为企业创造价值。常见的管理流程有战略管理流程、人力资源管理流程、财务管理流程、行政管理流程等。

② 业务类流程（又称订单实现类流程）：主要是直接参与企业经营运作的相关流程，涉及企业"产—供—销"三个基本环节。通过业务运作流程，企业就可以为客户直接创造价值，最终也保证了企业自身经营目标的实现。常见的业务流程有原材料采购流程、原材料储运流程、生产制造流程、产成品发货运输流程、货款回笼管理流程等。

③ 辅助类流程：主要是为企业的管理活动和业务活动提供各种后勤保障服务的流程。这些流程与管理流程一样，并不直接为企业创造价值，而是通过为企业创造良好的服务平台和保障服务，间接实现价值增值。常见的辅助类流程有用车服务流程、办公用品管理流程、设备保修流程等。

(7) 在企业流程中，还可以按照流程的内容划分。

① 主体流程：指那些响应顾客需求、为顾客生产产品或提供服务的过程，比如市场营销、生产制造、售后服务等，它们直接给企业带来经济利益。

② 支持流程：为主体过程提供必要的支持，比如维持生产所必需的采购活动、人力资源活动、财务活动等。

③ 管理流程：一般位于企业内部，用于管理和协调上述两类过程，如 OA[①] 和 PDM 中的文档流程等。

主体流程、支持流程、管理流程之间的关系如图 10-6 所示[②]。

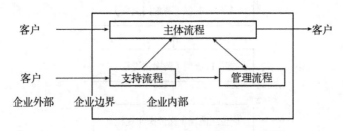

图 10-6 主体流程、支持流程、管理流程的关系

(8) 在营运管理领域，有两种类型的主要流程：服务流程和制造流程。服务流程在商业界比比皆是。根据主要工业化国家的统计数据判断，有 80% 的就业岗位由服务行业提供。当然，制造流程也很重要，如果没有制造流程，我们在日常生活中所使用的产品将不复存在。同时，制造提供了大量的服务机会。调查显示，与产品相关服务的年产值是其基础产品销售额的 10～30 倍。

服务流程与制造流程有两点重要区别：① 流程产出的性质。服务流程倾向于提供隐形的、不易储存的产出，我们称之为服务。同时，服务流程的产出一般不能以持有产成品库存

---

① OA：办公自动化。
② 朱海平. 支持业务流程管理的工作流建模和分析理论研究[D]. 上海：华中科技大学，2004.

的形式来应对顾客需求的不稳定性。另一方面,制造流程生产物质的、经久耐用的产出品,我们称之为产品。如果有必要,制造流程的产出可以根据对未来需求的预测来生产、储存和运输。流程产出的性质很大程度上依赖于对流程的有效设计。② 顾客接触程度。服务流程有较高的顾客接触度。顾客在流程中可能像在超市购物那样扮演着主动的角色,或者像在医疗机构看病那样与服务提供者密切接触以对特定的服务要求进行沟通。相对而言,制造流程顾客接触度较少,而将与顾客的主要接触机会留给零售商或分销商。但是,在顾客接触程度基础上区分服务流程和制造流程并不十分理想。有些服务流程具有低顾客接触度的嵌套流程,比如保险公司总部是设计并产生保险产品及条款。同样,一些制造流程也需要高度的顾客接触度,比如,戴尔定制笔记本的生产。重点是管理者在设计流程时必须认识到需要与顾客接触的程度。①

（9）按流程在企业营运过程中所处的环节,将企业流程分为生产流程、采购流程、销售流程、运营流程、审计流程、财务流程、人员流程等。

① 生产流程:通俗解释中,生产流程又叫工艺流程或加工流程,是指在生产工艺中,从原料投入到成品产出,通过一定的设备按顺序连续地进行加工的过程。也指产品从原材料到成品的制作过程中要素的组合。

② 采购流程:收集信息,询价,比价,议价,评估,索样,决定,请购,订购,协调与沟通,催交,进货检收,整理付款。

③ 销售流程:指目标客户产生销售机会,销售人员针对销售机会进行销售活动并产生结果的过程。

④ 运营流程:指的是为战略的实施人员提供明确的指导方向。也即领导者在制定计划的过程中要考虑到运营流程中可能出现的问题,并制定出一份能够将战略和人员及结果连在一起的运营计划。

⑤ 审计流程:是指审计人员在具体的审计过程中采取的行动和步骤。广义的审计流程是指审计人员从接受审计项目开始,到审计工作结束的全部过程。狭义的审计流程指审计人员在取得审计证据完成审计目标的过程中所采取的步骤和方法。

⑥ 财务流程:是指财务部门为实现财务会计目标而进行的一系列活动。

⑦ 人员流程:人员流程是指企业组织内关于人的选、用、育、留等工作流程。

（10）依流程的体系结构将生产流程分为独立工作车间流程、流水线车间流程和介于两者之间的流程三类。

① 独立工作车间流程:极端一点说,一个独立工作车间流程使用灵活的资源生产小批量、客户化、多品种产品。独立工作车间包括精艺面包房、工具和模具店、管理咨询公司、律师事务所以及规划和设计公司。独立工作车间使用可完成多种不同工序的通用资源并把具有类似用途的资源放在一起。例如去珠宝店加工戒指,珠宝店工人会根据客户的需要,依据相同的原材料、不同的工序对戒指进行个性化加工。独立工作车间流程一般会导致很高的加工成本和较长的流转时间,但是,它仍存在于现代的技工店铺中,因为它可生产具有高度

---

① ［美］克拉耶夫斯基,里茨曼.运营管理——流程与价值链.刘晋,向佐春译.北京:人民邮电出版社,2007.

灵活性的客户化产品。

② 流水线车间流程:另一个极端的说法,一个流水线车间流程仅能使用从事特定工作但具有很高精度和速度的专门资源,这样就生产出了少品种、大批量的产品。由于工人重复性劳动所培养出来的娴熟技术,因此这些产品的质量一般比较稳定。流水线车间流程一般具有较低的变动成本和较短的流程运转时间。关于流水线车间流程最出名的例子就是福特的汽车装配生产线。

③ 介于两者之间的流程:现实生产中的流程大多数处在两者之间。在产品生命周期的早期阶段,由于较低的产量和市场的不确定性,高的资本投入不可能在这一阶段取得成效。因此,一个独立工作车间流程常常是正确的流程选择。但是,随着产品的不断成熟,产量提高,质量稳定,成本和配送反应时间就成为关键性问题。这时,流水线车间流程便成为比较恰当的流程选择。在产品生命周期的最后阶段,产量已经大幅度下降,或许仅需要替换产品。因此,独立工作车间流程再一次受到欢迎。例如,服装生产会经历从小作坊(独立工作车间流程)—批量生产(流水线车间流程)—高档定制(独立工作车间流程)的发展过程。

(11) 生产流程也可以分为以下三种基本类型:按产品进行的生产流程、按加工路线进行的生产流程和按项目组织的生产流程。

① 按产品进行的生产流程:按产品进行的生产流程就是以产品或提供的服务为对象,按照生产产品或提供服务的生产要求,组织相应的生产设备或设施,形成流水般的连续生产,有时又称为流水线生产。例如汽车装配线、电视机装配线等就是典型的流水式生产。连续型企业的生产一般都是按产品组织的生产流程。由于是以产品为对象组织的生产流程,因此又叫对象专业化形式。这种形式适用于大批量生产。

② 按加工路线进行的生产流程:对于多品种生产或服务情况,每一种产品的工艺路线都可能不同,因而不能像流水作业那样以产品为对象组织生产流程,只能以所要完成的加工工艺内容为依据来构成生产流程,而不管是何种产品或服务对象。设备与人力按工艺内容组织成一个生产单位,每一个生产单位只能完成相同或相似工艺内容的加工任务。不同的产品有不同的加工路线,它们流经的生产单位取决于产品本身的工艺过程,又叫工艺专业化形式。像化工行业的生产多半是这样的生产流程。这种形式的生产流程也适用于多品种、小批量的单件生产。

③ 按项目组织的生产流程:对有些任务,如拍一部电影、组织一场音乐会、生产一件产品和盖一座大楼等,每一项任务都没有重复,所有的工序或作业环节都按一定秩序依次进行,有些工序可以并行作业,有些工序又必须顺序作业。表 10-1 是不同生产流程特征比较。

表 10-1　不同生产流程特征比较

特征标记	对象专业化	工艺专业化	项目型
产品			
订货类型	批量较大	成批生产	单件、单项定制
产品流程	流水型	跳跃型	无
产品变化程度	低	高	很高
市场类型	大批量	顾客化生产	单一化生产
产量	高	中等	单件生产
劳动者			
技能要求	低	高	高
任务类型	重复性	没有固定形式	没有固定形式
工资	低	高	高
资本			
投资	高	中等	低
库存	低	高	中等
设备	专用设备	通用设备	通用设备
目标			
柔性	低	中等	高
成本	低	中等	高
质量	均匀一致	变化更多	变化更多
按期交货程度	高	中等	低
计划与控制			
生产控制	容易	困难	困难
质量控制	容易	困难	困难
库存控制	容易	困难	困难

第四节　流程的发展史

虽然在前面我们讲到了流程的定义,但是关于"流程"一词具体从何而来,现在已无从考证。如果将流程按照流程的时间进展分为工作流时代、业务流程管理时代(BPM1.0、BPM2.0)、流程治理时代三个大的阶段,可以知道现在意义上的流程理念起源于18世纪。

18世纪英国经济学家亚当·斯密在《国民财富的性质和原因的研究》中提出"劳动分工原理",提出分工有利于提高效率、增加产量。其理由有三:第一,劳动者的技巧因业专而日进;第二,分工可以免除由一种工作转到另一种工作的时间损失;第三,简化劳动和机械的发明使一个人能做许多人的工作。亚当·斯密的分工论蕴含了最朴素的流程理念。同时,美国发明家伊莱·惠特尼提出的大量生产替换零件的概念①和20世纪初亨利·福特发明的能将汽车零件运送到装配工人所需要的地点的环形传送带都对流程理念产生了十分

---

① 《简明不列颠百科全书》编辑部译编.简明不列颠百科全书(第4卷)[M].北京:中国大百科全书出版社,1986:85.

重要的影响。这两种被誉为现代工业"大量生产的两种主要方法"[①],使得产业革命进一步深入的全面进行,并使得分工进一步明确,"标准化"的生产理念产生。而流程就产生于一系列的分工中。

了解了流程理念的产生之后,接下来我们关注工作流技术的历史。工作流技术发端于20世纪70年代中期办公自动化领域的研究工作,但工作流思想的出现还应该更早,1968年Fritz. Nordsieck就已经清楚地表达了利用信息技术实现工作流程自动化的想法。70年代与工作流有关的研究工作包括宾夕法尼亚大学沃顿学院的Michael D. Zisman开发的原型系统SCOOP,施乐帕洛阿尔托研究中心的Clarence. A. Ellis和Gary J. Nutt等人开发的OfficeTalk[②]系列试验系统,还有Anatol. Holt和Paul. Cashman开发的ARPANET[③]上的"监控软件故障报告"程序。SCOOP,Officetalk和Anatol Holt开发的系统都采用Petri网[④]的某种变体进行流程建模。其中SCOOP和Officetalk系统不但标志着工作流技术的开始,而且也是最早的办公自动化系统。

可以看到,工作流最初出现的思想和要解决的问题即是实现工作流程的自动化。但是这带来了工作流技术应用的局限:① 在企业里存在着很多关键的业务流程,这些流程自动化的成本太高,无法自动化;② 很多流程并不需要自动化,自动化反而会降低这些流程的执行效率,典型的是在一个企业里,请假往往需要一定的审批,在这种情况下,直接面对面的交流往往比通过工作流提交表单更有效率;③ 自动化流程往往意味着流程的柔性降低,比如制造企业都有设备维修业务过程,基本步骤如下:故障维修申请→审批→派工→领料→维修→验收→维修数据记录。这样的一个维修过程如果用工作流实现,工作流引擎会严格按照这样一个顺序执行,但是车间随手换了一个备件,可能只需要5分钟,而从提交申请到维修结束,走这样一个繁琐的过程,恐怕不是信息系统服务于人了,而是人服从信息系统了。再比如,紧急情况下进行的维修,可能直接进行维修、验收、记录维修数据三个步骤,可能连派工都来不及了。此时,自动化流程就会严重影响执行效率。

人们对工作流技术充满着强烈乐观情绪,研究者普遍相信新技术可以带来办公效率的巨大改善,这种期望不可避免地落空了。人们观察到这样一种现象,一个成功的组织往往会在适当的时候创造性地打破标准的办公流程;而工作流技术的引入使得人们只能死板地遵守固定的流程,最终导致办公效率低和人们对技术的反感。70年代工作流技术失败的技术原因则包括:在办公室使用个人计算机尚未被社会接受,网络技术还不普遍,开发者还不了解群件技术的需求与缺陷。总结一下,工作流应用失败的原因有两点:第一点是自动化流程的柔性低;第二点则是限于当时的技术原因。

进入20世纪90年代后,随着IT技术的发展、个人计算机的普及,工作流技术开始重新

---

① [美]斯塔夫里阿诺斯.全球通史——1500年以后的世界.吴象婴,梁赤民译.上海:上海社会科学院出版社,1998:293.

② OfficeTalk:于1970年后期至1980年中期开发的系列试验系统,是我们已知最早的在个人计算机上采用桌面隐喻的图形用户界面系统;同时也是最早的支持工作流的系统之一。

③ ARPANET:阿帕网(英语:The Advanced Research Projects Agency Network),为美国国防部高级研究计划署开发的世界上第一个运营的封包交换网络,是全球互联网的始祖。

④ Petri网:是对离散并行系统的数学表示。

进入一个新的热潮,这个热潮完全是技术驱动的,这时候出现了大量的工作流技术应用。需要注意的是,工作流技术不仅仅是指专门的工作流管理系统,同时也指拥有工作流特征的各种应用系统,例如各类企业管理软件(ERP)和协作软件里具有的相应流程组件。工作流技术的应用使得很多应用软件的开发得到一定程度的简化(同时,可以观察到工作流产品的采购客户往往会是系统集成商)。需要注意的是,此时工作流要解决的问题依旧是实现工作流程的自动化,由此带来的应用局限并没有发生变化。

与此同时,新的管理革命正在发生。

1990年迈克尔·哈默在《哈佛商业评论》上发表了题为《再造:不是自动化改造而是推倒重来》的文章,文中提出的再造思想开创了一场新的管理革命。1993年迈克尔·哈默和詹姆斯·钱皮在其著作《企业再造:企业革命的宣言》一书中,首次提出了业务流程再造(Business Process Reengineering,BPR)概念,并将其定义为:对企业业务流程进行根本性的再思考和彻底性的再设计,以取得企业在成本、质量、服务和速度等衡量企业绩效的关键指标上取得显著性的进展。该定义包含了四个关键词,即"流程"、"根本性"、"彻底性"和"显著性"。

以此为标志,形成了新的业务流程理念,并伴随着对传统企业金字塔式组织理念和管理模式的反思,新的理念强调企业以业务流程为中心进行运作,打破传统的部门隔阂,增加客户价值和企业效益(降低成本)。以业务流程为中心取代职能分工,成为管理的首要原则,围绕流程建立起来的组织具有更高的敏捷性、效率和效益,呈现出扁平化、网络化的特征。

新的管理理念催生新的 IT 产品,BPM 产品孕育而生。可以说一个好的 IT 产品总是对应相应的理论基础,那种简单的对现有工作方式的复制化是没有生命力的(一个小而典型的例子是电子印章软件,从布局到排版都很逼真。可是现实中印章的设计是为进行文件的状态确认,非常直接,但是在电脑上模仿这种印章,不但用着别扭,看着也十分难受,更重要的是,明明通过工作流的控制已经能够确认文件的状态,却一定要通过电子印章来生硬模拟)。很多技术人员以 XPDL[①] 和 BPEL[②] 来区分流程产品是工作流还是 BPM,认为 BPM 更为强调软件的系统集成能力。实际上,工作流软件与 BPM 软件最大的区别不在于技术实现,而是它们解决的问题域发生了变化。

工作流软件解决的问题域是流程的自动化,而 BPM 软件解决的问题则是业务流程的优化。

因为解决的问题域发生变化,那么 BPM 软件相比工作流软件在技术上的变化就很清晰了:强调对流程运行的监控,强调对流程运行数据的分析,强调对各种企业应用软件的集成能力,强调快速的开发能力。实际上很多 BPM 软件的前身即是工作流产品,从技术角度上理解,工作流软件和 BPM 软件是没有区别的,BPM 软件是工作流软件发展的结果,只是开发商出于市场的考虑换上一个不同的标签而已(非常类似于当前的药品市场,同一种成分换个名称就变成新药)。然而从处理问题的角度考虑,区别两者则又是必要的。

---

① XPDL:(XML Process Definition Language)是由 Workflow Management Coalition 所提出的一个标准化规格,使用 XML 文件让不同的工作流程软件能够交换商业流程定义。

② BPEL:是 Business Process Execution Language 的缩写,意为业务过程执行语言,是一种基于 XML 的,用来描写业务过程的编程语言,被描写的业务过程的每个单一步骤则由 Web 服务来实现。

通用技术基础

但是 BPM 软件面临的问题依旧存在，因为很多 BPM 软件解决问题的思路并不正确，很多 BPM 软件依旧是通过自动化流程来实现业务流程的优化，这再次回到工作流软件所面临的问题：企业很多业务流程很难自动化，自动化流程的柔性很低。对于这些问题，BPM 软件试图通过简化编程（快速开发、SOA 思想）和系统集成来尽可能自动化多的流程，通过增强流程定量分析能力来尽可能地增加流程柔性。这实际上是在用正确的方式做错误的事，因为解决问题的思路从一开始就决定了这并不是一条正确的路。

相比而言，Nimbus 的 Control-ES 软件则选择了另外一条道路，它并不强调流程的自动化，它是从咨询软件发展而来的，这决定了其解决问题的另外一种方式：强调对现有流程的评估和重构而非自动化。在 Control-ES 里，流程是作为企业财产保存的，仅仅文档化。这几乎立刻扩大了其对业务流程的描述能力，但是其咨询背景也决定了它的局限性——无法实时获取业务流程执行的数据（完全依靠咨询人员的工作），于是 Control-ES 更多的是作为咨询人员的工具而存在的。从某种意义上说，流程改进本来就是一项咨询工作，很多 IT 厂商甚至没有任何业务领域经验，拿出其 BPM 软件就宣传能够实现客户流程的优化，很多所谓的流程梳理实际上仅仅是对现有流程的复制再现，没有任何改进可言。

一种更好的方式是文档化所有业务流程，然后通过系统集成能力实时获得关键的数据信息，实现以流程为中心的数据撮合，关键的流程执行和改进则交由人去灵活执行。可以看见的是，流程优化从来也不应该是 IT 系统能够完成的事情，IT 系统所要做的是为流程优化撮合必需的数据，作为支撑系统而存在。

说完 BPM 软件，最后我们需要关注的一个方向是云计算。越来越多的企业将其工作放置到了网上，典型的如 Google 提供的各种在线服务，文档、邮件、Excel 等，这种趋势触发了新的业务模式，云中的工作流即是其中一种。通过提供在线的工作流程自动化，将各种在线服务通过流程黏合起来。在这方面，Cordys 公司走在了最前面。[①]

---

① 荣浩，辛鹏. Head First Process——深入浅出流程. 北京：人民邮电出版社，2009.

第四篇　流程与设计

第十一章　流程的设计与表达

流程存在于生活的方方面面，流程设计对指导人们的工作和生活、有效地组织生产起着关键作用。同时，流程设计又是一项技术性很强的工作。因此，掌握流程的设计对流程的管理至关重要。

第一节　流程的设计

一、流程设计的重要意义

先从一个小故事谈起。美国总统小布什，人们说他是政治游戏的幸运儿，美国的政治牛仔，有人说他是美国历史上最差的总统之一，特别是在伊拉克战争上更是其最大的败笔。但就是这一笔，也充分显现了小布什的政治智慧。为了使美国国会议员对"美是否应立即对伊出兵"进行"正确"表决，小布什通过对议员的研究发现，对投票流程影响最大的因素是"人"，其遵循了一定的投票规则。于是，小布什对投票流程进行了重新设计，最后得到了他所希望的"立即出兵"的结果。

经常口误的小布什也是通过流程纠偏防错的。2007年5月7日上午，按照流程，美国总统在白宫南草坪上为访问美国的英国女王伊丽莎白二世和女王的丈夫菲利浦亲王举行了隆重的欢迎仪式。欢迎仪式包括21响礼炮和乐队演奏的两国国歌，包括驻美外交官、美国国会议员在内的7 000多名宾客。小布什在致辞中，回顾了伊丽莎白二世在位期间为发展英美两国关系所做的贡献。但令人意想不到的是，一向以口误出名的小布什在演讲时再次发生口误，竟差点称伊丽莎白二世女王在1776年访问过美国，让女王的年龄陡然增加了200岁。

小布什在演讲中谈到英国女王以前的访美之行时说："美国人民自豪地欢迎女王陛下访问美国，这个您熟悉的国度。您曾经和10位美国总统共进过晚餐，您还参加了美国独立200周年纪念仪式，那是在17……嗯，是1976年。"尽管小布什及时发现口误并迅速改了过来，但这个口误仍然没有逃过现场嘉宾的耳朵，观众席中顿时爆发出大笑。好在事先针对小布什的口误纠偏设计有专门的流程环节，即"诚恳面对，幽默认错"。只见口误后的小布什回头顽皮地冲着英国女王，含情脉脉地眨了眨眼睛。虽然英国女王当时只是冷眼一看，但脸上并没有流露出什么难堪。按照流程规定，布什又面对观众，自嘲打趣地说："她（女王）刚才看我的眼神，就像是一个母亲在看自己（犯错）的孩子一样。"观众席上立刻爆发出更响的笑声，让英国女王觉得很有面子，终于露出了开怀的笑容。

凡事都有自己的规律，无论是自然界事物的变化和运动，产品的设计活动，还是生产经营管理活动及各行各业，都不例外。特别是人类生产和生活中的流程不是自然存在的，而是靠人们研究和设计出来的。流程设计是一项技术性很强的工作。因此,应该以科学严谨的态度,充分考虑流程设计中的基本因素和相关因素,遵循事物的内在性质、规律进行设计。

二、流程设计的一般步骤

不同行业、不同领域有着不同的流程的设计对象,一般说来设计一个流程,都是要针对具体的设计对象来进行设计,因而针对不同对象的流程设计就有着不同的特点。但这也不是说流程设计就没有共性的东西,就一般意义上来说,流程设计的主要步骤如下:

(1) 首先要明确设计的目的和任务,明确流程所应遵循的内在变化规律。
(2) 要分析现有材料、设备、资金、人员、工艺和环境等因素。
(3) 列出流程涉及的主要事项,并进行初步的排列。
(4) 分析各事项(步骤)之间的先后顺序,合理地安排流程的时序和环节。
(5) 选择一个合适的表达方式画出流程图,对于有严格时间要的时序,要标注时间。
(6) 进行检验和试验,看所设计的流程能否达到目标和要求。

注意:流程设计的基本要素是环节和时序。流程图中最常用的形式是框图,因为这种形式既简单又明确。

上述步骤中,第(1)条是最重要的。从系统科学的角度来看,明确流程设计的目的和任务,涉及决策流程;明确流程设计所要遵循的内在规律,就要懂得针对不同事物去探究研究的流程。

三、工业设计的一般流程

一般产品开发包括产品的机会识别阶段、设计阶段、测试阶段、生产阶段、市场导入、生命周期管理阶段。工业设计是一项综合性的活动,几乎需要企业所有的职能都参与,在不同阶段都对产品开发产生着影响。另外,工业设计作为企业的一种投入,目标是追求利润。投入就要计算成本、产出的价值,以及存在的风险。产品设计创新也存在风险,要创新就会面对失败,就会存在高风险。美国企业统计数据表明失败率是新产品的孪生兄弟,一般而言每10个新产品的创意有3%机会被发现,1.3%将会被生产并进入市场,而只有1%会赢利。那么工业设计的一般流程是什么,又存在哪些风险?以北京包豪斯工业设计中心的流程为例介绍如下。

第一阶段:设计调研规划阶段。这个阶段是产品决策者协同参考包括工业设计在内的各个部门的信息和资源,进行设计任务的制定的过程。包括产品的销售分析、竞争性调研分析、企业开发、资金、制造状况、设计调研分析等信息的收集及分析。通过决策产品的目标市场、商业目标、限制条件,根据规划提出明确的设计任务。然后设计小组根据设计任务提出详细的设计工作的时间及资金投入规划。

设计任务陈述书和设计项目规划是设计团队和企业通过沟通达成的共识性文件。日本的一些大型企业,在产品设计开发调研和规划上往往进行持续的投入,有的决策是通过几年的调查分析工作才确定下来。明确的规划过程是产品设计开发成功的基石。反之,产品设计调研及规划的缺乏,不正确的设计目标或范围不清,会使所产生的最终产品或服务没人需要。看似简单的一句话,背后是研发费用的付之东流,模具的浪费,产品的库存积压,营销运作的失效,产品市场进入时机的丧失。因此,在设计的初始阶段不是动笔就画,而是要做对现有产品的多层次观察、对企业现有资源的分析、对消费人群的需求分析等工作,这方面的工作也往往体现设计团队对产品设计本身和客户服务的真正态度。但国内客户看不到设计调研规划的价值,往往不为看不到的脑力劳动付费。其实设计作为智力性服务,最有价值的就是设计人员对产品、市场的观察和反复思考。虽然目前遇到国内愿意为此投入的客户还不是很多,但产品的设计调研规划工作作为产品设计的基石和设计总的评价标准在我们的工作中是不可或缺的,许多成功的案例往往是前期设计调研分析工作充分或定位清晰的项目,因此我们的公司为了长期跟踪各类产品市场变化,建立了产品数据信息库,把资源公开,并为企业提供产品设计开发的调研和咨询服务,希望通过对产品市场信息的系统把握为企业提供真正深层面的整合设计开发服务。

第二阶段:设计阶段。也是工业设计的主体部分,包括造型设计,结构设计,人机工程设计,UI 设计[User Interface(用户界面)设计的简称],材料、工艺细节设计等工作。首先通过专业的设计及工程师、设计管理人员以小组的形式进行产品概念的头脑风暴,往往以手绘草图的方式进行内部提案。然后对所提的概念进行筛选。虽然设计方案筛选的过程是不断地收敛的过程,但是它经常反复,不能立即形成一个主导地位的设计概念。通过在有限的时间及资源下不断地提出问题并验证,最终得到合适的解决方案。这与发明等研发性工作的过程是一样的。在草案设计中同时也保持与企业各个支持部门的沟通。最后选择若干个符合任务书的可行性方案进行电脑的三维模拟,并制作出效果图供企业各部门共同评价。根据评审的结果进行二次设计,有时要经过多次的反复设计与评审才能得到比较理想的结果。

第三阶段:测试阶段。根据计算机三维模拟的最终定案进行产品模型的制作,通过模型验证外观设计是否按照任务陈述书达到商业目标的预期,结构、功能是否实现。测试产品的质量,调查测定顾客和销售商的反映。产品模型往往也要反复制作多次,通过反复的调整进而降低产品投产和上市之后的风险。在设计阶段由于设计的错误,或没有进行完善的测试,也会造成外观和实用性都很差、达不到要求或很快落伍、产品很难生产或维护、不能持续等产品缺陷性问题。这些后果意味着完成产品和消耗更多后续服务成本的增加。这些都是高于设计费的数字。我们以前做过一个眼部治疗仪的项目,要求产品与眼部形状完全舒适贴合。由于要赶上市档期、减少在模型上面的资金投入,在测试模型上的验证不足,使得部分头部较大的人群佩戴不舒适,后来才发现这种头部较大人群占有很大的比例。因此凭经验和想象的结果就是造成在后期重新制作了模具,包括产品招商发布会等资金及信誉损失难以估量。而这可能只需要在设计后多花两周的时间和多花几万元做测试验证就能避免的。

第四阶段:设计实施支持阶段。在国内由于整个开发制造的产业链不完善,往往是好的想法得不到好的设计,好的设计得不到好的生产实施,最终商品的品质得不到保障,因此我们也负责包括模具监理、生产准备、生产以及市场导入等工作。在后面的工作中工业设计团队主要以参与为主,并负责收集其他部门对设计的反馈以及提出并监督设计实施的过程,确保生产等部门对设计目标的理解和高度实现,并提出产品设计改良的解决方案。

工业设计并不是总能够带来那么多的好处,在实际工作中也可看到设计项目的失败,尤其是那些开发性较强的项目。大部分企业对工业设计缺乏较深入的认识,因此也很难重视设计风险所带来的危害,认为只要做了工业设计,产品至少美观了,不存在风险问题,或风险问题与工业设计无关。其实不然。既然存在如此大的风险就应该得到控制甚至被消除。关于项目风险管理的方法,作为一个实施工业设计的公司,其内部一般采用包括前期调研分析、目标确立后双方签字认可制度、企业与设计项目组部门任务明确、制定可度量的测评筛选标准、按照设计特点制定分段控制等方法进行项目管理,在质量管理下尽量逐步摆脱设计风险。在与国际公司的合作中感到他们对于任务的明确性、时间阶段的控制及评价方面都执行得非常到位,我们也希望今后国内企业重视设计风险问题,运用科学的管理机制掌握设计项目的开发。

目前国内大部分企业在设计理念、设计管理等方面还处于向西方学习的阶段。那么企业如何真正运用好工业设计呢?

就企业内部而言,首要的是在企业内部,尤其是企业领导者层面,培养建立工业设计的战略意识。如果没有长远的战略规划,新设计的产品和服务很可能难以激活市场。另外,工业设计作为一种创造性活动,必然存在失败和反复的过程,有远见的管理者不应该只盯住一次设计的失败或无效就放弃对工业设计的投入,认为不成功就没有价值的认识是不科学的。企业更应当坚持把工业设计提到公司战略的高度,通过不断地努力和学习掌握工业设计,从而使企业得到更大的长远利益。①

四、产品设计的一般流程

如前所述,产品设计是工业设计的核心。从整个产品设计的流程来看,一般要经过六大环节(当然,这六大环节的每个环节又可以分成具体的工作流程)。下面就简要介绍一下这六大环节的具体内容。

第一阶段叫概念设计阶段。概念设计是由分析用户需求到生成概念产品的一系列有序的、可组织的、有目标的设计活动,它表现为一个由粗到精、由模糊到清晰、由具体到抽象的不断进化的过程。概念设计即是利用设计概念并以其为主线贯穿全部设计过程的设计方法。概念设计是完整而全面的设计过程,它通过设计概念将设计者繁复的感性和瞬间思维上升到统一的理性思维,从而完成整个设计。

这里出现两个名词:"概念设计"和"设计概念"。现代传媒及心理学认为:概念设计是设计者对能代表某种事物或发展过程的特点及意义所形成的思维结论。设计概念则是设计者针对设计所产生的诸多感性思维进行归纳与精炼所产生的思维总结,因此在设计前期阶段设计者必须对将要进行设计的方案作出周密的调查与策划,分析出客户的具体要求及方案意图,以及整个方案的目的意图、地域特征、文化内涵等,再加之设计师独有的思维素质产生一连串的设计想法,才能在诸多的想法与构思上提炼出最准确的设计概念。如果说概念设计是一篇文章,那么设计概念则是这篇文章的主题思想。概念设计围绕设计概念而展开,设计概念则联系着概念设计的方方面面。

概念设计的关键在于概念的提出与运用两个方面,具体来讲,它包括了设计前期的策划准备、技术及可行性的论证、文化意义的思考、地域特征的研究、客户及市场调研、空间形式

---

① 池伟.第二核心技术——工业设计.出自百度文库.

的理解、设计概念的提出与讨论、设计概念的扩大化、概念的表达、概念设计的评审等诸多步骤。由此可见,概念设计是一个整体性多方面的设计,是将客观的设计限制、市场要求与设计者的主观能动性统一到一个设计主题上的方法。

而设计概念的提出一般要经历这样几个阶段:首先要进行方案分析。其次是客户分析,了解客户的设计需求,针对不同的客户进行不同的设计定位,从而体现设计以人为本的思想。然后是市场调查。对现有同类设计的分析调查往往能进一步深化设计师的思维,从而提出别具一格的设计概念,创造出独特的空间形象和装饰效果。其中应具有个案分析,市场发展走向的预测,不同设计的空间布局,等等,市场调查的深入有利于设计者调整设计思维,加深对特殊空间限定性的了解。之后进行资料收集。收集相关的设计资料进行分析有助于设计者对当今设计走向的了解。最后是设计概念的定位及提出。在进行了前面的几点深入分析之后,设计者必产生若干关于整个设计的构思和想法,而且这些思维都是来源于对设计客体的感性思维。进而我们便可遵循综合、抽象、概括、归纳的思维方法将这些想法分类,找出其中的内在关联,进行设计的定位,从而形成设计概念。

设计概念的运用过程是理性地将设计概念赋予设计的过程,它包括了对设计概念的演绎、推理、发散等思维过程,从而将概念有效地呈现在设计方案之上。如果说概念设计的得出是设计者的感性思维结论,那么概念的运用则需要设计者将概念理性地发散到设计的每一个细小部分。

第二阶段叫构想设计阶段。如果说概念设计只是提供一个可能性的分析,那么构想设计就要对概念设计的雏形添加相对详细的构造分析过程。

构想设计阶段,对于概念设计出的概念模型要进行更加详细的成立性检讨与分析,比如说汽车音响的设计,就要对概念设计的汽车音响模型的构造分析,分析是不是可以在生产中实现其量产性。

构想设计阶段相当重要,如果分析失误,将给后面的详细设计带来很大麻烦。

第三阶段叫意匠部的做成阶段。意匠是日本词汇,翻译到 ISO 中就是 C-Surface,也就是 C 面。意匠部做成的目的是形成满足外观要求的 C 曲面的检讨。一个产品的外观,也就是暴露在外面的部分,往往是客户重点关注对象,它能给客户留下第一印象。C 面如果失败,那么后面的设计也就无从谈起,无法进行。所以意匠部的做成成为独立的一个设计流程,是要相当重视的。

第四阶段叫详细设计阶段。在详细设计阶段,产品的细节构造得到 3D 化。详细设计阶段是设计阶段的核心阶段,设计师的创意理念在这个阶段得到验证。

第五阶段叫干涉检查阶段。详细设计出的 3D 模型必然要进行干涉检查,防止生产中产生组装困难或者根本装不上的情况。干涉检查一般通过软件轻松实现,在干涉检查中,设计者要根据设计的尺寸公差来判断各种干涉是不是致命的,使最终的模型达到设计的理想状态。

第六阶段叫建模完成阶段。建模是机械设计用语,表示实现 3D 建模完成,3D 成品提交给加工单位,就能实现实物的加工。加工无论是机加工、数控加工还是快速成型,都需要 3D 文件的支持。这也是保证实体尺寸和设计尺寸一致的一个重要措施。框架结构设计,ISO 称为 FRAMEWORK,是现代流行的建模趋势,该建模手法对于数据修改具有绝对的优势。

第二节 流程的表达

要正确表达一个流程,主要是要清楚地表达出流程中的时序和环节。具体表达的方式是多种多样的,有最简方框流程图、文字表达、表格表达、图示表达、模型表达、动画演示等。

图 11-1 就是用图示方法表达垃圾处理的工艺流程。

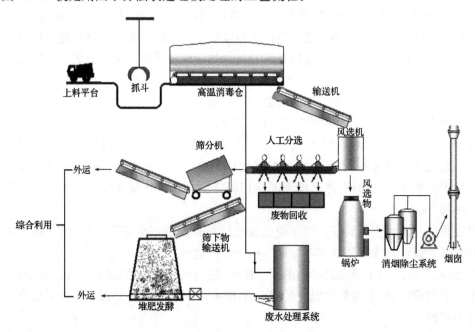

图 11-1 生活垃圾无害化处理工艺流程

流程图是实际应用中比较常用的,并且是一种较正式的表达方式。

1. 流程图的定义

流程图(Flow Charts)是指流经一个系统的信息流、观点流或部件流的图形代表。在实际应用中,流程图主要用来说明某一过程。这种过程既可以是生产线上的工艺流程,可以是完成一项任务必需的管理过程,也可以是某项活动的具体操作过程。可以说,流程图是描述我们进行某一项活动所遵循顺序的一种图示方法。它虽然并不属于统计学的范畴,但很多专家仍把它纳入统计技术的范围之内,因为在质量管理的过程中,流程图是我们经常使用的一个工具。一个好的流程图可以直观地描述整个活动中所有过程的物流、信息流,让人很容易知悉整个过程。质量管理过程中常用的流程图有产品生产流程图、产品检验流程图、服务流程图等。

例如,一张流程图能够成为解释某个零件的制造工序,甚至是组织决策制定程序的方式之一。这些过程的各个阶段均用图形块表示,不同图形块之间以箭头相连,代表它们在系统内的流动方向。下一步何去何从,取决于上一步的结果,典型做法是用"是"或"否"的逻辑分支加以判断。

流程图是揭示和掌握封闭系统运动状况的有效方式。作为诊断工具,它能够辅助决策制定方案,让管理者和研究者清楚地知道问题可能出在什么地方,从而确定可供选择的行动方案。在这里简单介绍流程图的种类和基本绘制方法,以便让读者日后所作的流程图更为专业化、标准化。

2. 流程图的优点

(1) 采用简单规范的符号,画法简单。

(2) 结构清晰,逻辑性强。

(3) 便于描述,容易理解。

3. 流程图的作用和意义

(1) 流程图提供了一个系统的流程结构和运行途径的概况,使一个作业过程的关键要素和步骤直观地展示出来。

(2) 流程图删去了不必要的细节并分解了作业过程,可以让使用者对其所从事的工作有一个清晰的认识。通过流程图,对整个过程有大致的了解。

(3) 流程图可以显示一个作业系统各部分间的相互联结。一个好的流程图,能清晰地显示出一个作业过程中各要素间的相互关系。

(4) 流程图可以是一种文件化的系统,使用者能够据此检查和理解操作并进行诊断、改进和创新。

值得注意的是,流程图的设计是一个不断改进的过程。

第三节 流程图的种类

就流程图本身来说,有很多种,有系统流程图、工艺流程图、程序网络图、数据流程图、系统资源图、程序流程图等等。

(1) 数据流程图

数据流程图表示求解某一问题的数据通路,同时规定了处理的主要阶段和所用的各种数据媒体。

数据流程图包括:

① 指明数据存在的数据符号,这些数据符号也可指明该数据所使用的媒体。

② 指明对数据执行的处理符号,这些符号也可指明该处理所用到的机器功能。

③ 指明几个处理和(或)数据媒体之间的数据流的流线符号。

④ 便于读、写数据流程图的特殊符号。

在处理符号的前后都应是数据符号,数据流程图以数据符号开始和结束。

(2) 程序流程图

程序流程图表示程序中的操作顺序。

程序流程图包括:

① 指明实际处理操作的处理符号,它包括根据逻辑条件确定要执行的路径的符号。

② 指明控制流的流线符号。

③ 便于读、写程序流程图的特殊符号。

(3) 系统流程图

系统流程图表示系统的操作控制和数据流。

系统流程图包括：

① 指明数据存在的数据符号，这些数据符号也可指明该数据所使用的媒体。

② 定义要执行的逻辑路径以及指明对数据执行的操作的处理符号。

③ 指明各处理和(或)数据媒体间数据流的流线符号。

④ 便于读、写系统流程图的特殊符号。

(4) 程序网络图

程序网络图表示程序激活路径和程序与相关数据的相互作用。在系统流程图中，一个程序可能在多个控制流中出现；但在程序网络图中，每个程序仅出现一次。

程序网络图包括：

① 指明数据存在的数据符号。

② 指明对数据执行的操作的处理符号。

③ 表明各处理的激活和处理与数据间流向的流线符号。

④ 便于读、写程序网络图的特殊符号。

(5) 系统资源图

系统资源图表示适合于一个问题或一组问题求解的数据单元和处理单元的配置。

系统资源图包括：

① 表明输入、输出或存储设备的数据符号。

② 表示处理器(如中央处理机、通道等)的处理符号。

③ 表示数据设备和处理器间的数据传输以及处理器之间的控制传送的流线符号。

④ 便于读、写系统资源图的特殊符号。[1]

它们在绘制过程中都有不同的要求，特别是在不同的专业领域，绘制流程图时，都有相应的专业要求，在需要时可参考有关书籍。

第四节 流程图的绘制

在了解了流程的基本概念，对流程的特点和流程管理的意义有了一定的认识，同时对流程设计和流程图有了一定的了解以后，就必须学会依据流程设计的原则和方法，设计好流程再绘制流程图。

1. 流程图绘制前的前期准备工作

在进行流程图绘制之前，最重要的准备是做好流程的设计。流程设计首先需要着手建立流程，一般是通过确定"关键流程"来建立流程。在选择"关键流程"时，主要依据以下三个原则：

(1) 绩效低下性原则

这是一种重要的选择原则。凡是目前绩效低下，即存在工作效率低下、效益低的问题之处，都是流程设计的重要选择对象。

---

[1] 《彩色流程图制作简介》，出自百度文库。

(2) 地位重要性原则

单纯的绩效低下还不够,流程的地位重要性也是一个判断的原则。该流程在流程体系中地位越重要,在流程设计时越需要提前考虑。也就是说,把该流程的有关问题进行流程设计后,对整个流程体系会产生重要的影响。

(3) 落实的可行性原则

这是指该流程的设计是不是很容易落实,在流程优化后能否很快见到成效。

综上所述,"关键流程"应该是指那些绩效低下的,但地位又很重要而且落实可行的流程。如何寻找流程体系中的"关键流程"呢?现介绍以下几种方法。

(1) 需求程度和准备程度分析图

我们可以把需要鉴别的流程按照其需求程度和准备程度做成一个分析图。以需求程度为纵坐标,以准备程度为横坐标,采用"五分法"给这两个指标打分,然后将分点标记在图上,如图 11-2 所示。

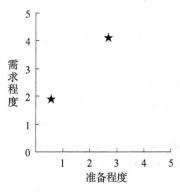

图 1-2 需求程度和准备程度分析图

如图 11-2 所示,位于右上角的五角星由于其需求程度和准备程度都很高,应该考虑先进行流程设计,而位于左下角的五角星由于其需求程度和准备程度都很低,应该说目前进行流程设计的时机还不是很成熟。

(2) 绩效表现—重要性矩阵

绩效表现—重要性矩阵的原理同需求程度和准备程度分析图基本相近,它是以绩效表现和重要性分别作为纵、横坐标。所不同的是,绩效表现分数低和重要性程度高的才是首选的流程。如图 11-3 所示。

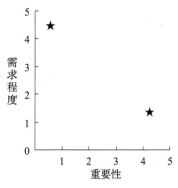

图 11-3 绩效表现—重要性矩阵

如图11-3所示,右下角的五角星重要性高,绩效表现分数低,应该是流程设计的首选,而左上角的五角星重要性低,绩效分数却很高,目前则不急于马上进行流程设计与优化。[①]

2. 流程图绘制的要点

(1) 画流程图时,要从上至下或从左至右。

(2) 流程图中的活动(环节)要仔细定义。

(3) 确定作业的开始与结束。

(4) 活动的每一步都应该使用一个动词来描述,如"连接"、"输入"等。

(5) 必须保持正确的次序。

(6) 使用标准流程图符号。

(7) 重视判断、检验或决策阶段的描述。

(8) 辅助性作业应避免出现在流程图上。

(9) 编写标准操作程序时,应首先确定流程图。

3. 流程图的常用符号

关于流程图图示是否有国际间认同定义,我们也曾请教过一些专业人士,但似乎没有一致的定论。目前以微软产品Visio应用最多,当然国际上也有专业的Smart Draw(商业绘图软件),国内也有些相关产品,因此在这里,我们提倡基础图示如开始(六角菱形)、过程(四方形)、决策(菱形)、终止(椭圆形)必须掌握,其他只要自己和相关人员知道是什么意义就可以了。当然,能在自己的流程图面上说明图示定义那就更好了。

(1) 国际通用的流程图形态和程序

在作流程图时国际通用的形态:开始(六角菱形)、过程(四方形)、决策(菱形)、终止(椭圆形)。方框是流程的描述;菱形是检查、审批、审核(一般要有回路);椭圆一般用作一个流程的终结;小圆是表示按顺序数据的流程;竖文件框式一般是表示原定的程序;两边文件框式一般是表示留下来的资料数据的存储。如图11-4所示。

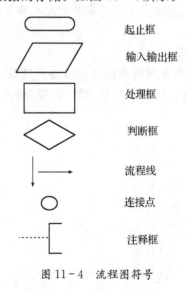

图11-4 流程图符号

---

① 孙宗虎,付伟. 质量管理流程设计与工作标准. 北京:人民邮电出版社,2007.

(2) 流程图符号的含义

开始与结束标志,是个椭圆形符号。用来表示一个过程的开始或结束。"开始"或"结束"写在符号内。

活动标志,是个矩形符号。用来表示过程的一个单独的步骤。活动的简要说明写在矩形内。

判定标志,是个菱形符号。用来表示过程中的一项判定或一个分岔点,判定或分岔的说明写在菱形内,常以问题的形式出现。对该问题的回答决定了判定符号之外引出的路线,每条路线标上相应的回答。

——— 流线标志。用来表示步骤在顺序中的进展。流线的箭头表示一个过程的流程方向。

文件标志。用来表示属于该过程的书面信息。文件的题目或说明写在符号内。

连接标志,是个圆圈符号。用来表示流程图的待续。圈内有一个字母或数字。在相互联系的流程图内,连接符号使用同样的字母或数字,以表示各个过程是如何连接的。

(3) 流程图符号的运用

一般流程图都会用到上述符号,但是也有只用一种符号的。例如很多有效组织结构图都是一种符号到底的,它们采取的是多重互联回形目录树的形式,也很有效。

为了让新构架的流程图不至于让他人难以理解,建议最好不要因采取过多的符号加以分类而造成实施人难以理解。另外,还建议在采取分类后将符号含义在流程图的下方添加注解。

不管什么符号,都需要给它定义。定义行为是由制定人完成的,要完成这项工作不应该先定义符号代表什么,而应该在做到组织结构或者作业流程心中有数后进行归类,根据归类采用不同的符号加以区分。

其实,流程的设计与优化不是依靠流程图,关键靠的是实施和控制(重点包括环节控制)。流程图只是设计或优化好的流程的外在表现。流程图再好,别人看不懂又有什么用。没有实施过程的监控与指导又会起多大效力呢。

(4) 流程图的形式

流程图常用的形式有两种。

① 上下流程图

上下流程图是最常见的一种流程图,它仅表示上一步与下一步的顺序关系。图11-5是一家公司采购件进货流程。

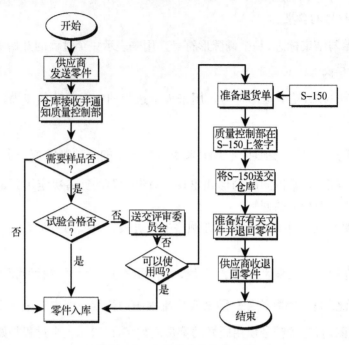

图 11-5 公司采购件进货流程

② 矩阵流程图

矩阵流程图不仅表示下面关系,还可以看出某一过程的责任部门。

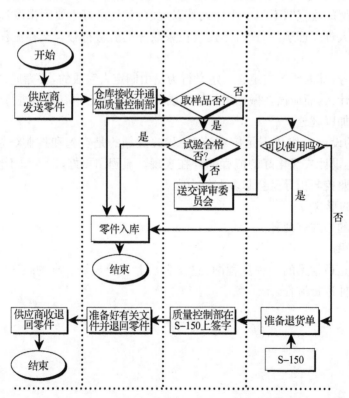

图 11-6 公司采购件进货流程矩阵图

下面举例说明程序流程图绘制的基本过程。

到银行办理个人异地汇款(不超过 100 万元)时,银行要收取一定的手续费。汇款额不超过 100 元,收取 1 元手续费;超过 100 元但不超过 5 000 元,按汇款额的 1% 收取;超过 5 000 元,一律收取 50 元手续费。用计算法求汇款额为 x 元时,银行收取的手续费 y 元,只画出流程图。

【分析】根据题意写出算法步骤,然后用程序流程图表示该算法即可。

【解析】要计算手续费,首先要建立汇款数与手续费之间的函数关系式,依题意知

$$y=\begin{cases} 1 & (0<x\leqslant 100) \\ x\times 0.01 & (100<x\leqslant 5\ 000) \\ 50 & (5\ 000<x\leqslant 1\ 000\ 000) \end{cases}$$

流程图如图 11-7 所示。

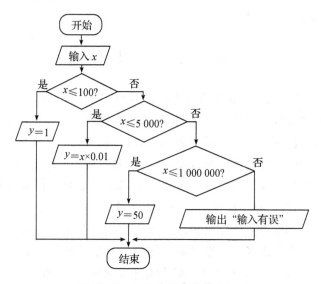

图 11-7 汇款手续费计算流程图

第十二章 流程的优化

针对一定的目标和任务或针对一定的对象所设计出的流程,包含了流程内各个要素及流程良好运行所需的外部环境等。在实际流程的运行中,往往会遇到以下情况:流程内相关的要素发生了变化及流程的外部环境发生变化。一般来说,这些变化会影响到流程运行能否完成预期目标和任务。因此,就需要对流程进行调整或重新设计。这样的活动过程,称为流程的优化。流程优化作为一种管理理念,在企业中意义更为重大。所以,在本节中主要从企业管理的角度来谈流程的优化。

第一节 流程优化的意义

流程优化管理目前在国内外企业管理界已经得到广泛认同。这是因为目前全球生产力空前发展,企业面临的形势十分严峻。首先,市场的主导权已经转到顾客手中,使市场由卖方市场转变为买方市场,顾客选择商品的余地大大扩展。因此,怎样使顾客满意,就成为各企业的奋斗目标。其次,科技进步日新月异,产品生命周期不断缩短,这些变化已成为不可阻挡的潮流,促使企业加快变革的步伐。同时,以往那种仅靠物美价廉的商品就能在竞争中稳操胜券的简单竞争方式已被多层面的竞争方式,如按合同及时交货、准确的新产品上市时间、质量、成本、售前咨询服务或售后维护服务等所取代。谁能提供独占性的产品和一流的服务,谁就能够赢得竞争。市场占有率已成为评判企业是否具有竞争力并获得成功的最集中表现。达尔文曾经说过:"能生存下来的物种并不是最强壮的,也不是最聪明的,而是那些对变化反应能力最强的物种。"30年前,跻身于财富100强的企业有三分之一已被淘汰出局。同样是巨型企业,为什么有的企业能够长盛不衰,而有的企业却困难重重?企业家和管理学家认识到,一个企业要想适应外界环境的迅速变化,要能在激烈的竞争中求生存、求发展,就不仅要采用先进的科学技术,而且要尽快地改变与现代化生产经营不适应的管理方法,能够对外部环境变化做出灵活反应。

而流程优化管理作为一种先进的组织运营管理理念,正是针对企业管理中的问题,对流程进行分析思考,对影响效率的流程进行改进和完善,是对企业的流程进行持续不断的规范、管理的过程。这种过程实际上是通过流程把工作任务布置到各个部门或岗位,通过流程管理的绩效考核体系,将压力、激励传递到各个岗位。流程优化的这个过程像一剂温和的中药补药,意在调理而不是大刀阔斧的消灭;流程重组相对来讲则是对企业根本性的"大手术",冒然使用会让企业招架不住,受到内伤。作为一种流程管理的方法,流程优化管理需要对企业的流程作一个全面的分析,以明确哪些流程对企业比较重要,然后对这些流程进行设计并实施。流程优化管理是顾客与企业双赢的过程,能为顾客和企业带来许多实际利益。①

流程优化不仅仅指做正确的事,还包括如何正确的做这些事。流程优化是一项策略,通过不断发展、完善、优化流程以保持流程的生命力。在流程的设计和实施过程中,要对流程进行不断的监控、研究和改进,以期取得最佳流程的运行效果。

对流程的优化,不论是对流程整体的优化还是对其中部分的改进,如减少环节、改变时序,都是以提高工作质量、提高工作效率、提高经济效益、降低成本、降低劳动强度、节约能耗、保证安全生产、减少污染等为目的。但在具体的应用领域,流程优化有着特殊的目标、任务、方法和途径。

值得注意的是,流程的优化本身也是一种技术。针对不同领域,流程优化所采用的技术也是不同的,并且这种技术在不断变化和发展。研究、开发这样的流程优化技术已成为当今越来越受重视的一个领域。特别是在工业设计方面,尤其突出。

第二节　流程优化管理理论

一、流程管理的演化

流程是一直存在的,只是在20世纪90年代初哈默提出业务流程重组(BPR)之前并没有引起管理者或学术界的关注。但业务流程重组的理论一经提出,便在全世界范围内掀起了一场轰轰烈烈的革命,宝洁、沃尔玛、通用汽车、福特汽车等企业纷纷举起了重组的大旗,而流程也至此成为组织推行变革的新的切入点。哈默对业务流程的"根本性(Fundamental)再思考和彻底性(Radical)再设计"成了企业管理者津津乐道的手法,而"业绩的戏剧性(Dramatic)改善"则是每个变革者的憧憬。当然,这些憧憬有的成了现实,有的成了梦魇。是这些梦魇,使得流程重组的实践者和理论家(包括流程重组的创始者哈默和钱皮)对"重组"一词有了更多的反思,但流程作为切入点的管理思想已经为管理者普遍接受。企业管理者对"重组"所产生的剧烈性后果的反思和对"流程"的认可产生了流程优化管理的思想,而"重组"一词也渐渐退出了管理者的视野。总体而言,企业在开展业务流程优化管理的过程中可分为三个步骤,即现状流程的梳理、关键流程的优化以及建立完善企业的流程管理体系。通过现状流程的梳理,企业可以明确自身的流程现状,并通过现状问题以及业务需求的分析,对关键的流程进行优化,同时在企业内部建立流程管理体系,从而实现流程优化管理的持续运转。

二、战略、流程与组织的关系

在理想世界中,公司先制定出反映公司整体战略的高层次目标,然后各个部门再制定出各自的业务目标以支持公司的整体目标;每名员工对这些目标都很了解,并且知道所从事的工作对实现这些目标有何促进作用;公司的计划将得到完美的执行。然而,在现实世界中,战略目标的制定可能是孤立的,也许是由上级制定出来以后再传达给下级。部门目标可能

---

① 俞立其.企业业务流程优化实施的研究[D].上海:同济大学,2009.

只顾及本部门的利益,并不支持公司的战略目标。部门目标之间也可能会相互冲突。非管理层的员工可能并不了解公司的目标或者他们的工作对实现这些目标有何促进作用。而发生在每个业务流程中的活动总和将最终决定公司能否实现这些目标。公司必须对这些流程进行管理,以保证它们能够支持公司的关键业务目标。战略决定做什么,流程研究怎么做。从这个意义上讲,战略与流程是目标和手段之间的关系。

战略是企业经营运作的根本和方向,企业的相关流程运作、组织设计都受其影响和调整。组织是战略实施和流程运作的基本平台,搭建起相应的组织机构后,公司才有落脚点进行相关战略和流程优化的贯彻落实。流程则是战略实施和组织运作的载体和方式,它按照战略运作的要求,在不同的组织平台之间进行穿插运行,从而实现企业的价值增值。

战略对组织和流程的决定作用是动态的,而非静态的。许多企业的战略管理可以说是"规划规划,墙上挂挂",没有适时根据企业内外部环境和资源状况的变化进行调整,因此常常是今年做了一个战略规划,明后年计划就被束之高阁。企业的组织和流程调整要么是长久没有变化,与市场变化和竞争需要脱节;要么是变化过于频繁,缺乏一定的指导性、稳定性和目的性。显然,这两种情形与战略管控的要求都是有差距的。现有的组织运作环境与传统的组织运作环境发生了巨大的变化。客户个性化需求色彩越来越突出,市场竞争越来越激烈,产品或服务的独特竞争优势难以持久,传统职能管理所表现的弊端也越来越突出:部门本位主义严重,感受不到市场压力,协调成本过高,部门之间扯皮现象严重,责任不清等。环境的变化对组织运作提出了新的管理要求:直面客户,应对市场,传递压力,其组织管理更侧重于客户价值主张的实现。这些要求集中反映在流程上,希望通过流程化管理传递压力,流通价值,系统化解决客户需求,增强对外部变化的反应。因此流程化管理改变了传统的组织运作方式,增加了组织的柔性运作和对环境的适应能力。

总体来讲,战略是组织和流程运作的根本,它决定了企业的价值目标,直接影响和决定了组织、流程的最终实现目的。组织结构与流程运作构成了企业内部的垂直管理线路和水平管理线路。其中垂直管理线路明确了组织成员的分工,水平管理线路明确了组织成员的合作。这种横向与纵向的结合,有助于企业充分利用相关资源实现企业的战略目标。

三、信息技术对企业组织与流程的影响

进入20世纪90年代,公司不但可以用信息技术去重新定义产业内的竞争基础、竞争力关系和组织边界,而且它们也开始转向内部重新考虑IT在企业内的作用。富有想象力的企业不仅将技术运用于支撑现有的组织设计,而且正创造性地应用速度、灵活性和显著增加的信息处理能力来改变组织,从而形成一种称之为新型企业的组织,充分展示了信息技术促进组织转变的潜力以及对组织设计的挑战。

通常在一个企业内会存在着下行沟通、上行沟通、横向沟通和越级沟通这几种方式。下行沟通,指的是沿着权力层次结构,自上而下进行的交流。上行沟通,指的是沿着权力层次结构,自下而上进行的交流。横向沟通,指的是在同一权力层次上所进行的交流。越级沟通,指的是发生在跨越权力层次之间的交流。对于这几种沟通方式,在传统企业中,往往正式的合法的就只有向下沟通和向上沟通这两种,而横向沟通和越级沟通则很少发生,或者说,即使发生,这种沟通也往往是非正式的。那么,在这种仅以向下和向上交流为主的传统

的组织里,会出现什么样的弊端呢?毫无疑问,沟通的成本会很高,信息传递的路线会很长,并且有可能导致信息的漏失和错传,以及信息的"过滤"(指的是传递者在接收信息时,会按照自己的需要对信息进行过滤)。现在有了信息技术,它使得更多的信息可以沿着横向或越级的方向进行交流,从而避免了传统方式的障碍,使得沟通更加通畅,组织也更有效。随着信息的分散和由此而带来的权力分散,中层管理人员的作用发生了弱化。很大程度上,信息技术起了对中层管理人员的替代作用。管理层次减少了,企业就趋向于扁平化。这种组织结构的转变使得控制作用贯穿于企业的整个流程,在这种情况下,使得一个企业更像一个有机的整体。

信息技术是一种技术,而"流程优化与重组(BPR&BPI)"是一种思想;BPR&BPI可以独立于信息技术而存在,但这种独立是相对的,在BPR&BPI由思想到现实的转变中,信息技术起了一种良好的催化剂的作用。虽然企业实施BPR&BPI可以理顺业务流程,但在BPR&BPI过程中,如果离开信息技术手段,实施BPR&BPI的很多原则往往是困难的,这必然会影响效果,甚至导致BPR&BPI项目的失败。可以想象,没有信息在流程上的连续传输,要消除信息重复录入和处理无效劳动是不可能的;没有信息共享机制,要想将过去的串行业务处理流程改造为并行业务处理流程也是不可能的;没有信息系统,要将决策点定位于业务流程执行的地方也是很难的。

四、流程优化与重组的应用现状

20世纪90年代初,美国哈佛大学的《哈佛商业评论》于1990年第7/8期刊出了一篇题为《再造:不是自动化,而是重新开始》的文章,作者是MIT的计算机教授迈克·哈默。几乎同时,MIT的《斯隆管理评论》1990年夏季刊出了由托马斯·达文波等人合写的文章《新工业工程:信息技术和企业流程再设计》。由此揭开了流程再造的序幕。1993年,哈默与钱皮合著的《再造公司——企业革命的宣言》一书出版,业务流程再造掀起了高潮。BPR成了企业界流行的术语。此书连续8周被《时代》杂志评为全美畅销书。哈默被称为"新一代大师"。企业业务流程优化与重组的理论彻底改变了200年来遵循亚当·斯密的劳动分工思想建立和管理企业的观念,将企业管理的核心由"职能"转变为"流程",即"一套完整的贯彻始终的、共同为顾客创造价值的活动",原来的社会分工模式将企业的流程人为地分解为一个个专门化的任务,在企业内部形成一个个职能堡垒,严重地阻碍了企业面向顾客、为顾客创造价值,使许多企业不能适应迅速变化的市场环境。因此,必须打破组织中的这些职能堡垒,以"为顾客创造价值的流程"的视角来重新设计组织的结构,以实现企业对外界市场环境的快速反应,提高企业竞争力。①

---

① 俞立萁.企业业务流程优化实施的研究[D].上海:同济大学,2009.

第三节　流程优化的方法

一、企业进行流程优化管理的驱动因素

流程管理的概念由国外引进，在国内提了很多年，也有不少企业切切实实搭建了一个"标准"的流程管理体系。然而，面对着流程文件里浩如烟海的表单、符号，面对有名无实的"流程专管部门"，很多企业不禁困惑：流程优化管理的效益在哪里？这样的企业，没有想清楚自己为什么要做流程优化管理，或者说自己的现状问题是什么，而流程优化管理可以解决什么。没有真正驱动力的流程优化管理，是企业感受不到流程优化管理价值的重要原因。这种驱动力既不是来自于盲目跟风、学习所谓先进管理思想的心态，也不是来自于企业老总在项目动员大会上的表态，而是来自于流程真正能够带来的业务上和管理上的效益。

根据客户本身性质的不同，流程优化管理的目的或价值点都不会完全一样。但是一般来说，可以归纳为下列三个常见的驱动因素。

1. 业务模式变革引起的流程变化

在流程优化管理的驱动因素中，业务模式变革的频率不高，但是一旦发生，就会触发比较激进的流程变革。由于战略的重新选择或者业务模式的变化，将对企业的盈利能力起决定性作用。因此，这种情况下的流程优化管理，能够帮助企业从流程的维度重新把握整个业务和管理体系。业务模式改变了，组织结构、流程、绩效考核无一不随之而改变，流程优化管理是很好的实现一维切入、多维渗透的工具。而对业务部门而言，流程优化可以明确业务模式变了后下一步该怎么走，如何应对变革。

2. 规范管理所要求的流程优化管理，是小企业做大、大企业做灵活的必然选择

随着企业规模的增长，流程优化管理可以帮助企业变人治为法治，规范管理，落实责任。特别是对于中小企业来说，标准、规范的流程管理体系对业务发展来说是至关重要的。因为随着企业规模的扩大，如果内部管理秩序不规范，企业会存在很多问题，如对外多点接触，无人关注横向流程的衔接与控制，导致客户不满意；权力过于集中，掌握信息的不能决策，中心错位、协调机制不健全，等等。

3. 流程本身问题触发的流程优化，是以完善管理、提升效率为目的的单个流程优化

流程应该在满足业务和管理需要的前提下，按照最简洁、最直接的方式运作。对于那些发展到一定规模、有了一定管理基础的企业，可以学习华为、中兴通讯、海尔、中国电信这些企业的经验，通过流程来进一步提高效率、实现管理创新。通俗的说，就是"把大企业做小，做灵活"。流程管理在这种情况下体现出"流程优化"的功能。其驱动力在于企业日常运作的过程中发现的一些问题以及对问题的分析。以上三个驱动因素具有一个共性，即流程优化管理永远是为了解决业务问题和管理问题而存在，而不是为了流程本身。

二、业务流程优化的参与力量

1. 参与流程优化的三支力量

不少企业面临这样的问题，流程定起来很容易，但是执行有问题。研究发现一般这些流

程都是这样制定出来的:一两个人写了流程文件,然后组织大家会审或会签,要么很少有人反馈修改意见,要么每个人都从本位的角度反馈相冲突的意见,组织会签人不知怎么整合。完全可以想象,这个组织中没有几个人会真正花时间去思考全流程,所以很难保证流程文件的质量。

总体上看,流程优化管理是需要公司每位员工参与的,但其中起主要作用的有三支力量:流程管理部门、流程优化项目组、流程负责人。公司进行流程优化,并非一蹴而就,而是分阶段进行。在任一阶段,流程管理部门的定位都应是主导者和管理者。但在不同的阶段,三支力量的具体的职能侧重点又有所不同。略述如下:

第一阶段:业务流程优化工作启动阶段,成立业务流程优化项目组。

在这一阶段,流程管理部门是流程优化工作的负责部门,牵头组织相关工作。推动成立流程优化项目组,并在其中起主导作用。

第二阶段:流程优化工作进行到一定阶段,业务流程已经成型。

该阶段的流程已指定了流程负责人,具体流程的运行主要由流程负责人负责。

第三阶段:流程优化工作已完成初始化,所有主要领域都已实现业务工作的流程化。

该阶段,流程管理的重心转移到流程日常管理和持续优化。此时,流程负责人的角色为配合支持流程管理部门进行日常流程管理,流程管理部门根据需要可以成立流程优化项目组进行流程优化工作。

2. 流程优化基于协作

个人、岗位和管理层次之间的模式等级制度关系是增进沟通、统一行动、增加效率和企业协调的最基本手段,但流程的协调还在很大程度上依赖部门、团队和个人的非规章、非制度和非程序的沟通,以弥补太多的正式规章、制度和程序带来的官僚主义和低效率。如通过激励协调、约束协调和员工的非正式组织关系促进良好的工作氛围和合作愿望。除从技术和管理思想方面考虑流程协调的分析外,员工、管理者的团队合作精神的培养也是必不可少的,它是塑造和谐的企业文化的基础。信任和诚信是合作的基础。企业内部的参与者之间保持信任的关系,有利于形成团队向心力。

三、流程优化的方向、目标与原则

1. 流程优化的方向

任何优化都是一场变革,变革就会有风险,会消耗资源,如何合理运用资源以获取最大的价值,流程优化的方向与范围选择是非常重要的。选择流程首先考虑的是那些对企业战略具有重要影响的流程,也就是企业的关键和核心流程,往往这些20%的流程决定了企业80%的整体绩效。而且关键流程一旦优化,往往具有直接的业务收益,同时又能够让组织内部相当多的人员能够了解。在这个过程中需要注意以下几点:

要有全局的眼光,需要把你关注的方面拿到公司整体来看。同时,要结合公司的行业与业务特点,排优先级。它是公司的核心业务吗?比如当你在一个非技术型的公司,你在强调信息安全时,可能就会被忽视。看涉及面。当涉及面足够大时,流程优化的作用会更加明显。这里提到的涉及面可以是业务量,也可以是组织、人员、流程等。看涉及的点是否关键,以人员为例,当你去优化高级管理人员的流程时,其意义远大于低层级人员,这可以反映到最终的财务结果上。因为高层管理人员的时间成本是非常高的,高得超出一般人的想象,当通过流程优化为高管层每人每天节约出五分钟,那价值也是很大的。看重复的频率,重复频率越高,其优化的性价比也越高。当你面对一年才发生一次的业务时,无论该流程有多重要,其流程优化的投入产出也不成比例。

当掌握了流程优化的方向后,需要优化流程的信息从何而来?以下渠道可作为找到关键流程的参考:从历史的报告中来,这包括审计发现、故障与事件报告等,总之业务频繁出现异常时,往往有流程控制上的缺陷;从授权清单看,如果某个环节的授权过多,期间过长,以及授权不规范,往往是流程本身出现了问题;如果有集中投诉的受理机制,那么投诉中大的环节,往往是需要优化的对象;向中高级管理层访谈,他们集中反映低效或无效的审批,往往是流程优化的重点;向频繁接触流程的各部门人员了解,比较各部门的业务助理,他们对公司的流程比较有发言权。

2. 流程优化的目标

从流程的定义中可以发现流程优化的核心思想是:以企业现有业务流程作为改造对象,以客户要求和满意度为目标,对现有流程进行系统设计、优化、改造,通过利用先进的制造技术、信息化技术和其他配套支持手段,最大限度地实现企业内部的资源有效配置和管理上的职能集成,打破不同的部门壁垒,建立协同、共赢、全新的流程型组织,从而实现企业在经营、质量、服务、速度方面的巨大改善和快速进步。由此,可以推导出进行流程优化应达到以下目标:

(1) 以面向客户的导向为主

在市场经济条件下,企业的一切价值创造与价值实现均起源于市场上的客户需求,企业的产品仅仅是满足客户需求的一种手段。企业通过为客户创造价值而获得自身的合理回报。因此,只有当产品满足了客户的需求,客户才能接受产品,企业所创造的价值也才能得到实现。这种由外向内、逐步便捷的业务运作模式是现代企业必须掌握的经营理念,其理念得以实现的关键也在于建立一整套与业务运作模式相对应的流程动作体系。因此,设计流程必须以面向客户作为导向。

(2) 加快企业的响应速度和运作效率

企业的业务流程必须具有执行的能力和效率。在掌握客户的需求后应能快速地向顾客提供满足需求的产品,并在客户需求发生变化后迅速做出反应,以满足顾客新的需求,这样才能提高客户满意度,所谓的"快鱼吃慢鱼"也就是这个道理。流程的运作效率将在很大程度上决定企业在市场上的竞争能力。

(3) 有助于企业内部运作活动的价值增值

企业内部的业务运作活动可分为两类:一类是直接参与价值创造的作业活动;一类是不直接参与价值创造的作业活动。在确保流程动作效率和质量的前提下,进行流程优化时,应尽量减少不必要的非增值作业环节,提高关键节点活动运作质量,从而减少浪费,降低成本。

(4) 有利于资源整合的原则

所谓资源整合,是指将企业内部的分散资源进行系统、科学的配置和利用,从而提高企业的资源利用效率和质量。在许多企业,常常可以看见由于资源过于分散,导致成本提高和大量浪费。对企业进行流程优化管理的时候,应注意对现有资源的有效利用,提高资源的使用价值,降低因资源有限或浪费给企业带来的经营束缚。

3. 流程优化的原则

前面提到开展流程优化工作常见的三个驱动因素,即业务变革、规范管理、问题导向。在现实的企业环境中,这三种情况经常交叉。比如业务变革所导致的关键流程优化,也经常需要以问题为导向,对某一个流程的效率提升进行具体分析。然而,避免了流程优化工作的盲目性之后,很多企业面临着更现实的问题:如何去优化一条条具体的流程?方法是什么?如何评判优化的效果?如何实施?

流程优化工作的深入开展,大致可以分成以下几个步骤:

(1) 流程的关键责任部门根据流程优化的一些原则,初步明确流程的优化方向,设定衡量该流程运作好坏的指标。

(2) 仔细考虑流程优化的初步方案在本企业内实施需要考虑的约束条件,对方案进行充分讨论。明确该流程的关键控制点和相应的配套措施。

(3) 建立流程持续优化和管理的制度。在这个过程中,流程优化的工具和技术性问题并没有想象中那么重要,更值得关注的是几个简单而普遍的原则。把握这些原则,流程优化可以按照正确的方向持续进行。

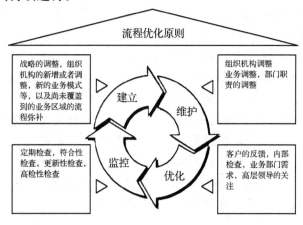

图 12-1 流程优化的原则

原则一:明确流程优化的方向

流程六要素中有一个要素就是客户,换言之每条流程不是孤立存在的,必然有其服务的对象。流程存在的意义在于最大限度地满足服务对象的需求。比如订单处理流程是满足客户对相应速度、质量的要求。因此,流程的优化方向必须符合该流程的服务目标。有多种方法可以确定流程优化的方向:业务部门(流程的关键责任部门)自己谈流程现状存在的问题,以及可以改进的方向。流程的服务对象(客户或相关部门)谈流程的问题和希望改进的方向。标杆企业里,相应流程是怎么做的,和本企业在哪些方面有区别,可借鉴的是什么。

每个流程的优化都必须有明确的方向,这是开展流程优化的第一步。此后可以据此来设定流程的考核指标,也就是衡量流程最终输出结果好坏的指标。只有明确了指标,流程优化的方案才有制定的依据。

原则二：考虑方案的配套措施

流程的优化在流程图之外，因此这个过程一定不是在电脑上作框连线的过程，而是详细考虑流程的每个节点，节点之间的关系背后所蕴含的管理思路，以及管理思路执行下去所需要的配套措施。流程优化的初步方案必须经过相关业务部门的大量讨论、确认。形式一般是讨论会，流程的相关责任部门针对改进的方案充分发表看法。除了论证方案本身的合理性外，讨论主要针对方案落实所需要的配套措施设计进行。包括组织结构、绩效、IT 的支撑等。最终方案经过完善或者一定的折中后被确定，如果有必要的话以作业文件的形式成文。配套措施的设计是不能缺省的过程，这个过程远比流程优化的结果本身更重要，它是业务部门逐步厘清思路、达成共识的过程，也是保证流程优化的结果一定是可以被执行而不是束之高阁的关键所在。

原则三：强调流程管理制度

当轰轰烈烈的流程优化项目结束后，企业该怎么做？如何根据环境的变化持续改进？流程优化的最大风险不在于方案本身的合理性，也不在于配套措施的完备性，而在于缺少流程的责任部门，缺少流程的管理制度。流程所有者不明确，特别是涉及多个部门的流程没有执行的部门和制度，前期的所有工作都将成为一纸空文。因此，强调流程管理的制度，应该纳入到流程优化需要考虑的范畴中去。流程管理的制度是企业自身开展流程优化、逐步提高优化能力的重要保障。

流程优化的一个重要前提是：确定流程所有者，有专人对规定范围内的流程负责，并且有专门组织担负起对整个流程的管理和协调工作。因此在新的流程管理体系中，需要明确流程的所有者，也就是责任矩阵，它反映了流程和组织之间的对应关系。在责任矩阵的基础上，更重要的一个环节就是业务部门在流程管理（建立、维护、优化、监控）中的主体地位的确立和巩固。流程管理是持续不断的过程，设计好新流程之后，需要建立一整套流程的维护和管理体系来保证流程能够按照设计的要求运作，并能够实现持续改进。而流程管理部门、流程管理制度的规范，是为了保证责任部门按标准来管理、维护流程。这样，整个企业业务流程就处于企业的检查、控制、协调和改进的管理体系之下。[1]

四、关键流程的筛选

流程优化中，很关键的一步是筛选出关键流程，并对其进行优化。那么如何筛选关键流程呢？这里提供一些可用的方法和工具。

工具一：流程重要度选择矩阵，确定关键流程

这个矩阵从三个方面来体现流程的重要性：流程的增值、流程的独特性和流程类型。一个重要或关键的流程可以从下列三个方面综合判断。

---

[1] 俞立其.企业业务流程优化实施的研究[D].上海：同济大学，2009.

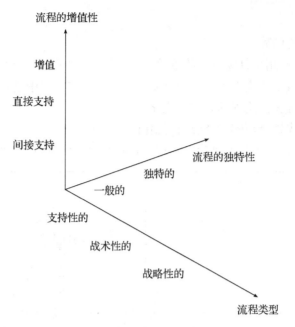

图 12-2　流程重要度选择矩阵

第一步：流程的增值性与独特性判断

流程管理的使命是为了更快更好地创造价值。那么，在创造价值方面是主力军的流程，相对肯定是比较重要、关键的流程。

流程的独特性也是确定其重要性的一个因素。一个有别于行业竞争对手且运作良好的流程必将为企业创造竞争对手难以复制和超越的价值，越发挥其独特性则越能为企业创造价值。举一个最简单的例子，在餐饮业发达的城市，一般来说有特色菜或拿手菜的饭店会拥有更多的客源和收益。

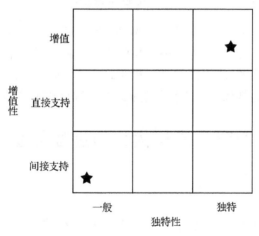

图 12-3　流程增值性/独特性对照表

第二步：流程的独特性与类型判断

流程类型中有战略性、战术性和支持性三类，结合流程的增值性和独特性，依据大量案例分析可以得出结论："战略性/独特"和"战术性/独特"的流程对企业是比较重要的，而"支持性/独特"、"战略性/一般"和"战术性/一般"的流程重要性为中等，"支持性/一般"的流程重要性相对较低。

第三步:关键流程的确定

上面两步可以分别用来判断流程的重要程度,但一般为了更为全面,常结合上述两种方法,将判断出来相对重要的流程置于流程重要度选择矩阵的框架中进行综合判断,最终找出相对重要的流程,作为关键流程率先进行优化。

工具二:流程优先选择矩阵,确定流程优化的优先级

该方法根据待选流程优化的风险与收益的相对对比关系,找到优化流程的先后顺序。

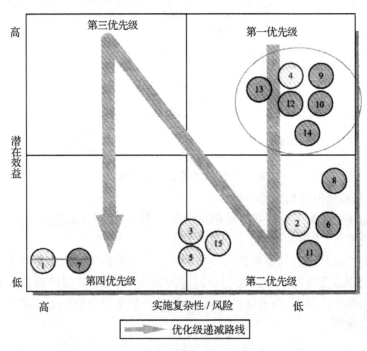

图 12-4 流程优化优先级路线图

在比较出流程的重要程度后,选择相对重要程度较高("中"以上)的流程,进行流程改进所可能取得效益以及带来的风险分析,可以更明确需要优化的关键流程及流程优化的优先级别。一般来说,高效益、低风险的流程是企业进行流程优化时首先关注的关键流程[①]。

第四节 流程优化的过程与途径

一、流程优化过程

流程优化要围绕优化对象要达到的目标进行;在现有的基础上,提出改进后的实施方案,并对其作出评价;针对评价中发现的问题,再次进行改进,直至满意后开始试行,正式实施。这是流程优化的一般过程。但是,在很多领域,由于流程优化技术的进步,会使这一过程进行得更有效或更高效。

---

① 王玉荣. 流程管理[M]. 第3版. 北京:北京大学出版社,2008.

二、流程优化的途径

流程优化的主要途径是设备更新、材料替代、环节简化和时序调整。大部分流程可以通过流程改造的方法完成优化过程。对于某些效率低下的流程,也可以完全推翻原有流程,运用重新设计的方法获得流程的优化。

1. 流程改造

在难以采用设备更新和材料替代优化流程时,往往采取以下措施:

(1) 取消所有不必要的工作环节和内容

有必要取消的工作,自然不必再花时间研究如何改进。某个处理、某道手续,首先要研究是否可以取消,这是改善工作程序、提高工作效率的最高原则。

(2) 合并必要的工作

如工作环节不能取消,可进而研究能否合并。为了做好一项工作,自然要有分工和合作。分工的目的,或是由于专业需要,为了提高工作效率,或是因工作量超过某些人员所能承受的负担。如果不是这样,就需要合并。有时为了提高效率、简化工作,甚至不必过多地考虑专业分工,而且特别需要考虑保持满负荷工作。

(3) 程序的合理重排

取消和合并以后,还要将所有程序按照合理的逻辑重排顺序,或者在改变其他要素顺序后,重新安排工作顺序和步骤。

在这一过程中还可进一步发现可以取消和合并的内容,使作业更有条理,工作效率更高。

(4) 简化必需的工作环节

对程序的改进,除去可取消和合并之外,余下的还可进行必要的简化,这种简化是对工作内容和处理环节本身的简化。

2. 重新设计新流程

如果决定采用重新设计的方法优化流程,可按以下步骤进行:

(1) 充分理解现有流程,以避免新设计中出现类似的问题。

(2) 集思广益,奇思妙想,提出新思路。

(3) 思路转变成流程设计。对新提出来的流程思路的细节进行探讨。不以现有流程设计为基础,坚持"全新设计"的立场,反复迭代,多次检讨,深入到一定细节考虑,瞄准目标,设计出新的流程。

(4) 新流程设计出来之后,应该通过模拟它在现实中的运行对设计进行检验。流程图是一个描述新流程的理想手段,检验前应画出流程图。

三、流程优化的条件

流程的优化和改进需要一定的条件。要做好优化,需要把握和创造条件。

1. 外部条件

一个流程的有效运行,要依赖外部条件和环境。比如所需的设备、所需的技术支持、工艺水平、执行者的素质、可能出现的干扰因素等等。在流程优化过程中,要注意这些外部条件对流程的影响和作用。

2. 内部条件

一个流程的有效运行,要依赖于流程内部各要素的相互作用与协调及流程内部各要素与外部条件、环境相互作用与相互协调。从内部条件的需要看,优化流程要建立在对流程内部各要素相互作用与相互协调的机理的深入研究基础上。在流程优化过程中,必须注意研究流程这种内外相互作用的机理并理顺关系,才能做到有的放矢。

四、产品设计流程的优化

产品设计流程已经从传统的人工反复过程,发展到大量采用CAE技术对产品性能进行虚拟测试和校核。但是,现有的CAE技术并不能在设计自由度最大的概念设计阶段把产品的所有性能考虑进来并给出创新设计,因此没有带来产品设计流程的革命。下面详细描述优化驱动的产品设计流程,并介绍以 Altair 公司 OptiStruct 为代表的结构优化技术如何帮助 Eurocopter 公司为 Fairchild Dornier 728 飞机开发一种具有创新意义的舱门支撑臂。

1. 产品设计流程的变化

传统的产品设计流程是一个人工反复的过程,工程师借助CAD工具进行产品的设计,然后提交到工厂进行加工制造,接着对产品进行实物试验,如果产品不能满足功能要求或者失效,就需要对产品设计进行修改,甚至重新设计。如此反复,直到产品在实物试验中满足全部要求。这是一个周期长、耗费高的过程,已经完全不能满足现代产品设计的要求。

随着计算机软硬件技术的发展,CAE技术日趋成熟,各种数值仿真方法,如有限元、多体动力学、计算流体力学等技术在产品设计中得到大量的应用。产品在初步设计完成后,可以基于CAD模型进行产品性能的虚拟试验,初步考察其工作应力、运动过程、产品寿命等。如果产品不能满足要求,可以立即返给设计人员进行修改或重新设计,从而大大减少实物试验的周期和费用。

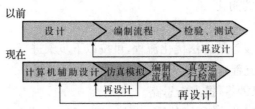

图 12-5　CAE技术改进了传统的设计流程

2. 优化驱动的产品设计过程

然而,今天被众多企业所广泛应用的CAE技术仍然有其局限性,其表现在于CAE技术仍然仅被用作在产品设计后期对设计方案的校核。不幸的是,如果在这一阶段发现了问题,设计者已经没有足够的自由度对结构做出全面的改进,我们所能做的仅仅是局部的调整并祈祷这种调整不会造成别的问题。根本问题在于,在设计的早期——即我们拥有最大的设计自由度的概念设计阶段——我们所能凭借的完全是经验和想象力,很难同时把产品的所有性能精确地考虑进来,并且往往由于经验所限,不能给出创新的设计。我们最有效的CAE技术似乎从来无法在这个阶段帮助我们。

今天,CAE技术中一个非常重要的组成部分——结构优化技术已经发展成熟并成功地用于产品的设计,它以其天生的优势正在改变传统的设计流程。在概念设计阶段,优化技术可以把产品所需性能全部考虑进来,在给定的设计空间下找到最佳的产品设计思路。在虚拟试验阶段发现问题后,优化技术可以直接给出产品改进的方案,而不仅仅是对产品进行校核,从而真正帮助设计工程师设计出创新和可靠的产品。这种全新的产品设计过程,就是优化驱动的产品设计过程(ODDP)。

图 12-6　优化驱动产品设计流程

可见,优化驱动的产品设计过程给了产品设计工程师最有效的设计帮助,在概念设计这个决定 80% 最终产品成本的关键阶段,在产品改进这个耗时费力的重复阶段,提供了革命性的解决方案,从而大大节省了时间和费用,提高了产品的性能和投放市场的速度。

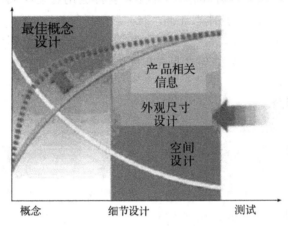

图 12-7　优化技术在产品设计过程中的作用

3. Altair OptiStruct 结构优化技术

目前,世界上已经有多个商用结构优化求解器,其中 Altair OptiStruct 是公认的技术最成熟、最全面的结构优化求解器,已经被广泛应用于各行各业的产品设计实践中。

OptiStruct 提供了拓扑优化、形貌优化、尺寸优化、形状优化以及自由尺寸和自由形状优化技术,通过在产品设计的各个阶段灵活运用各种结构优化技术,OptiStruct 成为创新产品设计的驱动者。

(1) 拓扑优化技术(Topology Optimization)

拓扑优化是一种具有创新性的概念设计技术,在产品设计的最初阶段,设计人员确定设计空间、设计目标、设计约束和制造工艺约束等,OptiStruct 可以自动寻找出最佳的材料布局,从而为设计人员提供非常关键的概念设计方案。

图 12-8　挂钩的拓扑优化设计(黑色材料为保留部分)

(2) 形貌优化技术(Topography Optimization)

形貌优化是一种面向薄壁结构和钣金件的概念设计技术。设计人员可以确定设计区域、筋的最大高度和起筋的角度等参数,OptiStruct 可以寻找出最佳的加强筋布局。

图 12-9　安全带扣的加强筋布局(黑色为起筋部分)

(3) 形状优化技术(Shape Optimization)

形状优化是一种对现有零部件的形状和位置进行优化的技术,适合于详细设计阶段。OptiStruct 可以直接改变零件的有限元网格,而不需要反复修改 CAD 数据即可获得全新的产品设计性能,从而大大减少优化设计所需要的时间。OptiStruct 支持自由形状优化,无需再手工建立形状变化变量即可对选定边界进行优化。

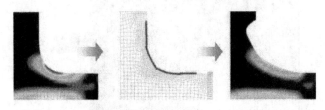

图 12-10　形状优化降低最大应力(黑线为可优化的边界)

(4) 尺寸优化技术(Size Optimization)

尺寸优化是一种参数优化技术,用来寻找最优的设计参数组合,例如材料参数、横截面尺寸和厚度等,是一种最为普遍也最为简单的优化。

对于板壳结构,OptiStruct 支持自由尺寸优化,自动定义板壳每个区域(单元)的厚度为设计变量并给出最佳值。

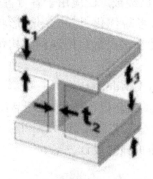

图 12-11　尺寸优化可以优化工字梁的截面尺寸

4. 案例——飞机舱门支撑臂设计

(1) 背景——飞机结构轻量化设计

EADS(欧洲航空防务及航天公司)是全球三个最大的航天集团之一。Eurocopter 是 EADS 下属的全资子公司,主要设计开发商用和军用直升机,同时参与空中客车所有机型的舱门和整流罩的开发。

由于来自强势客户和业界本身竞争的压力,飞机制造商们正在积极地寻求方法来降低飞机的结构重量,Eurocopter 公司也不例外。为了满足项目工期和复杂的、甚至是苛刻的产品设计目标,Eurocopter 公司在产品开发过程中积极采用基于 Altair OptiStruct 结构优化技术的设计流程。本案例着重讲述这个流程的一个成功应用——重新开发一种质量更轻的舱门支撑臂。图 12-12 和图 12-13 是支撑臂在舱门中的位置和初始设计。

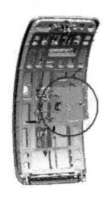

图12 支撑臂在舱门中的位置

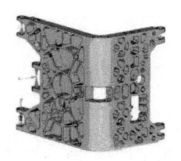

图 12-13 支撑臂的初始设计

(2) 过程

设计过程分为概念设计和详细设计两个阶段。

概念设计阶段的主要目的是得到舱门支撑臂的全新设计思路,这可以通过 OptiStruct 的拓扑优化技术实现。首先根据支撑臂的安装位置、运动轨迹和连接关系确定设计空间,然后建立主要工况,包括舱门关闭、紧急打开和气阀撞击三种工况,将这些工况下的结构刚度指标作为设计约束。设计目标为重量最小。同时,在优化过程中考虑了拔模方向,以满足铸造工艺要求。根据 OptiStruct 给出的设计思路,设计工程师就可以初步设计出支撑臂的结构。

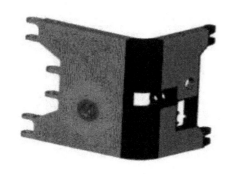

图 12-14 支撑臂的设计空间

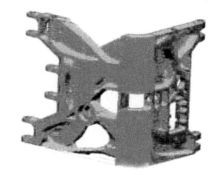

图 12-15 OptiStruct 的拓扑优化结果

在详细设计阶段可以对初步设计模型进行进一步的优化,在满足所有工况条件和最大许用应力水平的情况下,通过形状和尺寸优化方法来优化加强筋的尺寸和形状,以达到进一步优化结构、降低质量的目的。优化设计的最终结果减重达到了 20%,设计周期从原来的三个月缩短到现在的三个星期。

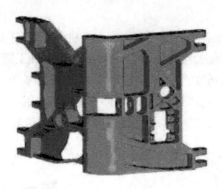

图12-16 形状和尺寸优化后的最终结果

5. 小结

优化驱动的产品设计流程是一种革命性的设计理念,以 Altair OptiStruct 为代表的结构优化技术给了工程师真正的帮助,是整个设计过程的灵魂和驱动者。这一全新的设计流程由于在设计一开始就实现了优化设计,避免了在设计后期阶段过多的反复,从而大大缩短了产品的设计周期。此外更重要的是,优化设计本身可以帮助寻找到更轻、同时性能更好地设计方案,在产品结构减重和自主创新领域都有非常重要的意义[①]。

---

① 洪清泉,叶洎沅.优化驱动的产品设计流程[C]//结构及多学科优化工程应用与理论研讨会 2009(CSMO—2009)论文集.

第四篇 流程与设计

第十三章 流程优化案例

第一节 生活中流程案例

生活中有很多方面的事情都与流程设计、优化的基本思想和理论有关。在生活中,我们经常要处理各种事物,比如烧饭、买菜、做菜、家庭理财、旅游、出行、办理各种证件、生活方式的选择和安排、个人就医、健康保健、购物等。在现代社会中,怎样有效地处理生活中的这些事物,一方面要求人们有各种生活的经验和科技、管理、法律、人文等方面的知识,同时更重要的是人们要有流程设计、优化的意识和能力。

在处理各种事物的流程中,大多数情况下处理事物的流程的各个环节是显性的,流程中涉及的相关要素及规律较容易描述和确定,但是如果更好、更有效地处理事物,在现代社会中有效地获取和利用各种信息去设计、安排相应的流程,会使我们的办事效率更高,事情处理得更加完美。

案例一:勺子怎么会越用越少?

某公司食堂负责提供免费的午餐,午餐统一用餐用具为每人一个标准不锈钢餐盘、一个汤勺、一个汤碗和一双筷子。每过一段时间,后去用餐的同事总会发现,轮到自己了总是汤勺不够用了,于是质问食堂工作人员。食堂工作人员发现总是有人不自觉地把汤勺倒到收剩渣的桶中,所以勺子会越来越少。食堂师傅每天都能在剩渣桶中捞出几个汤勺来,可这样还是免不了有"漏网之鱼",食堂没有办法,只好隔段时间申请再购一批勺。因为购勺费用问题,领导勒令管理部门综合部要想办法解决这个问题。

于是,综合部煞有介事地贴出告示:为了让大家有勺吃饭喝汤,请各位同事吃完饭倒剩渣的时候一定留意,不要把汤勺倒进剩渣桶……发现倒勺者,罚款10元。

为了确保大家养成这个良好习惯,综合部派人守候剩渣桶一周,监视是否有人不留意把汤勺倒掉。结果没有发现一人把勺倒掉,食堂的勺一个也没有少。问题似乎解决了。综合部于是撤掉了"看勺岗哨",保留一张大告示在剩渣桶旁。可是,没过多久,"吃勺"现象还是发生了。到底是怎么回事呢?问题出在哪里呢?怎样才能解决这个问题呢?

某员工留意了一下放回餐具过程中工具的摆设情况:一个收剩渣的大桶摆在最前面,后面紧接着摆着收集汤碗、筷子和勺子的篮子,最后摆的是放餐盘的篮子。这样一个摆设,实际上自然规定了一种放回餐具的流程:倒掉餐盘中的剩渣;放汤碗、筷和勺;放餐盘。

很显然,把第一步安排为倒渣,很容易让体积小的勺子随着剩渣一同倒到收渣桶中,问题一定出在这里。于是,该员工向食堂的工作人员提出将餐具摆设的次序调换一下,将收渣桶放到最后。于是,放回餐具的流程就自然规定为:放汤碗、筷和勺;跨过放盘篮,倒掉餐盘中的剩渣;回手放餐盘。

有意改变了流程的时间顺序和空间移动距离,迫使流程朝不容易出现倒勺现象的方面转化。经过1个月的观察,再也没有出现"吃勺"的现象了。

这件事的启示:什么是流程?什么是流程改进?如何让流程自然改进?

案例评析:

这是一个真实的案例,非常生动。这个案例中值得我们思考的问题有以下几个方面:

(1) "吃勺"现象产生后,开始并未意识到是流程安排的问题。这说明,流程设计首先是针对问题而设计的,有时我们在日常生活中做事,并未考虑某种安排可能会带来什么问题。安放"倒渣桶"、"筷子、汤碗勺的篮"、"餐盘篮"的次序所带来的问题,在开始时是想不到的。

(2) 当问题产生后,采取了"罚款告示"和"看勺岗"的措施,增加了流程的环节,但并未真正奏效。这说明,对流程存在问题的诊断程序出现了问题,只凭臆想、主观推断对流程做了改进,结果失败了。

(3) 最终问题为什么解决了?首先是诊断程序正确,通过实地调查、分析,找到了与人密切相关的"吃勺"现象的真正原因。从而重新改进、设计流程,取得了效果。说明解决问题的人有流程意识,正是在这种意识下他才找到问题存在的真正原因。

不过有一个问题值得关注,解决了这个问题的人很聪明、有能力。如果当初是另一个人对"吃勺"现象进行实地调查、分析,是否也一定能解决这个问题呢?

案例二:"11·13"吉林石化爆炸、污染事故

2005年11月13日,中国石油天然气股份有限公司吉林石化分公司双苯厂硝基苯精馏塔发生爆炸,造成8人死亡、60人受伤,直接经济损失6 908万元,并引发松花江水污染事件。国务院事故及事件调查组经过深入调查、取证和分析,认定中石油吉林石化分公司双苯厂"11·13"爆炸事故和松花江水污染事件是一起特大安全生产责任事故和特别重大水污染责任事件。

案例评析:

爆炸事故的直接原因是,硝基苯精制岗位操作人员违反操作规程,在停止粗硝基苯进料后未关闭预热器蒸汽阀门,导致预热器内物料气化;恢复硝基苯精制单元生产时,再次违反操作规程,先打开了预热器蒸汽阀门加热,后启动粗硝基苯进料泵进料,引起进入预热器的物料突沸并发生剧烈振动,使预热器及管线的法兰松动、密封失效,空气吸入系统,由于摩擦、静电等原因,导致硝基苯精馏塔发生爆炸,并引发其他装置、设施连续爆炸。

爆炸事故也暴露出中国石油天然气股份有限公司吉林石化分公司及双苯厂对安全生产管理重视不够、对存在的安全隐患整改不力及安全生产管理制度和劳动组织管理存在的问题,在有人管理的系统操作流程中,没有充分考虑到一旦有人操作失误可能带来的后果,是在管理流程设计上的失误。如果在操作人员操作流程的设计中,预先考虑到这样的可能性,采取更有效的技术设计和管理流程设计,这样的事故可能就不会发生。

此外,这次爆炸事故还引起污染事故的发生。污染事件的直接原因是,双苯厂没有事故状态下防止受污染的水流入松花江的措施,爆炸事故发生后,未能及时采取有效措施防止泄漏出来的部分物料和循环水及抢救事故现场的消防水与残余物料的混合物流入松花江。

污染事件的间接原因是,吉林石化分公司双苯厂对可能发生的事故会引发松花江水污染问题没有进行深入研究,有关应急预案有重大缺失;吉林市事故应急救援指挥部对水污染

估计不足,重视不够,未提出防控措施和要求;中国石油天然气集团公司和股份公司对环境保护工作重视不够,对吉林石化分公司环保工作中存在的问题失察,对水污染估计不足,重视不够,未能及时督促采取措施;吉林市环保局没有及时向事故应急救援指挥部建议采取措施;吉林省环保局对水污染问题重视不够,没有按照有关规定全面、准确地报告水污染程度;环保总局在事件初期对可能产生的严重后果估计不足,重视不够,没有及时提出妥善的处置意见。

第二节　生产中流程案例

案例三:炼油工艺中的流程

工艺流程是指工业品生产中,从原料到制成成品各项工序安排的程序,也称"加工流程"或"生产流程"。炼油工艺流程指的是对地下开采出的原油进行一系列的物理化学变化,从而生产出人们所需的燃料、化工产品的过程。从地下开采出来的原油是复杂的混合物,一般都不能直接使用,需要送到炼油厂加工,生产出符合一定质量要求的商品,才能满足各方面的需要。通常把原油加工成各种石油产品的方法叫石油炼制工艺,不同的炼制方法,得到性质不同的产品;由于石油产品大多是原油中的某一馏分或是此馏分进一步加工得到的产品,因此,可将炼油工艺流程分为三步:

(1) 首先把原油蒸馏分为几个不同沸点范围的馏分,这叫一次加工。
(2) 将一次加工得到的馏分再加工变成半成品油,这叫二次加工。
(3) 将二次加工得到的半成品油再次精制加工变成石油产品,这叫三次加工或深度加工。

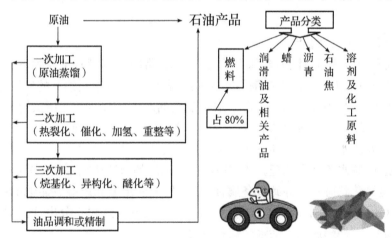

图 13-1　石油产品炼油工艺流程

炼油工艺流程是根据原油性质、原料、市场、技术等设计出来的加工过程,不同的流程其产品的种类、质量和比例不同,比如燃料型炼厂以生产燃料油为主,燃料—润滑型炼厂可生产燃料油和润滑油脂,燃料—化工型炼厂能够合理利用石油资源,资源易整合及利用率提高,产生的经济效益也很大。

炼油是相当复杂的一项理化加工工艺,根据原油品质、炼厂装置和产成品的不同,可以设计出不同的加工方案,因此中间产品和中间形态也不是唯一的序列。

通用技术基础

在炼油工艺流程中,各个环节(相应的加工装置)是通过相互联系、相互作用生产出符合一定品种、质量和数量要求的商品,从而满足各方面的需要。这些加工装置根据输入(原油)和输出(相关油品和化工原料)的要求,需要进行设计和优化,即通过改变操作条件(温度、压力、催化剂、流量、时间等)和先后顺序等手段来实现。

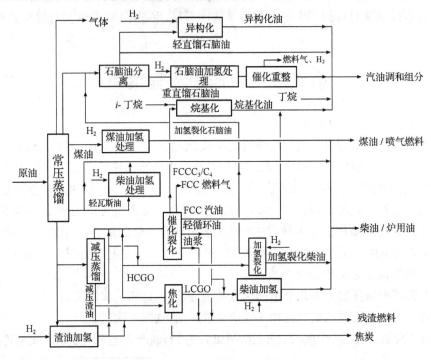

图 13-2 石油加工工艺总流程图

常压蒸馏和减压蒸馏装置

常压蒸馏和减压蒸馏习惯上合称为常减压蒸馏,常减压蒸馏基本属物理过程。原料油在蒸馏塔里按蒸发能力分成沸点范围不同的油品(称为馏分),这些油有的经调和、加添加剂后以产品形式出厂,相当大的部分是后续加工装置的原料,因此,常减压蒸馏又被称为原油的一次加工。包括三个工序:原油的脱盐、脱水;常压蒸馏;减压蒸馏。

原油的脱盐、脱水

原盐的脱盐、脱水又称预处理。从油田送往炼油厂的原油往往含盐(主要是氯化物)、带水(溶于油或呈乳化状态),可导致设备腐蚀、在设备内壁结垢和影响成品油的组成,需在加工前脱除。常用的办法是加破乳剂和水,使油中的水集聚并从油中分出,而盐溶于水中,再加以高压电场配合,使形成较大的水滴顺利除去。

催化裂化装置

催化裂化是在热裂化工艺上发展起来的,是提高原油加工深度,生产优质汽油、柴油最重要的工艺操作。原料主要是原油蒸馏或其他炼油装置的 350~540℃ 馏分的重质油。催化裂化工艺由三部分组成:原料油催化裂化、催化剂再生、产物分离。催化裂化所得的产物经分馏后可得到气体、汽油、柴油和重质馏分油。有部分油返回反应器继续加工,称为回炼油。催化裂化操作条件的改变或原料波动可使产品组成波动。

催化重整装置

催化重整(简称重整)是在催化剂和氢气存在下,将常压蒸馏所得的轻汽油转化成含芳烃较高的重整汽油的过程。如果以 80~180℃馏分为原料油,产品为高辛烷值汽油;如果以 60~165℃馏分为原料油,产品主要是苯、甲苯、二甲苯等芳烃,重整过程副产物氢气可作为炼油厂加氢操作的氢源。重整的反应条件是:反应温度为 490~525℃,反应压力为 1~2 MPa。重整的工艺过程可分为原料预处理和重整两部分。

加氢裂化装置

加氢裂化在高压、氢气存在下进行,需要催化剂,把重质原料转化成汽油、煤油、柴油和润滑油。加氢裂化由于有氢存在,原料转化的焦炭少,可除去有害的含硫、氮、氧的化合物,操作灵活,可按产品需求调整。产品收率较高,而且质量好。

延迟焦化装置

延迟焦化是在较长反应时间下,使原料深度裂化,以生产固体石油焦炭为主要目的,同时获得气体和液体产物。延迟焦化用的原料主要是高沸点的渣油。延迟焦化的主要操作条件是:原料加热后温度约 500℃,焦炭塔在稍许正压下操作。改变原料和操作条件可以调整汽油、柴油、裂化原料油、焦炭的比例。

炼厂气加工装置

原油一次加工和二次加工的各生产装置都有气体产出,总称为炼厂气。就组成而言,主要有氢、甲烷、由 2 个碳原子组成的乙烷和乙烯、由 3 个碳原子组成的丙烷和丙烯、由 4 个碳原子组成的丁烷和丁烯等。它们的主要用途是作为生产汽油的原料和石油化工原料以及生产氢气和氨。发展炼厂气加工的前提是要对炼厂气先分离后利用。炼厂气经分离作化工原料的比重增加,如分出较纯的乙烯可制乙苯,分出较纯的丙烯可制聚丙烯等。

辛烷值详解

爆震(震爆,Knocking)

汽车用油主要成分是 $C_5H_{12} \sim C_{12}H_{26}$ 的烃类混合物,当汽油蒸气在汽缸内燃烧时(活塞将汽油与空气混合压缩后,火星塞再点火燃烧),常因燃烧急速而发生引擎不正常燃爆现象,称为爆震(震爆)。在燃烧过程中如果火焰传播速度或火焰波的波形发生突变,如引起燃烧室其他地方自动着火(非火星塞点火蔓延),燃烧室内的压力突然增高,此压力碰击四周机件而产生类似金属的敲击声,犹如爆炸,故称为爆震(震爆)。汽油一旦辛烷值过低,将使引擎内产生连续震爆现象,造成机件伤害。连续的震爆容易烧坏气门、活塞等机件。

爆震的原因:① 汽油辛烷值太低;② 压缩比过高;③ 点火时间太早;④ 燃烧室局部过热;⑤ 混合气温度或压力太高;⑥ 混合气太稀;⑦ 预热;⑧ 汽缸内部积碳;⑨ 其他,如冷却系统故障等。

减少爆震的方法:① 提高汽油辛烷值;② 减低压缩比;③ 校正点火时间;④ 降低进气温度;⑤ 减少燃烧室尾部混合气量;⑥ 增加进气涡流;⑦ 缩短火焰路程;⑧ 保持冷却系统作用良好。

辛烷值

爆震时大大减低引擎动力。实验显示,烃类的化学结构在震爆中有极大的影响。燃烧的抗震程度以辛烷值表示,辛烷值越高表示抗震能力越强。其中燃烧正庚烷 $CH_3(CH_2)_5CH_3$ 的震爆情形最严重,定义其辛烷值为 0。异辛烷(2,2,4-三甲基戊烷)的辛烷值定义为100。辛烷值可为负,也可以超过100。

当某种汽油的震爆性与90%异辛烷和10%正庚烷的混合物的震爆性相当时,其辛烷值定为90。如环戊烷的辛烷值为85,表示燃烧环戊烷时与燃烧85%异辛烷和15%正庚烷的混合物的震爆性相当。

此为无铅汽油标示来源,目前有辛烷值为92、95、98等级的无铅汽油,此类汽油含有高支链成分及更多芳香族成分的烃类,如苯、芳香烃、硫化物等。

汽油亦可借再加入其他添加物而提升辛烷值。如普通汽油辛烷值不高(约为50),若再加入四乙基铅[$(C_2H_5)_4Pb$]时,其辛烷值提高至75左右,此为含铅汽油的来源。为除去铅在引擎内的沉积,再加入二溴乙烷,使产生$PbBr_2$的微粒排放出来,但会造成环境污染。一般无铅汽油不含四乙基铅,改用甲醇、乙醇等添加物。

某一汽油在引擎中所产生的爆震,正好与98%异辛烷及2%正庚烷的混合物的爆震程度相同,即称此汽油的辛烷值为98。此燃油若再掺入其他添加剂,辛烷值可大于98或小于98,甚至超过100。

一般所谓的95、92无铅汽油即指其辛烷值,所以95比92的抗爆性好。

若车辆压缩比在9.1以下应以92无铅汽油为燃料;压缩比9.2至9.8使用95无铅汽油;压缩比9.8以上或者蜗轮增压引擎车种才需要使用98无铅汽油。

辛烷值越高,代表抑制引擎震爆能力越强,但要配合汽车引擎的压缩比使用。

压缩比(CR)定义为活塞位移容积(PDV)与燃烧室容积(CCV)之和与燃烧室容积(CCV)之比,即等于汽缸总容积(PDV+CCV)和燃烧室容积(CCV)之比。

辛烷值是决定汽油引擎能否发挥其设计性能的重要指标,而引擎设计变数中的压缩比是决定辛烷值是否符合其需求的重要参数。当引擎在压缩行程中,油气体积变小,其压缩比率越大,压力越大,温度越高,此时所选用的汽油,必须在此条件下仍不会引发自燃。如果火星塞尚未点火之前,油气产生自燃现象,则在动力行程中会产生火焰波互相冲击,造成引擎爆震,汽油对此爆震程度的量测指标称为辛烷值。

辛烷值越高,抗爆震程度越高。由于引擎设计不断改进,汽车制造厂以提高引擎压缩比来缩小引擎体积,增加单位体积所能产生的马力。目前最普通的压缩比为9~11。压缩比越高,理论上引擎效率越高,燃烧越干净。不过高压缩的汽车也会产生震爆问题,且高压缩比汽车在高燃烧效率下,在废气成分中,一氧化碳含量较少,但其他氮氧化物比例反较低压缩引擎稍高。

辛烷值高的汽油可使高压缩比、高性能的车种展现引擎原设计的高马力、高扭力性能,同时可以发挥省油的效果。亦即高压缩比的引擎需要高辛烷值的汽油,以耐更高的压力与温度,避免影响汽车的驾驶性能及爆震损害引擎,且可降低排气中的一氧化碳的含量。若高压缩比引擎使用过低的辛烷值汽油,行车时容易产生爆震现象(不正常燃烧,引擎有噪音),且易造成引擎爆震无力,引擎过热,加速磨损,长期这样会损害引擎,且耗油。但提高辛烷值必须提高汽油内芳香烃的比率,若低压缩比引擎使用过高的辛烷值会使燃烧温度过高,引擎过热,烧坏排气门,不会增加马力,不会省油,燃烧不完全,增加废气中的芳香烃含量,反而增加空气中的致癌物,所以不鼓励使用。选用汽油应依照原厂建议,车辆选用的汽油辛烷值只能比原厂建议值高,不能低,适合最好。

高级汽油含铅,铅对引擎排气阀有润滑作用,故原使用高级汽油的车辆改用无铅汽油时,首先必须确认引擎排气阀座是否经过硬化处理,若尚未经过硬化处理,则可采取以下任一方式解决:① 应进行排气阀座硬化处理;② 在无铅汽油中加入适当抗排气阀座磨损凹陷的添加剂;③ 原使用高级汽油的车辆,排气阀座上已有一层润滑薄膜,故改用无铅汽油后尚可维持10 000 km左右,不会明显凹陷。

汽油品质规范中的蒸汽压直接影响汽油的启动性能,蒸汽压是代表汽油挥发能力的尺度。汽油挥发性强,容易点爆启动,但如果太强会增加损耗,且污染空气,甚至在油管内形成气障,阻碍汽油流动,造成熄火。在冬天时汽油蒸汽压大,则引擎冷时较容易启动。但引擎已热,停火后,再度启动时,此种蒸汽压大的汽油易使引擎汽缸吸入过浓油气,反而难以启动引擎。在夏天时,温度高,冷车时启动较容易,但热车时启动较困难,因汽油容易过浓,引起气障而熄火,故夏天(4月1日至10月31日)必须供应具较低蒸汽压的汽油,冬天(11月1日至翌年3月31日)必须供应具较高蒸汽压的汽油。衡量油品挥发程度的指标称为雷氏蒸汽压(RVP),该指数愈高,代表挥发性愈强。目前我国环保署制定的汽油雷氏蒸汽压上限为9PSI(Pounds Per Square Inch,约63 kPa)。98无铅汽油雷氏蒸汽压为6PSI(约42 kPa),过低会发生冷车启动困难,中油已提高至7PSI(约49 kPa),只要增加轻质油料掺配即可改善。

良好的汽油品质必须具备如下性质:① 抗震爆性能良好;② 启动性质良好;③ 暖车迅速;④ 加速能力强;⑤ 耗油量少;⑥ 引擎运转平稳;⑦ 防止气障;⑧ 抗腐蚀性良好;⑨ 不易变质或生胶。

第三节　产品设计流程优化案例

案例四:一种分酒装置的设计流程(案例来自南京欧爱设计公司产品设计)

潺潺而下的水流是倒酒时的美丽风景之一,八口分酒装置并非仅仅为了倒酒的迅捷,而是更注重其过程的可观赏性。优越的平分性能加上现代的造型以及材质的美感,是一款针对品酒爱好者和酒吧等场合的设计。

1. 从电视剧开始的设计

2006年的一个早晨,一位客户带着一张影碟来到欧爱设计公司,客户希望开发一件如影片中分酒功能的酒具产品。客户要求新颖独特,有趣味性,且具有现代感。

图13-3　从彩片中获得灵感

2. 确定酒吧环境调研

根据客户的设计要求,欧爱设计公司展开了深入的设计调研,此过程使设计师了解了分酒装置产品的使用环境,所处生命周期的阶段,产品的竞争者的状况,使用者和销售商对产品的意见。

经过详细的调研,我们发现酒吧是产品使用的主要场所。酒吧所使用的酒具也是一个酒吧档次的评价标准,酒具不仅能够使酒吧的档次提升,同时对消费者也存在吸引作用,人们更愿意去装饰与器具相对别致的酒吧,在这样的大环境下,更多的人选择这种放松休闲的娱乐方式。

3. 分酒装置的使用者调研

考虑到经常去泡吧的人主要是在华的外籍人士、留学生、本国的生意人、白领阶层、艺术家、大学生、娱乐圈人士及有经济能力的社会闲散人士等。年轻、好奇心强、对新事物的接受能力强是这些产品的目标人群所拥有的基本特征。虽然购买这类酒具的大多是酒吧,但真正的评价者却是酒吧的消费者,是他们控制着产品的生命,可以看出这些酒吧的消费者有着某些更深层次的共同特点和共同需求。

在对目标人群深度调研的基础上,设计师绘制出了分酒器的设计草图,如图13-4。

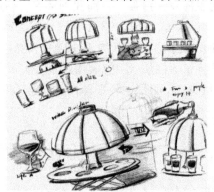

图13-4 酒具设计草图

4. 理性功能与感性功能

酒具外观在满足功能需要的前提下已经极尽简洁,所有的设计的细节在丰富了形态的同时,也很好地达到了功能要求。虽然是一款概念性创新性产品,但美观而不失理性的外形,让消费者容易认知其功能,外形上也暗示了使用方式。酒具可以提高酒师的工作效率,营造轻松氛围,增加酒吧客人对服务的满意度。所以分酒装置如能突破传统,设计得更加现代、科学,便能从同类产品中脱颖而出,得到更多消费者的喜爱。与传统的酒具不同,融入时尚元素的分酒装置,能融入现代都市生活的环境,为消费者带来从未有过的品酒感受,所谓醉翁之意不在酒,我们也应该极力宣扬这种健康、愉悦、文明的酒文化。

5. 对于材料的思考

在产品设计过程中,选择合适的材料和加工工艺,以最省的用料在短时间内生产制造出具有高性价比的产品才是客户最愿意看到的,因此材料的选择在产品设计中也是重要的一个环节。

材料与酒具的相关程度远在一切造型要素之上,材料是设计的酒具直接为使用者所视及和触及的唯一要素,工业设计中的功能与形态都必须由加工后的材料予以实现。材料与工艺的变迁从一个侧面反映时代更替,同时也影响着酒具设计的发展,成为酒具设计潮流的一个风向标。

作为设计师应该能够使材料特性与产品功能之间建立正确的匹配关系,因为设计的结

果由加工后的特定材料性能来保证,而设计在很大程度上取决于材料的本质特性。在选择材料时,遵循了以下原则:

(1) 功能性原则:外观需求,工艺性能。

(2) 市场性原则:可达性,经济性。

(3) 安全性原则:无伤害性。

(4) 环境性原则:可回收性,循环使用性。

6. 分酒装置与体验经济

相对来说,对于这种科技含量不是很高,可以一眼看穿里面没有多少高科技的产品,我们觉得让产品本身赋予一些情趣化的东西比较好,加上包装的感觉,会给消费者不同的心理感受。我们经常说产品需要差异化,但是这个差异的概念绝对不是外观上的不同,我们更多的需要考虑产品使用过程中一种体验上的差异。

体验也是一种抽象产品。服务经济已经接近极致,一种新的经济形态已经来临。在大量标准化与规格化大生产的现代社会,人们经历了物质生活的充分满足之后,精神生活必然成为人们生活追求的方向。"体验"成为一种新的价值源泉,它从服务中分离出来,就像服务曾经从商品中分离出来那样,成为现今还未得到广泛认识的经济提供物。

在体验经济时代,消费者的消费行为和消费心理正在进入一种新的高级形态。消费者正越来越渴望得到体验,越来越多的企业正在精心设计、促销他们的体验。如果企业不想被川流不息的消费之河吞没的话,就不能永远停留在商品(实物)经济阶段,而将被迫升级到体验经济阶段。

分酒装置最重要的概念就是让使用者体会到倒酒这个过程中充满了乐趣,于是我们提出:要让使用者觉得倒酒的过程和品酒的过程一样美妙,让产品看起来不是一个复杂的装饰品,也不是一个简单的图形,或者可能看起来有更酷的外观。

7. 完成产品效果图

产品独特的外观往往会在第一时间吸引消费者的眼球,其次质感的体验也是吸引客户的重要方面。纵观现代酒具设计,在材料上的突破并不十分明显,酒具中酒杯造型上的突破也十分有限,其他辅助性的酒具更是比较少。更多的类似餐具在设计上对于细节的把握比较多。设计师只能在材料与功能的限制下最大限度地发挥自己的创意与灵感。

图13-5 酒具产品效果图

客户要求产品的每一个零件都可以拆卸,一方面方便清洁,另一方面对后续的损坏更换提供方便。客户对于分酒装置的另外一个要求就是要分酒均匀,这就需要能够控制酒水以均匀的流速进入八个引流槽内。经过参考类似产品和请教行业专家,确定用在入口处加装细金属丝网的方法来减小酒水倒入时的局部冲力以控制酒水流向。此方法经证实确能达到预期效果,成本低廉,加工方法也比较成熟。

图 13-6　酒具分解图

案例点评:

这个分酒装置的设计流程基本上反映了一个产品设计的一般流程。在这个案例中,我们需体会的内容有以下几个方面:

(1) 从整个分酒装置的设计流程中,我们可以初步体会什么是产品的概念设计和设计概念。这个分酒装置的概念设计过程是从客户的需求开始的,整个概念设计的过程是围绕设计一个什么样的分酒装置才是最合适的这样一个设计概念而展开的。为了确定这个主题的内容,设计者依据客户的基本需求(在酒店里用来分酒,提高酒师的工作效率)、分酒装置的使用场所(酒店的环境及特点)、分酒装置面对的人群(分酒师、到酒店喝酒的客人)的特点,做了深入的考察和分析,形成概念性的思维结论,并在此基础上提出了分酒装置的设计概念(结构、功能、造型、色彩、材料、使用机理等)。设计者把与分酒装置相关的各种客观限制性条件及特点,通过归纳、抽象、概括融入了分酒装置设计的每一个细节,使之物化在人们的面前,是一个极具想象和创造性的过程。

(2) 在上述分酒装置设计的流程中,有三个重要的环节:一是对酒吧的调研;二是对分酒装置使用者的调研;三是对分酒装置所使用材料的思考和研究。这些环节看似好像没有什么联系,是相互独立的,但事实上并非如此。一方面,设计流程中的这些环节的设置,是设计者经验和设计素养的体现。更重要的是,这些环节中所获得的信息是相互关联、相互制约的,也是设计者设计的依据。设计者正是通过对这些环节中获得的信息进行分析、综合、概括,才能形成分酒装置相应的设计概念。比如,酒吧的环境、风格及特有的地域文化等特点,要求分酒装置应具有什么样的色彩和造型,分酒装置的使用者是在怎样一种环境下给客人分酒、怎样操作,客人在酒吧特有的环境下,对分酒装置的心理感受和体验是什么,制作分酒装置使用什么样的材料能够满足相应的要求,材料的工艺特性能否满足所需的这些要求。

(3) 若你是一个设计师,在上述案例设计流程的各个环节中,你怎样具体去做,你怎样安排各个环节里的工作流程和工作内容,这些也是非常重要的。因为这直接关系到能否获得正确和有价值的信息,影响设计者对设计对象形成综合性的、概念性的思维结论,从而直接影响后续的设计。

案例五：研发流程优化——协同产品研发和制造流程（CPPD）

分析驱动的设计的概念是，在真正进行详细设计与制造样机之前，根据客户的需求定义产品的需求，而后定义产品及相关零件的关键参数。基于这些关键参数，可以建立较多的系统模型方案来进行分析，这样使得方案的更改非常容易。选定了符合要求的方案再进行详细设计、样机制作与试验。

典型的 CPPD 产品研发流程：

1、2、3 阶段主要完成客户需求、产品概念定义；进行经济可行性分析、竞争评估、初始 SE/ALD 和选择最佳方案，获得客户反馈，细化子系统设计目标；开发程序计划和子系统的 SE/ALD。

4、5、6 阶段完成零部件最终需求定义；确定"目标产品"，准备进行详细设计；实施详细设计和生产计划。

7、8、9 阶段获取和验证符合目标的零部件直到产品；完成验证和产品认证；生产，提供支持，发现改进机会。如图 13-7 所示。

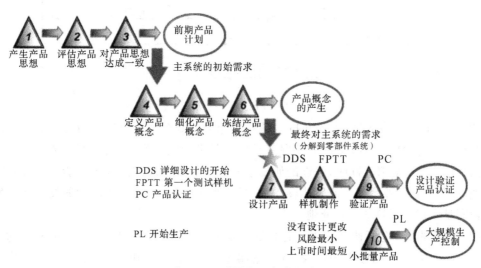

图 13-7　CPPD 研发流程图

CPPD 能够给客户带来以下好处：

(1) 缩短了产品的开发周期。

(2) 减少了在产品发布后期的反复更改所带来的高成本。

(3) 与传统的研发流程相比，可以很快收回成本并增加产品发布后的投资回报。如图 13-8 所示。

案例点评：

(1) 传统的设计流程为设计—制造—试验，企业在做样机与试验之前太过草率，往往所做的设计没有经过分析和很好的模拟验证，从而在试验的时候发现很多问题，之后再返回到设计进行更改。而更改的设计又重复以上过程，则需再进行更改。由于制造样机与试验的时间一般较长，从而导致设计的成本很高而且周期很长。

上述产品的研发流程就是针对以上存在的问题而进行的一种新产品研发流程的优化，从而避免了昂贵的样机模具成本与试验成本，也缩短了传统研发流程中由于试验和设计之间的反复导致的长研发周期。

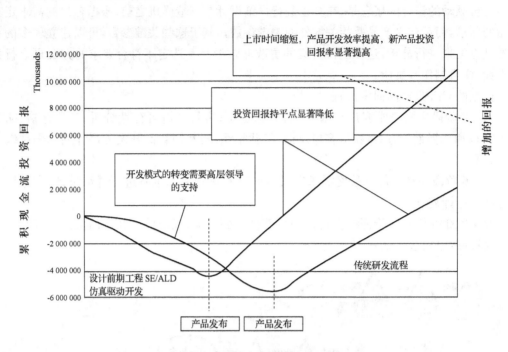

图 13-8 CPPD 产品研发效益图

（2）对于产品研发来说，流程和技术是研发能力的两个不可分离的重要方面。前沿的流程必须在先进的技术支撑下才能够联系具体产品设计的实际来运行，否则流程优化只是纸上谈兵而无实际效果。同时，先进的研发技术必须放在合理的流程中才能够发挥它的巨大价值，流程规定了技术在各研发步骤中的作用、目标、输入和输出。研发的技术和研发流程的协同是上述 CPPD 的重要原则。

（3）研发的技术包括研发中用到的 CAD/CAM/CAE/CAT 这些工具，还有利用这些工具创建产品的模型来展现、分析以及具体产品设计的理论、方法和经验。工具只是提供了一种手段，如何让这些工具在产品设计中发挥作用并且应用到产品的研发流程中去，需要拥有结合具体产品设计的理论、方法和经验，并结合产品设计整理出一整套研发技术和优化研发流程的实践方法，这就是基于系统工程的分析驱动设计（SE/ALD）。

（4）事实上在现代工业产品设计中，经常采用的是虚拟样机技术（Virtual Prototyping Technology），它有如下特点：

① 虚拟样机技术是将 CAD 建模技术、计算机支持的协同工作（CSCW）技术、用户界面设计、基于知识的推理技术、设计过程管理和文档化技术、虚拟现实技术集成起来，形成一个基于计算机、桌面化的分布式环境以支持产品设计过程中的并行工程方法。

② 虚拟样机的概念与集成化产品和加工过程开发（Integrated Product and Process Development，简称 IPPD）是分不开的。IPPD 是一个管理过程，这个过程将产品概念开发到生产支持的所有活动集成在一起，对产品及其制造和支持过程进行优化，以满足性能和费用目标。IPPD 的核心是虚拟样机，而虚拟样机技术必须依赖 IPPD 才能实现。

③ 虚拟样机技术利用虚拟环境在可视化方面的优势以及可交互式探索虚拟物体功能，

对产品进行几何、功能、制造等许多方面交互的建模与分析。它在CAD模型的基础上,把虚拟技术与仿真方法相结合,为产品的研发提供了一个全新的设计方法。

④ 虚拟样机技术就是在建立第一台物理样机之前,设计师利用计算机技术建立机械系统的数学模型,进行仿真分析并从图形方式显示该系统在真实工程条件下的各种特性,从而修改并得到最优设计方案的技术。

⑤ 虚拟样机是一种计算机模型,它能够反映实际产品的特性,包括外观、空间关系以及运动学和动力学特性。借助于这项技术,设计师可以在计算机上建立机械系统模型,伴之以三维可视化处理,模拟在真实环境下系统的运动和动力特性,并根据仿真结果精简和优化系统。

第五篇 系统

第十四章 系统概述

系统观念,源远流长,但作为科学的系统思想则形成于 20 世纪中叶。系统科学作为一个大门类的新兴学科,经历了孕育、形成和发展的漫长过程。本章主要从"系统思想概述"、"系统科学的形成和发展"、"系统科学的结构和意义"以及"技术科学层次的系统科学"等几个方面介绍系统科学的基本内容。

第一节 系统思想概述

系统思想就其最基本的含义来说,是关于事物的整体性观念、相互联系的观念、演化发展的观念[①]。

系统概念来源于古代人类含社会的实践经验。人类自有生产活动以来,无不在同自然系统打交道。管子《地员篇》、《诗经》农事诗《七月》、西汉氾胜之著《氾胜之书》等古籍,对农作与种子、地形、土壤、水分、肥料、季节、气候诸因素的关系,都有辩证的叙述。齐国名医扁鹊主张按病人起色、声音、形貌综合辨证,用砭法、针灸、汤液、按摩、熨帖多种疗法治病。周秦至西汉初年古代医学总集《黄帝内经》,强调人体各器官的有机联系、生理现象和心理现象的联系、身体健康与环境的联系。战国时期秦国李冰设计建造了伟大的都江堰,包括"鱼嘴"岷江分水工程、"飞沙堰"分洪排沙工程、"宝瓶口"引水工程三大主体工程和 120 个附属渠堰工程,工程之间的联系处理得恰到好处,形成一个协调运转的工程总体。我国古天文学很早就揭示了天体运行和季节变化的联系,编制出历法和指导农事活动的廿四节气。所有这些古代农事、工程、医药、天文知识和成就,都是在不同程度上朴素的系统概念的自发应用。

朴素的系统概念,不仅表现在古代人类的实践中,而且在古代中国和古希腊的哲学思想中得到了反映。古代中国和古希腊的唯物主义思想家都从承认统一的物质本原出发,把自然界当作一个统一体。古希腊辩证法奠基人之一的赫拉克利特,在《论自然界》一书中说,"世界是包括一切的整体";古希腊唯物主义者德诺克里特的一本没有流传下来的著作名为《宇宙大系统》;公元前 6 世纪至前 5 世纪之间,我国春秋末期思想家老子强调自然界的统一性;南宋陈亮的"理一分殊"思想,称"理一"为天地万物的理的整体,"分殊"是这个整体中每

[①] 钱学森,王寿云. 系统思想和系统工程[M]. 长沙:湖南科学技术出版社,1988:73.

一事物的功能,试图从整体角度说明部分与整体的关系。用自发的系统概念考察自然现象,这是古代中国和古希腊唯物主义哲学思想的一个特征。古代辩证唯物的哲学思想包含了系统思想的萌芽。

古代朴素唯物主义哲学思想虽然强调对自然界整体性、统一性的认识,却缺乏对这一整体各个细节的认识能力,因而对整体性和统一性的认识是不完全、不深刻的。

15世纪下半叶,近代科学开始兴起,力学、天文学、物理学、化学、生物学等科目逐渐从混为一体的自然哲学中分离出来,获得迅速发展。近代自然科学发展了研究自然界的独特的分析方法,包括实验、解剖和观察,把自然界的细节从总的自然联系中抽出来,分门别类地加以研究。这种考察自然界的方法移植到哲学中,就形成形而上学的思维方式。形而上学的出现是有历史根据的,是时代的需要,因为在深入的、细节的考察方面它相比古代哲学是一个进步,在300多年的历史时期中,对科学、技术、文化的蓬勃发展起到了不可磨灭的重要作用。但是,形而上学撇开总体的联系来考察事物和过程,蕴含着极大的局限性,随着人们对客观事物认识的不断扩展和深化,这种局限性就日益显露出来,并堵塞了人们从了解部分到了解整体、从分析具体细节到洞察普遍联系的道路。

19世纪上半叶,自然科学取得了一系列伟大成就。特别是能量转化、细胞和进化论的发现,使人类对自然过程的相互联系的认识有了很大提高。恩格斯指出:由于这三大发现和自然科学的巨大进步,我们现在不仅能够指出自然界中各个领域的过程之间的联系,而且总的来说也能指出各个领域之间的联系了,这样,我们就能够依靠自然科学本身所提供的事实,以近乎系统的形式描绘出一幅自然界联系的清晰图画。描绘这样一幅总的图画,在以前是所谓自然哲学的任务。而以前的自然哲学只能这样来描绘:用观念的、幻想的联系来代替尚未知道的现实的联系,用想象来补充缺少的事实,用纯粹的臆想来填补现实的空白,它在这样做的时候提出来一些天才的思想,预测到一些后来的发现,但是也发表了十分荒唐的见解。19世纪的自然科学"本质上是整理材料的科学,是关于过程、关于这些事物的发生和发展以及关于联系——把这些自然过程结合为一个大的整体的科学"①,这样的自然科学,为唯物主义自然观建立了更加坚实的基础,为马克思主义哲学提供了丰富的材料。马克思、恩格斯的辩证唯物主义认为,物质世界是由无数相互联系、相互依赖、相互制约、相互作用的事物和过程形成的统一整体。辩证唯物主义体现的物质世界普遍联系及其整体性的思想,也就是系统思想。

由此可以看出,在近代科学技术和文化发展的基础上,到了19世纪,系统思想进一步从经验上升为哲学,从思辨进展到定性论述。

科学的定量的系统思想,是在现代科学、技术、文化发展的基础上形成的。现代科学技术对于系统思想方法来说,第一个贡献在于使系统思想定量化,形成一套具有数学理论、能够定量处理系统各组成部分相互联系的科学方法;第二个贡献在于为定量化系统思想的实际应用提供了强有力的计算工具——电子计算机。这两大贡献都是在20世纪中期实现的。

科学的定量的系统思想的形成,从根本上来源于社会实践的需要。社会实践活动的大

---

① 恩格斯.路德维希·费尔巴哈和德国古典哲学的终结[M].//马克思,恩格斯.马克思恩格斯选集:第4卷.北京:人民出版社,1995:245.

型化和复杂化,要求系统思想方法不仅能定性,而且能定量。解决现代社会种种复杂的系统问题,对材料的定量要求越来越强烈,这尤其表现在军事活动中,因为战争中决策的成败关系到国家和民族的生死存亡。第二次世界大战是定量化系统发展的催生婆,这次战争在方法和手段上的复杂程度较以往的战争有很大的增加,交战双方都需要在强调全局观念、从全局出发合理使用局部、最终求得全局效果最佳的目标下,对拟采取的措施和反措施进行精确的定量分析,才有希望在对策中取胜。这样一种强烈的需要,以极大的力量把一大批有才干的科学工作者吸引到拟定与评价战争计划、改进作战技术与军事装备使用方法的研究工作中,其结果就是定量化系统方法及强有力的计算工具——电子计算机的出现,并成功地应用于作战分析。战后,定量化系统方法开始广泛地用来分析工程、经济、社会领域的大型复杂系统问题。一旦取得了数学表达形式和计算工具,系统思想方法就从一种哲学思想发展成为专门的科学。

概括地说,系统思想是进行分析与综合的辩证思维工具,它在辩证唯物主义那里取得了哲学的表达形式,在运筹学等学科那里取得了定量的表述形式,在系统工程那里取得了丰富的实践内容。古代农事、工程、医药、天文等方面的实践成就,以及建立在这些成就之上的古代中国和古希腊朴素的唯物主义自然观(以抽象的思辨原则来代替自然现象的客观联系);近代自然科学的兴起,以及由此产生的形而上学自然观(把自然界看作彼此不相依赖的各个事物或各个现象的偶然堆积);19世纪自然科学的伟大成就,以及建立在这些成就基础之上的辩证唯物主义自然观(以实验材料来说明自然界是有内部联系的统一整体,其中各个事物、现象是有机的相互联系、相互依赖、相互制约着的);20世纪中期现代科学技术的成就,为系统思想提供了定量方法和计算工具。这就是系统思想如何从经验到哲学到科学、从思辨到定性到定量的大致发展情况。[①]

第二节 系统科学的形成与发展

一门新学科的形成和发展总是与科学技术背景有关的。系统科学作为现代科学技术体系中的一个大部门,作为一门综合的、横断的新兴科学技术部门,更是如此。

人类对客观世界的认识和改造,从总体到局部,再到总体;从分析到综合,再分析,再综合,不断的螺旋式的向更广、更深发展。提出量子论的普朗克(M. Planck)认为:"科学是内在的整体,它被分解为单独的部门不是取决于事物的本质,而是取决于人类认识能力的局限性。实际上存在着由物理到化学、通过生物学和人类学到社会科学的连续的链条,这是一个任何一处都不能被打断的链条。"这幅世界的整体图像是不断发展的。

就近代来说,经过 300 年的近代科学技术的发展,到了 20 世纪初,以量子论和相对论的创立为标志,开始了人类史上最伟大的科学革命。微观层次建立了统一的量子力学和原子结构理论,宏观层次建立了科学的宇宙结构的学说。尤其是综合了粒子物理成就的宇宙演化模型的建立,是人类认识史上一个最具革命性的、划时代的伟大事件;对系统科学的形成和发展来说更有特殊的重大意义,因为实证的宇宙演化模型的建立,从根本上为科学的系统

---

① 许国志.系统科学[M].上海:科技教育出版社,2004:3-4.

演化理论的形成和发展打下了坚实的基础。在这些伟大成就的背景下，人们很自然要把重点集中于以人为尺度的宏观层次，寻求这个层次事物的产生、发展和演化的共性规律。这个层次的生命系统和人类社会更是世界上最复杂的事物，是宇宙演化绽放出的最美的花朵。反映这种趋向的一个有代表性的事例，就是在1943年，量子力学创始人之一的薛定谔（E. Schrodinger）在爱尔兰的都柏林三一学院作了一次题为"生命是什么——活细胞的物理学观"的演讲（于1944年整理出版）。正是由于在科学技术的这个总形势下广大科学技术工作者的努力，在20世纪40年代中期以来的大半个世纪里，以人类社会系统和生命系统为代表的"宏观层次"的科学技术获得了蓬勃的发展，使人类社会的面貌发生了巨大的变化。

20世纪，由于生产力的巨大发展，出现了许多大型、复杂的工程技术和社会经济问题，它们都以系统的面貌出现，都要求从整体上加以优化解决。由于社会的巨大需要，第二次世界大战后，雨后春笋般出现一个"学科群"，簇拥着科学形态的系统思想涌现出地平线，横跨自然科学、社会科学和工程技术，从系统的结构和功能（包括协调、控制、演化）角度研究客观世界的系统科学便应运而生了。

在20世纪40年代至60年代，系统科学逐步形成与发展，科学家明确地直接把系统作为研究对象，一般公认以贝塔朗菲（vonBertalanffy,1910—1972）提出"一般系统论"（General System Theory）概念为标志。40年代出现的系统论、运筹学、控制论、信息论是早期的系统科学理论，而同时期出现的系统工程、系统分析、管理科学则是系统科学的工程应用。

一、一般系统论①

贝塔朗菲是理论生物学家，1937年在芝加哥大学莫利斯（C. Morris）主持的哲学讨论会上第一次提出了一般系统论的概念。1945年贝塔朗菲的《关于一般系统论》在《德国哲学周刊》第18期上发表，明确提出一般系统论的任务"乃是确立适用于系统的一般原则"，并对系统的共性作了一定的概括，如系统的整体性、关联性、动态性、有序性、终极性（目的性）等。贝塔朗菲提出一般系统论是从有关生物和人的问题出发的。他认为对这类问题不能沿用讨论无机界问题常用的机械论的分析方法。他认为现实是一个有组织的由实体构成的递阶秩序，在许多层次的叠加中从物理、化学系统引向生物、社会系统；因此，不能把分割的部分的行为拼加成整体，必须考虑各个子系统和整个系统之间的关系才能了解各部分的行为和整体。他认为分析和认为隔离的方法是有用的，但要看到，即使对物理学的实验和理论也都还不是充分的。他的这些见解，今天看来是深刻的、前瞻性的。经过40年代末到50年代初的发展，一般系统论开始形成了国际性新学科。1954年创立"一般系统论学会"（1956年改名为"一般系统研究会"，80年代末又改名为"国际系统科学学会"），出版了机关刊物《行为科学》、《一般系统年鉴》。一般系统论对系统科学的形成和发展作出了重要贡献，但它们关于建立各种系统共同规律的居多，还有定性描述和概念的阐述居多，深入的定量理论和方法较少。

---

① ［美］冯·贝塔朗菲. 一般系统论：基础、发展和应用［M］. 林康义，魏宏森译. 北京：清华大学出版社，1987.

二、运筹学[①]

30年代末,由于战争的需要,研制了雷达系统。这个新的系统的有效运行,以及其他武器系统的分析和评价,提出许多问题并逐一得到较满意的解决,从而出现了运筹学(Operation Research)。一个武器系统的分析、评价和有效运行,不外乎分析制约因素(约束条件)以及要实现的目标(使其达到极大或极小)。推而广之,完成一项任务,做好一件事情,也是如此。运筹学的贡献,是把这个共性概括成了一种数学模式:联立约束条件方程和目标函数方程并求解。在这个模式的框架下,进一步建立了若干类型的具体数学模型。由于大批著名科学家的参与,运筹学得到迅速发展。第二次世界大战后,英国军方的一份《总结报告》曾说:"这种由资深科学家进行的,改善海军的技术和物质运作的科学方法,被称为运筹学","和以往的历次战争相比,这次战争更是新的技术策略和反策略的较量……我们在几次关键战役中加快了反应速度,运筹学使我们赢得了胜利。"

第二次世界大战以后,运筹学从单纯军事和战争中的应用研究,转移到经济和工业管理中的应用,并形成了自己的理论和方法。到60年代末运筹学达到了成熟的高峰期,其标志是1969年出版的瓦格纳(H. M. Wagner)的《运筹学原理和对管理决策的应用》。这是一本树立了运筹学新标准的教科书,获得了广泛应用。

三、控制论[②]

控制论(Cybernetics)的创始人是美国的维纳(N. Wiener,1984—1964),他把控制论定义为:关于在动物和机器中控制和通信的科学。控制论是在20世纪30年代至40年代蓬勃发展的自动控制技术和统计数学的背景下诞生的。从系统科学发展来说,控制论的诞生和发展有特别重大的意义,因为控制论提炼出了包括生物系统和人工系统极为广泛的一大类系统的共性和规律,这一大类的系统实质上也是系统科学研究的主要对象。控制论提炼出的基本概念,诸如目的、行为、通信、信息、输入、输出、反馈、控制以及在这些概念基础上的控制论系统模型,即输入—输出反馈控制模型。因此,从一定意义上说,半个世纪以来,系统科学的发展在总体上是和控制论的发展紧密相关的。

四、信息学[③]

我们这里所说的信息学(Informatics,Information Science)是关于系统的信息传递和处理的科学理论,不仅是香农(C. E. Shannon)的信息论(Information),还包括电子计算机理论。香农信息论和电子计算机的诞生和发展,是对系统的信息传递和处理过程规律的研究取得根本性突破的里程碑。

香农信息论形成的技术背景是通信工程。第二次世界大战对通信的实际需要,迫切要求建立通信理论。香农在1948年发表了《通信的数学理论》,宣告了信息论的诞生。香农的信息论提炼出了包括信源、信宿、信道的信号传输的普适模型,定义了信息量,提出了信源编

---

① [美]摩特,爱尔玛拉巴. 运筹学手册[M]. 王毓云等译. 上海:科学技术出版社,1987.
② [美]维纳. 控制论[M]. 郝季仁译. 北京:科学出版社,1962.
③ 戴汝为. 智能系统的综合集成[M]. 杭州:浙江科学技术出版社,1995.

码定理等重要定理,为一般意义上的信息传输奠定了理论基础。

1948年电子计算机的诞生,是人类认识世界、改造世界的一个伟大事件。电子计算机不单是威力巨大的计算手段,它首先标志着人类对信息处理本质的深刻认识。信息处理原本是人的智能,电子计算机的诞生就宣告了对人类智能的机理有了基本的本质性的认识,并且实现了人的处理信息的智能可以部分由人造物代替。电子计算机现在被广泛叫做"电脑",不但形象,而且也是很确切的。

对于系统科学研究的一大类系统,控制论从系统外显的行为出发,把目的、行为和信息的获取、传输及处理关联起来,概括成了一个反馈控制模型。而香农信息论则撇开了所谓信息的语义,从信息的语法方面建立了传递信息的通信系统模型。冯·诺依曼(von Neumann)计算机则实现了一种处理信息的"物理符号系统",这是人类智能物化的伟大起点。目的、行为、控制、信息、语法、语义、智能等本来都是表征人的活动的词汇,由于控制论、信息学的发展,这些词汇也被赋予了机器等人工物。

这样,运筹学、控制论和信息学的成就,就把科学的定量的系统思想的使用范围,从自然物扩展到人工物,从"物理"扩展到"事理",为系统科学横断自然科学、社会科学和工程技术的基本特征的形成奠定了基础。

五、系统工程、系统分析、管理科学[①]

20世纪30年代至40年代工程技术有了巨大进步,加上第二次世界大战的因素,更有了飞速的发展。随着生产规模越来越大,生产技术越来越复杂,科学研究涉及的专业和部门越来越多。这些大规模的生产系统、技术系统和科学系统由许多部分组成,关系错综复杂,需要人们从整体和相互联系的角度去考虑问题,需要制定一套处理复杂系统和组织工作的科学方法及程序。40年代,美国贝尔电话公司首先使用了"系统工程"(System Engineering)命名设计新系统的科学方法。1957年,美国密执安大学的古德(A. H. Goode)和麦考尔(R. E. Machal)合作出版了第一本以"系统工程"命名的书。第二次世界大战后,美国的兰德公司,针对大型社会、经济系统问题的研究,倡导"系统分析"(System Analysis),着重于在解决大型社会经济系统中的问题时,对若干可供选择的执行特定任务的系统方案进行选择比较,进行费用效果分析。此外,针对大企业的经营管理技术的发展,以泰勒(F. W. Taylor, 1856—1915)为代表的科学管理发展成了管理科学(Management Science)。

1969年,阿波罗飞船登月成功,被公认为是系统工程成功的范例,引起了人们对系统工程的广泛重视。1972年成立了国际应用系统分析研究所。目前,国际上定量化系统思想和方法的实际应用基本上仍沿着这三大学科蓬勃发展。

第二次世界大战以后,一般系统论、运筹学、控制论、信息学以及系统工程、系统分析和管理科学,相互渗透融合,织出了一幅系统科学从自然界扩展到人类社会,从基础理论到工程应用的五彩缤纷的图景。

系统自组织理论建立于20世纪70年代到80年代。比利时物理化学家普利高津(I. Prigogine, 1917—2003)于1969年提出耗散结构理论(Dissipative Structure Theory)。他认

---

① 宋健. 自动控制与系统工程[M]. 北京:中国大百科全书出版社,1986.

为热力学第二定律以及统计力学所揭示的是孤立系统(和环境没有物质和能量的交换)在平衡态和近平衡态条件下的规律,但在开放并且原理平衡的情况下,系统通过和环境进行物质和能量交换,一旦某个参量变化达到一定的阈值,系统就有可能从原来的无序状态自发转变到在时间、空间和功能上的有序状态。普利高津把这种在远离平衡情况下所形成的新有序结构称为"耗散结构"(Dissipative Structure)。

德国物理学家哈肯(H. HaKen,1927—)于 1969 年提出了协同学(Synergetics)。哈肯发现激光是一种典型的远离平衡态时由无序转化为有序的现象,但他发现即使在平衡态时也有类似现象,如超导和铁磁现象。这就表明,一个系统从无序转变为有序的关键并不在于系统是平衡或非平衡,也不在于离平衡有多远,而是通过系统内部各子系统之间的非线性相互作用,在一定条件下,能自发产生在时间、空间和功能上稳定的有序结构,这就是自组织(Self-organization)。哈肯还指出,系统在临界点附近的行为仅由少数慢变量决定,系统的快变量由慢变量(序参量)支配,就是所谓的役使原理。

耗散结构理论和协同学从宏观、微观以及两者的联系上回答了系统自己走向有序结构的基本问题,两者都被称为自组织理论。

耗散结构理论和协同学都源于具体学科,耗散结构理论是物理化学学科的研究成果,协同学是研究激光的成果,但普利高津和哈肯都敏锐地认识到它们的普适意义,经他们本人及其学派,再加上整个系统科学界的努力,早先的自组织理论,已发展为"系统自组织理论"了。

70 年代还有一些理论对系统科学的发展有重要意义。艾根(M. Eigen)吸收了进化论思想和自组织理论,于 1979 年发表了"超循环理论"(Hypercycle Theory),把生命起源解释为自组织现象,提出了一个自然界演化的自组织原理——超循环。托姆(R. Thom)于 1972 年发表了《结构稳定性与形态发生学》,对突变现象及其理论做出了系统深刻的阐述。

20 世纪 80 年代以来,非线性学科(Nonlinear Science)和复杂性研究(Complexity Study)的兴起对系统科学的发展起了很大的积极推动作用。

国际学术界在 80 年代形成了研究非线性科学的热潮,因为人们意识到非线性科学取得的成就昭示了对世界本质的认识又跃进了一大步。客观世界的一切事物,从根本上说都是相互作用体和相互作用过程;非线性是数学概念,是相互作用的数学表达。一个系统不仅是其部分的总和,这意味着叠加原理失效,在数学上说就是非线性。非线性科学研究各门科学中有关非线性的共性问题。一切事物作为系统,无论是系统内部结构还是外显的系统功能,以及系统演化过程都是相互作用的显示,因而也都是非线性的。特殊地说,系统科学(尤其是基础理论层次)特别关心一个系统的性能怎样随时间变化,有没有稳定的终态(相应于贝塔朗菲的用语 finality),这在非线性动力学中就是有没有稳定的定常状态(Stable Steady State,稳定定态,稳态)和分岔(Bifurcation)问题。任何问题都是一种稳态,非线性动力学中讨论的稳态大体有平衡(不动点)、振荡(极循环)和混沌(拟周期解可认为是振荡的组合),比过去只讨论平衡有了根本性的拓展,这就为研究系统的复杂形态提供了科学的依据和方法。由此,非线性科学的成果极大地丰富和深化了系统科学和系统工程定量化的发展[①]。可以

---

① 谷超豪.什么是非线性科学[M].上海:上海科学技术出版社,1995:276-287.

说,耗散结构理论和系统学正是在 80 年代吸收了非线性科学的成果,在理论上提高到一个新的高度;也可以说,非线性科学的进展推动了 80 年代后期复杂性研究的兴起①。

80 年代中期,国际科学界兴起了对复杂性的研究,一个突出的标志是 1984 年在美国新墨西哥州成立了以研究复杂性为宗旨的圣菲研究所(SantaFe Institute,简称 SFI)。这是由 3 位诺贝尔奖获得者盖尔曼(M. Gell-Mann)、阿罗(K. J. Arrow)、安德森(P. W. Anderson)为首的一批不同学科领域的著名科学家组织和建立的,其宗旨是开展跨学科、跨领域的研究,他们称作复杂性研究。他们认为事物的复杂性是从简单性发展来的,是在适应环境的过程中产生的。他们把经济、生态、免疫系统、胚胎、神经系统及计算机网络等称为复杂适应系统(Complex Adaptive System),认为存在某些一般性的规律控制着这些复杂适应系统的行为②。他们的这种认识体现了现代科学技术发展的综合趋势,反映了不同科学领域的共识。尽管对复杂性的看法还众说纷纭,但从方法论来看,对许多复杂事物的深入研究,仍然有些无法用还原论进行处理,这点已基本趋于一致。当前,物理领域、生物领域、社会领域差不多发出了共同的呼声:突破还原论。美国《科学》(Science)杂志于 1999 年 4 月 2 日发表了一题为"复杂系统"的专辑,邀请了物理、化学、生物、经济、生态环境、神经科学等方面的 8 位专家,撰写了他们所从事的领域中关于复杂系统的研究进展,但两位编者在前言中却以"超越还原论"为标题,就说明了这个形势。当今,复杂性研究和系统科学虽然在研究的范围、侧重面以及总体框架上有所不同,但无论就具体内容还是大的方向来说,在相当程度上是一致的,会形成相辅相成的新局面。

系统科学和系统工程在我国的研究应用,早期是从推广应用运筹学开始的。运筹学在我国的发展始于 1955 年。那时,形成了这样一个认识:我国有计划按比例的经济建设十分需要运筹学。1956 年在中国科学院力学研究所建立了我国第一个运筹学研究组;1960 年底,中国科学院力学研究所于中国科学院数学研究所的两个运筹学研究室合并称为数学研究所的运筹学研究室。华罗庚从 60 年代初期起在我国大力推广"统筹法",取得显著成就;在这同时,随着国防尖端技术科研工作的发展,我国在工程系统的总体设计组织方面也取得了丰富的实践经验。1978 年 9 月,钱学森、许国志、王寿云发表了"组织管理的技术——系统工程",提出了利用系统思想把运筹学和管理科学统一起来的见解,迅速产生了强烈的反响,这是在我国推广应用系统工程出现了新局面的标志③。1979 年 10 月,中国科学院,教育部,中国社会科学院,一、二、三、四、五、六、七、八机部,总参,总后,军事科学院、军事学院、国防科委和军兵种的 150 名代表,在北京举行了系统工程学讨论会,这次讨论会上我国 21 名知名科学家联合向中国科协倡议成立中国系统工程学会。钱学森在这次会上作了"大力发展系统工程,尽早建立系统科学的体系"的重要报告,这个报告提出了我国发展系统科学和系统工程的基本图景。1980 年 11 月在北京召开了中国系统工程学会成立大会,表明中国在系统工程的研究和应用进入了一个新的阶段。此后,每两年召开一次全国性学术年会,第十届学术年会于 2008 年 10 月在南昌召开。每次年会都成了全国系统科学和系统工程工作者交流经验、总结成果的盛会。30 年来,中国系统工程学会先后组建了 17 个下属专业委员会:军事

---

① [德]哈肯. 高等协同学[M]. 郭治安译. 北京:科学出版社,1989.
② [美]霍兰. 隐秩序[M]. 周晓牧等译. 上海:上海科技教育出版社,2000.
③ 钱学森,许国志,王寿云. 组织管理的技术——系统工程[M]. 长沙:湖南科学技术出版社,1988.

系统工程委员会、系统理论委员会、社会经济系统工程委员会、模糊数学与模糊系统委员会、农业系统工程委员会、教育系统工程专业委员会、科技系统工程专业委员会、信息系统工程专业委员会、交通运输系统工程专业委员会、过程系统工程专业委员会、人—机—环境系统工程专业委员会、决策科学专业委员会、草原系统工程专业委员会、林业系统工程专业委员会、系统动力学专业委员会、法制系统工程专业委员会(筹)、医药卫生系统工程专业委员会(筹)。这些专业委员会的活动,反映在众多学科和领域开展了系统科学与工程的研究和应用。

  随着系统工程在社会、经济、科学技术各个方面广泛开展研究应用,系统理论方面的基础研究也有长足的发展。这方面需要特别提出的是,从1986年开始,钱学森亲自指导"系统学讨论班"的学术活动。这个讨论班一直持续至今。这个班的研讨活动,提炼了许多重要概念,总结和提出了系统研究方法,逐步形成了以简单系统、简单巨系统、复杂巨系统(包括社会系统)为主线的系统学(Systematology)提纲和内容,明确系统学是研究系统结构与功能(包括演化、协同与控制)一般规律的科学。这个班的活动为系统科学在我国的发展,为系统学的建立作出了重要的基础性的贡献[1]。30多年来国内学术界众多领域,对系统科学进行了多方面多层次的研究、推广和应用,取得了可喜的成绩,出版了一批文献资料,形成了我国发展系统科学和系统工程的广泛基础和力量。

  80年代中期,差不多与美国圣菲研究所开展复杂性研究的同时,在钱学森的指导和参与下,我国对社会经济系统等负责系统进行了研究,提炼与总结出开放的复杂巨系统概念,以及处理这类系统的方法论,即从定性到定量的综合集成法,并于1990年初正式发表了"一个科学新领域——开放的复杂巨系统及其方法论"。我国经过近二十年的努力,开始在研究的前沿提出自己独创性的理论。这是我国开展系统科学与系统工程研究和应用的里程碑,在国际上也是前瞻性的成果。如,钱学森等在文中指出,简单大系统可用控制论的方法,简单巨系统可用统计物理的方法,这些方法还基本上属于还原论的范畴,但开放的复杂巨系统,不能用还原论的方法和由其派生的方法。这个观点直到10年后的20世纪末,才在国际学术界听到类似的提法。前述1999年美国《科学》杂志"复杂系统"专辑的编者用"超越还原论"作为前言的题目,就是一个例证。

  30年来,我国系统科学的研究和应用取得了重要的成就,为进一步的发展打下了坚实的基础。协同学的创始人哈肯曾说:"系统科学的概念是由中国学者较早提出的,我认为这是很有意义的概括,并在理解和解释现代科学,推动其发展方面是十分重要的",并认为"中国是充分认识到了系统科学巨大重要性的国家之一"。这也表示了国际系统科学界对我国情况的一种评价。

第三节 系统科学的体系结构和重要地位

  系统科学在我国的一个重要发展就是明确提出系统科学的体系结构,这是钱学森的重要贡献。

---

[1] 王寿云.开放的复杂巨系统[M].杭州:浙江科学技术出版社,1996.

第五篇 系统

钱学森的系统科学思想,首先表现在他提出的一个清晰的现代科学技术的体系结构。现代科学技术的发展,已经取得了巨大的成就。今天人类正探索着从渺观、微观、宏观、宇观直到胀观五个层次时空范围的客观世界。其中宏观层次就是我们所在的地球,又产生了生命、生物,出现了人类和人类社会。如今这些研究已形成了众多的科学领域和学科。据统计,目前国内外已有1 000多种研究领域和4 000多个学科,今后肯定还将产生出新的学科。但不管有多少种学科,就整体而言,现代科学技术所研究的对象是整个客观世界。客观世界包括自然的和人造的,人也是客观世界的一部分。从不同角度、不同观点以不同方法研究客观世界的不同问题时,现代科学技术又产生了各种不同的科学技术部门。例如自然科学是从物质在时空中的运动、物质运动的不同层次、不同层次的相互关系这个角度来研究整个客观世界的;社会科学是从人类社会发展运动,即从人类社会内部运动以及人类社会发展运动和客观世界的相互影响这个角度研究整个客观世界的。钱学森提出了现代科学技术体系的矩阵式结构,这个结构从纵向看首先引入"性智"、"量智",即客观整体认识和微观定量分析,此下有11个大科学技术部门,即:自然科学、社会科学、数学科学、系统科学、思维科学、人体科学、地理科学、军事科学、行为科学、建筑科学、文艺理论。这是根据现代科学技术发展到目前水平所作的划分,今后随着科学技术的不断发展,还会产生出新的科学技术部门,所以,这个体系是个动态发展和开放的系统。再从横向上来看,每一个科学技术部门里都包含着认识世界和改造世界的知识,而这些知识又处在不同层次上。自然科学经过300多年的发展,已形成了三个层次,这就是直接用来改造客观世界的工程技术,为工程技术直接提供理论基础的技术科学,以及再往上一个层次,揭示客观世界规律的基本理论,即基础科学。这三个层次反映了从认识世界到改造世界的科学技术知识结构。从这个角度来看,它对其他科学技术部门同样也是适用的。唯一例外的是文艺,文艺只是理论层次,实践层次上的文艺创作就不是科学问题,而是属于艺术范畴了。

马克思主义哲学是人类对客观世界认识的最高概括,也是科学技术的最高概括。辩证唯物主义反映了自然界、人类社会和思维发展的普遍规律。因此,现代科学技术的发展,应坚持马克思主义哲学为指导。同时,现代科学技术的发展,又为马克思主义哲学进一步概括和发展提供了丰富的材料,推动着马克思主义哲学的发展。基于马克思主义哲学和科学技术的这种关系,钱学森还提出了上述11个大科学技术部门通向马克思主义哲学的11座"桥梁",它们都属于哲学范畴,即:自然科学过渡到马克思主义哲学的桥梁是自然辩证法,社会科学的过渡桥梁是历史唯物主义,数学科学的桥梁是数学哲学,系统科学的桥梁是系统论(或称系统观),思维科学的桥梁是认识论,人体科学的桥梁是人天观,行为科学的桥梁是人学,地理科学的桥梁是地理哲学,军事科学的桥梁是军事哲学,建筑科学的桥梁是建筑哲学,文艺理论的桥梁是美学。这11座"桥梁"分别概括了11个大科学技术部门中各自带有普遍性、规律性的知识,即各科学技术部门的哲学。

综上所述,从感性认识和经验知识,到科学知识(现代科学技术体系),再到哲学,这样三个层次的知识,就构成了人类的整个知识体系,见图14-1。①

---

① 许国志.系统研究[M].杭州:浙江教育出版社,1996:311.

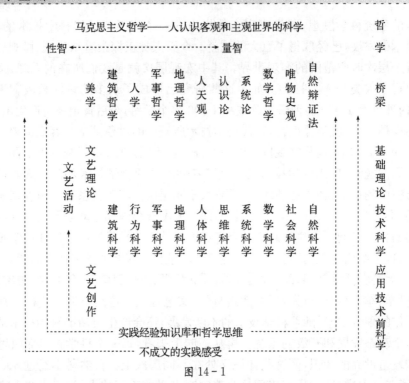

图 14-1

把上述科学技术体系结构用于系统科学，钱学森提出了如下的系统科学体系结构（图 14-2）。

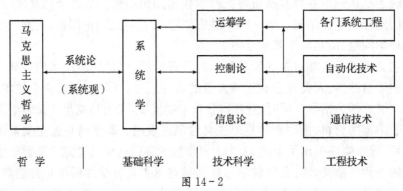

图 14-2

从上述 11 个科学门类来看，大部分是有确定具体对象范围的，如自然科学、社会科学等，也有横断性的，如数学科学和系统科学。

系统科学作为横断性的学科，比一般的交叉学科如生物、物理等涵盖的范围更宽。系统科学把事物看作系统，从系统到结构和性能，从系统的演化，研究各学科（从物理系统，化学系统，生物系统，到经济系统和社会系统）的共性规律，是各门学科的方法论和基础。

当今科学技术发展的特征和趋势之一，是不仅继续向微观深入，而且是直接走向宏观系统，走向复杂和综合。过去的几百年，科学研究的深入和分化是主流方向。今后，学科本身的进一步分化和向微观方向发展仍很重要。但是进入现代科学的时期，向着微观、交叉和复杂的整体化的趋势发展已成为主流。科学技术发展到今天，人类在探索各种自然现象和社会现象时，必然要面对各式各样包含有大量个体（天体、粒子、原子、分子、生物大分子、细胞、人、社团组织等)的系统。这些各式各样的个体怎样组织成形形色色的系统,较简单的个体运动又怎样组合为较复杂的系统群体行为,这些必然成为当代科学研究的一个基本方向。这些本质上都是系统问题。因此,系统科学必将会有重大发现,将改变科学世界的图景,革新传统的科学认识论和方法论,引起科学思维的革命。

至于事关世界全局的一些重大问题,诸如可持续发展、经济全球化,迫切需要系统科学的观念、理论、方法和技术,可以说,已成国际性的共识了。今天,"系统"的概念如此重要,以至于在美国国家科学教育标准中,要求从幼儿园到12年级的教学活动中,所有的学生都应培养"系统、秩序和组织"这个概念和过程相关的理解和能力。这里引用美国国家研究理事会所著《美国国家科学教育标准》一书的一些解释:

自然界和人工界是复杂的,它们过于庞大,过于复杂,不可能一下子研究和领会。为了便于调查研究,科学家和学生要学会定义一些小的部分进行研究。研究的单位称作"系统"。系统是相关无图或构成整体的各个部分的有组织集合。例如生命体、机器、基本粒子、星系、概念、数、运输和教育等都可以构成系统。系统具有边界、构件、资源流(输入和输出)及反馈。

秩序是宇宙中的物质、物体、生命体或事件单元的行为,它可以通过统计学的方法进行描述……在科学中,物体、生命体、系统或事件会受到很多因素的影响,随着有关这些影响因素的知识的增长,随着更多更好的观察结果的出现,随着更好的解释模型的开发,可以减少不确定性的发生。

组织的类型和水平提供了对世界进行思维的有用途径。组织的类型包括元素周期表和生命体的分类……生命系统也有不同的组织水平,例如细胞、组织、器官、生命体、群体和社会。基本单元的复杂性和数量随组织的层次而变。在这些系统内部,各个组成部分之间会发生相互作用。此外,系统在不同的组织水平上可以表现出不同的性质和功能[①]。

面对当今世界,科学技术迅猛发展,经济全球化,各国的高等学校都在进行教育改革,探索如何培养适应时代要求的人才。加强通才教育,重视文理相通,培养学生学习的主动性与创造性,扩展学生的视野,已成为高等教育界的共识。香港中文大学为此于1998年在全校开设了跨院跨系的"通识"课程,特邀全校不同院系的专家讲课。学校为此组织了通识教育委员会,于1987年5月,包括杨振宁在内的资深博学教师召开了非常讨论会讨论了三周。此课开了两年后,1999年授课教材正式出版,书名为《系统视野与宇宙人生》,贯穿全书的基本观念和内容,就是最基本的系统概念和理论。清华大学为硕士生开设了"系统论研究"(系统科学哲学)课程。中国人民大学将"系统科学"列为文科硕士生必修课。上海大学也已将"系统科学"(系统学)列为全校素质教育公共课程重点教材进行编写。

从上述示例可以看到系统科学在培养人才方面的重要作用。

随着21世纪的到来,科学技术和教育的发展向系统科学提出了新的要求,系统科学学科肩负着重大的历史使命。

---

① [美]国家研究理事会.美国国家科学教育标准[M].戴守志等译.北京:科学技术文献出版社,1989.

第四节　技术科学层次的系统科学

　　技术科学研究的问题来自工程实践。钱学森认为:"技术科学的目的是把工程实际中所有的许多设计原则加以整理与总结,使之成为理论,因而也就把工程实际的各个不同领域的共同性显示出来,而且也有力地说明一些基本概念的重大作用。"就系统科学而言,所谓工程实际问题无非是系统的设计研制、系统的组织管理和系统的操作使用。在系统学观点、原理和方法的指导下,把这些工程实践中广泛使用的设计原则、管理原则、操作原则加以整理和总结,揭示出它们的共性,同时进一步说明系统学基本概念的重大作用,这样的理论就是技术科学层次的系统科学,亦即系统科学的应用理论。

　　从系统观点看,撇开各种系统的特殊性问题,系统的设计研制、组织管理和操作使用的共性问题大体可以归结为通信(包括信息处理和信息传递)、控制和运筹决策三大类。在系统学原理指导下对通信工程、控制工程、经营管理活动的实践经验加以理论总结,用系统观点和方法阐述通信、控制和运筹决策以及由它们引出的其他概念的重大作用,制定分析通信、控制和运筹决策进而引出综合设计系统的一般理论框架,就是技术层次的系统科学,简言之,就是信息论、控制论、运筹学。

　　但在技术科学层次上,关心的首要问题是系统的功能、效益、用途等问题。在基础科学层次上,我们只考虑系统运行演化的客观规律。在技术科学层次上,重在运用这些规律解决实际问题。控制论家认为,控制理论研究的主要兴趣在于系统为实现某个目的所具有的能力以及如何施加控制来达到这一目的,这同样适用于信息理论和运筹决策理论。这一特点决定了技术科学层次的系统理论中包含大量反映能动性的概念,如可编码、可控制、可观测、最有策略等。但任何系统的设计、管理、运筹决策都是在给定的限制条件下进行的,人不能超越这种限制任意发挥主观能动性。虽然对系统所施加的限制条件随着科学技术的发展而在变化,过去不可能的做法未来不一定仍然是不可能的,但到那时新的限制又会出现,任何时候的系统设计、管理、决策都存在限制条件。因此,技术科学层次的系统理论都是关于在一定限制条件下发挥能动性的科学理论。

　　建设、使用通信系统和控制系统,一切实践过程的运筹决策,都是人们的办事活动。把要办的事情办成办好,而且要办得最好,是人类行为之常理。把这个朴素的原则用现代科学语言表述出来,叫最优性原理。通信系统,控制系统,经营管理社会系统,都存在性能优劣、效益高低的差别。追求优化是人的主观能动性的集中体现,优化思想是系统思想在技术科学中的突出表现。

　　为达到最优化目的,根据最优化理论制定的各种解决具体问题的方法,成为最优化方法。不同类型的最优化问题有不同的最优化方法,需要具体问题具体解决。

　　最优化理论和方法是建立在完全理性和信息完备性假设之上的,这两个假设只对比较简单的系统才近似成立。对于比较复杂的系统,优与劣只能相对地区分,最优解已没有意义,实际能得到的往往只有次优或较优解,甚至只能是所谓的"满意解"。那种不顾问题的实际背景,单纯追求数学模型漂亮和没有实际意义的最优解的做法,有违系统科学的科学精神。特别是面对开放的复杂巨系统问题时,更要防止这种形式主义,坚持按照从定性到定量综合集成的方法论思想处理问题。

控制论

1. 控制问题

撇开具体内容看,凡控制总要涉及施控者和受控者两种实体,控制是施控者影响和支配受控者的行为过程,一种有目的的活动,如图14-3所示。受控对象必有多种可能行为状态,有些合乎目的,有些不合乎目的,由此规定了控制的必要性:追求和保持那些合乎目的的状态,避免或消除那些不合乎目的的状态。只有一种可能状态的对象,则无控制的必要。控制是施控者的主动行为,施控者应有多种可供选择的手段,不同的手段作用于对象的效果不同,因此规定了控制的可能性:选择适当的手段作用于对象。只有一种手段的主体,实际上没有施加控制的可能。所以,控制就是施控者选择适当的控制手段作用于受控者,以期引起受控者行为状态发生合乎目的的变化。一切从这个意义上提出的问题,不论自然的、社会的还是人工制造物的,都是具有"控制意义"的问题,即控制问题。

图14-3

控制是系统建立、维持、提高自身有序性的手段。凡系统总需要对其组分进行某种调节控制。在物质世界的进化史中,低级的系统没有专门负责对各组分和整体的行为进行调节控制的子系统,必要的调节功能是通过组分之间动态的相互作用和边界的限制来实现的,贝塔朗菲称其为初级调节。物质世界沿着逐步复杂化的方向演化到达一定阶段,仅靠初级调节不能满足复杂系统的需要,开始分化出专门负责对组分和整个系统进行调节控制的子系统,贝塔朗菲称其为二级调节。在后续的进化中,出现越来越高级的控制方式,包括生命机体中的控制,社会系统的控制,以及各种人造的自动控制系统。

除了自然界进化中产生的控制外,只要人们可以发挥主观能动性,选择一定的手段去作用于对象,使之达到预定的目标,就构成控制问题。从系统科学观点看,人类改造客观世界的实践活动的核心就是控制。广义的控制包括领导、指挥、支配、经营、管理、创作、设计、组建、制造、操作、制裁、教育、调节、补偿、决策、优化等。狭义地说,控制仅指有控制的系统中施控者选择预定的手段作用于受控者的主动行为过程。认识客观存在的控制系统,设计和使用人造的控制系统,都需要一套特有的观念、原理和方法。系统地提供这种概念、原理和方法的学问就是控制论。

2. 控制任务

控制系统是人们为完成一定的控制任务而设计制造的。具体系统的控制任务千差万别,但从系统观点看,主要有以下几种类型的控制任务。

(1) 定值控制

在某些控制问题中,控制任务是使受控量稳定地保持在预定的常数值上,称为定值控制。定值控制是最简单的控制任务,在自然界、生命机体、社会和机器系统中广泛存在。如人的体温和血压控制,导弹巡航速度控制,室温控制,供电系统电压和频率控制,国民经济发展指标的控制,等等。

(2) 程序控制

当控制任务是保证受控制量按照某个预先知道的方式随时间而变化时,应当采取程序控制。程序控制也广泛存在,在工程技术领域,时钟的转动,程控机床的运行,要靠程序控制。在生命领域,生物个体从卵细胞开始的发育过程,昆虫的变态,生物钟的运行,要靠程序控制。在社会领域,大至国家执行五年计划,小至学校执行教学计划,个人按照日程安排处理事务,都是程序控制。

(3) 随动控制

在许多情况下,控制任务既不是使受控量保持不变,也不是使它按照预定的规律变化,而是随着某个预先不能确定的规律变化。随动控制极为普遍。火炮控制、雷达天线控制、猎人对猎枪的控制都是随动控制。体育竞赛中人体呼吸的节奏和深度需要跟踪身体用力情况的变化而变化,产品跟踪市场的波动而波动,也是随动控制。最典型的是导弹为击中机动目标的控制,不断地监测目标的位置和速度,不断地调整导弹的飞行路线,逐步减小差距,直到最后击中目标。

(4) 最优控制

定值控制、程序控制和随动控制的控制任务可以统一表述为:保证系统的受控量和预定要求相符合。三者的区别在于,这种预定要求是固定的还是可变的,变化规律是预先准确知道的还是只能在运行过程中实时监测。但是,许多实际过程关于受控量的预定要求不仅不能作为固定值在系统中标定出来,或者作为已知规律引入系统作为程序,甚至无法在系统运行中实时获取。这类过程的控制任务应当表述为使系统的某种性能达到最优,即实现对系统的最优控制。最优控制的实例也很广泛。例如,发电站保证发电机最大效益的控制,宇航系统要求达到预定位置所需时间最小的控制,经济系统对有限资源分配的控制等。

不同受控过程要求不同控制思想。在实际运用中常常将不同控制任务的系统结合使用。同一飞行器常常既有定值控制又有程序控制和随动控制。人体系统、社会系统都同时具有执行四种控制任务的控制系统。

3. 控制方式

给定控制任务后,还需要选择适当的控制方式或策略。控制是一种策略性行为,同一任务可以采用不同的控制策略加以实现,形成不同的控制方式。有以下几种基本控制方式。

(1) 简单控制

如图14-4所示,根据实际需求和对于受控对象在控制作用下的可能结果的认识,制定适当的控制方案或指令,去作用于对象以实现控制目标。例如,根据市场需求和工厂历来的行为特点,厂领导制订生产计划即控制作用,下达给车间执行。

图 14-4

(2) 补偿控制

在许多情形下,外界对系统的干扰不能忽略不计,即使对象能忠实地执行控制指令,干扰的存在也会使控制作用无法达到预定要求,必须着眼于消除或减少干扰的影响来制定控制策略。一种可能的策略是"防患于未然",即在干扰给系统造成影响之前能够预测干扰作用的性质和程度,计算和制定出足以抵消干扰影响的控制作用并施加于受控对象,这就是补偿控制策略。如图14-5所示。

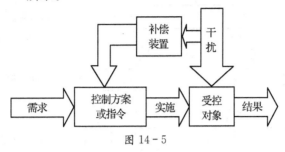

图 14-5

(3) 反馈控制

由于干扰因素的性质和数量千差万别,所需的补偿方案也千差万别,相应的补偿技术常常是很复杂的。补偿的前提是精确了解干扰的性质和大小,这往往做不到。即使能够精确测定,如果干扰作用过强,事实上也无法补偿。何况补偿控制同样以信任对象能够忠实执行控制指令为前提,这在许多情形下是做不到的,这就需要反馈控制策略。这种控制策略不着眼于预先抵消干扰的影响,而着眼于实时监测受控对象在干扰影响下的行为表现,把它量化,并与控制任务要求的目标值相比较形成误差,根据误差的性质和程度制定控制方案、施加控制作用,以便消除误差,达到控制目标。这种以误差消除误差的控制策略,常称为误差控制。如此反复施加控制作用,反复测量控制结果,反复回馈结果信息,反复修改控制作用,直到误差消除为止。在结构上,需设置反馈信息的环节和通道,因而称为反馈控制。鉴于信息流通形成了闭合回路,所以又称为闭环控制。反馈控制图如图14-6所示。

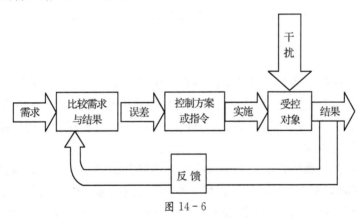

图 14-6

(4) 递阶控制

早期的控制系统都是中小规模的,采用单一控制中心,一切信息都汇集到这里进行处理,一切控制指令都从这里出发,称为集中控制。大系统不仅规模大,而且一般是分散的,具有不确定性,把系统分为若干片,每片设置一个控制中心,各自独立地控制,彼此互不协调,称为分散控制方式,如城市交通指挥。大系统的通用控制方式是集中与分散相结合的递阶控制。递阶控制的一种方式是多级控制,另一种方式是多段控制。

三级递阶控制图如图14-7所示。

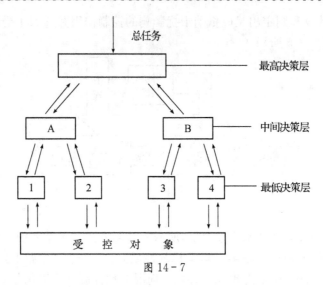

图 14-7

三段递阶控制图如图 14-8 所示。

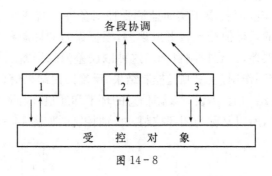

图 14-8

运筹学①

作为科学研究对象的客观世界是由物和事两方面组成的。物指独立于人的意识而存在的物质客体；事指人们变更自然和社会的各种有目的的活动，包括对自然物的采集、加工、改造，人与人的交往、合作、竞争，对人的活动所做的组织、协调、管理等。通俗地讲，事就是人们做事、搞工作、处理事物。

人类的知识由关于物的知识和关于事的知识两部分组成。通俗地讲，物理是物质运动之理，事理是办成办好事情之理。随着近代文明的兴起和发展，关于物的知识首先获得科学的形态，产生了自然科学。自然科学创造了一整套方法，把人在实践中对自然界的影响撇开，单就实践的物质对象的自然属性进行研究。自然科学是关于物理的科学，即广义的物理学。关于事的知识或事理则长期停留在经验知识的形态，人们只能靠经验和意识办事。

从 20 世纪开始，由于大工业、大生产、大企业的大量出现，单靠经验知识已无法搞好经营管理，产生了使关于事的知识也取得了科学形态的客观需求。从那时起，科学家开始应用自然科学行之有效的方法研究某些事理问题，取得了不少成果。特别是第二次世界大战期间，战争的需要推动了人们研究如何合理的或优化的使用现有武器系统、如何搜索敌机敌舰

---

① 钱学森.论系统工程(增订本)[M].长沙:湖南科学技术出版社,1988.

等事理问题,形成军事运筹学这个与自然科学性质不同的新学科,这些成果战后被迅速地推广应用于经济、社会等,正式产生了运筹学。又经过几十年的发展,人们对于这个本质上不同于自然科学的研究领域有了深刻的认识。在西方,西蒙提出关于人工事物的科学;在中国,许国志、钱学森等于1980年前后提出事理和事理学的概念,明确了"物有常规,事有定则",钱学森于90年代进一步提出区分运筹学和事理学的设想。

在系统科学的三门技术科学中,运筹学与自然科学的技术科学之间的区别最显著。就研究对象看,自然科学中的技术科学完全撇开人的活动,仅仅研究自然规律,研究物质运动和能量转换;运筹学则撇开物质运动和能量转换研究人的活动这种社会现象,即人们基于一定物质条件的办事过程。就研究成果看,自然科学中的技术科学提供的是问题的答案,运筹学提供的是活动的策略。就使用的数学工具看虽然都是应用数学,但前者处处体现着物理学的痕迹,如场论、势论、波动方程、散度、旋度等;解决运筹问题的应用数学大量引入人类活动的词汇,如合作、竞争、联盟、顾客、服务、库存、策略等。运筹学的出现,从一个侧面有力地表明:科学作为一种演化系统正处于深刻的形态转换之中。

在人类的生存活动中,凡需要通过定性谋划和定量计算而制定出行动方案的问题,都是运筹问题。按照钱学森的观点,"我们的运筹学不包括系统工程的内容,而只包括了系统工程的特殊数学理论"。因此,典型的运筹问题应是可以用数学语言描述的事理问题。发现具有运筹意义的问题,是这一学科发展的关键。现已得到充分研究的主要运筹问题有:规划问题、排队问题、对策问题、决策问题、库存问题和搜索问题等。一切运筹问题都是由目标、条件、决策三者构成的系统。运筹学的任务是正确提出运筹问题,以系统观点分析问题,制定表达目标、条件、决策的数学方法,发明求解运筹问题的算法,寻找在满足限制条件下达到目标的最优决策。

信息论

客观世界是由物质、能量、信息三大要素组成的。自贝塔朗菲以来的系统科学代表人物都认为,必须也能够撇开对象有关物质、能量的特殊规定性,仅仅把对象当作系统来研究,但不能撇开信息来研究系统。元素之间、子系统之间的相互联系和作用,系统与环境的相互联系和作用,都要通过交换、加工、利用信息来实现;系统的演化,整体涌现性的产生,高层次的出现,都需要从信息观点来解释。信息也是系统科学的基本概念。

人类的社会生活需要离不开信息。生存发展的实际需要迫使人类从远古就把与信息打交道作为必需的生活技能来对待,形成不同的信息作业,包括信息的获取(感测和采集)、信息的表示和固定、信息的发送、信息的传输、信息的接收、信息的加工、信息的存储、信息的检索和提取、信息的利用和控制等等。随着生产力和认识能力的提高,逐步学会把人体自身的信息能力外化、物化,发明创造了一些初步的信息技术,如获取信息的磅秤和指南针,处理信息的算盘,传递信息的烽火台等。利用这些技术,进行一些初级的信息作业。

在漫长的历史时期中,信息作业仅仅被当做工程技术或技巧问题,完全靠经验来处理,无需理论的指导。自从19世纪发明人工电信以来,以通信技术为核心的信息作业日益需要科学理论的指导,包括定量的分析计算。物理学家开尔文对海底电线的分析是对信息进行理论研究的开始。他把电线的电阻和静电电容看作分布函数,用微分方程描述,对信号波形的畸变作出定量分析。20世纪20年代,奈奎斯特对信息频率的特性分析,哈特利关于信息概念和信息量的想法,为信息论的诞生做出了重要的理论准备。到40年代,经过香农、维纳等人的系统阐述,作为一门技术科学的信息论终于诞生了。

  信息概念对系统研究具有广泛的意义。系统作为诸多部分的统一整体要生存和发展,它的部分之间必须协调有序的相互作用,系统与环境之间也必须协调有序地相互作用。这种协调有序的相互作用,有赖于元素之间、子系统之间、层次之间、系统与环境之间合理有效的信息联系、信息交换、信息操作。信息论于40年代一诞生就显示出对系统研究可能具有广泛的应用。贝塔朗菲把信息论看作系统研究的一个分支,试图从信息角度阐述他的一般系统论。维纳把信息作为沟通动物、社会、机器系统的桥梁,发展了波尔兹曼、齐拉、薛定谔关于负熵的思想,明确提出信息的负熵原理,把信息作为系统组织程度的度量,把信息同系统的开放性联系起来,对后来的系统研究产生了深刻影响。现代自组织理论的倡导者普利高津、哈肯、艾根等人试图从信息概念解释系统自组织过程。钱学森把信息论作为建立系统学的依据之一。以建立复杂系统一元化理论为目标的圣菲学者同样重视研究信息问题。这表明,讲系统不能不讲信息,必须从信息角度研究系统,这已成为系统科学界的共识。关于信息的科学理论是系统科学的有机组成部分。

第十五章　系统的基本概念和方法

第一节　系统的含义和分类

一、系统的含义

仅就系统自身的规定看,按照现代系统研究开创者贝塔朗菲的定义,系统(Systems)是"相互作用的多元素的复合体"。这个定义包含两个逻辑义项。把它稍加精确化,可以表述为:义项 1. 如果一个对象集合中至少有两个可以区分的对象,所有对象按照可以辨认的特有方式相互联系在一起,就称该集合为一个系统;义项 2. 集合中包含的对象称为系统的组分(组成部分),最小的即不需要再细分的组分称为系统的元素或要素。

定义中的义项 1 规定系统的第一个特点是多元性,系统是多样性的统一、差异性的统一。存在有差别的多个事物,才可能在一定条件下出现整合成为一个系统的要求。组分的多样性和差异性是系统"生命力"的重要源泉。最简单的是二元素系统,一般为多元素系统,原则上存在无穷多元素的系统。定义中的义项 2 规定系统的第二个特点是相关性或相干性,系统中不存在与其他元素无关的孤立元素或组分,所有元素或组分都按照该系统特有的、足以与别的系统相区别的方式彼此关联在一起,相互依存、相互作用、相互激励、相互补充、相互制约。系统必须具有内在相关性或相干性,相关性也是系统"生命力"的重要源泉,差异而不相关的事物构不成系统。这两个特点又决定了系统的另一个更重要的特点:整体性。系统是由它的所有组分构成的统一整体,具有整体的结构、整体的状态、整体的行为、整体的功能等。系统是整合起来的多样性,兼具多样性和统一性两个特点。

简单地说,系统是处在环境之中相互作用和相互依赖的若干部分(要素)组成的具有一定结构和确定功能的有机整体。系统的功能是接收信息、能量、物质进行处理加工产生信息、能量、物质,这就是系统的输入和输出过程。

系统的特点:① 系统是一个若干部分(要素)以预定结构组成的相互联系的整体;② 系统整体可以分为若干基本要素;③ 系统整体有不同于组成部分的新的功能;④ 系统中存在着物质、能量和信息的流通;⑤ 系统有一定的环境,系统与环境又组成一个更大的系统,系统与环境相互作用、相互联系。

二、结构与子系统

按照定义,系统研究最关心的是把所有元素关联起来形成统一整体的特有方式(包括关联力)。组分与组分之间关联方式(系统把其元素整合为统一整体的模式)的总和,称为系统的结构。在组分不变的情况下,往往把组分的关联方式称为结构。当系统的元素很少、彼此差异不大时,系统可以按照单一的模式对元素进行整合。当系统的元素数量很多、彼此差异不可忽略时,不再能够按照单一模式对元素进行整合,需要划分为不同的部分,分别按照各自的模式组织整合起来,形成若干子系统,再把这些子系统组织整合为整系统。一种最简单的情形是,由于系统规模太大,必须对元素"分片"管理,因而把整系统分为若干子系统,但不同子系统具有相同结构。

系统的结构方式无穷无尽,目前尚无完备的结构分类方法。一般情况下,应注意从以下两个方面对系统作结构分类。

(1) 框架结构与运行结构。当系统处于尚未运行或停止运行的状态时各组分之间的基本连接方式,称为系统的框架结构。系统处于运行过程中所体现出来的组分之间相互依存、相互支持、相互制约的方式,称为系统的运行结构。

(2) 空间结构与时间结构。组分在空间的排列或配置方式,称为系统的空间结构。组分在时间流程中的关联方式,称为系统的时间结构。有些系统主要呈现空间结构,有些系统主要呈现时间结构,有些系统兼而有之,后者称为时空结构。

三、整体与涌现性

整体与部分是系统科学的一对重要范畴,系统科学着眼于考察系统的整体性。若干部分按照某种方式整合成为一个系统,就会产生出整体具有部分或部分总和所没有的东西,如整体的形态、整体的特性、整体的行为、整体的状态、整体的功能、整体的困难、整体的机遇、整体地解决问题的途径等。一旦把系统分解为它的组成部分,这些东西便不复存在。就是说,系统与组分或子系统相比有质的提升、新的飞跃。系统科学把这种整体才具有、孤立的部分及其总和不具有的特性,称为整体涌现性(或称突显性)。例如,单个物质分子没有温度、压强可言,大量分子聚集为热力学系统,就具有可用温度、压强表示的整体属性。一台安装好的机器具有它的全部零件总和所没有的功能。所有这些都是系统整体具有而部分及其总和不具有的特性,是部分被整合成为系统后在整体上涌现出来的新特性,是系统科学意义上的质变①。

组分多少代表系统的规模。规模大小不同所带来的系统性质的差异,称为规模效应。在最简单的情形下,整体涌现性是一种规模效应,整体特性与系统的规模即组分多少有关,没有必要的规模,就无法产生必要的整体效应。从小系统到大系统,规模的增大导致系统性质的显著差别,描述和处理的方法有明显的不同。就系统自身看,整体涌现性主要是由它的组成成分按照系统的结构方式相互作用、相互补充、相互制约而激发出来的,是一种组分之间的相干效应,即结构效应、组织效应。不同的结构方式,即组分之间不同的相互激发、相互制约方式,产生不同的整体涌现性。整体涌现性的通俗表述,就是"整体大于部分之和",从整体中必定可以发现某些在部分中看不到的属性和特征。按照西蒙的说法,就是"已知部件的性质和它们相互作用的规律,也很难把整体的性质推断出来"。在特殊情况下,当整体与部分具有同质的特性、可以进行量的比较时,整体涌现性就是"整体不等于部分之和"。合理的结构方式产生正的结构效应,整体将大于部分之和;不合理的结构方式产生负的结构效

---

① [美]西蒙.人工科学[M].武夷山译.北京:商务印书馆,1987:167.

应，整体将小于部分之和。每个系统都表现出特有的、能与别的系统区分开来的整体涌现性。研究系统就是要了解系统特有的整体性质。整体观点是系统思想最核心的观点，系统科学是关于整体性的科学。

整体涌现性是由规模效应和结构效应共同产生的，一般来说起决定作用的是结构效应。无论是自然界自行组织而成的系统，还是人工组建、制造的整体，涌现与系统整体总是相伴而生，一旦形成系统立即涌现出特有的整体特性，系统解体立即丧失其整体特性。整体性与涌现性是同一个事物的两面，前者是以既成论观点看问题的结果，贝塔朗菲采用亚里士多德"整体大于部分之和"的说法表示；后者是从生成论观点看问题的结果，采用霍兰"多来自少"的说法表示。

整体涌现性也就是非还原性或非加和性，即整体具有但还原成部分便不存在的特性，或把部分特性加和起来无法得到的特性。承认一切系统都有非加和性，并非否定系统不存在某些方面的加和性。例如，物质系统整体的质量等于各部分的质量之和，一个单位的工资总额等于它的工资的加和，都是加和特性。所以，系统性应是加和性与非加和性的统一。涌现性都是整体属性，但整体性不一定是涌现性。

鉴于元素特性、数量（系统规模）特别是结构方式的不同，整体涌现性在质和量上千差万别，产生出现实世界无穷多样的系统。系统科学是探索整体涌现性发生的条件、机制、规律以及如何利用它来造福人类的方法的知识体系。

四、系统的层次

涌现性的另一种解释是高层次具有低层次没有的特性。新层次根源于出现了新的涌现性，有不同层次必有不同水平的涌现性。最简单的系统由元素层次和系统整体层次组成，元素之间的相互作用直接涌现出整体特性，无需通过中间层次的整合。复杂系统不可能一次完成从元素性质到系统整体性质的涌现，需要通过一系列中间等级的整合而逐步涌现出来，每个涌现等级代表一个层次，每经过一次涌现形成一个新的层次，从元素层次开始，由低层次到高层次逐步整合、发展，最终形成系统的整体层次。层次是系统由元素整合为整体过程中的涌现等级，不同性质的涌现形成不同的层次，不同层次表现不同质的涌现性。

一般来说，低层次隶属和支撑高层次，高层次包含或支配低层次。高层次必有低层次没有的涌现性，一旦还原为低层次，这种涌现性就不复存在。多层次是复杂系统必须具有的一种组织方式，层次结构是系统复杂性的基本来源之一。简单系统无需划分层次就可以把它的各个部分有效地组织起来，复杂系统则不行，必须按层次方式由低级到高级逐步进行整合。首先对元素进行整合，形成许多子系统，再对这些子系统进行整合，形成较高一级的子系统，一直到形成系统整体。在按照多个层次组织起来的系统中，不同层次的子系统有高低不同的涌现性，较大的子系统一般也分层次。在这种系统中，层次提供了一个参照系，讨论问题首先要明确是在哪个层次上，混淆层次（如把不同层次的子系统相提并论）必将导致概念混乱。

出现新的涌现性不一定产生新的层次。由相同元素组成的系统在内外因素作用下改变了结构，必然丧失原结构对应的涌现性，出现由新结构决定的另一种涌现性，却没有形成新的层次。以激光器为例，在控制参量越过第一个临界值时涌现出激光这种新物质，在控制参量越过第二个临界值时涌现出脉冲光这种新物质,两者之间并非层次的差别。这种情形大量存在。只有当某个已经形成的层次上出现了大量系统,以它们为子系统做进一步的整合而形成新的更高级的系统时,才会涌现出新的层次。

从层次观点看,每种涌现性都是从低层次事物的相互作用中激发提升起来的,如同泉水从地下(低层次)冒出来一般。对于自行组织起来的系统,涌现性可以称为"自涌性"。但不应把涌现与自涌等同起来,因为人工系统也有整体涌现性。

层次是系统科学的基本概念之一,是认识系统结构的重要工具,层次分析是结构分析的重要方面。系统是否划分层次,层次的起源,分哪些层次,不同层次的差异、联系、衔接和相互过渡,不同层次的相互缠绕,层次界限的确定性与模糊性,层次划分如何增加了系统的复杂性,层次结构的系统意义,层次结构设计的原则等,是层次分析要解决的问题。

五、系统的分类

(1) 按系统的规模分:小型系统、中型系统、大型系统和巨型系统。

(2) 按组成要素的性质(按人类干预的情况)分:自然系统、人造系统和复合系统。

自然系统——原始的系统都是自然系统,如天体、海洋、生态系统等,又如呼吸系统、消化系统、循环系统、免疫系统等。

人造系统——如人造卫星、海运船只、机械设备等,又如交通系统、商业系统、金融系统、工业系统、农业系统、教育系统、经济系统、文艺系统、军事系统、社会系统等。

近年来,人造系统对自然系统的不良影响已成为人们关注的重要问题,如核军备、化学武器、环境污染等。自然系统是一个高级复杂的均衡系统,如季节周而复始地变化形成的气象系统、食物链系统、水循环系统等。自然系统中的有机物、植物与自然环境保持了一个平衡态。在自然界中,物质流的循环和演变是最重要的,自然环境系统没有尽头,没有废止,只有循环往复,并从一个层次发展到另一个层次。原始人类对自然系统的影响不大,但近几百年来,科技发展很快,它既造福于人类,又带来危害,甚至灾难,引起了人们极大的关注。例如,埃及阿斯旺水坝是一个典型的人造系统,水坝解决了埃及尼罗河洪水泛滥问题,但也带来一些不良影响,如东部的食物链受到破坏,渔业减产;尼罗河流域土质盐碱化加快,发生周期性干旱,影响了农业;由于河水污染使附近居民的健康受到影响等。但如能运用系统工程方法来全面考虑,统筹安排,有可能得到一个既解决洪水问题又尽量减少损失的更好方案。

复合系统——既包含人造系统又包含自然系统。系统工程所研究的对象大多是复合系统。对系统的分析应自上而下而不是自下而上的进行。例如,研究系统与所处环境,环境是最上一级,先注意系统对环境的影响,然后再进行系统本身的研究,系统的最下级是组成系统的各个部分或要素。自然系统常常是复合系统的最上一级。

(3) 按系统与环境的关系分:开放系统、封闭系统和孤立系统。

开放系统——是指在系统边界上与环境有信息、物质和能量交互作用的系统。例如商业系统、生产系统或生态系统,这些都是开放系统。在环境发生变化时,开放系统通过系统中要素与环境的交互作用以及系统本身的调节作用,使系统达到某一稳定状态。因此,开放系统常是自调整或自适应的系统。

封闭系统——是一个与外界无明显联系的系统,环境仅仅为系统提供了一个边界,不管外部环境有什么变化,封闭系统仍表现为其内部稳定的均衡特性。封闭系统的一个实例就是密闭罐中的化学反应,在一定初始条件下,不同反应物在罐中经化学反应达到一个平衡态。注意,物理上还没有严格划分,往往把仅仅没有物质来往的系统称封闭系统,而把没有物质、能量和信息来往的系统称为孤立系统。

此外,按物质形态可分成实体系统和抽象(概念)系统;按学科领域就可分成自然系统、社会系统和思维系统;按范围划分则有宏观系统、微观系统;按状态划分就有静态系统和动态系统,稳态系统和非稳态系统。另外还有平衡系统、非平衡系统、近平衡系统、远平衡系统等等。

第二节　系统的特性

技术系统表现出来的性质很多,而且在研究某一个具体系统时,各个性质又是相互联系、相互制约的。

一、系统的整体性[①]

一种事物在独立状态下的性质和特点与若干个这样的事物组成系统以后的性质和特点是不一样的。因为要素组成系统后,就产生了要素之间的相互联系和作用,形成了一种新的特性,我们把这种新的特性叫做系统的整体性。所谓系统的整体性,就是要素组成系统以后,由于彼此间的相互联系和作用所产生的那些新的性质和特点。换句话说,就是系统的性质和特点,不是它的各个组成部分的性质和特点的简单相加,而是由于它们彼此相互联系和作用新产生出来的。

整体性是系统最基本的特征。一般系统论的创始人贝塔朗菲认为,一般系统论就是对整体和整体性的科学探索,就是关于整体的一般科学。他通常把系统的整体性表述为"整体大于它的各个孤立部分之和",并把它作为一般系统论的一个定律,人称"贝塔朗菲",这句话的意思是说,系统整体的一些特征与组成它的要素的特征相比,好像是"新加的","多出来的"。作为系统整体中的组成要素,具有它自己独立存在的状况下所没有的特征。比如,人作为一个活的有机整体,能思维,会说话,可以从事各种活动。但是,组成人体的各个肢体器官,在独立存在的情况下哪个也不具有这些性质和功能。比如,没有大脑,就不会思维了;没有胃,就不消化食物了;没有手,就不能劳动了。可见,这些肢体器官只有统一在人体身上,只有作为一个活着的人体的组成部分,才能发挥它们的作用。一个工厂也是这样,它是由人、财、物、产、供、销各个分系统组成的系统整体。作为组成系统整体的要素,任何一个工人或者分系统都不能单独生产出最终产品,只有它们按照产品的工艺要求组成管理系统和各生产车间,相互配合,才能完成生产任务。

系统之所以会产生整体性,是因为系统虽然是由要素组成的,但这些要素组成系统,并不是要素的简单相加和堆积,就像做算术加法一样,把事物累积在一起,而是按照一定的方式和秩序有机地组织起来的,这个组织过程,就是一个整体化的过程。在这个过程中,各要

---

① 邵光远,张纪川. 系统科学入门[M]. 北京:知识出版社,1990.

素之间形成了相互联系和动态的相互作用。由于这种相互联系和相互作用,就使得各要素形成系统以后产生了有机性、组合性和组织性。

当然,各种系统的整体性的形成又是不一样的。例如,物理系统的整体性,如原子、分子和晶体等,它们的整体性都来源于各要素的联合;而生物系统的整体组织又有自身的特点。自然界和人类都不能用各种要素组合成一个生物体。生物的整体组织是由原始整体的分化逐步建立起来的。比如植物从种子发芽或者从亲体的一部分断开,逐步生长为一个个体;动物的一个精子和卵子结合形成胚胎,胚胎再逐步发育,形成动物个体,等等。社会系统整体性的产生又与自然系统不同,它的形成同人的设计和创造有关。例如,人们可以根据某种社会需要建立一个组织,如政治团体、管理系统和工厂企业等等。而观念系统的整体性则是人脑对感性材料思维、加工和创造的结果。总之,虽然各类系统形成的途径不同,但是它们都有一个共同的特征,这就是整体性特征。

既然整体性是一切系统最基本的特征,那么,我们在观察和处理事物的时候,在设计、制造和管理各种系统的时候,就要从全局出发,把各种因素放在一起综合加以考虑,追求系统的整体功能和效应。这样,才能使我们从整体上把握事物,驾驭全局,以取得最佳的经济效益和社会效益。

另外,重视系统的整体效应,要求我们在必要的时候,要舍得抛弃部分,保存整体。据说法国著名的雕塑家罗丹曾经给大文学家巴尔扎克雕了一座塑像,塑像雕好以后,很受人们称赞,人们特别对雕像上巴尔扎克的一双手赞不绝口,说这双手太逼真、太生动了。可是罗丹听到后,却毫不犹豫地从雕像上砍去了这双手。他解释说,这样,人们就不会过分地注重这双手而不去注意塑像的整体了。

艺术形象的塑造是这样,我们从事各项工作也是这样。比如,在体制改革工作中,有的单位要撤销,有的企业要下马或者转产,这都是为了把全局工作搞好。有些单位的领导不从大局出发,只顾小单位的利益,对改革采取消极的态度,这就不对了。

重视整体效应,还必须处理好各部分的比例关系。系统整体规定着各要素之间的关系,不能随意破坏这种关系,这样才能获得最佳的整体效应。比如,一个地区农、林、牧各项生产应该保持什么样的比例,这不能由主观意志来定,而要看怎样才能发挥整体的经济效益。过去,在"左"的思想影响下,片面强调粮食生产,毁林开荒,乱垦草场,从而破坏了生态平衡,造成水土流失,结果是耕地增加了,产量却大大下降了,林、牧业收入也减少了。现在退耕还林,退耕还牧,提倡农、林、牧全面发展,结果,耕地虽然相应减少了,但粮食产量却增加了,整体经济效益也提高了。这说明,只有坚持系统的整体性原则,处理好各部分之间的关系,才能获得最好的整体效应。可见,学好系统科学,对我们搞好各项工作具有重要意义。

二、系统的相关性[①]

所谓系统的相关性,是指系统的要素与要素之间,要素与系统整体之间,以及系统与环境之间相互联系和相互作用。

系统的相关性,首先表现在系统内部要素之间的相互联系和相互作用。在系统内部,任

---

① 钱学森.人体科学与当代科学技术发展纵横观[M].北京:人民出版社,1996:335.

何一个要素的变化都会导致其他要素以及整个系统的变化。比如,英国生物学家达尔文就发现在三叶草、土蜂、田鼠和猫之间存在着一种有趣的关系。三叶草靠土蜂给它传授花粉才能结出种子。因此,三叶草的繁殖直接受土蜂的多少的制约。但达尔文又发现,土蜂的多少在很大程度上又由田鼠的多少来决定,因为田鼠吃土蜂,并且常常毁坏它们的蜂房。而靠近村镇的地方有很多猫又靠捕捉田鼠过日子,所以猫的多少又决定着田鼠的数量。这样,猫、田鼠、土蜂和三叶草就构成了一个生态系统。在这个系统里,猫、田鼠和土蜂之间有冲突关系,土蜂和三叶草之间是互利关系,它们之间的这些关系,就反映了系统内部要素与要素之间的相关性。其实,世上任何系统都是这样。比如,农民种地,要想获得好收成,需要种子、肥料、水和阳光等各种条件。在这些条件中,任何一个因素的变化都会影响到其他因素。如果种子不好,水、肥等条件就不能很好地发挥作用。同样,肥料不足,也影响种子和水的作用,得不到好收成。可见,在系统内部,要素与要素之间的关系是紧密相连、密不可分的。

系统的相关性还表现在系统与要素之间的相互联系和相互作用。大家知道,一切系统都是由要素组成的,离开要素就谈不上系统。同样,没有系统也就无所谓要素。一个系统之所以成为系统,不仅在于它是由要素组成的,还在于它与要素之间存在着相互联系和相互作用的关系。这种关系首先表现在:系统依赖要素,要素是构成系统的基础。要素的性质和功能直接影响着系统的性质和功能。比如,一件用纸糊成的衣服和一件用布缝制成的衣服,它们的性能是不一样的。其次,系统与要素的关系还表现在:系统对要素具有支配、控制和协调的作用。一台机器虽然是由许多零件组成的,但这些零件处于哪个位置,起到什么样的作用,都是由机器这个系统整体决定的。

不但每个要素的特性和功能离不开系统整体,而且,要素之间的关系也是由系统决定的。比如,人的身上有很多器官,这些器官都是在神经中枢的控制下活动的。当我们把食物放到嘴里以后,牙齿、舌头和唾液等就会在神经中枢的控制下配合行动,把食物送进消化道。一个企业也是这样,它是由许多分系统组成的,但是这些分系统的活动都是受企业的整体目标制约的。财务部门制止各个部门乱花钱,是为了降低产品的成本;质量检测部门对各道工序进行严格的质量检验,是为了保证产品的质量。而这一切,都是为了提高企业的经济效益。正是这个整体目标制约着企业各部门、各车间之间的相互关系。

系统的相关性还表现在系统与环境之间的联系和相互作用。所谓环境,是指系统周围影响系统的一切因素和条件。事实上,环境和系统是相对而言的。环境是系统以外的系统,系统是环境这个大系统的分系统,是从环境中分离出来的一个单位。比如,工厂就是工业系统的分系统,是从环境中分离出来的一个单位。可见,环境和系统是密切相关的,既不存在没有环境的系统,也不存在没有系统的环境。

当然,不同类型的系统与环境之间的联系和作用又有各自的特点。比如,由原子和分子构成的非生命系统,如各种无机物和有机物,无论它们的内部结构是不是紧密,都会或多或少的与外界环境交换物质和能量,并且通过各种机械的或者化学的反应,从一种状态变成另一种状态,从一种物质变成另一种物质。它们在与环境相互作用的时候,不能保持稳定的状态,没有自我保存和自我修复的本领。像宇宙中大小星球的演化,自然界中山川河流的变迁等,都是这些系统与环境相互作用的表现。

生物系统则明显的与非生命系统不同,它们都具有自我保持和自我修复的能力。新陈代谢是生命系统的基本特征。生物体不但能够不断地与环境交换物质、能量和信息,而且在多变的环境中能够保持自己特定的特征,能够逐步适应环境,当受到环境伤害的时候,它们能够自动愈合创伤。尽管生物个体会老化、死亡,但是,它们能够通过繁殖后代的方式延续种族的生命。

同非生命系统和生物系统相比,人类社会系统就更加复杂了。人类不仅能够适应环境,受环境的影响和制约,而且能够改造和控制环境。地球上在出现人类以前,一切事物都是自然界的产物。但是,自从有了人类,地球就变成另外一个样子了。虽然人类一刻也离不开周围的自然界,但自然界在人类的作用下又产生出许多神奇的人造事物。一方面,人类利用科学技术创造出了很多有利于自身生存的环境;同时,人类又在无意中破坏着自己的生存环境,带来了很多社会问题。例如,环境污染、能源紧张、生态平衡失调等,这些都是在人类创造自然的过程中产生的。因此,人类在改造自然的过程中,不但要考虑怎样作用于环境,还要考虑怎样保护环境,以免遭到自然界的惩罚。

综上所述,系统的相关性主要表现在两个方面:一是表现在系统内部各个要素之间的相互联系和相互作用;二是表现在系统整体与要素之间的相互联系和相互作用。

认识了系统的相关性,我们在观察和处理事物的时候,就要多从事物的内部和外部联系上看问题,从全局和整体上把握事物,这样才能帮助我们选择最佳方案,进行科学决策。可见,坚持系统的相关性原则,对指导我们正确地认识和改造世界具有重要意义。

三、系统的层次性

所谓系统的层次性,是指系统的结构和运动形式所具有的等级次序性,也就是系统有次序、分层次的特性。系统科学认为,系统是由要素组成的,但是,这些要素在系统里是有次序、分层次排列的。每一层要素又组成子系统,子系统也是有次序、分层次的。系统本身又是更大系统的要素和层次。系统的这种等级、次序、分层的特性就是层次性。层次性是系统的又一个基本特性。

系统科学认为,一切系统都具有层次性。就拿"天"这个大系统来说吧,现代天文学把天划分为星球、星团、星系、星系团、超星系团和总星系等层次。我们的地球只是一个行星,它和月亮组成一个小系统,这个小系统是太阳系的一个组成部分。太阳系是由太阳和包括地球、月亮在内的九大行星组成的,它虽然比地球、月亮大得多,但是它也只是银河系里的一个层次。银河系是一个由大约一千亿颗以上的恒星组成的系统,银河系又只是河外星系里很小的一部分。现代天文学发现的河外星系有十亿个以上。而由十几个到上千个河外星系聚集在一块,又可以组成更大的星系,叫星系团。目前天文学上已经发现了上万个星系团,诸多星系团聚集起来,又可以构成更高层次的天体系统,叫超星系团。但是,超星系团还不是天的最高层次,若干个超星系团又组成了总星系,也叫宇宙岛。将来的观测手段进步了,还有可能发现更高层次的天体系统。

现代科学不但揭示了宏观世界里的层次性,而且也揭示了微观世界里的层次性,生命系统、社会系统、观念系统以及任何技术方面的系统都具有层次性。系统科学的研究表明,系统的层次性使系统呈现出等级式的结构。一般来说,一个比较复杂的大系统都是由很多个小系统组成的,它们之间的关系很像一座多层台阶式的宝塔。在塔的底部,大都是一些相对简单的系统,越往上越复杂。而占据塔顶的,都是些相当复杂的系统。对于每个层次来说,它既是独立的,又与上下层有着密切的联系。对它的上层来说,它是元素;对它的下层来说,它又是系统。大多数系统都呈现出等级结构。

实践证明,等级式的系统层次,能够使系统更加严谨有序,具有较强的组织性。但也不是系统的层次越多越好。系统科学的研究告诉我们:系统的层次把系统变得井然有序的同时,也把系统与要素之间的联系变得间接了。而且层次越多,这种联系就越弱,系统也就容易变得呆板、不灵活。因此,在实际工作中,一定要根据系统的实际情况,合理的安排系统的层次,这样才能扬长避短,真正显示出系统的整体优势。

当然,这并不是说层次越少越好,而是要合理的减少层次,必要的层次还得保留,这样才能保持系统的稳定性和组织性,使各项工作顺利进行。

四、系统的结构性

所谓系统的结构,就是系统内部各个要素之间相互联系和相互作用的方式或次序,也就是系统里要素的组织方式。系统科学的研究告诉我们,一切系统都有自己的结构。系统正是因为有了结构,才能保持它的整体性,才能具有一定的功能。结构不仅能在相当大的程度上决定系统的性质,而且还能够使系统保持稳定的状态。因为在系统的发展过程中,要素是活动的,而结构则相对来说是稳定的。比如,一辆汽车在使用多年以后,尽管零件大都换过了,但它仍然能够保持原有的性能。这是因为原来的机械结构并没有改变。可见,结构能够使事物保持质的稳定性和连续性,在系统中具有重要的作用。

系统的最大特点就是能够产生整体功能。而整体功能的产生,又与系统的结构有着密切的关系。概括起来说,这种关系大体上有这样四种类型。第一种类型是一种结构有多种功能,简称一构多功;第二种类型是多种结构具有同一种功能,简称异构同功;第三种类型是相同的结构具有相同的功能,简称同构同功;第四种类型是结构不同,功能也不同,简称异构异功。无论是哪种类型,相同的结构和功能都存在着这样的关系:结构决定功能。结构是功能的基础,结构的变化必然引起功能的变化,结构合理,功能才能得到正常的发挥,结构最优,功能才能达到最佳。但是,功能的发挥和变化反过来又可以影响结构的变化。可见,系统的结构和功能之间是相互依赖、相互作用和相互制约的辩证关系。

了解和掌握系统的结构以及结构与功能之间的辩证关系,对我们做好各项工作具有重要意义。它可以帮助我们在观察和处理事物的时候,善于通过改变系统的结构来改变系统的整体功能,设计制造出新的事物。

五、系统的动态性

所谓系统的动态性,是指系统运动变化的特性。系统科学认为:一切系统都处在运动状态中,这是系统的又一个重要特性。系统科学的这一观点已经被大量的科学实验所证明。科学告诉我们,从最小的系统到最大的系统,从最简单的无机系统到最复杂的有机生命系统,从低级的生物系统到高级的人类社会系统,都处在运动变化之中。世上根本就没有一个完全不运动的系统。系统科学的研究还表明,不仅任何系统都具有动态性,而且系统的动态性是永恒的。也就是说,系统可以产生、变化和瓦解。一种系统可以变成另一种系统,大的系统可以分裂成小的系统,小的系统也可以组成或者发展成大的系统,简单的系统可以变成复杂的系统,复杂的系统也可以变成简单的系统。系统的动态性是永远也不会消失的。

不过,我们应该看到,一个绝对独立和封闭的系统是根本不存在的。严格地说,我们周围存在的事物,无论是宏观世界的还是微观世界的,无论是自然界的还是人类社会的,无论是有生命的还是无生命的,都与周围环境有着密切的联系,都在不断地与外界进行着物质和能量的交换。所以说,这些事物都应该属于开放系统。我们通常所说的封闭系统,不过是它们与外界的物质、能量和信息的交流不那么明显罢了。比如,一块石头,看上去是一个封闭系统,可是时间长了它也会风化,这说明,它在不明显的与外界交换着物质和能量。可见,我们所说的封闭系统都是相对而言的。

了解了系统的动态性,我们在观察和处理事物的时候,就要善于用运动、发展的眼光看问题,要注意研究和把握系统运动发展的方向和趋势,要善于了解和掌握事物之间的各种联系,以便合理的改善系统的结构和功能,充分发挥系统的整体功能,这对我们做好各项工作是十分有意义的。

六、系统的有序性

所谓系统的有序性,是指系统内部要素与要素、系统与要素、系统与系统之间相互联系和相互作用的有规则性,就是它们排列、组合、运动、变化的有秩序性。现代科学已经证明,一切系统都具有有序性。拿最基本的物质——原子来说吧,它是由质子、中子和电子组成的。在原子内部,每个质子、中子、电子都有自己确定的位置,质子和中子在原子核里面,电子则在原子核外面分布排列。一方面,电子要围绕着原子核沿着特定的轨道运行;另一方面,电子又要围绕着自己的轴按照一定的规律旋转。在常温下,原子内部的这种机构和运动秩序是不变的,所以呈现出稳定状态。原子在稳定状态下既不会得到能量也不会失去能量。但是,由于各个原子之间电子的相互作用,几个原子又可以结合在一起形成化学键,组合成分子。与原子相比,分子的结构要复杂多了,特别是那些有机物分子,结构一般都比较复杂,因而它们的有序性也就表现得更加明显。

同无机物和有机物相比,生命有机体的有序性表现得更加突出。而且,对于社会系统、技术系统和社会心理学系统也存在着明显的有序性。当然,一切社会组织、技术系统和社会心理学系统都不像物理系统和生物系统那样是自然的产物,它们大都是由人设计、制造出来的,是人造系统,因而有着自己特有的发展规律。但从有序性这点来看,自然系统和人造系统却是相同的。所以说,有序性是一切系统普遍存在的共同特征。

不过,我们也应该看到,系统的有序性并不是绝对的,而是相对的,这主要表现在以下三个方面:

(1) 系统并不是在任何层次上都是有序的,有些系统在有的层次上是有序的,而在有的层次上是无序的。

(2) 系统并不是在任何时候、任何条件下都保持着有序的状态。在一定的条件下,系统可以从有序变成无序,也可以从无序变成有序。

(3) 任何系统的有序中都存在着无序的方面,无序中也存在着有序的方面。既没有绝对的有序,也没有绝对的无序,不过是各种系统的有序程度高低不同罢了。所以,我们说系统的有序性是相对的。

系统科学的研究表明,系统从无序向有序的变化,对我们人类的存在和发展常常是有利的,而从有序向无序的退化,对人类的存在和发展往往是不利的。因此,怎样提高系统的有序程度是摆在我们面前的一个重大课题。当前,我们进行的各项改革,也是为了提高社会的有序程度,了解系统的有序性是非常有用的。

七、系统的目的性

所谓系统的目的性就是系统的目的指向性、针对性或者方向性。按照系统论的创始人贝塔朗菲的说法,系统的目的性也叫"果决性"。"果"是结果的果,"决"是决定的决。简单地说,就是结果决定原因的意思。系统科学是从系统的整体性上看待事物的因果关系的,而我们常说的原因决定结果属于传统的单因素分析法,这种方法把整体分解为部分,认为单一的原因决定单一的结果,也就是有一因必有一果,或者有一果必有一因。但是事实上,事物之间的因果关系是很复杂的,一般都不是一个原因对应一个结果,有的是一种原因导致多种结果,事物的因果关系是相当复杂的。

系统科学认为,事物的因果关系之所以会这么复杂,就是因为在每个系统内部,各个要素之间以及系统与系统、系统与环境之间都存在着相互联系和相互作用的因果关系。原因和结果也是相互联系、相互作用和相互转化的。不但原因可以决定结果,结果也可以决定原因。所以,我们仅凭传统的单因素分析法,认为只是原因决定结果就显得不够全面了。系统科学揭示了系统中结果决定原因的这一特性,并且指出,系统的果决性就是系统的目的性。可见,系统科学所说的目的性是有着特定的科学含义的。它所指的是系统活动的指向性、针对性和方向性,就是系统在发展过程中走向最终状态的针对性,而不是像传统目的论那样,认为一切事物都有同人一样的目的。

系统科学不但给目的性的含义做出了科学的规定,而且揭示了系统目的性的不同类型。一类是静态的目的性或者叫做适应性,是指一种安排似乎是为了有助于某一目的。另一类是动态的目的性,是指系统活动的方向性。系统的目的性也是有不同层次的,一个系统目的性的层次的高低,标志着这个系统的组织水平。一般来说,系统的组织等级越高,它的目的性就越强。自然界、生物界和人类,各有不同的组织等级,因此,它们的目的性也不在一个水平上。人类行为的目的性是系统目的性的最高层次,只有人类能够清楚的了解自己行为的目的并预见到将来的后果,从而采取相应的行动。其他任何事物都做不到这一点。因此,我们不能用人类活动的目的性去解释世界,而要根据系统的组织等级,用相应的目的性去加以解释。

既然一切系统都具有目的性并分为不同的类型,我们在认识和处理系统问题时就必须注意把握系统的目的性及其类型,在实际活动中要确立明确的目标并努力使系统的发展朝着目标前进。

系统的特性还有很多,比如系统的横向性、系统的综合性等。在处理系统问题的过程中,需要综合系统的更多特性进行整体的考虑和研究。

第三节　系统的环境、行为和功能

凡是系统都有结构和功能,并与外部一切事物发生千丝万缕的联系,从而形成自己的环境,这些都是理性抽象结果所形成的基本概念,而且可表现为感性的形象,如建立一些理性化的模型等。为了更深刻的认识系统,首先要研究一般系统的环境、行为和功能等。

一、系统的环境

一个系统之外的一切与它相关的事物构成的集合,称为该系统的环境。更确切地说,系统的环境是指系统之外一切与系统具有不可忽略的联系的事物集合。"不可忽略"是一个模糊用语,不能作非此即彼的解释。系统的环境只能在相对的意义上确定,在不同的研究目的下,或对于不同的研究者,同一系统的环境划分也有所不同。

任何系统都是在一定的环境中产生出来,又在一定的环境中运行、延续、演化的,不存在没有环境的系统。系统的结构、状态、属性、行为等或多或少都与环境有关,这叫做系统对环境的依赖性。环境与系统之间的相互关系是系统的外部规定性。同样的元素在不同环境中需按照不同方式整合,形成不同的结构,甚至元素的性质也随着环境的变化而有所变化。一般来说,环境也是决定系统整体涌现性的重要因素,在一定的环境条件下,系统只有涌现出特定的整体性,才能与环境相适应,形成稳定的环境依存关系。随着环境的改变,系统须产生新的整体涌现性,以达成新的环境依存关系。环境复杂性是造成系统复杂性的重要根源,因此,研究系统必须研究它的环境以及它同环境的相互作用。环境意识是系统思想的另一个基本点。

与系统相比,环境组分之间的相互联系一般较弱,不够规则,系统性较差,这为系统趋利避害、保护和发展自己提供了可能性。但同一系统的环境中的不同事物之间总有这样或那样的联系,并且通过与该系统的联系而形成某种更大的系统。应当用系统观点认识环境,要看到有些系统的环境有很强的系统性。把环境当做系统来分析是系统观点的重要组成部分。

二、系统的边界

把系统与环境分开来的东西,称为系统的边界。从空间看,边界是把系统与环境分开来的所有点的集合。从逻辑上看,边界是系统的形成关系从起作用到不起作用的界限,规定了系统组分之间特有的关联方式起作用的最大范围。边界的存在是客观的,凡系统都有边界。但有些系统具有明确的边界,有些系统的边界并不明确。一般来说,机械系统、物理系统、生命个体、行政区划、国家、符号系统的边界是明确的,社会中的经济系统、文化系统、教育系统等难以给出明确的边界。某些复杂系统的边界有模糊性,元素从属于它到不属于它是逐步过渡而非"一刀切"的,在有些情况下,不同系统在其相邻部分相互渗透,你中有我,我中有你,无法通过有限的步骤明确的划分出来。

从事物相互联系的观点看,任何系统都是从环境中相对划分出来的。在科学层次上,首先应当承认系统与环境之间划分的确定性,系统内部与外部差别的确定性,但这种确定性有程度的不同,系统与环境的划分有相对性。对于具有明确边界的系统,可以不考虑这种划分的相对性。对于边界不明确的系统,考虑这种相对性是必要的。这时可以把系统定义为:按照所关心的问题从千丝万缕联系的事物中相对孤立出来作为研究对象的一部分事物。在这种情形下应用系统方法,对象系统的划分常常因人而异,需特别谨慎,力求最大限度地排除主观因素。

三、开放性与封闭性

系统与环境的相互联系、相互作用是通过物质、能量、信息实现的。系统能够同环境进行交换的属性称为开放性,系统阻止自身同环境进行交换的属性称为封闭性。这两种性质对系统的生存和发展都是必要的。一个系统,特别是生命、社会、思维系统,只有对环境开发,同环境相互作用,同外部进行物质、能量、信息的交换,才能生存和发展。开发得越充分有效,越有利于系统的生存发展;开发不够,系统的生存和发展将受到影响,严重时能使系统处于病态或者解体。封闭性亦非单纯的消极因素,而是系统生存发展必要的保障条件。从环境输入系统的并非都对系统有利,什么东西不能输入,什么东西需要输入,输入多少,如何输入,都需要管理控制。系统对环境的输出也不是任意的,什么东西不能输出,什么东西允许输出,输出的数量和方式同样也需要管理控制。管理控制不健全,系统就不能正常生产和发展。总之,系统性是开放性与封闭性的适当统一。

按照系统与环境的关系,可以把系统分为两类:与环境有物质、能量、信息交换的是开放系统;与环境没有任何交换的是封闭系统。实际上系统或多或少都与环境有交换,因而都是开放系统。但有些系统与环境的交换极其微弱,可以忽略不计,看作封闭系统。系统科学是关于开放系统的科学,基本不涉及封闭系统。

边界概念有助于理解开放系统与封闭系统的区别。封闭系统的边界是完全封闭的、连续的,没有可以进出的通道;开放系统的边界往往是有间断点,具有可以进出的通道。封闭系统的边界具有刚性和不可渗透性,开放系统的边界具有柔性和可渗透性。

四、系统的行为

系统相对于它的环境所表现出来的任何变化,或者说,系统可以从外部探知的一切变化,称为系统的行为。行为属于系统自身的变化,是系统自身特性的表现,但又同环境有关,反映环境对系统有作用或影响。不同系统有不同的行为,同一系统在不同情况下也有不同的行为。系统有各种各样的行为:维生行为,学习行为,适应行为,演化行为,自组织行为,平衡行为,非平衡行为,局部行为,整体行为,稳定行为,不稳定行为,临界行为,非临界行为,动态行为,等等。可以说,系统科学是研究系统行为的科学。

五、系统的功能

功能是刻画系统行为,特别是系统与环境关系的重要概念,系统的任何行为都会对环境产生影响,系统行为所引起的有利于环境中某些事物乃至整个环境存续与发展的作用,称为系统的功能。被作用的外部事物,称为系统的功能对象。功能是系统行为对其功能对象生存发展所作的贡献。

通用技术基础

凡是系统都具有功能。发电机的功能是为车辆或飞行器提供动力;学校的功能是为社会培养人才和提供科研成果。系统的整体涌现性,起码要体现在功能上,整体的功能不等于部分的功能之和。一般来说,整体应具有部分及其总和所没有的新功能。功能是一种整体特性,只要把元素整合为系统,就具有元素总和没有的功能。

有了功能的概念,可以从一个新的角度给系统下定义:"所谓系统,是由相互制约的各个部分组成的具有一定功能的整体。"同贝塔朗菲的定义比较,这一定义强调的是系统具有"一定的功能",特别适用于技术科学层次的系统理论和系统工程,因为人们研究、设计、控制系统都是为了获得预定的功能。

功能概念也常用于子系统,指子系统存续发展所负责任、所做贡献。如果子系统是按照它们在整系统中的不同功能划分出来的,按照各自的功能相互关联、相互作用、相互制约,共同维持系统整体的生存发展,就把功能子系统的划分及其相互关联方式称为系统的功能结构。复杂系统都有自己的功能结构,了解功能结构是把握系统特性的重要方面。人体、社会都是典型的具有功能结构的复杂系统,了解这类系统的属性和行为必须了解它的功能子系统。

应当区分系统的功能与性能。性能是指系统在内部相干和外部联系中表现出来的特性和能力。性能一般不是功能,功能是一种特殊的性能。可以流动是水的性能,利用这种性能搞运输是它的功能;燃烧效率是发电机的性能,提供推力才是发电机的功能。性能是功能的基础,提供了系统发挥功能的客观依据;功能是性能的外化,只能在系统行为过程中表现出来,在系统作用于对象的过程中进行观测评价,性能可以在系统与对象分离的条件下观测评价。同一系统有多种性能,每一种性能都可能用来发挥相应的功能,或综合几种性能来发挥某种功能。系统性能的多样性决定了系统功能的多样性。

功能与结构关系密切,但系统的功能由结构和环境共同决定,而非单独由结构决定。简单地说结构决定功能,并视之为基本系统原理之一,容易造成误解。系统的功能与环境有很大关系,首先是功能对象的选择,只有用于本征对象,系统才能发挥应有的功能,作为代用品用于非本征功能对象的系统一般无法充分发挥其功能。所谓"人尽其才,物尽其用"就是要把系统用于它的本征功能对象。系统功能的发挥还需要环境提供各种适当的条件、氛围,为充分发挥系统功能,需要适当选择、营造、改善环境。只有当环境给定后,才可以说结构决定功能。就人造系统而言,常常是在元素和环境都给定的情况下设计或运营的,能够发挥人的能动性的主要是设计、改造系统的结构,结构的优劣就成为决定性的因素。同样的元素,不同的结构方案,可能制造或组建出功能显著不同的系统。

第十六章 系统的分析、评价与应用

第一节 系统的分析及方法

每个人都会面临选择、决策,系统分析就是一种科学的决策方法。"系统分析"(Systems Analysis)一词最早是在 20 世纪 30 年代提出的,当时是以管理问题为主要应用对象,是管理信息系统的一个主要和关键阶段,负责这个阶段的关键人物是系统分析员,完成这个阶段任务的关键问题是开发人员与用户之间的沟通。到了 40 年代,由于它的应用获得成功,得到了进一步的发展。以后的几十年,无论是研究大系统的问题,还是建立复杂的系统,都广泛应用了系统分析的方法。

一、系统分析

什么叫系统分析呢?为了说明这个问题,我们不妨先举个例子。比如,一个家庭经过一段时间积蓄了一定数量的资金,就想改善一下生活条件,于是,就产生了几种选择,可以考虑买彩电、电冰箱,也可以考虑买摩托车、高档家具或钢琴等。但是,资金毕竟是有限的,不可能实现全部愿望,只能实现一种,究竟买什么好呢?这就必须选择对改善家庭生活能产生最大效益的一种优先购买。为了做出最恰当的决策,就需要依据某种标准,比如是不是全家人都能享受,或者便于孩子学习,或者有利于工作等。经过分析比较,权衡利弊,然后再选择最有利的一项。这一认识和分析问题、做出最有利的决策的过程,就是系统分析①。

由此可见,所谓系统分析,就是为了发挥系统的功能,实现系统的目标,并且就费用和效益这两种观点,运用逻辑的方法对系统加以周详的考察、分析、比较、实验,从而拟订出一套经济有效的处理步骤和程序,或对原有系统提出改进方案的过程。系统分析实际上就是系统方法在决策中的运用,是系统方法的一种表现形态。借助于系统分析,可以正确地提出整体目标,恰当地选择合适的方案,利用有限资源,科学地决定行动的方略。因此,系统分析是一种有效的决策工具。

系统分析是在第二次世界大战末期提出来的,起初用于武器系统的分析研究,后来又运用于国防战略及国家安全政策的制定。1960 年以后,行政机关和企事业单位也逐步采用系统分析方法,进行各种决策问题的研究,使得这种方法成为一种新的学问。

系统分析是系统方法的一种表现形态。它是运用系统的观点和系统理论,把对象作为系统问题来认识和处理的。系统分析的出发点是为了发挥系统的整体功能,实现系统的整体目标。而要发挥系统的功能,实现系统的目标,就要分析和弄清系统与它的子系统,以及

---

① 邵光远,张纪川.系统科学入门[M].北京:知识出版社,1990.

子系统之间的复杂关系,如纵向的上下关系,横向的平行关系,以及纵横之间的交错关系等,以便达到下层系统为上层系统的目标服务、各附属系统为系统的整体目标服务的目的。比如,家庭购买一件高档用品,这对于家庭生活来说就是增加一个子系统。需要购买的对象很多而资金有限,究竟要买什么,发挥什么功能,能实现改善生活这个系统整体目标才是最恰当的,如果决策不当,就会影响家庭生活的改善。比如,家庭中没有人爱好音乐,谁也不会弹钢琴,又不打算学,这时候买一架钢琴闲在那里,显然就是一种浪费,就达不到改善生活的目标。又如,家庭收入不高,没有多少东西可以冷藏,买一台电冰箱当摆设也是不合算的。因为系统分析考虑的是整体目标,以发挥系统的整体最高效益为标准,所以,以整体为目标是系统分析方法的一个基本特点。

系统分析方法案例:

某锻造厂是以生产解放、东风 140 和东风 130 等汽车后半轴为主的小型企业,年生产能力为 1.8 万根,年产值为 130 万元。半轴生产工艺包括锻造、热处理、机加工、喷漆等 23 道工序,由于设备陈旧,前几年对某些设备进行了更换和改造,但效果不明显,生产能力仍然不能提高。厂领导急于打开局面,便委托 M 咨询公司进行咨询。M 咨询公司采用系统分析进行诊断,把半轴生产过程作为一个系统进行解剖分析。通过限定问题,咨询人员发现,在半轴生产 23 道工序中,生产能力严重失调,其中班产能力为 120~190 根的有 9 道工序,主要是机加工设备。班产能力为 70~90 根的有 6 道工序,主要是淬火和矫直设备。其余工序班产能力在 30~45 根之内,都是锻造设备。由于机加工和热处理工序生产能力大大超过锻造工序,造成前道工序成为"瓶颈",严重限制后道工序的局面,使整体生产能力难以提高。所以,需要解决的真正问题是如何提高锻造设备能力。

在限定问题的基础上,咨询人员与厂方一起确定了发展目标,即通过对锻造设备的改造,使该厂汽车半轴生产能力和年产值都提高 1 倍。

围绕如何改造锻造设备这一问题,咨询人员进行了深入的调查研究,初步提出了四个备选方案:新装一台平锻机;用轧同代替原有夹板锤;用轧制机和碾压机代替原有夹板锤和空气锤;增加一台空气锤。

咨询人员根据对厂家人力物力和资源情况的调查分析,提出对备选方案的评价标准或约束条件:投资不能超过 20 万元;能与该厂技术水平相适应,便于维护;耗电量低;建设周期短,回收期快。咨询小组吸收厂方代表参加,根据上述标准对各备选方案进行评估。第 1 个方案(新装一台平锻机),技术先进,但投资高,超过约束条件,应予以淘汰。对其余三个方案,采取打分方式评比,结果第 4 个方案(增加一台空气锤)被确定为最可行方案。该方案具有成本低、投产周期短、耗电量低等优点,技术上虽然不够先进,但符合小企业目前的要求,客户对此满意,系统分析进展顺利,为该项咨询提供了有力的工具。

当然,系统分析不只是对系统观念的运用,它也是一种处理问题的科学方法,其目的是寻求一种解决问题的最佳决策。而且系统分析是在具有许多不确定性因素情况下来研究解决问题的最佳方案。因此,以选择解决问题的最佳方案为重点,是系统分析的又一特点。

但是在现实生活中,由于受当时当地的环境和各种条件的限制,决策者不可能找出一切方案,也不可能对一切方案进行比较。如果漫无边际的去研究一切方案,无论在时间上、精力上,还是在费用上,都是不允许的,即使这样做了,也可能时过境迁,错过行动的机会。因此,这里所谓选择最佳方案,只不过是选择比较令人满意的方案罢了,只要方案能满足所规定的标准,达到预定目标,就可以采用、执行。因此,系统分析又必须以令人满意为准则。

下面谈谈系统分析的一般程序。

一是明确问题。就是要明确所研究问题的性质和范围。弄清问题中所包含的因素、各因素之间的相互关系以及它们与环境间的关系,这是确定目标的前提。如果对问题稀里糊涂,就急于进行分析,那就会犯忽视明确目标的错误。

二是设立目标。所谓目标是指决策者所希望实现的理想。它可能是某一单项,也可能是希望同时实现的多项目标。有了明确的目标,才便于着手进行系统分析。单一的目标,分析起来比较简单。多项目标分析起来比较复杂,这就需要考虑它们的协调,以免相互抵触或顾此失彼。

三是收集资料。就是在明确问题和目标之后,通过各种途径和方法收集与系统有关的一切资料。因为进行系统分析必须以资料为依据。缺乏资料,光靠拍脑袋是无法进行系统分析的。

四是制定方案。是指根据收集的资料,制定解决问题、达到目标的各种可能的方案。

五是建立模型。所谓建立模型,是指以简单的图形、实体或符号以及数字公式来代表一个真实的系统,以便化繁为简,易于控制。有了模型就可以进行实验、分析、计算,从而预测各种方案的可能效果。借助于模型,可以帮助确认系统中各构成要素的功能、地位、相互关系以及与环境的关系。

六是制定标准。就是确定所要支出的费用以及所要获得的效益的标准。通常采用的标准是这样的:如果所能支付的费用已经确定,就应该选择在这一费用水平下效益最高的方案;如果所需达到的效益标准已经确定,就应该选择达到此项效益所需费用最低的方案。

七是分析计算。在分析比较复杂的系统的时候,有大量的资料和数据需要处理,通常运用数学工具和电子计算机来进行。先把系统划分为若干个子系统进行局部分析,然后将分析的结果加以综合,再进行系统的整体分析。

八是评价选择。就是根据评价标准对各种方案的利弊得失和成本效益进行评价,在此基础上再加以综合研究,选择费用最低而效益最高的方案。

九是检验核实。如果对方案不满意,还可以按照上述程序反复进行,直至得到满意的方案为止。

当然,以上程序并不是固定不变的法则,在进行系统分析的时候,需要灵活运用。

说起设计工作,大家都不陌生。平时我们不论做什么事情,都要拿主意,做决定。如果事情比较简单,那就好办多了。只要稍微思考一下,下决心干就行了。在下决心去做以前,我们总要进行认真的思考,对行动的步骤做出周密的设计。比如,我们要建造一座楼房,兴建一个企业或者一项大型水利工程,事先都必须进行周密的设计。其实,人类的设计工作很早就开始了。古代埃及的建筑师们在建造金字塔的时候,把图样记在石板或者木头上,这就是一种设计。中国古人在修建万里长城的时候是怎样设计的,我们了解得不多,但有一点是可以肯定的,这么大的工程,如果事先没有设计,成千上万的人恐怕是没法施工的。当然,在近代科学产生以前,人类的设计工作都是凭着经验进行的。只有到了近代,设计工作才逐步走向了科学化。特别是第二次世界大战以来,随着电子计算机的发明和广泛应用,随着各种

通用技术基础

先进的设计理论、方法和技术的不断涌现,设计工作才变得更加科学化和自动化了。目前,人们根据各种不同系统的需要,已经创造出了很多种具体的设计方法,如系统设计、可靠性设计、最优化设计、功能—成本设计等。对于具体的设计方法,在这里就不一一介绍了。现在要向大家介绍的是系统综合方法,是在设计任何系统的时候都适用的一种最普遍的科学方法。那么,什么叫系统综合方法呢?

所谓系统综合方法,就是从系统的观点和系统整体最优的角度出发,在明确系统组成部分的基础上,以系统分析所确定的系统目的和目标为依据,通过对系统各个组成部分之间相互联系的研究,把它们综合成一个统一的整体的方法。通俗点说,系统综合方法,就是一种对系统进行最优设计的科学方法,它是系统方法的又一种表现形态。有人把它看作系统工程的第二步,也有人认为它是一种正确的认识和处理问题的思维形式。

一说起综合,人们自然会想起传统的综合方法,也就是那种在分析的基础上,把事物的各个方面组合成一个统一整体的逻辑思维方法。其实,我们这里所说的系统综合方法与传统综合方法,是两种根本不同的方法。那么,系统综合方法究竟有哪些独特之处呢?它与传统的综合方法又有哪些区别呢?还是用两个例子来说明吧。

一个例子是云南省的一个县发展农业生产的事。这个县有山有林有湖泊,就是耕地面积少,他们是怎样发展农业生产的呢?1956年以来,他们的基本做法就是毁林开荒,开湖放水,围湖造田。并在湖水的源头兴修水库,扩大水浇地的面积。这样一来,开始确实把粮食生产搞上去了,可是也带来了一系列的灾难。由于毁林开荒,乱砍滥伐,造成水土流失严重,每年有大量的泥沙流入湖中;由于围湖造田,开湖放水,使得湖面不断缩小,湖水日益减少。而这些变化又引起了这个地区气候的恶化。过去,这里600多年才发生一次大旱灾。可是近三十年就发生了三次大旱灾。每次大旱都使大批庄稼旱死,造成粮食大幅度减产。近年来这个县才恍然大悟,开始退耕还田,保护蓄水。不过,教训是十分深刻的。从系统科学的观点来看,他们的教训就在于只注意了部分的功能,而忽视了系统整体的功能。如果单从部分和局部来看,单从眼前利益来看,他们毁林开荒和围湖造田的做法确实扩大了耕地面积,增加了粮食产量。可是,如果从系统整体和全局来看,从长远利益来看,他们的做法就不合算了。他们的失误在于没有考虑毁林开荒和围湖造田对生态系统和生态环境的影响,没有考虑各个要素组合成新的系统整体以后所产生的不良功能。总之,这个县在设计农业发展规划的时候,采用的就是传统综合方法。

同这个例子相反,浙江省杭州市所属的几个山区县在发展农业生产的时候,采取的则是另一种方法。这几个山区县农村人均耕地也比较少,而且山丘荒坡地比较多。怎样才能发展农业生产呢?他们不是用毁林开荒的方法来扩大耕地面积,而是调整农业结构,开发低丘缓坡,在那里建立各种经济林基地。例如,在山坡上种植青枣、板栗、银杏、油桐、桑树、茶树和竹子等,有的还实行林粮间作,使荒山野岭变成了绿色园林。这样一来,不但农业生产上去了,而且还绿化了山区,改善了环境。同时,经济林里生产出来的产品,又为建立茶叶、桑蚕、竹笋、干果和药材等生产基地提供了条件,增强了农业后劲。而且,农副业生产的发展,也为城市提供了大量的农副产品,繁荣了城乡商品经济,真是一举多得。据报道,这个地区从1983年到1986年只投资了1 500万元,可是却取得了1亿多元的综合经济效益。这还仅仅是个开始,随着大批新建的各种经济林基地逐渐发挥作用,更大的效益还在后面。

这个地区的农业经济为什么走上了良性发展的道路呢？从系统科学的观点看，就是因为他们从系统整体出发，从全局和长远利益出发，注意到建设经济林与发展农业生产、保护生态环境和繁荣城乡经济的关系，注意到各个要素组合成新的系统以后所产生的新的整体功能。实际上，他们所采取的就是系统综合方法。

分析上面这两个例子，我们不难看出，系统综合方法与传统综合方法的区别主要有以下几个方面。

(1) 系统综合方法是从系统整体出发，以整体功能最优为目的，它的基本思路是综合—分析—综合；而传统的综合方法是从部分出发，以部分功能最优为目的，它的基本思路是先分析，后综合，由部分到整体。

(2) 系统综合方法注重研究各个部分之间的相互联系和相互作用，它既注重研究各个部分横的联系，也注重研究各个部分纵的联系，既考虑当前，也考虑长远；而传统的综合方法则只满足于对部分的孤立的分析，不注意研究各个部分之间的相互联系和相互作用，只考虑当前，不顾及长远。

(3) 系统综合方法注意研究要素组合成系统整体以后所产生的新属性和新功能，并从各种综合方案中选择出最优方案；而传统综合方法则认为"整体等于部分之和"，各个部分的功能相加就是整体的功能，各个部分不管怎么组合，结果都是一样的，所以不存在选择最优方案的问题。可见，系统综合方法同传统综合方法相比，确实有着明显的优越性。所以，我们说，系统综合方法是一种崭新的科学方法。

了解了系统综合方法的优越性，我们就应该努力把它应用到实际工作中去。事实上，系统综合方法是一种在很多领域都适用的一般科学方法，它的用途十分广泛。不但工程技术设计离不开它，而且在国民经济的总体设计中，在我们解决经济问题、环境保护、生态平衡等问题的时候，它都大有用处。比如，进行社会调查、搞科学预测、对基本建设项目进行可行性分析、制订工农业生产规划等，系统综合方法都能给我们很大的帮助。当前，我国正在进行各项改革，在改革的过程中会出现某些失误，一个重要原因就是我们在设计改革的过程中，没有摆脱传统综合方法的影响，往往只注重部分，忽视整体，只注重眼前，忽视长远。所以说，掌握和运用系统综合方法来认识和处理改革中的问题，对于改革的顺利进行具有重要的意义。

二、系统方法

系统方法是在按照事物的系统性把对象放在系统形式中加以考察的一种方法。这就是从系统的观点出发，始终着重从整体与部分之间，整体与外部的相互联系、相互作用、相互制约的关系中综合的、精确的考察对象，以达到最佳目的的一种方法。凡是用系统观点来认识和处理问题的方法，亦即把对象当做系统来认识和处理的方法，不管是理论的还是经验的，定性的还是定量的，数学的还是非数学的，精确的还是近似的，都叫做系统方法。在系统科学的不同层次上，亦即系统科学的不同学科分支之间，系统方法既有共同点，也有相异之处。

1. **系统方法的理论基础**

系统科学是适应科学方法论的变革而产生的新学科，系统研究的方法论是新型科学的方法论，不应是仅仅把自然科学和社会科学的现有方法简单的推广套用于系统研究，必须立足于创新。但系统研究的方法不能脱离现代科学研究成果凭空创造,只能在对现有科学方法加以吸收、提炼、改造的基础上创建出来,同现有科学的方法论有多方面的联系。学习系统方法,既要注意这种联系,更要把握其间的区别,思想上有了创新精神,才易于掌握系统科学方法。

任何科学方法论都有它的哲学基础。系统科学第一批学科分支的开创者们,如一般系统论的创立者贝塔朗菲,控制论的创立者维纳和阿什比,信息论创立者之一的韦弗,运筹学创立者之一的丘奇曼,都是重视哲学思考,努力从哲学上论证本分支学科的方法论。系统方法论的哲学依据,归根到底是唯物辩证法。某些西方系统科学家不愿承认这一点,但他们的工作成就实质上都得益于辩证法。多数系统科学大家明确承认辩证法对系统研究的指导作用。贝塔朗菲承认马克思的辩证法对今天被称为一般系统论的理论观念的发展作出了贡献。丘奇曼预言未来的系统分析必定会提出一种新的哲学,其"主旨概念将是辩证的学习过程"。普利高津主张"我们需要更加辩证的自然观"。钱学森更是不遗余力的宣传系统科学必须以马克思主义哲学为指导,自觉的应用辩证法与系统研究。几十年来,中国系统科学界始终坚持以唯物辩证法来指导系统研究。

2. 系统方法的基本原则

根据系统论的主要特点,系统方法的基本原则有以下几点:

(1) 整体性原则

列宁说:"要真正地认识事物,就必须把握、研究它的一切方面,一切联系和'中介'。我们决不会完全做到这点,但是全面典型的要求可以使我们防止错误和僵化。"系统方法的整体性原则把系统作为一个整体,从整体角度出发,达到最好的效果。它充分的体现和贯彻了列宁的辩证法思想,并进一步具体化[①]。

整体性原则把对象作为由各个组成部分构成的整体,研究整体的构成及其发展规律。系统不是杂乱无章的偶然堆积,而是一个合乎规律的、由各要素组成的整体。把系统当做整体来对待,从整体与部分相互依赖、相互结合、相互制约的关系中揭示系统的特征和运动规律,单独研究其中任何一部分都不能揭示其规律。

整体性原则着重于研究组成系统总体各部分之间的相互作用,而不是着眼于某一部分的状况,避免了因局部的优化而牺牲总体的优化。如表演文艺节目时,为了保证从总体上演出成功,每个演员必须为了总目标而努力,假如个别演员为了表现自己不服从整个节目需要另搞一套,他的演技再高超,也破坏了节目演出的最佳效果。我们搞社会主义建设,应从整个国家全局出发,要保证这个建设的最优化,绝不能只顾小集体甚至个人而不顾国家。

系统整体功能大于各部分功能的总和,整体出现一些部分没有的新功能,这是整体性原则中很重要的一条。

马克思主义的经典著作是研究和运用系统原理的光辉典范,为系统方法奠定了正确的哲学基础。马克思提出一条全新的途径——从整体到部分,再从部分到整体。马克思在《关于费尔巴哈的提纲》中提出:"人的本质并不是单个所固有的抽象物,实际上,它是一切社会

---

① 《列宁选集》(第四卷),第 453 页。

关系的总和。"①从整体来说,尤其是处于一定历史发展阶段的社会,并不是个人简单的统一体,而是有组织、有秩序的系统,在这个系统中才形成个人的本质。说明了马克思创立的唯物辩证法是现代系统方法可靠的哲学基础,整体性原则是系统方法的基本出发点。

（2）综合性原则

认为任何系统都是以这些或那些要素为特点和目的而组成的综合体,并要求对任一系统的研究,必须从它的成分、结构、功能、相互联系方式、历史发展等方面进行综合的、系统的考察。系统方法以综合为基础,在综合的过程中把分析有机地结合起来。从综合出发,在综合的基础上进行分析,再回到综合。每一层次分析的结果都要反馈到上一层次的综合去与整体要求进行比较,按照比较的差异重新进行分析、修改,使部分与整体达到统一。它的公式是"综合—分析—综合",这与机械论认为只有分析才可靠的公式不一样,综合性原则是系统方法的主要原则之一。系统具有等级性,不同等级有不同的规律,系统是复杂的,但却是有规律的,用系统论的综合观点,可以更好的找出系统的规律,为认识自然、改造自然找到有效的工具。

（3）相互联系的原则

相互联系的原则是辩证唯物主义普遍联系观点的具体体现和实际应用,是系统方法的方法论基础。

恩格斯说："我们面对着的整个自然界形成一个体系,即各种物体相互联系的总体……这些物体是相互联系的,它们是相互作用着的,并且正是这种相互作用构成了运动。"②科学发展的全部成就,证明了普遍联系观点的真理性。马克思主义的社会主义社会科学揭示了社会和自然的联系以及各社会现象间的联系。质量和能量的相互转换及守恒定律揭示了各种物质运动状态之间的普遍联系;细胞的发现和达尔文进化论的创立揭示了事物内部的普遍联系及生物和环境之间的普遍联系;元素周期表揭示了化学元素之间的联系;控制论的出现揭示了各种系统之间的普遍联系;信息论的出现揭示了各种截然不同物质形态之间的信息联系。客观世界就是这样一个相互联系的整体。

（4）有序性原则

系统都是有序的,在把握事物的联系时,最重要的是把握它的规律性联系。规律所表现的是现象之间在一定条件下所具有的本质的、普遍的、必然的联系。对系统的有序性研究,开辟和发现了掌握规律的途径,在一定程度上提高了人们按规律办事的能力。

任何一个系统,都和周围环境组成一个较大的系统,又是较低一级子系统的总系统。这是系统的层次,系统是分层次的。系统的发展一般是从较低级的有序状态走向较高级的有序状态的定向变化。

系统的组织程度和有序程度是用信息量或熵来度量的。而系统的演化是有方向性的,可以从无序到有序,即系统的发展向着增加信息量的方向发展;也可以从有序到无序,即是系统的退化。

系统要从无序走向有序或走向更高的有序,必须保持开放,从外界环境中耗散物质能量

---

① 《马克思恩格斯全集》(第三卷),第5页。
② 《马克思恩格斯全集》(第三卷),第49页。

信息,抵消系统内增加的熵,这是必然条件。各子系统按照一定目标协同运动,即系统和子系统间的协调,达到控制的目的。这是无序走向有序的根本原因和条件。反之,一个封闭系统、一个不协调的系统向着增熵方向走向无序,系统就会退化甚至瓦解。

(5) 动态性原则

动态性原则反映了辩证法的发展原则。由于系统内部各部分的相互联系、相互作用,推动着系统大发生、发展和变化。系统要发展,才有生命力。要发展,事物内部矛盾是动力。任何系统内部都存在着矛盾,解决了原有矛盾,又出现新的矛盾,推动系统发展和变化,系统是动态的。现实系统无论是生物的、技术的、还是社会的,都是多因素的复杂系统,因此在研究系统时,应当在动态中协调各部分的关系,才能科学地掌握系统规律,做到综合平衡。要在动态中把握系统整体,在动态中协调各因素之间的关系,使系统最优化地向前发展。

现代科学研究的对象大多数是结构复杂和高度活动的系统,动态原则就是适应这种客观要求而产生的。要探索系统发展变化的方向、趋势、活动的速度和方式,还要探索系统发展的动力、应用和规律。系统的动力来自系统内部对立面的斗争和统一——内部矛盾。列宁十分强调一切过程的"自己运动",要求把注意力放在认识"自己"运动的源泉上。

(6) 结构性原则

系统实现联系是以结构形式来实现的。系统的整体功能由系统结构决定。有什么样的结构,就相应有什么样的功能。系统的结构普遍的、有层次的存在于事物之中,要认识事物的性质,必须了解它的构成。由于事物内部排列组合不同而引起质变,是一个合乎规律的现象。同样的人力、物力,若能安排好,有合理的结构,就能提高劳动生产率。要正确地决策,就必须掌握好结构,使系统处于最佳状态,达到最佳效果。我国古代齐威王与大臣田忌赛马,两人各出上、中、下三匹马,前者的三个等级都比后者强,田忌三战三败,这时的结构是:

```
田    上      中      下──→败
      ↑      ↑      ↑
      ↓      ↓      ↓
齐    上      中      下──→胜
```

后来田忌采纳了军事家孙膑的新的排列组合法,用以下结构:

```
田    下      上      中──→胜
      ↑      ↑      ↑
      ↓      ↓      ↓
齐    上      中      下──→败
```

田忌一败两胜,战胜了齐威王,这就是采用了不同的结构,产生了不同的效果。

结构不一样,即使成分相同,也会导致物质性质不同。如甲醚和乙醇的化学分子式都是C_2H_6O,由于排列不一样,甲醚是气体,乙醇是液体,其物理性质和化学性质及用途都有很大的不同。

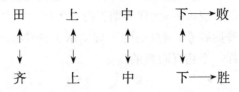

在我国的现代化建设中,必须合理布置,有最优的结构是非常重要的,它与国民经济的整体效应和发展速度之间的关系是非常密切的。

(7) 最佳化原则

最佳原则是系统方法的根本目的,从多种可能的途径中,选择出系统的最优方案,达到最好的效果,这是任何传统方法不能达到的。各种生物系统形成了最好的适应周围环境的精巧完善的系统结构和最优化的整体功能。如响尾蛇的热定位器在相当远的距离能测到千分之一度的温度变化,这是导弹红外线跟踪系统难以达到的。

系统最优化,是指系统功能的最优化,取得最佳效果。具体来说,就是根据需要和可能为系统定量地确定最优目标,用最新技术手段和处理方法把系统分成等级,在动态中协调整体与部分的关系,以便达到整体的最优化。

(8) 模型化原则

由于系统大而复杂,难以直接进行分析与实验,一般要设计出系统模型来代替真实系统,通过对系统模型的研究来掌握真实系统的本质和规律。模型化使系统方法从定性到定量找到了途径。为了对系统进行定量描述,必须根据研究的目的,设计出相应的系统模型,确定系统的范围,鉴定系统的要素及相互联系、相互作用的情况,进行定量的描述。模型化可以通过实验来掌握资料,并用实验检验理论预测结果,建立系统模型做模拟实验,运用电子计算机进行系统仿真,不断检验和修正系统方案,实现系统最优化。

上述原则在系统方法中极为重要,分别从不同方面表现了系统的本质特征。其中整体性原则生动地体现了整体与部分、部分与部分、整体与环境的相互关系。综合性、有序性、动态性、结构性等原则,基本上是整体性原则的一些表现,整体性原则更全面、更准确地反映了系统方法的根据和出发点。而综合性等原则是系统方法的手段,最优化是系统方法的根本目的。

总之,系统方法是一种立足整体、统筹全局,使整体与部分辩证地统一起来的科学方法。它将综合与分析有机地结合起来,运用数学语言定量地、精确地描述系统的运动状态和规律,它为运用数理逻辑和电子计算机来解决复杂的系统问题提供了可能,为认识、研究、设计、构想作为系统的客体确立了重要的方法论原则,是辩证唯物主义关于事物普遍联系和运动学说的具体体现。

辩证法的核心是对立统一。用之于系统研究,就是强调还原论方法和整体论方法的结合,分析方法与综合方法的结合,定性描述与定量描述的结合,局部描述与整体描述的结合,理论方法与经验方法的结合,精确方法与近似方法的结合,科学理性与艺术直觉的结合,等等,这些结合是系统方法论的精髓所在。

三、系统分析的方法

1. 还原论与整体论结合

古代科学的方法论本质上是整体论,强调整体把握对象。近 400 年来科学遵循的方法论还是还原论,主张把整体分解为部分去研究。古代的整体论是朴素的、直观的,没有把对整体的把握建立在对部分的精细了解之上。随着以还原论作为方法论基础的现代科学的兴起,这种整体论不可避免的被淘汰了。

还原论科学并非完全不考虑对象的整体性问题。作为还原论方法的奠基者之一,笛卡尔主要从如何研究整体才算是科学方法的角度论证还原的必要性。还原论的一个基本信念是:相信客观世界是既定的,存在一个由所谓"宇宙之砖"构成的基本层次,只要把研究对象还原到那个层次,搞清楚最小组分即"宇宙之砖"的性质,一切高层次的问题就迎刃而解了。由此强调,为了认识整体必须认识部分,只有把部分弄清楚才能真正把握整体;认识了部分的特性,可以据之把握整体的特性。在这个意义上,还原论方法也是一种把握整体的方法,即所谓"分析—重构"方法。但居主导地位的是分析、分解、还原,首先把系统从环境中分离出来,孤立起来进行研究;然后把系统分解为部分,把高层次还原到低层次,用部分说明整体,用低层次说明高层次。在这种方法的指导下,400年来科学创造了一整套可操作的方法,取得了巨大成功。

系统科学的早期发展在很大程度上使用的仍然是这种方法,不同的是强调为了把握整体而还原和分析,在整体性观点指导下进行还原和分析,通过整合有关部分的认识以获得整体的认识。对于比较简单的系统,这样处理一般还是有效的。但是,当现代科学把简单系统问题基本研究清楚,逐步向复杂系统问题进军时,仅仅靠分析—重构方法显得不够用了。把对部分的认识累加起来的方法,本质上不适宜描述整体涌现性。越是复杂的系统,这种方法对于把握整体涌现性越无效。

系统科学是通过揭露和克服还原论的片面性和局限性而发展起来的。朴素整体论没有也不可能产生现代科学方法,但包含着还原论所缺乏的从整体上认识和处理问题的方法论和思想。理论愈加表明,随着科学越来越深入到更小的微观层次,我们对物质系统的认识越来越精细,但对整体的认识越来越模糊。现代科学表明,许多宇宙奥秘来源于整体的涌现性,还原论无法揭示这类宇宙奥秘,因为真正的整体涌现性在整体被分解为部分时已不复存在。而社会实践越来越大型化、复杂化,特别是一系列全球问题的形成,也突出强调要从整体上认识和处理问题。

世界是演化的,一切系统都不是永恒的。宇宙的许多奥秘只有用生成的演化的观点,才能作出科学的说明。基于还原论的科学是存在的科学,无法研究演化现象。还原论就是既成论,还原方法就是分析方法。涌现论把世界看作生成的。从生成论的观点看,整体涌现性可以表述为"多源于少","复杂生于简单"。生成论是涌现论的表现形式之一。

总之,研究系统不要还原论不行,只要还原论也不行;不要整体论不行,只要整体论也不行。不还原到元素层次,不了解局部的精细结构,我们对系统整体的认识只能是直观的、猜测性的、笼统的,缺乏科学性。没有整体观点,我们对事物的认识只能是零碎的,只见树木,不见森林,不能从整体上把握事物、解决问题。科学的态度是把还原论和整体论结合起来。按照钱学森的说法:"系统论是还原论和整体论的辩证统一。"[①]

2. 定性描述与定量描述相结合

任何系统都有定性特性和定量特性两个方面,定性特性决定定量特性,定量特性表现定性特性。只有定性描述,对系统行为特性的把握难以深入准确。但定性描述是定量描述的基础,定性认识不正确,不论定量描述多么精确漂亮,都是没有用的,甚至会把认识引向歧

---

① 钱学森. 人体科学与当代科学技术发展纵横观[M]. 北京:人民出版社,1996.

途。定量描述是为定性描述服务的,借助定量描述能使定性描述深刻化、精确化。定性描述与定量描述相结合,是系统研究的基本方法论原则之一。

那些成功应用定量化方法的系统理论告诉人们,首先对系统的定性特性有个基本的认识,然后才能正确地确定怎样用定量特性把它们表示出来。即使被公认为最定量化的学科,至少它的基本假设是定性思考的结果。要建立定量描述体系,关键之一是在获得正确的定性认识基础上如何选择基本变量。自牛顿成功地用数学公式描述物体运动规律以来,定量化方法越来越受到重视,获得极大发展。定性方法被当做科学性较差的、在未来找到定量方法之前的一种权宜方法,这在系统科学中(特别是早期)也有反映,但随着系统研究的对象越来越复杂,定量化描述的困难越来越严重了。系统科学要求重新评价定性方法,反对在系统研究中片面地追求精确化、数量化的呼声越来越强烈。就是说,那种不能反映对象真实特性的定量描述不是科学的描述,必须抛弃。

定量描述必须使用数学工具,定性描述也可以使用数学工具。由庞加莱开创的定性数学是描述系统定性性质的强有力工具。特别是研究系统演化问题,我们关心的是系统未来的可能走向,而不是具体的数值,动力学方程的定性理论、集合方法、拓扑方法等是适当的工具。

3. 局部描述与整体描述相结合

整体是由局部构成的,整体统摄局部,局部支撑整体,局部行为受整体的约束、支配。描述系统包括描述整体和描述局部两个方面,需要把两者很好地结合起来。在系统的整体观对照下建立局部的描述,综合所有局部描述以建立关于系统整体的描述,是系统研究的基本方法。

突变论的创立者托姆认为,用动力学方法研究系统,既要从局部走向整体,又要从整体走向局部。对于从局部走向整体,数学中的解析性概念是有用的工具;对于从整体走向局部,数学中的奇点概念是有用的工具。一个奇点可以看做由空间中的一个整体图形摧毁成的一点,系统在这种点附近的行为是了解系统整体行为的关键。所以,托姆认为:"在突变论中交替地使用上述两种方法,我们就有希望对复杂的整体情况作出动态的综合分析。"原则上说,一切动态系统都需要交替地使用从局部到整体和从整体到局部两种描述方法。

一种特殊而又重大的局部描述与整体描述,是所谓微观描述和宏观描述。简单系统的元素同系统整体在尺度上的差别还构不成宏观和微观的差别,如机器系统的元件和整机一般都属于宏观对象。但巨系统出现了微观和宏观的划分,元素或基本子系统属于微观层次,系统整体属于宏观层次。系统的最小局部是它的微观组分,最基本的局部描述就是对系统微观组分的描述。任何系统,如果存在某种从微观描述过渡到宏观整体描述的方法,就标志着建立了该系统的基本理论。对于简单系统,它的元素的基本特性可以从自然科学的基础理论中找到描述方法,对元素特性的描述进行直接综合,即可得到关于系统整体的描述。对于简单巨系统,也具备从微观描述过渡到宏观描述的基本方法,即统计描述。复杂巨系统复杂到至今尚无有效的统计描述,也许并不存在这种描述方法,但局部描述与整体描述相结合的原则依然适用。

4. 确定性描述与不确定性描述相结合

系统的不确定性有很多种类,如随机性、模糊性、信息不完全性、歧义性等,这里主要就随机不确定性作简要的说明。从牛顿以来,科学逐步发展了两种并行的描述框架:一种是以牛顿力学为代表的确定论描述,另一种是由统计力学和量子力学发展起来的概率论描述。在系统理论的早期发展中两种方法都有大量的应用,但总体看来要么只使用确定论描述,要么只使用概率论描述,没有把两者沟通起来。采取确定论描述的有一般系统论、突变论和非线性动力学、微分动力体系等。香农信息论是完全建立在概率论描述框架上的典范。在控制论、运筹学等学科中,两者描述都使用,但通过划分不同分支来分别使用它们,仍然没有实现沟通。自组织理论试图沟通两种描述体系,取得一定的进展,但步伐迈得还不够大。现代科学的总体发展越来越要求把两种描述框架沟通起来,形成统一的新框架。系统科学的发展尤其需要把确定论框架同概率论框架沟通起来,混沌学等新学科的发展使人们初步看到了希望。一种观点认为,如果把有限性作为认识自然的基本出发点,承认责任的有限性,我们就有可能从两种描述体系根深蒂固的人为对立中解脱出来。

5. 系统分析与系统综合相结合

要了解一个系统,首先要进行系统分析:一要弄清系统由哪些组分构成的;二要确定系统中的元素或组分是按照什么样的方式相互关联起来形成一个统一整体的;三要进行环境分析,明确系统所处的环境和功能对象,系统和环境如何相互影响,环境的特点和变化趋势。

如何从局部认识获得整体认识,是系统综合所要解决的问题。分析—重构方法用于系统研究,重点在于由部分重构整体。重构就是综合。首先是信息(认识)的综合,即如何综合对部分的认识以求得对整体的认识,或综合低层次的认识以求得对高层次的认识,综合的任务是把握系统的整体涌现性。从系统出发进行分析,根据对部分的数学描述直接建立关于整体的数学描述,是直接综合,简单系统就是可以进行直接综合的系统。简单巨系统由于规模太大,微观层次的随机性具有本质意义,直接综合方法无效,可行的办法就是统计综合。复杂巨系统连统计综合也无能为力,需要更复杂的综合方法。

第二节 系统的评价与决策

系统评价是对系统开发提供的各种可行方案,从社会、政治、经济、技术的观点予以综合考察,全面权衡利弊得失,从而为系统决策选择最优方案提供科学的依据。因此系统评价是系统工程中的一项重要的基础工作。系统评价问题解决以后,系统决策便顺理成章、水到渠成了。

一、系统评价与决策的复杂性

为了决策,先要评价,评价是决策的准备和基础。但是系统评价与决策至少有两个区别:一是系统评价是一项技术工作,是由系统分析者承担的;而系统决策则是领导者在系统分析者的辅助下完成的。二是系统评价是系统决策的主要依据,但是重大问题的决策往往还是"看不见"的因素在起作用,这些因素往往难以纳入评价工作之中。

当系统为单目标时,其评价工作比较容易进行。但是当系统为多目标(或指标)时,评价工作就困难得多。对于这样的复杂系统,一方面要把它分为若干个子系统,分别建立模型,然后应用系统分析方法求得各个指标的最优解;另一方面还要把这些工作综合起来,对于一个完整的系统方案作出正确的评价,对于不同的可行方案作出谁优谁劣的比较,而且要用定量的结果来说明。这样,系统评价工作主要存在以下两方面的困难:一是有的指标难以数量化;二是不同的方案可能各有所长,难以取舍。因此,为了搞好系统评价,要解决的问题和遵守的基本原则是:

(1) 将各项指标数量化。
(2) 将所有指标归一化。
(3) 保证评价的客观性。
(4) 保证方案的可行性。
(5) 评价指标的系统性和决策性。

系统评价的复杂性主要指评价指标体系的建立。系统评价指标体系是由若干个单项评价指标组成的整体,它反映出所要解决问题的各项目标要求。指标体系要实际、完整、合理、科学,并基本上能为有关人员和部门所接受。

系统评价指标体系通常应该包括以下一些大类指标:

(1) 政策性指标。包括政府的方针、政策、法令,以及法律约束和发展规划等方面的要求,这对重大项目或大型系统尤为重要。

(2) 技术性指标。包括产品的性能、寿命、可靠性、安全性等,工程项目的地质条件、设备、设施、建筑物、运输等技术指标要求。

(3) 经济性指标。包括方案成本(有条件时应考虑生命周期成本,即包括制造成本、使用成本和维修成本等)、利润和税金、投资额、流动资金占有量、回收期、建设周期,以及地方性的间接受益等。

(4) 社会性指标。包括社会福利、社会节约、综合发展、就业机会、污染、生态环境等。

(5) 资源性指标。如工程项目中的物资、人力、能源、水源、土地条件等。

(6) 时间性指标。如工程进度、时间节约、试制周期等。

在制定评价指标体系时,以下几个关系是必须解决的:

(1) 指标大类和数量问题。这是一个很难的问题,有较大的处理幅度。一般来说,指标范围较宽,指标数量较多,则方案之间的差异越明显,因而有利于判断和评价,但确定指标的大类和指标的重要程度也越困难,因而歪曲方案特性的可能性也越大,所以分配指标大类和确定指标的重要程度是关键。

(2) 关于各评价指标之间的相互关系问题。在制定单项指标时,一定要使指标间尽量相互独立,互不重复。例如企业费用和投资费用,折扣费用和成本,在使用中的交叉处必须明确加以划分和规定。

(3) 指标评价体系的提出和确定问题。指标评价体系的制定要求尽可能地做到科学、合理、实用,而指标评价体系内容的多样性使得要达到上述要求很困难。为了解决这种矛盾,通常使用德尔菲法,即通过广泛征求专家意见、反复交换信息、统计处理和归纳综合等达到上述要求。

常用的系统评价指标数量化方法主要有排队打分法、体操计分法、专家评分法、两两比较法、连环比率法。将各评价指标数量化,得到各个可行方案所有评价指标的无量纲的统一得分以后,采用评价指标综合方法进行指标的综合,就可以得到每一方案的综合评价值,再根据综合评价值的高低就能排出方案的优劣顺序。评价指标综合的主要方法有加权平均法、功效系数法、主次兼顾法、效益成本法、罗马尼亚选择法、层次分析法、模糊综合评价方法等。

二、决策过程与决策问题

西蒙有句名言："管理就是决策。"决策贯穿于管理的全过程,这就是说,一切管理工作的核心就是决策。他把决策过程同现代的管理科学、计算机技术和自动化技术结合起来,将其划分为四个主要阶段:① 调查环境,寻求决策的条件和依据,即"情报活动";② 创造、制定和分析可能采取的行动方案,即"设计活动";③ 从可资利用的备选方案中选出一个特别行动方案,即"抉择活动";④ 决策的实施与评审,西蒙称其为"审查活动",其实质是对过去的抉择进行实施与评价。以上四个阶段交织在一起,就形成了系统决策的过程,如图16-1所示。

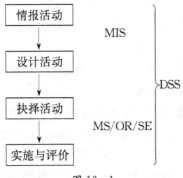

图 16-1

尽管不同的决策者在不同决策场合对上述四个阶段的看法可能不一样,但这四个部分加在一起却构成了决策者所要做的主要工作。在系统工程的工作过程中,由系统开发得到的若干解决问题的方案,经过系统建模、系统分析以及系统评价等步骤之后,最终必须从备选方案中为决策者选出最佳的开发方案。这一过程是系统工程辩证程序中最后一个,也是最重要的一个,即系统决策。

现代计算机技术、管理科学等的发展,赋予决策制定的过程新的内容和含义。在情报和设计阶段,主要是依赖可靠、准确、及时的基本信息,因此管理信息系统(MIS)就成为当代决策的重要技术基础;而在抉择和评价阶段的主要技术措施就是模型方法,主要是指管理科学、运筹学、系统工程中的模型方法(MS/OR/SE),将上述两部分技术集成在一起,利用先进的计算机软硬件技术,实现上述决策过程,开发成界面友好的人机系统,这就是决策支持系统(DSS)。从不同的角度来分析决策问题,我们可以得出不同的分类。

(1) 按决策的重要性可将其分为战略决策、策略决策和执行决策,或称为战略规则、管理控制和运行控制三个层次。战略决策是涉及组织的发展和生存的有关全局性、长远方向问题的决策,如企业厂址的选择、新产品开发、新市场开发,国家和地区的产业布局、结构调整、战略方针等。策略决策是为完成战略决策所规定的目标而进行的决策,如企业的产品规格、工艺方案等。执行策略是根据策略决策的要求制定执行方案的选择,如生产标准选择、生产调度、人员兵力配置等决策。

(2)按决策的性质可将其分为程序化决策和非程序化决策。程序化决策是一种有章可循的决策,具体体现为可以重复出现,制定固定程序,如订单标价、核定工资、生产调度等。而非程序化决策表现为问题新颖、无结构,处理这类问题没有灵丹妙药,如开辟新的市场、作战指挥决策等。这类决策根据问题结构化的程序又可将其分为结构化策略、半结构化策略以及非结构化策略。所谓结构化是指问题的影响变量之间的相互关系可以用数学形式表达,问题的结构可以用数学模型表示;非结构化问题比较复杂,一般也不能建立数学模型;介于两者之间的称为半结构化决策。

(3)根据人们对自然状态规律的认识和掌握程度,决策问题通常可分为确定型决策、风险型决策(统计决策)以及非确定型(完全不确定型)决策三种。如果决策者能完全确切地知道将发生怎样的自然状态,那么就可在既定的自然状态下选择最佳行动方案,这就是确定型决策问题,如资源的分配优化、配置等。总之,用数学规划解决的问题都是属于确定型决策问题。如果构成一个决策问题,除满足前述的四个条件以外,还要满足以下条件:未来出现哪种自然状态决策者不能准确给定,但其出现概率却可以估计出来,那么这种决策问题就称为风险型决策问题,如天气好、天气坏的概率可以估计出来,这一问题就属于风险型决策问题了。如果决策者不但不能确定未来将出现哪一种自然状态,甚至对于各种自然状态出现的概率也一无所知,也没有任何统计数据可循,全凭决策者的经验、态度和打算,这类决策问题就是非确定型决策问题。

(4)按决策的目标数量可将其分为单目标决策和多目标决策。仅有一个目标的决策问题是单目标决策,有两个或两个以上目标的决策问题称为多目标决策。

(5)按决策的阶段可将其分为单阶段决策和多阶段决策,也可称为单项决策和序贯决策。单项决策是指整个决策过程只做一次决策就得到结果;序贯决策是指整个决策过程由一系列决策组成,而其中若干关键决策环节又可分别看成单项决策[①]。

第三节 系统设计的应用

系统设计是对各种各样的系统进行调查分析、筹划研究、评价实施、运行改善等,直到完成一个能协调工作的实际系统的过程。它既包含了对某个系统进行技术设计本身的内容,同时又需要运用系统的思想方法对其设计过程进行分析、设计。从构建新系统的角度来描述、组织、构造系统部件的过程主要分为两个层次:一是结构设计;二是细节设计。系统设计就像建房子时所用的一套设计图纸,这个图纸包含了房子的各个不同部件,如楼层、墙壁、窗子、门、电线、管道以及其他小部件。当然,许多巨系统的设计远比建房子要复杂得多。

在进行系统设计时,首先需要把整个系统分成几个主要的部件(子系统),因为直接设计出整个系统是相当复杂的,系统内部的部件(子系统)之间只有协调工作才能使系统正常运作,发挥系统的整体功能。系统设计中的另一个重要概念就是不同层次的设计。在设计分析阶段,在理解所有的细节之前先定义问题的范围,我们称之为自顶向下分析;先建立数据流程图片段,再到中间层流程,我们称之为自底向上分析。在系统设计过程中也采用同样的

---

① 王寿云,于景元等.开放的复杂巨系统[M].杭州:浙江科学技术出版社,1996.

思想。系统设计中的结构设计是对系统结构所做的框架设计,也叫总体设计或概念设计;系统设计中的细节设计是对系统中的低层设计,包括具体的部件或细节的设计。

设计也是一个建立模型的活动,它使用系统分析阶段得出的有用资源来建立系统解决方案的模型。设计阶段所涉及的技术问题与非技术问题很多,这就必须考虑系统设计的主要问题:系统设计的目的与要求、系统各部分之间的相互联系与作用、系统设计方案的优化等。在分析阶段的主要目标是需要理解系统活动和处理需求、处理过程等;设计阶段的主要目标是定义、组织和构造最终解决系统的各个部件,它们将成为系统构建的蓝图。

系统设计一般包括计划、外部系统设计、内部系统设计和制造销售四个阶段。我们认为还应包括系统运行和维修阶段以及系统报废阶段。系统设计必须考虑系统的运行和出现故障时的维修,以及系统报废时资源的再利用和对环境的污染。传统的设计方法只注重内部系统的设计,且以改善零部件的特性为重点,至于各零部件之间、外部系统与内部系统之间的相互作用和影响则考虑得较少。因此,虽然对零部件的设计考虑得很仔细,但设计的系统仍然不够理想。零部件的设计固然应该给予足够的重视,但全部用好的零部件未必能组成好的系统,其技术和经济未必能实现良好的统一。

系统一般来说是比较复杂的,为便于分析和设计,常采用系统分解法这个设计中常用的方法,把复杂的系统分解为若干个相联系的、相对比较简单的子系统,这样可以使系统的分析和设计比较简单。根据需要,各子系统还可再分解为更小的子系统,依次逐级分解,直到能进行适宜的设计和分析为止。

系统分解时应注意:

(1) 分解数和层次应适宜。分解数太少,子系统仍很复杂,不便于模型化和优化等工作;分解数和层次太多,又会给总体系统的综合设计造成困难。

(2) 避免过于复杂的分解面。分解的界面应尽可能选择在要素间结合作用较弱的地方。

(3) 保持能量流、物料流和信息流的合理流动途径。系统工作时能量、物料和信息进行转换,它们从系统输入到系统输出过程中,按一定的方向和途径流动,既不能中断阻塞,也不能紊流,分解的各个子系统的流动途径仍应明确和畅通。

(4) 系统分解与功能分解不同。系统分解时,每个子系统仍是一个系统,它把关系密切的要素集合在一起,其结构组成虽稍为简单,但其功能往往还有多项。而功能分解时,则是按功能体系进行逐级分解,直到能看清的分功能或不能再分解的功能单元为止。

系统分析是系统设计中的一项重要工作。系统分析不同于一般的技术经济分析,它是从系统的整体优化出发,采用各种工具和方法,对系统进行定性和定量分析的过程。系统分析时,不仅分析技术经济方面的有关问题,而且还要分析内部系统、自问系统之间及系统内部各子系统之间的联系因素,并且作出评价,为决策者选择最优系统方案提供主要依据。

在系统分析时,要遵循以下原则:

(1) 外部条件与内部条件相结合。构成一个系统不仅受到内部因素的影响,而且也受到外部条件的约束。因此,一定要把内外部条件的各种有关因素结合起来进行综合分析。

(2) 眼前利益与长远利益相结合。选择一个良好的方案,不仅只局限于眼前利益,而且需要考虑将来的利益。如果方案对目前不是很有利而长远有利,则从系统分析观点来看,它还是合理的方案。

(3) 局部利益与整体利益相结合。系统要求的是整体利益和最优化,只有从整体系统的目标去分析才是合理的。

(4) 定量分析与定性分析相结合。定量分析是数量指标的分析,而定性分析常常是指质量指标,而且不容易用数量计算和数学公式表达出来,对这些因素往往只能根据经验进行数理统计分析和主观判断来加以解决。

由于系统中存在着许多矛盾和不确定性因素,不同系统的目的、要求和系统结构也不同,没有一个通用的系统分析方法。随着分析对象和分析目的的不同,所采用的分析方法也不同。

系统分析的一般步骤如下[1]:

(1) 分析与确定系统的目的和要求。充分了解建立系统的目的和要求,是建立系统的论据,也是系统分析的出发点和进行评价、决策的主要依据。对系统的目的和要求不能全面的正确理解和把握,或目标不明确,或要求过高、过低,或系统边界提得过宽、过窄等,都会导致系统分析不完善或失误,引起决策的失误。

(2) 模型化。模型是描述实体系统的映象,包括各种数学模型、实物模型、计算机模型和各种图表等。无论是已有的系统还是尚未建立的系统,要想对其进行定性和定量的分析,都需要将其模型化。在建立模型时,必须全面考虑其影响因素,分清主次,尽可能如实地描述系统的主要特征。在能满足系统要求的前提下应尽量简化,以需要、简明、易解为原则。

(3) 系统最优化。系统最优化就是应用最优化理论和方法,对各候选方案进行最优化计算,以获得最优的系统方案。

(4) 系统评价。优化后的系统方案可能是几个,为了进行决策,必须对各优化方案进行评价。系统评价时应考虑的因素很多,如各项功能、可靠性、成本、寿命、工期、使用性等。系统评价的方法很多,但都不是十分完善和全面的,一般采用较多的方法是将系统的总数投资费用与总收益之比作为评价值。

系统设计的过程如图 16-2 所示。首先,要明确在外部系统设计阶段设计系统应具备的特性和条件,在此阶段,由于能掌握系统的主要因素和概略结构,所以称为系统探讨;其次,是制订满足要求的系统草案,对它们进行分析,并分解子系统,研究其特性和作出评价,进行最佳设计,然后将它们综合起来进行系统整体的设计;再次,对已设计的系统的功能和可靠性等进行审查,确定最初预想的性能是否满足,各个阶段完成时,都要对其结果进行审查,确认达到目的后,再向下一阶段进行。如果结果不能满足,就要对该阶段的设计进行修正。当审查仍不满意时,则应毫不犹豫地逐段向上追究。

通过以上讨论,我们把系统设计的一般步骤大致归纳为[2]:

(1) 确定求解的问题。系统设计的第一步是明确求解的问题和范围,就是说明确设计目的和要求。

---

[1] 顾建军,李艺,董玉琦.普通高中技术课程标准(实验)解读[M].武汉:湖北教育出版社,2004.
[2] 汪应洛.系统工程理论、方法与应用[M].北京:高等教育出版社,1992.

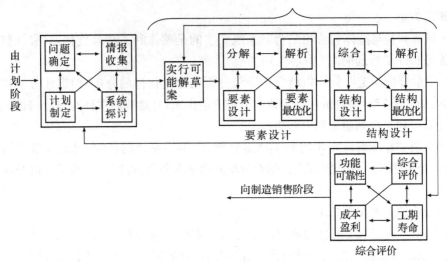

图 16-2

(2) 因素分析。对与被描述问题有关的因素进行分析,确定因素的类型:可控的、不可控的、质的属性。系统的最优化就是对量的可控因素优化确定的过程。

(3) 模型的建立。建立模型就是用适当的(一般是数学的)方式来描述问题与因素之间的关系。建立模型时一般应忽略次要因素,突出主要因素。建立模型时,应首先明确以下问题:系统的目标、系统的约束(现在常称为环境因素)、系统的输入、系统的输出。模型可以是下面方式中的任一种或它们的组合:物理模型(用来进行模型实验)、图解模型(如流程图、工序图、决策树等)、数学模型(用数学的形式来表示,可用来求出最佳解)和计算机模型(用程序语言表示,可以进行仿真求解)。

(4) 决策过程。所谓决策是运用适当的手段求解模型,确定实现系统目标的系统结构及其运用方法。当所建的是数学模型时,则可用运筹学中的数学规划法去求解。在求解数学模型时,恰当地选择优化准则是很重要的,优化准则不同,则所确定的系统的结构和对外表现大不相同。

(5) 运用与管理。① 验证:根据实际情况确定决策过程中的各种参数是否符合实际;② 预测:预测系统变化时对输出的影响;③ 系统运行的评价:主要评价系统是否达到预期的目的,评价可从可靠性、响应性、稳定性、适应性、可维修性、经济性和对环境的影响等方面着手;④ 修正:根据评价结果确定是否需要进行修正,一般情况下,经过数次修正后,系统的特性总能得到逐步改善。对于无法改善的系统,则应考虑重新进行系统设计。

对于大规模系统的设计是不允许失败的,由于模型复杂,约束条件众多,要想求得总体最优解难度很大,可以采用下述方法求得近似最优解。

(1) 采用模块方式。采用这种方式时,首先将大系统分割成为几个独立性很强的子系统,力求使各子系统局部最优化,然后对整体进行协调统一,以求得整个系统的近似最优解。

(2) 采用多层次系统理论。当采用这种理论时,首先将构成整体系统的子系统垂直方向排列,高层次的子系统行动最优,并对低层次子系统发生作用。这样,低层次子系统的行为成果取决于高层次的子系统,并对上部进行反馈,这样构成的系统就称为多层次系统。

简单系统的设计应用实例:

青藏铁路

青藏铁路是20世纪50年代中、后期开始勘察设计的,西宁至格尔木市南山口段共846 km,已于1979年建成,1984年投入运营。线路经过地区的地质条件十分复杂。青海西部有相当大的一片盐湖区。其中最大的是察尔汗盐湖,面积达1 500 km^2。由于蒸发强烈,盐湖周边的湖面形成了一层盐盖。铁路为避免绕行,不得不直接修在盐盖上。格尔木往南跨过昆仑山口后,直到雅鲁藏布江河谷前一直是位于世上罕见的高原平台上,格尔木至拉萨段1 110 km长度上,海拔高程大于4 000 m的区段长达960 km。在昆仑山及唐古拉山西麓,线路要通过范围相当大的冻土地带,总长度约550 km。

盐湖、高海拔冻土给青藏铁路建设带来一些特殊困难。盐湖并非一冻到底,盐盖下面是深深的湖水,其含盐浓度随地面水和地下水补给情况以及采盐量大小而变化,水淡了盐盖就可被溶薄。因此,盐湖各项参数的监测对铁路安全至关重要。再则,保证各类建筑材料在盐湖地区的抗腐蚀性能也是一个内容广泛的课题。

一到高原,由于气压降低,氧气稀薄,无论是人还是内燃型机械都会受到影响。青藏线现在选用的是内燃机车,一般机车如果不加改造,到了4 000 m以上的地区,功率就要大打折扣了,不密闭的客车车厢也会使旅客感到不适。因此,机车车辆都有大量改进性的工作要做。其他像养路、维修、检测用的机具设备也都要研制新的构造以适应高原条件。

为研究冻土地区的筑路技术和冻土性能,铁道科学研究院的西北分院20世纪70年代就在4 800 m的风火山口建立了观测站,对冻土和在附近修建的试验路基坚持了二十多年的持续观测,积累了大量有价值的数据,对青藏线建设作出了重大贡献。但对大规模的工程实践,应该说我国还是缺乏经验的。冻土层是个脾性怪异、变化多端的事物,关键是要尽量保持它的原始状态,不能犯它的禁忌。比如盖房,施工过程以及今后的使用过程,都不能将多余的热量传导给屋下的冻土,以免影响它的自然状态。一旦热量隔离没有处理好,冻土就可能逐渐失稳,房子就肯定站不住了。因此,冻土区的房屋基础要做特殊处理。其他工程项目,诸如桥隧、涵洞、路基等,通过冻土地带时,在施工工艺和组织、材料选择及今后的养护方面,都要采用有别于普通地带的措施。比如施工便道的位置、弃土和取土的地点都要与线路保持距离等等。不仅是冻土地带,在整个青藏高原,铁路的修建和运量都要切实注意环境的保护,不使高原和冻土的自然环境受到不可逆转的损害。因此,这是一条环保型的铁路,是一条绿色的交通线。

在运输组织、通讯信号、养护维修等方面青藏铁路也都有自身的特点。比如,车站间的距离,平原铁路是几公里、十几公里,这里就要增大至数十公里。养路机械化的程度比一般铁路也要高些。

自行车系统构成

纵观人类发展,从蒸汽机的发明到自行车的出现,无不让人惊叹!

自行车在我们的现实生活中可说是无处不在,它以结构简单、轻便、适用性广而深受普通家庭喜爱,是人们很好的代步工具,它不仅方便了我们的生活,而且节能环保,特别是近几年它又重新被人们重视。

可又有多少人真正了解自行车,熟悉自行车呢? 现在就从系统角度出发,深入剖析自行车系统的构成。

在此之前我们先来认识一下什么是系统。所谓系统是指具有特定功能的，相互间具有有机联系的许多要素构成的一个整体。在这里把自行车按系统构成分为四个部分：动力系统（主要是靠人来实现）、执行系统、传动系统、操纵系统。

我们知道自行车是一个比较简单的交通工具，所以它的动力系统不像其他机械设备那么复杂，它的功能的实现主要靠人的脚踩脚蹬，通过其他传动构件传动使其完成前进动作。在这里是由人提供动力，因其较简单，所以不作具体分析。接下来是自行车执行系统部分。所谓执行系统就是完成系统预期工作任务的部分，自行车中的执行系统主要有前后轮等部件，其工作原理大致是当脚踩脚蹬时，带动中轴，使大链轮转动起来经链条传动传给小链轮，再传到后轮，使其转动起来与地面产生摩擦，从而实现前进，而前轮在这时还起到导向作用。我们知道在车轮上我们还会装上轮胎，其实在以前是没有的。后来人们发觉骑行时其振动太大，感觉不舒服，特别是当路况较差时更是如此，所以根据自行车时常接触的路面不同，专门为它设计出适应该地带使用的一个结构，就是现在的轮胎，这样一来既可以防振，减小地面对轮子的直接影响，又提高了舒适度。另外，因自行车质心在两轮之间，为便于平稳停放，在机架后方（也就是后轴上）设置一个可收放的支撑杆。再下来是传动系统部分。所谓传动系统是指将动力机的运动和动力传递给执行系统的中间装置，自行车传动系统由脚蹬、中轴、链轮、曲柄、链条、飞轮、后轴等部件组成，主要功能是把动力传递给执行系统，让其实现特定功能。前面我们讲到自行车是采用链传动，那么为什么要使用链传动呢？一是我们知道链传动可实现中心距较大的传动，比起齿轮传动来说更轻便；二是因其无弹性滑动和打滑现象，能保持平均传动比准确，故在自行车中采用链传动比齿轮传动更优；三是与齿轮相比，更易于调整中心距（通过改变链条的长度来实现），所以自行车中采用链传动既能实现其主要使用功能，又能保证其整体性。

我们知道操纵系统是指使动力系统、传动系统、执行系统彼此协调运行，并准确可靠地完成整机功能的装置，自行车的操纵系统由车闸部件组成，也就是我们所说的制动装置，较为单一，其工作原理是利用摩擦力使得自行车减速或停止。为什么车闸要设计布置在车把上呢，这是因为便于操作者操作，当发生紧急事件时候方便及时作用，使其在最快时间制动，既符合人的习惯，也不干扰其他系统的动作。

总而言之，对自行车的系统构成的分析不可能面面俱到，所以应该从系统角度出发，用系统构成角度对自行车作全面的剖析，深入了解自行车系统构成，根据课本所学知识应用到实际当中，这对我们现在学习系统设计这门课是很有意义的。

兰德公司

兰德公司是美国最重要的以军事为主的综合性战略研究机构。它先以研究军事尖端科学技术和重大军事战略而著称于世，继而又扩展到内外政策各方面，逐渐发展成为一个研究政治、军事、经济科技、社会等各方面的综合性思想库，被誉为现代智囊的"大脑集中营"、"超级军事学院"以及世界智囊团的开创者和代言人。它可以说是当今美国乃至世界最负盛名的决策咨询机构。兰德公司正式成立于1948年11月，总部设在美国加利福尼亚州的圣莫尼卡，在华盛顿设有办事处，负责与政府联系。第二次世界大战期间，美国一批科学家和工程师参加军事工作，把运筹学运用于作战方面，获得成绩，颇受朝野重视。战后，为了继续这项工作,1944年11月,当时陆军航空队司令亨利·阿诺德上将提出一项关于《战后和下次大战时美国研究与发展计划》的备忘录,要求利用这批人员,成立一个"独立的、介于官民之间进行客观分析的研究机构","以避免未来的国家灾祸,并赢得下次大战的胜利"。根据这项建议,1945年底,美国陆军航空队与道格拉斯飞机公司签订一项1 000万美元的"研究与发展"计划的合同,这就是著名的"兰德计划"。"兰德"(Rand)的名称是英文"研究与发展"(Research And Development)两词的缩写。不久,美国陆军航空队独立成为空军。1948年5月,阿诺德在福特基金会捐赠100万美元的赞助下,"兰德计划"脱离道格拉斯飞机公司,正式成立独立的兰德公司。

兰德的长处是进行战略研究。它开展过不少预测性、长远性研究,提出的不少想法和预测是当事人根本就没有想到的,尔后经过很长时间才被证实。兰德正是通过这些准确的预测,在全世界咨询业中建立了自己的信誉。

美国"普拉德霍湾油田"原油输送问题

美国曾对从阿拉斯加东北部的普拉德霍湾油田向美国本土输送原油进行过系统分析。该输油系统地处北极圈内,气候条件恶劣,必须保证在低温下能够经济、可靠地向美国本土输送原油。系统分析人员的第一步工作就是通过系统研究得到该系统目标所提示的信息源范围,它涉及原油生产点和原油需求点所在地区的社会、经济、气候环境以及工程地质等条件,在上述条件下的储油和运输原油设施的技术经济分析,未来经济发展的影响和科学技术进步的影响因素等。在上述特定的系统环境下,如何经济、可靠地向美国本土输送原油的问题,对于决策者来说原本是一个存在许多模糊不清和不可知信息的决策问题。系统分析人员应用各种专业知识,将不可知部分的信息范围逐步缩小,直至决策人能够进行决策为止。但是,在不同时间和专业人员不同素质的条件下,不可知部分缩小的程度是不一样的,因而提供给决策人的有用信息量也不一样,最终的决策效果也就不一样。

该案例的系统设计曾经历了几个阶段。初期的系统设计方案是:① 采用正常的油船运送,在天气恶劣时中断船运,为此需要在原油供应地和接受地建设大型储油库;② 采用由破冰船引航的油船运送,这样,停运的天数大大减少,在原油供应地和接受地只需建设小型储油库;③ 采用加热管道输送,在沿途设置若干加油站,这样就不会因低温引起输油的困难。显然,从应用专业知识的内容和范围来看,初期的系统设计方案在实践中都被证明是有效的。或者说,可以通过这些专业知识来扩大信息源的可知部分和减少不可知部分。但是,在美国阿拉斯加地区恶劣的气候环境下实现该方案,就需要巨额的投资和高昂的成本费用来支撑这个输油系统,在经济上要付出极大的代价。于是,决策者可能不满意该方案,或者说,决策者对系统分析工作的结果所提供给他的最后信息不敢贸然决断。还有许多对决策者来说是不清楚的信息,而这些不清楚的信息应该由系统分析人员通过专业知识进行研究,将其转化为可知的信息,再提供给决策者。于是,该系统的设计工作就需要继续进行或重新进行设计。通过进一步分析后发现,如果将含有10%~20%氯化钠的海水加入原油中,原油就可以在低温条件下呈乳状液体在管道中运送。这样就可以省去大量的沿途加热站,而且使系统的不可知部分又得以缩小。随着科技的进步,终于又提出了在原油中加注天然气转换后的甲醛来替代海水,同样可以达到在低温条件下正常运输原油的目的。这样不仅可以避免输送无用的海水,还能省去需要用巨大投资来建设的天然气管道,使整体系统的工程费用大大下降。显然,这一研究和分析的结果为当时的决策者提供了极为有用的信息,使决策者能够下决心采取决策行动。从系统设计的角度来看,就是系统分析人员已经把可能提出的解决办法尽可能都想到了,在当时当地条件下已不可能提出比这更好的方案了,因为这对系统分析者来说已属于不可知部分的信息了。

第六篇 控制

第十七章 控制论

20 世纪 40 年代末，维纳创立了控制论。随着自动化系统和自动控制理论的出现，对信息的研究开始突破原来仅限于传输方面的概念。控制论作为一个相对独立的科学学科起始于 20 世纪 20~30 年代，而 1948 年美国数学家维纳出版的《控制论》一书，标志着控制论的正式诞生。

第一节 控制论概述

1943 年，维纳与别格罗和罗森勃吕特合写了《行为、目的和目的论》的论文，从反馈角度研究了目的性行为，找出了神经系统和自动机之间的一致性，这是第一篇关于控制论的论文。第一代电子计算机的设计者艾肯和冯·诺依曼认为这些思想对电子计算机设计十分重要，就建议维纳召开一次关于信息、反馈问题的讨论会。1943 年底在纽约召开了这样的会议，参加者中有生物学家、数学家、社会学家、经济学家等，他们从各自角度对信息反馈问题发表意见。之后又接连举行这样的讨论会，对控制论的产生起了推动作用。《控制论》一书的副标题是"关于动物和机器中信息与控制的科学"，从控制的观点揭示了动物与机器的共同的信息与控制规律，研究了用滤波和预测等方法，从被噪声湮没了的信号中提取有用信息的信号处理问题，建立了维纳滤波理论。美国数学家申农是维纳的学生，这年发表了《通信的数学理论》和《在噪声中的通信》两篇著名论文，提出信息熵的数学公式，从量的方面描述了信息的传输和提取问题，创立了信息论。

自从 1948 年诺伯特·维纳发表了著名的《控制论》一书以来，控制论的思想和方法已经渗透到了几乎所有的自然科学和社会科学领域。维纳把控制论看做是一门研究机器、生命社会中控制和通信的一般规律的科学，更具体地说，是研究动态系统在多变的环境条件下如何保持平衡状态或稳定状态的科学。现代科学中许多学科和领域都与控制论的思想有关，如图 17-1 所示，控制论已

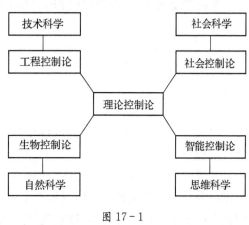

图 17-1

成为现代许多学科和领域的哲学基础和思想基础。

1834年,著名的法国物理学家安培写了一篇论述科学哲理的文章,他进行科学分类时,把管理国家的科学称为"控制论",他把希腊文译成法文"Cybernetigue"。在这个意义下,"控制论"一词被编入19世纪许多词典中。维纳发明"控制论"这个词正是受了安培等人的启发。

"Cybernetics"虽然是一个早已存在的词汇,来自希腊语,原意为掌舵术。然而,在《控制论》中,维纳要赋予它新的和创造性的内涵,这种内涵只有通过阅读《控制论》后才能被我们真正理解。

关于控制论,存在各种不同的定义,反映了不同的人对于控制论不同的理解。

从某种意义上说,控制论研究的是关于模拟人脑的自动机器的科学。由此,引出了一个关于控制论含义的具有代表性的问题:"控制论是关于机器人的科学,是这样的吗?"答案很明显是否定的。

控制论与人工智能不在同一个层次。控制论是思想,是哲学,是世界观,是认识论和方法论;而人工智能和机器人学是技术方法和科学方法。

由于对控制论不同的认识和理解,导致关于控制论不同的概念和定义。

控制论是关于动物和机器中信息与控制的科学。

——Norbert Wiener

控制论是一种思维模式。

——Ernst von Glasersfeld

控制论是关于思维模式的一种思维模式。

——Larry Richards

控制论是关于理解的艺术的科学。

——Humberto Maturana

控制论是关于操舵技能的艺术。

——Ross Ashby

控制论是处理控制、递归性和信息问题的数学。

——Gregory Bateson

控制论是关于系统本质研究的科学,这种系统能接收、存储、处理信息,并将其应用于控制。

——A. N. Kolmogorov

控制论是关于系统本质研究的科学,这种系统的复杂性是突出的和重要的,因而是不可忽略的。

——Ross Ashby

中国科学界关于控制论的认识和理解与前苏联科学界的思想和观点较为一致,即:研究信息和控制一般规律的科学。

对此维纳的解释为:"设有两个变量,其中一个是能由我们进行调节的,而另一个则不能控制。我们面临的问题是如何根据那个不可控制变量从过去到现在的信息来适当地确定可以调节的那个变量的最优值,以实现对于我们最为合适、最有利的状态。"

控制论是研究各类系统的调节和控制规律的科学。它是自动控制、通信技术、计算机科学、数理逻辑、神经生理学、统计力学、行为科学等多种科学技术相互渗透形成的一门横断性学科。它研究生物体和机器以及各种不同基质系统的通信和控制的过程,探讨它们共同具有的信息交换、反馈调节、自组织、自适应的原理和改善系统行为,使系统稳定运行的机制,从而形成了一大套适用于各门科学的概念、模型、原理和方法[①]。

第二节 控制论的发展

在人们认识世界、改造世界的漫漫长夜中,不时闪烁着智慧的火花;在广阔的科学处女地上,遍布着开拓者们的足迹。环顾仰视,我们不难发现一座座人类科技史上的丰碑。这里是牛顿等著名科学家建造的一座宏伟殿堂——经典物理学,它庄严、博大、精湛。那浑然一体的坚强柱石,那硕大的穹隆,无不令人肃然起敬。它不愧是一代科学之宫,领导了200多年的世界科学潮流,造成了以机器、轮船、铁路、电力、汽车和飞机等为代表的工业革命。然而,较之20世纪初比肩崛起的另两座巍巍丰碑——量子力学和相对论来说,经典物理学之宫就显得低矮陈旧了一点。站在这两座丰碑之巅,人类的视野更加开阔,科学技术开始冲破传统范围,导致了20世纪整个自然科学在纵深方向的一场革命,形成了探测微观世界和洞察宏观宇宙的两个前沿阵地。

不过人们也注意到,量子力学、相对论领导的这场自然科学革命,尽管它的理论高度大大超过了经典物理学体系,却没有像经典物理学那样引起生产与社会文明的爆发性飞跃。正当物理学家们步履艰难地迈着沉重步伐攀登之时,人们惊奇而又欣喜地发现,一个前所未有的科学技术与生产突飞猛进的新时代,就诞生在第二次世界大战的废墟之上。它并不直接来源于自然科学纵深方向的发展,而是来源于科学技术的横向突破。新时代的科学技术革命几乎深入到人类活动的所有领域,汇成了波澜壮阔的强大浪潮,并迅速构筑了那一片高耸入云的摩天大厦,而支撑这片大厦的擎天柱就是系统论、信息论和控制论,简称为"三论"。

无论是系统论、信息论,还是控制论,都与以往的任何学科不一样,它们不是以客观世界的某种物质结构、属性和运动形式作为研究对象,而是一门别开生面的"横断科学"。就控制论而言,是以各种物质结构及其内部运动规律的共同特点——信息传递和变换为研究对象,即研究各种现实系统共同的控制规律。它既不限于自然科学,也不属于社会科学,而是横跨各个学科,超出了其他学科的局限性,为各门学科找到了共同的内涵。控制论揭示了机器与生物系统信息控制的共同规律,把反馈控制的原理扩展到生物、经济和社会系统,为后来控制理论在非工程系统中的应用提供了理论基础。就其本质而言,控制论是一门方法论学科,它是集当代哲学、社会科学、自然科学和数学之大成而产生出来的多学科综合体,即具有形成结构上的多学科性、研究方法上的综合性等显著特点。因此,控制论享有"交叉科学"、"边缘科学"和"横断科学"的美称。

我们可以看到,当今众多的学者和科技人员,都在他们自己的领域,如政治学、经济学、社会学、工程学、生物学、医学、教育学等方面探讨和运用以控制论方法为主的现代科学方

---

① 控制论[EB/OL]. http://baike.baidu.com/view/62820.htm.

法。控制论与每门学科的具体方法有机地结合以后,产生了一个又一个的边缘学科。

一、控制论的诞生

美国科学家维纳是世界公认的控制论的奠基人,他于1948年出版发行的《控制论》一书被认为是控制论学科诞生的重要标志。

美国数学家、控制论的创始人诺伯特·维纳(Norbert Wiener)于1894年11月26日诞生于美国密苏里州的哥伦比亚,1964年3月18日卒于斯德哥尔摩。维纳在第二次世界大战期间从事雷达和防空火力控制的研究,以后研究通信和控制技术,于1948年发表了著名的《控制论》一书,用统一的数学观点讨论了通信、计算机和人类的思维活动,提出了自动化工厂、机器人、由数字电子计算机控制的装配线等新概念,促进了通信、计算机、机器人和人工智能等理论的发展。

维纳在其50年的科学生涯中,先后涉足哲学、数学、物理学和工程学,最后转向生物学,在各个领域中都取得了丰硕成果,称得上是多才多艺和学识渊博的科学巨人。他一生发表论文240多篇,著作14本。他的主要著作有《控制论》、《维纳选集》和《维纳数学论文集》等。维纳还有两本自传《昔日神童》和《我是一个数学家》。他的主要成果有以下八个方面:

(1) 建立维纳测度。

(2) 引进巴拿赫—维纳空间。

(3) 阐述位势理论。

(4) 发展调和分析。

(5) 发现维纳—霍普夫方法。

(6) 提出维纳滤波理论。

(7) 开创维纳信息论。

(8) 创立控制论[①]。

二、工程控制论的诞生

工程控制论是最早形成的一门学科,其研究方法也最为成熟。其他控制论分支大多是借鉴工程控制论的分析方法在各自领域内开展研究。工程控制论,也就是人们通常所说的控制理论,是我国著名科学家钱学森创立的。他于1954年出版的专著《工程控制论》,标志着这门学科的诞生。该书从技术观点出发对各种工程控制系统的自动控制原理作了全面总结和探讨,奠定了工程控制论的基础,指出了工程控制论的发展方向,推动了自动化技术在工程中的广泛应用,是世人所公认的工程控制论经典著作。

纵观控制理论几十年的发展过程,人们习惯上把它分为经典控制理论、现代控制理论和大系统理论三个阶段,下面分别加以介绍。

(1) 经典控制理论(20世纪40年代至50年代末)

20世纪40年代,为了改善工业自动调节系统,特别是第二次世界大战中为解决军事装备自动控制系统的性能,逐渐形成了以分析和设计单变量(即一个物理量)控制系统的经典

---

① [美]维纳.控制论[M].北京:北京大学出版社,2007:4-12.

控制理论和方法。这期间，着重研究的是单机自动化和局部自动化。例如，用自动调节器来控制锅炉的水位、发电机的电压及电动机的转速。更为复杂的控制系统有大炮的自动瞄准，飞机、舰艇的自动导航和舵位控制系统等。经典控制理论应用于工程实践，最成功的例子是美国的陆军于1944年发明的自动防空火炮系统。该系统中包括雷达自动搜索和跟踪目标（敌机），同时控制高炮自动对准飞行中的敌机，自动计算出炮弹发射方向，自动装入定时起爆引信，炮弹自动上膛和发射，直到击落敌机或敌机逃跑为止。这样一个复杂的作战过程，居然能够全部自动化，而且比人操作更灵巧，命中率也高得多，在当时看来，的确是个奇迹①。

（2）现代控制理论（20世纪60年代初至今）

20世纪50年代以来，控制理论在航空航天部门的应用进展很快，许多更复杂、更精密的自动控制系统相继出现，如自寻目标导弹、人造卫星、登月飞行、火星着陆、载人飞船等。与此同时，随着电子计算机技术的发展和普及，许多重要的工业生产部门也逐渐由局部自动走向综合自动化，因为这样可以最大限度地提高劳动生产率和产品质量，节约原材料和能源，从而实现现代化生产的最优化。

随着自动化水平的不断提高，控制系统本身也日渐复杂，系统中的控制变量数也随之增多，对控制性能的要求也逐步提高，很多情况都要求系统的性能是最优的，如时间最短、误差最小、燃料最省、产量最高、成本最低、效益最大等，而且要求对环境的变化有较强的适应能力，但现在所依据的稳定性、快速性和准确性等设计指标难以满足新的控制要求。为了适应航空航天事业和生产综合自动化的需要，1960年出现了以状态空间描述为基础，以最优控制理论为核心的现代控制理论。现代控制理论这一概念，最早是在1960年由美国著名科学家、控制理论界权威人士卡尔曼（R.E.Kalman，时年仅27岁）提出的。其主要标志是卡尔曼提出的能控性和能观测性的新概念，还有贝尔曼的动态规划、庞特里亚金的极大值原理和卡尔曼滤波器。

（3）大系统理论（20世纪70年代初至今）

20世纪70年代以来，控制理论向深度和广度进一步发展，进入了所谓的"大系统理论"阶段。因为大系统理论可以用来解决大系统最优设计、最优管理和最优控制等问题，所以在国际上受到了日益广泛的重视。一方面，许多国家的研究机构、大学、军事部门，都在积极进行各种大系统的研究、分析、设计等工作；另一方面，国际上相继成立了跨国的大研究机构，如1972年在维也纳成立的国际应用系统分析研究所（IIASA），旨在专门研究涉及全世界范围的大系统问题，如地球资源问题、能源问题、人口问题、世界模型等。但是，什么是大系统呢？因为它尚处于不断发展和完善之中，很难给它下一个确切的定义。通常所说的大系统，指的是包括工程技术、社会经济、生物、生态等各个领域的复杂系统。比如各类文献中提到的大型钢铁厂、化工厂的多级计算机控制与管理系统；区域性火力电网的动态稳定、自动保护与最佳运营系统；水源供应系统，农田水力灌溉网、输油、输气管道系统；铁路、航空、城市交通管理与控制系统等等。②

---

① 经典控制理论[OL]. http://www.chemyq.com/xz/xz3/24687dqujs.htm.
赵光宙.现代控制理论[M].北京:机械工业出版社,2010.

② 大系统理论[EB/OL]. http://baike.baidu.com/view/1028578.htm.

三、控制论的三个基本部分

1. 信息论

信息论主要是关于各种通路（包括机器、生物机体）中信息的加工传递和储存的统计理论。

信息论是运用概率论与数理统计的方法研究信息、信息熵、通信系统、数据传输、密码学、数据压缩等问题的应用数学学科。信息论将信息的传递作为一种统计现象来考虑，给出了估算通信信道容量的方法。信息传输和信息压缩是信息论研究中的两大领域。

信息论是美国数学家克劳德·香农(1916—2001)创立的独立学科，他于1948年出版的《通讯的数学理论》及于1949年出版的《噪声中的通信》，奠定了信息论的基础。信息论主要是解决通讯系统中信息编码问题，并将发送信息和接收信息作为一个通讯的整体来加以研究，提出了通信系统的一般模型，同时建立了信息量的统计公式。

香农给出了信息熵(以下简称为"熵")的定义：

$$H_i = -\sum_{i=1}^{N} P_i \lg P_i$$

熵是描述事情不可发生逆转趋势的参数描述。熵的参数变化越大，说明损失就比较大，反之则比较少。这一定义可以用来推算传递经二进制编码后的原信息所需的信道带宽。熵度量的是消息中所含的信息量，其中去除了由消息的固有结构所决定的部分，如语言结构的冗余性以及语言中字母、词的使用频度等统计特性。

信息论中熵的概念与物理学中的热力学熵有着紧密的联系。玻耳兹曼与吉布斯在统计物理学中对熵做了很多工作。信息论中的熵也正是受之启发。

信息论有狭义和广义之分，狭义信息论以香农的编码理论为中心，主要研究信息系统模型、信息的度量、信息容量、编码理论及噪声理论等。广义信息论，也可称为信息科学，是以研究计算机处理为中心的信息处理的基本理论，包括评议、文字的处理、图像识别、学习理论及其各种应用。

2. 自动控制系统的理论

自动控制系统的理论主要是反馈论，包括以功能的观点对机器和物体中（神经系统、内分泌及其他系统）的调节和控制的一般规律的研究。

自动控制理论的任务是研究自动控制系统中变量的运动规律和改变这种运动规律的可能性和途径，为建造高性能的自动控制系统提供必要的理论手段。它产生于人们对自动控制技术的长期探索和大量实践，它的发展得到了其他学科，如数学、力学和物理学的推动，近期更受到电子计算机科学和技术的促进。

在自动控制理论发展的早期阶段，它的主要应用领域是工程技术领域中的各类控制问题，尤其是生产过程、航空和航天技术、通信技术、武器控制等方面。20世纪70年代中期以来，自动控制理论的概念和方法已应用于交通管理、生态环境、生物和生命现象研究、经济科学、社会系统等领域。自动控制理论的建立和发展，不仅促进了自动控制技术向广度和深度发展，也对其他邻近的科学和技术的发展，乃至对人类的日常生活都产生着深刻的影响。自动控制理论被认为是20世纪在技术科学上所取得的重大成就之一。

3. 自动快速电子计算机的理论

自动快速电子计算机理论即与人类思维过程相似的自动组织逻辑过程的理论。

电子计算机是一个起步比较晚的科学部门。从第一架电子计算机诞生,到现在才不过几十年的历史。然而从它一出世起,就显示出它在近代科学和生产上的无比的重要性。有些人把电子计算机的发现比作历史上十进位的发现,更有人把电子计算机和原子能并列为20世纪的两大发现。

电子计算机的用途是多方面的。首先是关于快速计算方面。我们知道,在近代的物理学、数学、力学、天文学、化学、天气预报、统计学,乃至现代化的工程设计中,常常需要进行大量的数字计算(即加减乘除)。例如,求一个大的行列式的解答、求一个级数的和等,在计算中常要花费很多时间,常常为某一数字问题要算上一两年。可是有了电子计算机以后,就能大大节省人们在数字计算方面的劳动。就计算速度来说,电子计算机在这方面是异常迅速的。如果我们不把调动电子计算机的时间算在内,仅在运算的时间上来比较,那么电子计算机就要比人工运算快40万倍以上,比一个普通结账或做统计用的计算机要快几万倍。

例如,用电子计算机来算十位数字的加减法,每秒钟可做3万次;来做十位数字的乘除法,每秒钟可做500次。而且,在设计电子计算机的时候,还可以把许多运算步骤连接起来,让它们自动地和连续地来进行。

正如任何一个新的科学部门的出现,唯心论者总是利用科学上的新发现和困难来做出认识论上的歪曲,围绕着电子计算机问题上也有着极多的唯心论。

有些人认为电子计算机在将来可以完全代替人的思维,叫嚷什么要用"电子大脑"来代替人的大脑。这种论断是不正确的。人的大脑和任何机器有着本质的差别,人的大脑是任何机器所不能完全代替的,这正如飞机、火车的发现并不能完全代替人们的手和脚一样。但是反过来,如果完全否认电子计算机能够辅助人的思维活动,否认电子计算机的研究对人们的心理的研究有任何意义,并把这种观点斥之为一种大脑的"机械论",这也是不对的[①]。

第三节　控制论的三种思想

一、统计思想

经典的牛顿力学认为,世界是井然有序的,任何力学系统在任何时刻的运动状态都是完全确定的,这种严格决定论的世界观和方法论对于具体的宏观物体来说是适用的。然而从19世纪末开始,对微观世界运动现象的众多观测结果则表明,微观物质的运动往往呈现随机性,观测者无法精确给定物质微粒在某一时刻的运动方向和速度,只能在一定的时间和空间范围内对运动状况作统计性的描述。

统计思想不仅突破了牛顿经典力学思想的局限性,也贯穿了维纳毕生的工作。早在1919年前后,他就接受了美国物理学家吉布斯和奥地利物理学家玻尔兹曼提出的统计力学观点:如果某一类物理系统能够持续地保持整体性质不变,那么经过足够长的时间后,其中

---

① 控制论[EB/OL]. http://baike.baidu.com/view/62820.htm.

的每一个系统都必将经历它在任何一给定时刻所可能具有的状态(能量、位置和动量等)。维纳把这种思想与自己对布朗运动的研究结合起来,最终为这种典型的随机运动建立了理论模型。他提出的维纳过程、维纳测度和维纳积分等概念不仅是现代概率论的开创性工作,更为吉布斯的统计理论奠定了严格的数学基础,使统计思想得到了一次大发展。

另一方面,吉布斯的理论实质虽然是全新的,但研究对象还局限在服从牛顿定律的那些系统上,相当于把偶然性的观点叠加在牛顿力学上。随着科学探索领域的不断扩大,维纳认识到,通信和控制理论所涉及的问题与微观物质的运动本质一样,也不可能通过经典的牛顿力学得到彻底反映。他举过这样一个例子:"通信工程中的机器,只根据单独的一次输入而产生的动作是不会令人感兴趣的。如果要充分发挥作用,这种机器就必须对所有的输入都做出令人满意的动作。"也就是说,通信和控制过程实际上都是根据统计上预期收到的输入信号来得到令人满意的输出信号,而控制理论的研究目标,也就在于通信和控制的统计规律。这样,维纳将吉布斯的思想开拓到更加广泛的领域中,通过他和自己的支持者的长期努力,自然科学和技术界的大多数科学家都接受了统计的思想和方法。

维纳的统计思想还对科学哲学,特别是科学方法和认识论产生了影响。他从热力学中借鉴了"熵"这一概念。熵代表系统紊乱无序的程度。熵越大,系统就越发呈现无序性。在一个封闭和孤立的系统里,热力学熵总是不断增加的,即系统总是从有组织的状态趋向于混沌无序的状态。信息的熵则与此相反,热力学熵越大,信息熵则越小,即随着系统整体向无序的演化,信息却在向确定有序发展。维纳的这种观点使人们充分领略到有序和无序的对立统一,有序性和规律性是整体和宏观呈现的暂时状态,也是信息发展的未来趋势;在局部和微观领域,物质运动及相互关系呈现随机和无序性,这也将是系统整体的发展趋势。

人们以往将或然性看作确定性的一种特殊的、不易处理的情况。有了统计思想,则可以反过来将确定性视为或然性的一种特殊的、易于处理的情形。正如伽利略的理论使人们考察物体状态的立足点从静止的参考系转换到运动的参考系一样,维纳的统计思想则鼓励人们在认识客观世界时从决定性的参考系转移到或然性的参考系。科学界对客观世界及其与外部空间相互关系的认识由此产生了巨大转变[1]。

二、信息论思想

控制论在考察和研究控制系统时采用了信息理论作为出发点。维纳认为:"信息是我们适应外部世界,并且使这种适应为外部世界所感觉到的过程中,同外部世界进行交换的内容的名称。"信息是了解机器、有机体、人脑乃至人类社会运行机理的基本模式,无论是机器还是生物所构成的控制系统,其功能主要体现在信息的获取、使用、保存和传递上,而不在于物质和能量的交换。控制过程的实质就是一种通信的过程,即信息的获取、加工和使用的过程。

维纳以自己在概率论和通讯领域的研究成果为基础,引入了消息、干扰量(或噪声)、信息量和编码等概念,把消息看作可测事件的时间序列,将通信过程对应于平稳的随机过程。除了用"熵"定义了信号所包含的信息量大小,他还给出了度量信息量的数学公式,这些工作

---

[1] Jessica M. Utts RObert F. Heckard. 统计思想. 第2版. 北京:机械工业出版社译,2005.

使他与香农一起成为信息理论的奠基人。

信息论的思想方法不同于传统的经验方法,它用信息的概念作为分析和处理问题的基础,把系统的运动过程抽象为一个信息变化的过程,完全抛开了研究对象的具体运动形式。它不需要对事物结构进行解剖分析,而是从整体出发,综合考察其信息的流动过程。一般通信系统的模型是,信息从信息源出发,经编码器加工成为可以传输的信号并发送出去,信号通过信道传播后被译码器接收并重新转换成消息,最终到达信息终端。在研究考察控制系统时,重点是要发现环境的影响和作用及与系统的相应变化之间的联系。利用信息论的思想,可以将两者分别对应于输入信号和输出信号,通过在两者之间建立函数表达式(传递函数)来达到目的,这恰恰是维纳的经典控制论的独到之处。由它可以获得对系统和环境复杂整体的动态认识。因此,它很快成为现代科技领域中一种全新的认识模式。

信息论的思想方法还把各种不同的系统联系在一起,为人类研究其中的共同规律发挥了重大作用。信息和通信的概念使人们能以一种统一的观点来观察自然界中物体相互作用的各种过程,将许多科学部门结合起来,如通信理论、预测和滤波理论、追随系统理论、反馈自动调整理论、电子计算机理论和神经生理学理论等。这些事实有力地说明了我们完全有可能也有必要将这些领域中的成就与方法概括和统一起来①。

三、功能模拟思想

维纳在创建控制论时指出,从古至今的不同时代,科学家们曾经分别从物质组成、结构形态、运动形式和能量特征等各个不同的角度去研究客观世界,结果都有很大的局限性,因为这些方面恰恰是生物、技术和社会系统之间的差别所在,利用它们的类比来找出共同规律,当然是很难实现的。

控制论突破了这种传统的思维方式,从探求"它是什么"转为考察"它做什么",也就是从行为或功能的角度出发,探索机器、生命体和社会系统运行的规律。维纳非常深入地研究了行为或功能这一概念,给出了更加广泛的定义:"行为就是一个实体相对于其外部环境作出的任何变化……一个客体可以从外部探知的任何改变都可以称作行为。"据此,无论是机器的输入和输出,还是动物与人的刺激和反应,都可以看作行为。维纳采用一套模拟语言,借用生理学术语来描述机器,借用机械术语来描述有机生命体,最后统一成行为而加以研究,使得寻找共同规律成为可能。

从数学的角度看,由于我们把着眼点放在系统输入量和输出量之间的动态关系上,而不是系统的物理结构上,所以许多物理性质不同的系统,只要其动态特性相似,就可以具有相同或相近的传递函数;根据相同的输入,就能计算出相同的输出。这样,以功能和行为相似为基础,以其中一个系统为模型去模仿另一个系统的功能和行为,在数学上也找到了理论依据。

这种功能模拟的思想方法是对传统的类比方法和模拟方法的推广,被称为"控制论的思维方式"。它突破了无机界、生命界与思维现象之间的界限,把不同物质结构的系统都视为一个具有信息变换和反馈的功能系统,特别是将人的行为、目的和大脑神经活动与电子的、

---

① 傅祖芸.信息论[M].北京:电子工业出版社,2007.

机械的运动联系起来，发现了其功能的相似性和统一性，得出了与传统科学完全不同的重要结论。它也为当代科学研究开辟了一条崭新的途径，在对人工智能和仿生学等的研究中正日益发挥着重要作用。

第四节　控制论的意义和影响

控制论具有十分重要的理论意义和实践意义，它体现了现代科学整体化发展趋势，为现代科学技术提供了新的思路和科学方法。《控制论》一书出版以后受到了西方各国科学家的认可。更为重要的是，控制论的思想和方法向各个学科领域，产生出一系列以控制论为基础的交叉学科。

首先，支持各学科交流的麦歇基金会从1944年起召开10次会议，1948前后各有5次，参加会议的学者遍及各个学术领域，不仅有神经科学、脑科学、生态学、生理学、医学神经病学、心理学、电子工程、地球物理学，而且有社会科学、语言学、人类学、社会心理学、文学批评等。其中不少是各领域的专家。通过他们的交流和传播，形成了一些独具特色的研究方向，特别是生物控制论、经济控制论、社会控制论等。

其次，以控制论为核心形成了不同于原先自然科学体系的全新科学领域，它们同控制论一样，具有综合哲学、数学、具体科学和工程的特点，而且具有强烈的数学色彩，可以称之为广义数学或大科学。这些领域实际上推动社会的建立和发展，特别是诞生于1948年的信息论。

最为重要的是，当时在冷战和军备竞赛条件下，控制论对武器的制造发展有直接的推动作用。控制论也推动人工智能和机器人学的建立和发展。

冷战时期诞生与发展的控制论，在苏联、东欧的传播也颇具戏剧性。苏联是一个政治挂帅，意识形态控制极为严厉的国家。到1948年时，斯大林的哲学不仅全面控制哲学、社会科学、人文科学、文学艺术领域，而且迅速侵入到数学与自然科学领域，其代表就是把孟德尔—摩尔根的遗传学说成是"反动的"、"唯心主义的"、"形而上学的"、"资产阶级"学说。正在这时，维纳的控制论诞生并传到苏联，立即遭到攻击。如1954年出版的《简明哲学辞典》中列入"控制论"一条，称控制论是一种反动的伪科学，一种现代形式的机械论——毫无人性，力图把劳动人民变成机械的附属品，变成生产工具和战争工具。

但是，冷战时期与美国斗争还要靠技术与科学，特别是与武器、控制和计算机有关的高技术。空洞的哲学批评毕竟不能代表军方的实力。1955年三位顶尖的科学家开始扭转这种风气，开始肯定控制论的积极作用。1958年，维纳的《控制论》在俄发行。1959年，前苏联科学院主席团决定成立控制论学术委员会，下有数学、计算机等8个分会，1967年增至15个，并有500个研究所。

苏联的控制热潮一直持续到20世纪80年代初，其高潮是1974年编著的《控制论百科全书》的出版，这在世界上也是独一无二的。控制论在苏联的传播对数学和技术方面取得重大的成功，但在其他方面并不尽如人意。生物控制论虽未取得实质性的进展，却歪打正着地把伪科学大师李森科赶下台。在控制论的影响下，经济控制论与数理经济学业得到蓬勃的发展，不过由于它的设想威胁到中央集权和计划经济而不能实行。

虽然控制论只是带有普遍性的科学哲学思考,运用到复杂系统上也有较多的技术性困难,不能用来包打天下。苏联从一个极端到另一个极端使得控制论开始升温,按照一个领域本来的面貌发展。

70年代末,控制论在西方开始衰落。但其智慧及预见并没有消失,而是成为信息社会的有机组成部分。控制论可以涉及的各个学科领域独立的发展成为较小的专门的分支,控制论成为他们共同的基础。

控制论至今已发展成为庞大的学科群,其中每个学科都运用控制论的共同思想和方法,并沿着各自的路线发展,这些都可在维纳的《控制论》中初见端倪。

近年来,我国才开始对它进行广泛而深入的研究。在经济、人口、能源、生产管理等方面,开始运用控制论建立数学模型。如投入产出模型、人口模型等,在运用中都取得了良好的效果[①]。

---

① 王民选.试析控制论的认识论意义[EB/OL]. http://www.studa.net/shehuiqita/090925/15293364.html.

第十八章　控制系统概述

控制工作的理论基础就是控制论。控制论的主要创立者美国著名数学家罗伯特·维纳于1948年发表了《控制论》一书，标志着控制理论的正式诞生。控制论（即一般控制论）是一门研究各类系统的调节和控制规律的科学，它研究施控主体对受控系统的影响方式和规律性。控制论的发展经历了经典控制论阶段、现代控制论阶段和大系统控制论阶段。

控制系统是能够对被控制对象的工作状态实现控制的系统，包括被控对象和控制装置。被控对象是指要求实现自动控制的机器、设备或生产过程。控制装置则是指对被控对象起控制作用的设备总体。常见的控制系统可以是指控制一个物理量，也可以是包括一个企业、机构全部过程的大系统；可以是一个具体的工程系统，也可以是抽象的社会系统、生态系统或经济系统等。

在工程和科学技术发展过程中，自动控制担负着重要的角色。除了在宇宙飞船系统、导弹制导系统和机器人系统等领域中，自动控制具有特别重要的作用之外，它已成为现代机器创造业和工业生产过程中不可缺少的组成部分。例如，在制造工业的数控机床控制系统中，在航空和航天作业的自动驾驶仪系统设计中，以及在汽车工业的小汽车和大卡车设计中，自动控制都是必不可少的。因此，大多数工程技术人员和科学工作者都必须具备一定的自动控制知识。

第一节　控制工程

控制工程是一门新型的技术科学，也是一门边缘科学。早在一千多年以前，我国就先后发明了铜壶滴漏计时器、指南针以及天文仪器等多种自动控制装置，这些发明促进了当时社会经济的发展。即使从1788年瓦特（J. Walt）发明蒸汽机飞球调速器算起，控制工程也有了两百多年的历史。然而，控制工程作为一门学科，它的形成并迅速发展却是最近五六十年的事。

纵观控制工程发展历程，它是与控制理论、计算机技术、现代应用数学的发展息息相关的。目前，控制理论正在与模糊数学、分形几何、混沌理论、灰色理论、人工智能、神经网络、遗传基因等学科的交叉、渗透和结合中不断发展。

一、控制的含义

在控制论中，"控制"的定义是：为了"改善"某个或某些受控对象的功能或发展，需要获得并使用信息，以这种信息为基础而选出的于该对象上的作用，就是控制。由此可见，控制的基础是信息，一切信息传递都是为了控制，进而任何控制又都有赖于信息反馈来实现。信息反馈是控制论的一个极其重要的概念。通俗地说，信息反馈是指由控制系统把信息输送出去,又把其作用结果返送回来,并对信息的再输出发生影响,起到控制的作用,以达到预定的目的。

控制的一般概念可表述为:控制就是控制者(施控主体)对受控对象所施加的一种能动影响或作用。其实质是保持或改变受控对象的某种状态,使其达到施控主体的预期目的。其含义有:

(1) 施加这种作用的目的是为了改善对象,以达到预期目标。
(2) 控制就是加在某个对象上的一种作用。
(3) 这种作用是通过信息的选择、使用而实现的。

控制对象存在着多种发展的可能性,因而控制实质上意味着在事物发展的可能性空间中进行有方向性的选择,所以控制作用是带目的性的能动作用。

《现代汉语词典》认为:控制是掌握住对象不使任意活动或超出范围;或使其按控制者的意愿活动。

控制,是指对事物起因、发展及结果的全过程的一种把握,是能预测和了解并决定事物的结果。

经济学中控制的定义:控制,是指有权决定一个企业的财务和经营政策,并能据以从该企业的经营活动中获取利益。

投资企业能够对被投资单位实施控制的,被投资单位为其子公司,投资企业应当将子公司纳入合并财务报表的合并范围。

管理学中控制的定义:

定义一 对员工的活动进行监督,判定组织是否正朝着既定的目标健康地向前发展,并在必要的时候及时采取矫正措施。

定义二 控制就是检查工作是否按如果把输入值用 x 表示,输出值用 y 表示,客体的功能用 s 表示,控制系统也即反馈系统的作用用 R 表示,偏差信息用 Δx 表示,则有:$y=S(x+\Delta x)=S(x+Ry)=Sx+SRy$,它反映闭环控制系统的反馈功能或控制功能。

控制是管理的基本职能之一。控制,是指管理者为了保证实际工作与计划的要求相一致,按照既定的标准,对组织内部的管理活动及其效果实施检查、监督和反馈等一系列管理活动,以确保组织的目标及为此而拟定的计划得以实现。控制的有效与否,直接关系到管理系统能否在变化的环境中实现管理决策制定的预期目标。

由上述可知,首先,控制是管理的一个基本职能,它与管理的计划、组织等职能有着密不可分的联系。控制职能是使系统以一种比较可靠的、可信的、经济的方式进行活动,保证计划目标的实现。其次,控制是一个发现问题、分析问题、解决问题的过程。对管理者来讲,重要的不是工作有偏差,或是否可能出现偏差,而是能否及时发现偏差,或预测到潜在的偏差。发现偏差,才能进而找出原因并加以纠正。第三,控制职能的完成,要以科学的程序作为保障机制。即建立控制的标准,将实际绩效同标准进行比较,纠正偏差,并建立有效的信息系统。第四,控制若要有效,必须具备以下要素:控制系统必须具有可衡量性和可控制性,有衡量这种特性的方法,具备用已知标准来比较实际结果和计划结果并评价两者之间差别的方法,有一种调控系统以保证在必要时调整已知标准的方法。第五,控制的目的是使组织管理系统以更加符合需要的方式运行,使它更加可靠、更加便利、更加经济[①]。

二、管理控制与"控制"的区别

(1) 控制论中的"控制",实质上是一个简单的信息反馈,它的纠正措施往往是即刻就可付诸实施的。而且,若在自动控制系统中,一旦给定程序,要衡量成效和纠正偏差就往往都是自动进行的,而管理工作中的控制活动远比上述的更为复杂和实际。主管人员当然是要衡量实际的成效情况,并将它与标准相比较以及明确地分析出现的偏差和原因。但是,为了随之作必要的纠正,主管人员必须为此花费一定的人力、物力和财力去拟订计划并实施这一计划,才有可能纠正偏差以达到预期的成效。

(2) 简单反馈中的"信息",是一个一般意义上的词汇,即简单的"信息"包括能量的机械传递、电子脉冲、神经冲动、化学反应、文字或口头的消息以及能够借以传递"消息"的任何其他手段。对于一个简单反馈的控制系统来说,它所反馈的信息往往是比较单纯的。而对于管理控制工作中的"信息"来说,它是根据管理过程和管理技术而组织起来的在生产经营活动中产生的,并且经过了分析整理后的信息流或信息集,它们所包含的信息种类繁多,数量巨大。这种管理信息(包括管理控制工作中的信息)和管理系统结合在一起,就形成了一个系统——管理信息系统。这种系统,由于既要反映产品的生产过程,以便使信息系统能起到控制产品生产过程和产品的价值形成过程的作用;又要适应管理决策的需要,使信息系统能起到为各级管理服务的作用,使信息的流动符合管理决策的需要,使信息系统成为进行科学管理严格执行计划的有力工具。因此,我们就要求它具有如下功能:

① 处理信息及时、准确。
② 控制计划和经营管理,使之处于最佳状态。
③ 便于进行方案比较和择优。
④ 有助于进行预测工作。

管理是否有效,其关键在于管理信息系统是否完善,信息反馈是否灵敏、正确、有力。灵敏、正确和有力的程度是一个管理制度或一个管理职能是否有充沛生命力的标志,这就是现代管理理论中的反馈原理。要"灵敏"就必须有敏锐的"感受器",以便能及时发现变化着的客观实际与计划目的之间的矛盾。要"正确",就必须有高效能的分析系统,以过滤和加工各种消息、情报、数据和信息等,"去粗取精、去伪存真、由此及彼、由表及里"。"有力"就是把分析整理后得到的信息化为主管人员强有力的行动,以修正原来的管理动作,使之更符合实际情况,以期达到管理和控制的目的。

(3) 按照"控制论"的观点,生物或机械等各种系统的活动均需要控制。

进行这种控制活动的目的是设法使系统运行中所产生的偏差不致超出允许范围而维持在某一平衡点上。

对管理来说,控制工作的目的不仅是要使一个组织按照原定计划,维持正常活动,以实现既定目标;而且还要力求使组织的活动有所前进、有所创新,以达到新的高度,提出和实现新的目标。也就是说,管理的五个职能活动,通过信息反馈,形成了一个闭合回路系统。管

---

① 中国大百科全书总编委会编.中国大百科全书.第2版.北京:中国大百科全书出版社,1991:261.

理活动无始无终,一面要像控制论中的"控制"一样,使系统的活动维持在一个平衡点上;另一面还要使系统的活动在原平衡点的基础上求得螺旋形上升。全面质量管理中推行的 PDCA 工作法,实际上就是体现了这个特点。

第二节 控制系统

控制论强调系统的行为能力和系统的目的性。维纳提出了负反馈概念和功能模拟法。

行为——系统在外界环境作用(输入)下所做的反应(输出)。人和生命有机体的行为是有目的、有意识的。生物系统的目的性行为又总是同外界环境发生联系,这种联系是通过信息的交换实现的。外界环境的改变对生物体的刺激对生物系统来说就是一种信息输入,生物体对这种刺激的反应对生物系统来说就是信息的输出。控制论认为任何系统要保持或达到一定目标,就必须采取一定的行为。输入和输出就是系统的行为。

控制系统(Control System)是指由控制主体、控制客体和控制媒体组成的具有自身目标和功能的管理系统。控制系统意味着通过它可以按照所希望的方式保持和改变机器、机构或其他设备内任何感兴趣的量。

例如,假设有一个汽车的驱动系统,汽车的速度是其加速器位置的函数。通过控制加速器踏板的压力可以保持所希望的速度(或可以达到所希望的速度变化)。这个汽车驱动系统(加速器、汽化器和发动机)便组成一个控制系统。

一、控制系统的基本要求

控制系统应用于不同场合,对它有不同的性能要求。但从控制工程的角度来看,对控制系统却有一些共同的要求,一般可归纳为稳定性、精确性、快速性。

1. 稳定性

由于控制系统都包含储能元件,若系统参数匹配不当,便可能引起振荡。稳定性就是指系统动态过程的振荡倾向及其恢复平衡状态的能力。对于稳定的系统,当输出量偏离平衡状态时,应能随时间收敛并且最后回到初始的平衡状态。稳定性乃是保证控制系统正常工作的先决条件。

2. 精确性

控制系统的精确性即控制精度,一般以稳态误差来衡量。所谓稳态误差是指一定变化规律的输入信号作用于系统后,当调整过程结束而趋于稳定时,输出量的实际值与期望值之间的误差值,它反映了动态过程后期的性能。这种误差一般是很小的,如数控机床的加工误差小于 0.02 mm,一般恒速、恒温控制系统的稳态误差都在给定值的 1‰ 以内。

3. 快速性

快速性是指当系统的输出量与输入量之间产生偏差时,消除这种偏差的快速程度。快速性好的系统,它消除偏差的过渡过程就短,就能出现快速变化的输入信号,因而具有较好的动态性能。

由于控制对象的具体情况不同,各种系统对稳定性、精确性、快速性这三方面的要求是各有侧重的。例如,调速系统对稳定性要求较严格,而随动系统则对快速性提出较高的要求。对于同一个系统,稳、准、快也是相互制约的。提高快速性,可能会引起强烈的振荡;改善了稳定性,控制过程又可能过于迟缓,甚至精度也会变差。分析和解决这些矛盾,正是本书所要讨论的主要内容之一。

二、控制系统的主要特征

(1) 要有一个预定的稳定状态或平衡状态。例如在速度控制系统中,速度的给定值就是预定的稳定状态。

(2) 从外部环境到系统内部有一种信息的传递。例如,在速度控制系统中,转速的变化引起的离心力的变化,就是一种从外部传递到系统内部的信息。

(3) 这种系统具有一种专门设计用来校正行动的装置。例如速度控制系统中通过调速器旋转杆张开的角度控制蒸汽机的进汽阀门升降装置。

(4) 这种系统为了在不断变化的环境中维持自身的稳定,内部都具有一种自动调节的机制。换言之,控制系统都是一种动态系统。

三、控制系统分类

1. 开环控制和闭环控制

控制系统,根据有无反馈作用可以分为开环控制系统、闭环控制系统和半闭环控制系统三类。

(1) 开环控制系统

如果系统只是根据输入量和干扰量进行控制,而输出端和输入端之间不存在反馈回路,输出量在整个控制过程中对系统的控制不产生任何影响,这样的系统称为开环控制系统。图18-1所示的数控机床进给系统,由于没有反馈通道,所以是一个开环控制系统。系统的输出量仅受输入量的控制。

图 18-1 数控机床工作台进给开环控制系统

开环控制系统用一定输入量产生一定的输出量,如果由于某种干扰作用使输出量偏离原始值,它没有自动纠偏的能力。要进行补偿,必须再借助人工改变输入量。所以开环系统的控制精度较低。但是组成系统的元件特性和参数值比较稳定,而且外界的干扰比较小,这种控制系统也可以保证一定的精度。开环系统的最大特点是系统简单,一般都能稳定可靠地工作,因此对要求不高的系统可以采用。

(2) 闭环控制系统

如果系统的输出端和输入端之间存在反馈回路,输出量对控制过程产生直接影响,这种系统称为闭环控制系统。这里,闭环的作用就是应用反馈来减少偏差。因此,反馈控制系统必是闭环控制系统。例如,图18-2的恒温箱自动控制系统就是一个闭环控制系统。

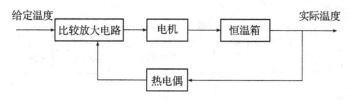

图 18-2 闭环控制系统框图

闭环控制系统的突出特点是控制精度高,不管遇到什么干扰,只要被控制量的实际值偏离给定值,闭环控制就会产生控制作用来减少这一偏差。

闭环控制系统也有它的缺点,这类系统是靠偏差进行控制的,因此,在整个控制过程中始终存在着偏差。由于元件的惯性(如负载的惯性),若参考配置不当,很容易引起振荡,使系统不稳定而无法工作。所以,在闭环控制系统中精度和稳定之间总存在着矛盾,必须合理解决。

(3) 半闭环控制系统

如果控制系统的反馈信号不是直接从系统的输出端引出,而是间接的取自中间的测量元件,例如在数控机床的进给伺服系统中,若将位置检测装置安装在传动丝杠的端部,间接测量工作的实际位移,则这种系统称为半闭环控制系统。

半闭环控制系统可以获得比开环系统更高的控制精度,但比闭环系统要低;与闭环系统相比,它易于实现系统的稳定。目前大多数数控机床都采用这种半闭环控制进给伺服系统。

2. 恒值控制系统、程序控制系统和随动系统

按输入量的特征可以分为恒值控制系统、程序控制系统和随动系统。

(1) 恒值控制系统

这种控制系统的输入量是一个恒定值,一经给定,在运动过程中就不再改变(但可定期校准或更改输入量)。恒值控制系统的任务是保证在不受任何扰动作用下系统的输出量为恒值。

工业生产中的温度、压力、流量、液面等参数的控制,有些原动机的速度控制,机床的位置控制,电力系统的电网电压、频率控制等,均属此类。

(2) 程序控制系统

这种系统的输入量不为常值,但其变化规律是预先知道和确定的。可以预先将输入量的变化规律编成程序,由该程序发出控制指令,在输入装置中再将控制指令转化为控制信号,经过全系统的作用,使控制对象按指令的要求而运动。计算机绘图仪就是典型的程序控制系统。

工业生产中的过程控制系统按生产工艺的要求编制成待定的程序,由计算机来实现其控制,这就是近年来迅速发展起来的数字程序控制系统和计算机控制系统。微处理机将程序控制系统推向更普遍的应用领域。图 18-3 表示一个用于机床切削加工的程序控制系统。

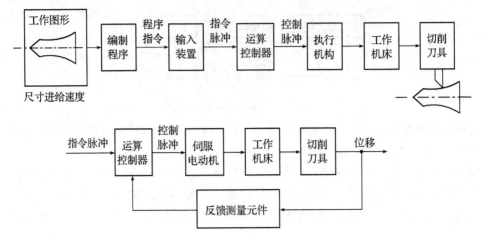

图 18-3 程序控制系统

(3) 随动系统

随动系统在工业部门又被称为伺服系统。这种系统的输入量的变化规律是不能预先确定的。当输入量发生变化时,则要求输出量迅速而平稳地跟随变化,而且能排除各种干扰因素的影响,准确地出现控制信号的变化规律(此即伺服的含义)。控制指令可以由操作者根据需要随时发出,也可以由目标或相应的测量装置发出。

机械加工中的仿形机床、武器装备中的火炮自动瞄准系统以及导弹目标自动跟踪系统等均属随动系统。

图 18-4 为火炮控制系统示意图。在此系统中,当输入一个角度时,如果输出角度与输入角度不同,则同位仪检测装置输出一个偏差信号到控制与放大器的输入端,其输出端输出一个相应的电压,致使直流电动机带动炮架转动。与此同时,又把炮架的位置反馈到同位仪检测装置,直至输出角度与输入角度相等,放大器的输入、输出为零,电动机停止旋转,炮架也就被控制转动到了给定的角度。

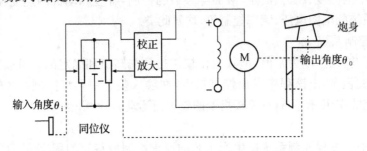

图 18-4 为火炮跟踪关系示意图

火炮跟踪系统框图如图 18-5 所示。

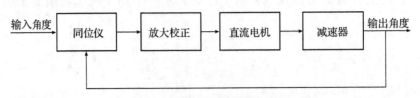

图 18-5 火炮跟踪系统框图

3. 连续控制和离散控制

按系统中传递信号的性质分为连续控制系统和离散控制系统。

(1) 连续控制系统

系统中各部分传递信号都是连续时间变量的系统称为连续控制系统。连续控制系统又有线性系统和非线性系统之分。用线性微分方程描述的系统称为线性系统；不能用线性微分方程描述，存在着非线性部件的系统称为非线性系统。

(2) 离散控制系统

系统中某一处或数处的信号是脉冲序列或数字量传递的系统称为离散控制系统（也称数字控制系统）。在离散系统中，数字测量、放大、比较、给定等部件一般均由微处理机实现，计算机的输出经 D/A 转换加给伺服放大器，然后再去驱动执行元件，或由计算机直接输出数字信号，经数字放大器后驱动数字式执行元件。

由于连续控制系统和离散控制系统的信号形式有较大的差别，因此在分析方法上也有明显的不同。连续控制系统以微分方程来描述系统的运动状态，并用拉式变换法求解微分方程；而离散系统则用差分方程来描述系统的运动状态，用 Z 变换法引出脉冲传递函数来研究系统的动态特征。

控制系统的种类很多，在实际工程中，可以从不同的角度对控制系统进行分类，还可按系统部件的物理属性分为机械、电气、机电、液压、气动、热力等控制系统[①]。

四、控制系统的特性

上面我们介绍了控制系统的特征及几种控制方式。那么，什么样的控制系统才能够称为"好系统"呢？下面我们就来介绍几种评价控制系统性能的标准或指标。

我们知道，评价一个人的品质可以从德、智、体、美等多方面来考虑。同样，衡量一个控制系统的好坏也有许多标准，如稳定性、鲁棒性、自适应性、最优性、可靠性，等等。下面我们介绍控制系统的三个最基本的特性。

1. 稳定性

我们先来观察图 18-6 中的两种情形。一个钢球分别放在不同的两个木块上，可以直观地看出，如果我们轻轻推一下图(a)中的钢球使其离开原来的位置，那么钢球将会向下滑落，并且不会再回到原处。相反，如果我们轻推图(b)中的钢球使其离开原来的位置，那么由于地球引力的作用，钢球将在木块底部来回滚动，最后将回到原来的位置。对上述这两种情况，我们就说图(a)中的情况是不稳定的，而图(b)中的情况是稳定的。

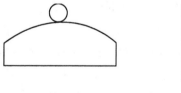
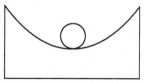

(a) 不稳定性示意图　　(b) 稳定性示意图

图 18-6　稳定性示意图

---

① 王积伟，吴振顺. 控制工程基础[M]. 北京：高等教育出版社，2001：1-8.

通俗地说，当一个实际系统处于一个平衡状态时（就相当于小球在木块上放置的状态一样），当受到外来作用的影响（相当于上例中对小球施加的力）时，如果这种作用消失后，系统经过一个过渡过程仍然能够回到原来的平衡状态，我们就称这个系统是稳定的，否则称系统不稳定。

稳定性对于一个控制系统是非常重要的，它是一切自动控制系统必须满足的一个性能指标。换句话说，所有系统满足稳定性的要求才能够正常工作。例如人骑自行车时，如果人的技术不好（即人和自行车组成的系统不稳定），当遇上一个小坑或一颗小石头时就可能摔倒。

对于稳定性的研究是自动控制理论中的一个基本问题，经过科学家们的不懈努力，现在已经有了许多判断系统是否稳定的定理。这些定理都是基于控制系统的数学模型，根据数学模型的形式，经过一定的计算就能够得出稳定与否的结论，这些定理中比较有名的有劳斯判据、赫尔维茨判据、李亚普诺夫定理，它们分别适用于不同的系统模型。

经过上面的讨论，我们已经知道了稳定性对于一个控制系统能否正常运行是非常重要的。现在，请大家思考一个问题，如果一个系统本身是不稳定的，那么，我们是否能够通过采用某种手段或某种方法来使它达到稳定呢？

例如，对于"人骑车"这个系统，我们说技术好的人稳定性好，是因为当自行车遇到小坑或小石头而倾斜时，人可通过在车把上施加力保持住它的稳定性。对于这种情况，我们可以说这种系统是"可以稳定的"或称"可镇定的"。

下面我们再通过自动控制中著名的"小车倒立摆"进一步说明"可以稳定的"这个概念。"小车倒立摆"的控制问题是机器人关节控制的基础。图18－7是"小车倒立摆"系统的一个简单模型，它由"倒立摆"、"小车"和"驱动装置"组成，当"摆"直立时为系统的平衡状态。显然，当"驱动装置"没有对小车施加任何力的作用时，这个系统是不稳定的，即"摆"将向两边倒下。那么，我们如何才能使"摆"保持平衡状态呢？

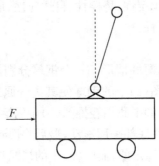

图18－7　小车倒立摆

许多人看过杂技——顶杆，一个演员在肩膀（或头）上顶着一根碗口粗的长竹竿，另一个演员在竹竿上面表演各种惊险的杂技动作，此时下面的演员不停地来回移动身体，以保持竹竿的平衡。与此类似，为了保持"倒立摆"的平衡状态，我们可以通过采取某种控制策略使小车来回移动，从而使"倒立摆"保持平衡状态。即我们可以设计一种控制器，使"小车倒立摆"保持稳定。

2. 鲁棒性

"鲁棒"是一个音译词，其英文为"robust"，意思是"强壮的"、"健壮的"。在控制理论中，鲁棒性表示当一个控制系统中的参数或外部环境发生变化(摄动)时,系统能否保持正常工作的一种特性或属性。就像"人骑车"这个系统,在平坦的路面上能够正常工作,当遇到一段石子路面,如果仍能保持平衡继续骑行,那么,我们可以说这个"系统"的鲁棒性比较好(如图18-8)。

图 18-8　人骑车示意图

由于在实际问题中,系统特性或参数的变化常常是不可避免的。产生变化的原因主要有两个方面:一个是由于测量的不精确使特性或参数的实际值偏离它的设计值;另一个是系统运行过程中受环境因素的影响而引起特性或参数的缓慢变化。因此,如何使所设计的控制系统在系统参数发生摄动的情况下仍具有期望的性能便成为控制理论中的一个重要研究课题。

由于一个具有良好鲁棒性的控制系统能够保证控制参数发生变化(或在一定范围内发生了变化)时系统仍能具有良好的控制性能,因此,我们在设计控制器时就要考虑使得控制系统具有好的鲁棒性,即设计具有鲁棒性的控制器——鲁棒控制器。

所以,鲁棒控制就是设计这样一种控制器,它能保证控制对象在自身参数或外部环境在某种范围内发生变化时仍能正常工作。这种控制器的特点是当上述变化发生时,控制器自身的结构和参数都不改变。

对于恒温热水箱的温度自动控制系统,当蒸汽流量发生变化或热水箱的隔热效果降低时,利用常规的反馈控制将不容易达到期望的控制效果。对此,利用鲁棒控制技术设计一个鲁棒控制器(见图18-9)代替原来的反馈控制器,将会取得比较理想的效果。

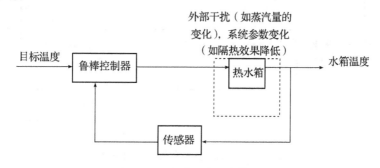

图 18-9　水箱温度的鲁棒控制

20世纪70年代以来,鲁棒控制的研究取得了很大进展,并在飞机导航、导弹制导、无人驾驶等领域得到成功应用。例如,核反应堆的温度跟踪鲁棒控制、导弹系统的鲁棒自适应最优跟踪设计、机器人操作的鲁棒神经控制等[①]。

3. 自适应性

在日常生活中,所谓自适应性是指生物能改变自身的习性以适应新的或者已经改变了的环境的一种特征。无论是生物个体还是整个物种,都是依靠适应性在长期进化过程中逐渐形成各种灵活、完善的控制功能的。例如温血动物体温的调节随温度的变化而变化的现象就是自适应的典型例子。在较低的温度下,动物体温的调节是通过改变体表组织和血流量,以保证身体与环境之间的最优热传导条件;另一方面,如果环境温度高了,体温控制借助于出汗和呼吸的过程,以保证充分释放过剩的热量。温血动物就是用这种方式使自己适应其环境条件的变化,以保证实现稳态。

与生物的自适应性类似,直观地讲,自动控制系统的自适应性是指系统能改变自身,使得其行为在新的或已经改变了的环境下达到最好或至少是容许的特性和功能。

需要说明的是,自动控制系统的自适应性一般是通过采用一种能够改变自身参数的控制器——自适应控制器来达到的。所以,自适应控制器是指能修正自己的特性(参数)以使系统适应对象和扰动的动态特性的变化的控制器。

关于自适应控制的研究始于20世纪50年代,图18-10是1958年设计的飞机自动驾驶仪的模型参考自适应控制系统,它能在空气动力特性变化很大的情形下正常工作。到了20世纪70年代,由于计算机的普遍使用和自动控制理论的进步,自适应控制技术得到很大发展。

图18-10所示的模型参考自适应控制系统的结构,由以下部分组成:参考模型、控制对象、常规反馈控制器和自适应律。其中,参考模型的输出直接表示控制系统的希望输出。当输入量同时作用于系统和模型时,分别产生了两个输出量(期望输出和实际输出)。但由于开始时被控过程的参数不确定,控制器的初始参数不可能调整得很好,所以,必然产生偏差信号,该偏差信号反馈给自适应律,产生了适当的调整作用,从而改变了控制器的参数,进而将导致系统输出的变化,使之更接近于参考模型的输出(期望输出)。很显然,设计这种控制器的关键在于如何综合自适应控制律。

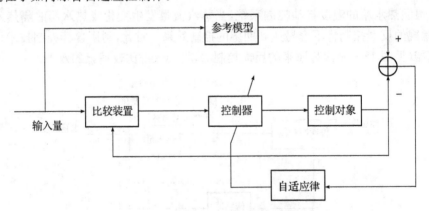

图18-10 模型参考自适应控制系统

化学等工业中应用较多的回转干燥器属于自适应控制系统。其中,湿物料由干燥器的

---

① 鲁棒性[EB/OL]. http://baike.baidu.com/view/45520.htm.

上部进入，落到下面又由旋转的筒身提到上部，因为整个筒身有一定的斜度，所以物料是旋转下降。热气体则自筒身的另一端进入，与湿物料相接触，使湿物料得到干燥。

这个系统通常取物料的出口温度作为输出变量。影响输出变量的输入变量主要有三个，即进料量、进料湿含量和热气体带入的热量。用带入的热量作为控制作用。在其余两个输入变量中，进料量是平稳的，湿含量是主要干扰。

由于湿物料从进口到出口需经过一段很长的时间（即纯滞后时间很长），而且，只有在进口和出口处可以方便的测量到物料的温度，其他点很难进行测量。经试验发现，用常规的反馈控制系统，效果很不理想。现在利用自适应控制方法设计了一个自适应控制器对加热量进行控制，实践证明，这个自适应控制系统运行效果良好，在含湿量大范围变动时，出料温度仍可维持在容许范围之内。

除此之外，控制科学家和工程师们还研究、提出了包括最优控制、随机控制、预测控制、可靠控制、非线性控制等在内的许多其他控制方法，以适应和满足不同控制对象和控制性能的要求。

随着自动控制研究领域的不断扩展，其内涵也在不断深化。传统的物质生产和生活领域，如制造业和服务业仍将是自动控制发展的主要推动力和应用领域；网络科学、生命科学等新兴领域为自动控制技术的创新提供了广阔的舞台。同时，也为科学研究和探测工作开辟了新的可能性，开拓了靠人力所不能胜任的新科学事业。当前一些引人注目的前沿学科，如纳米科学、金融工程和生命科学等都在不同程度上受到自动化学科的影响。

然而，多年来人们一直梦想着能够制造出"能够模拟人类智能的机器"或"会思维的机器"——智能机器，并且有无数的科学家曾为实现这一自动控制的理想目标——"智能控制"而奋斗。那么，什么是智能控制呢？下面我们就将探讨这个十分重要而又有趣的问题。

鲁棒控制理论发展到今天，已经形成了很多引人注目的理论，其中控制理论是目前解决鲁棒性问题最为成功且较完善的理论体系。Zames 在 1981 年首次提出了这一著名理论，他考虑了对于一个单输入单输出系统的控制系统，设计一个控制器，使系统对扰动的反应最小。在他提出这一理论之后的 20 年里，许多学者发展了这一理论，使其有了更加广泛的应用。当前这一理论的研究热点是在非线性系统中的控制问题。另外还有一些关于鲁棒控制的理论，如结构异值理论和区间理论等。

1976 年单片机问世。单片机就是在一块硅片上集成了中央处理器、随机存储器、程序存储器、定时器和各种 I/O 接口，也就是说集成在一块芯片上的计算机。单片机的主要特点是体积比较小，重量轻，再加上良好的抗干扰性和可靠性，单片机已经成为工业控制不可缺少的器件之一。单片机性能的发展不能和普通计算机相提并论，但是对于工业的应用，单片机的速度已经足够了。应用于工业的测控是单片机的主要功能之一。单片机有丰富的 I/O 线，较大部分的这样的单片机都应用在汽车工业，使得汽车在局部的处理中拥有更多的智能。在汽车的局部处理中，单片机加上传感器，再辅以固定的算法，就能够在驾驶员不知不觉的情况下对车况进行调整。单片机已经无处不在，比如，我们常用的一类电子秤，内部就安装了一块单片机；又如 K85 这样的电脑中频电疗仪，能够从病人身上获取数据，然后根据现有的算法从几种治疗处方中选择，而在每一种处方中还能够根据病人的病情改变中频和波形及输出电流强度。单片机也可以应用在电脑缝纫机上，这样单片机可以替代很多机械部分,还能提供很多老式的缝纫机无法实现的图案。

为了解决控制和决策中的非数值问题和适应20世纪80年代以后智能机研究的需要,以及要解决知识信息处理的问题,遂产生了知识工程,并已研制成专家系统、自然语言理解系统和智能机器人等[①]。

五、控制系统工作原理

下面以恒温控制系统为例,分析其控制过程。实现恒温控制有人工控制和自动控制两种办法。图18-11为人工控制的恒温箱简图。人工控制任务是克服外界干扰(如电源电压波动、环境温度变化等),保持箱内温度恒定,以满足物体对温度的要求。操作者可以通过调压器改变通过加热电阻丝的电流,以达到控制温度的目的。箱内温度由温度计测量。图18-12为人工控制系统结构图。

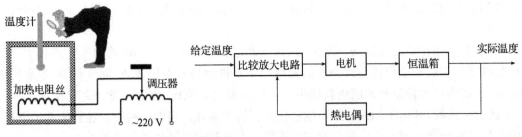

图18-11　人工控制的恒温箱简图　　　图18-12　人工控制系统结构图

(1) 观测由测量元件(温度计)测出恒温箱内的温度(被控制量)。

(2) 与要求的温度给定值进行比较,得出偏差的大小和方向。

(3) 根据偏差的大小和方向进行比较,当恒温箱内温度高于所要求的给定值时,调整调压器使电流减少,温度降低。若温度低于给定的值,则调整调压器,使电流增加,温度升到正常范围。

因此,人工控制的过程就是测量、求偏差、再控制,以偏差纠正偏差的过程,简单地说,就是"检测偏差再纠正偏差"的过程。

这种人工控制要求操作者随时观察箱内温度的变化情况,随时进行调节。对于这样简单的控制形式,当然可以用一个控制器来代替人的职能,把人工控制变成一个自动控制系统。

图18-13是一个自动控制系统。其中,恒温箱的所需温度由电压信号U_1给定。当外界因素引起箱内温度变化时,作为测量元件的热电偶,把温度转换成对应的电压信号U_2,并反馈回去与给定信号U_1相比较,所得结果即为温度的偏差$U=U_1-U_2$,经过电压功率放大器放大后,用以改变执行电动机的转速和方向,并通过传动装置拖动调压器触头。当温度偏高时,动触头向着减小电流的方向运动,反之加大电流,直到温度达到给定值为止。即只有在偏差信号$U=0$时电动机才停转,这样完成了所要求的控制要求。上述这些装置便组成了一个自动控制系统。

[①] 庞中华,崔红. 系统辨识与自适应控制MATLAB仿真[M]. 北京:北京航空航天大学出版社,2009.

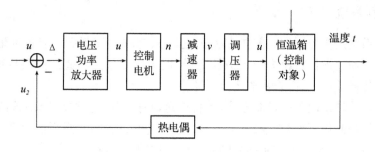

图 18-13 恒温箱自动控制系统职能框图

分析上述恒温箱的两种工作过程可以看出，自动控制系统和人工控制系统非常相似。自动控制系统中，测量装置相当于人的眼睛，控制器类似于人脑，执行机构好比人手。它们的共同特点都是要检测偏差，并用检测到的偏差去纠正偏差。因此，可以说没有偏差就不会有控制调节过程。

在控制系统中，给定量又称为系统的输入量，被控制量又称为系统的输出量。输出量的返回过程称为反馈，它表示输出量通过测量装置将信号的全部或一部分返回输入端，使之与输入量进行比较。比较产生的结果称为偏差。在人工控制中，这一偏差是通过人眼观测后，由人脑判断、决策得出的；而在自动控制系统中，偏差则是通过反馈，由控制器进行比较、计算产生的。

综上所述，可以归纳反馈系统（闭环控制系统）的工作原理：

(1) 检测输出量的实际值。

(2) 将实际值与给定值（输入量）进行比较得出偏差值。

(3) 用偏差值产生控制调节作用去消除偏差。

这种基于反馈原理，通过"检测偏差再纠正偏差"的系统称为反馈系统。可见，作为反馈控制系统至少应具备测量、比较（或计算）和执行三个基本功能。

控制系统的控制过程可以用系统的职能框图清晰而形象地表示。图 18-13 为恒温箱温度自动控制系统的职能框图。每个职能框代表一个环节，箭头代表作用方向，各环节的作用是单向的，从图中可以清楚地看到反馈控制的基本原理。各种不同控制系统实现自动控制的装置可以不尽相同，可以说，反馈控制是实现自动控制最基本的方法[①]。

第三节 控制系统的基本结构

在了解了反馈控制系统后，下面我们介绍与反馈控制相关的几种控制结构。

通俗地说，控制系统的结构是指系统的组成及各部分间的相互关系。常见的控制系统的结构包括闭环控制和开环控制两种形式。下面首先介绍闭环控制和开环控制的结构特点和工作方式，然后简单介绍由闭环控制和开环控制结合起来构成的复合控制系统。

---

① 王超. 自动控制原理与系统[M]. 合肥：安徽科学技术出版社，2008.

一、开环控制系统

开环控制系统是指控制器与被控制对象之间只有顺向控制而没有反向联系的控制系统。即操纵变量通过被控对象去影响被控变量,但被控变量并不通过控制装置去影响操纵变量。从信号传递关系上看,未构成闭合回路。

开环控制是一种最简单的控制方式,其特点是,在控制器与被控对象之间只有正向控制作用而没有反馈控制作用,即系统的输出量对控制量没有影响。开环控制系统的示意框图如图 18-14 所示。即系统中控制信号的流动未形成闭合回路。

图 18-14 开环控制系统示意框图

从结构图上可以看出,在这种开环控制中,只有输入量对输出量产生控制作用,而没有输出量参与对系统的控制;当出现扰动时,给定量与输出量之间的对应关系将被改变,即系统的输出量(实际输出)将偏离给定量所要求的数值(理想输出)。该系统实现不了保持恒定的控制目标,决定了它不具备抗干扰的能力。

基本的开环控制系统的结构如图 18-15 所示,其中,顺序控制器的作用是按照预定的时间顺序或逻辑条件顺序推动执行器实现开环控制的[①]。

图 18-15 开环控制系统的结构

基于开环控制系统的特点,它不需要对输出量进行测量,只根据输入信号进行控制(即系统的输出量不对系统的控制作用发生影响)。如全自动洗衣机就是一个开环控制系统,因为清洗的时间完全由操作者的判断和估计来决定,而不管衣服清洁程度如何。又如十字路口的交通红绿灯,如果采用按时间控制的交通管制系统,即红绿灯转换由定时机构控制,与路口各侧的车辆流量及行人流量无关,这种交通管制系统就是一种开环控制系统。

开环控制系统只按照给定的输入信号对被控对象进行单向控制,而不对输出量进行测量并反向影响控制作用,这样当外部环境(如衣服脏的程度、路口的车流量)变化时,系统的输出量就将偏离所要求的值,并且无法消除偏差,从而达不到预期的控制目的,这是开环控制的缺点。所以,只有当系统参数相当稳定,或环境条件变化不大,或控制精度要求不高等情况下,开环控制系统才可以满意地工作。常见的开环控制系统有以下两种。

1. 按给定值操作的开环控制系统

如游泳池定时注水的工作过程,进水管单位时间的水流量一定,游泳池水位的高度与进水的时间一一对应,设定注水时间(如1小时),进水阀打开开始注水,一旦到达设定时间,进水阀关闭,停止向游泳池注水。在该控制系统中,水流量一定,实际水位的高度取决于设定的时间,这种系统就是所谓的按给定值操作的开环控制系统。图 18-16 为游泳池控制系统

---

① 顾建军. 技术与设计(通用技术必修2)[M]. 南京:江苏教育出版社,2005:96-107.

图 18-16　游泳池控制系统的方框图

的方框图。

显然,这种系统当被控对象受到某种干扰而使被控参数偏离预期值时无法实现自动补偿。因此,系统的控制精度难以保证。当系统的结构参数稳定,干扰极弱或控制精度要求不高时,可采用这种开环控制方式。

2. 按干扰补偿的前馈控制系统

通过前面对游泳池水位控制系统的分析可知,要想稳定被控制量(游泳池水位),就要在干扰信号出现时操作控制量(水流量),使之对被控量的影响与干扰量对被控量的影响互相抵消,以保持被控量不变。这样就产生了利用干扰去克服干扰的控制思路。其原理方框图见图 18-17。

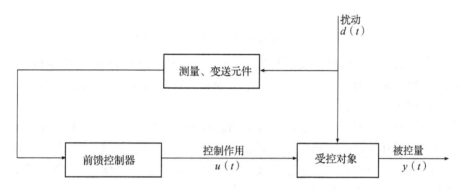

图 18-17　按干扰补偿的前馈控制系统方框图

在这种系统中,由于测量的是干扰量,故只能对可测干扰进行补偿。对不可测干扰,系统自身无法控制,因此,控制精度受到原理上的限制。

下面举一个控制系统的例子,说明给定值操作的开环控制系统和按干扰补偿的前馈控制系统的工作原理及应用。直流电动机速度控制系统如图 18-18 所示。

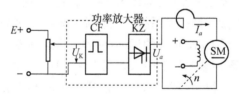

图 18-18　直流速度控制系统原理结构图

在直流电动机速度控制系统中,被控量是直流电动机的速度,如图 18-18 所示。图中受控对象是电枢控制的直流电动机 SM,其电枢电压由功率放大器(晶闸管整流器 KZ 和触发器 CF)提供,通过调节触发器的控制电压 U_k 可改变电动机的电枢电压 U_a,从而改变电动机的速度。电动机的期望速度值由事先调节触发器的控制电压 U_k 确定,在工作过程中,负载电流 I_a 变化使电动机的速度偏离期望值,但它不会反过来影响控制电压 U_k,这可视为按给定量控制的开环控制系统。它没有自动修正偏差的能力,抗干扰性较差。实际上,电动机的转速常常随负载电流 I_a 的增加而下降,其转速的下降是由于电枢回路的电压下降引起的。如果我们设法将负载引起的电流变化测量出来,并按其大小产生一个附加的控制作用,用以补偿由它引起的转速下降,这就构成按扰动控制的开环控制系统,如图 18-19 所示。

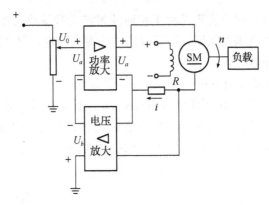

图 18-19 按扰动控制的开环控制系统结构图

可见这种按扰动控制的开环控制系统是直接从扰动取得信息并据以改变被控量,因此它只适用于扰动量是可测量的场合。而且一个补偿装置只能补偿一个扰动因素,对其余扰动均不起补偿作用。

开环控制系统是根据预先设置的参数对系统控制的过程,而不能根据实际情况变化对系统进行控制。闭环控制系统则通过检测装置将输出量返回到系统输入端与输入量进行比较,实现系统的控制,根据系统的实际情况实现对系统的控制,因此闭环控制系统维持系统稳定性能力比开环控制系统强。[①]

二、闭环控制系统

为了实现闭环控制,必须对输出量进行测量,并将测量的结果反馈到输入端与输入量相减得到偏差,再由偏差产生直接控制作用去消除偏差。我们把输出量直接或间接地反馈到输入端,形成闭合回路参与控制的系统,称作闭环控制系统。由于系统是根据负反馈原理按偏差进行控制的,因此也叫做反馈控制系统或偏差控制系统。例如,人手在抓取物件时的动作,机器人手臂运动控制,火炮跟踪目标的运动,导弹飞行运动控制,等等。

闭环控制则是由在开环控制基础上引入人工干预过程演变而来的。如果要实现无论是否出现扰动,都能使系统保持恒定,就要采用一系列的物理器件来取代操作人员上述功能,实现闭环控制,把输出量直接(或间接)地反馈到输入端形成闭环,使得输出量参与系统的控制,所以称为闭环控制系统。闭环控制的特点是,在控制器与被控对象之间,不仅存在着正向作用,而且存在着反馈作用,即系统的输出量对控制量有直接影响。

1. 闭环控制系统的一般结构

一个自动化系统无论结构多么复杂,都是由下面几部分组成的:

(1) 传感器——系统的耳目

---

① 王超. 自动控制原理与系统[M]. 合肥:安徽科学技术出版社,2008.

传感器是检测比较装置,所起作用相当于人眼在人工控制系统中的作用,主要是获得反馈,并且计算我们要达到的目的与现在的实际情况之间的差值。

反馈实际上是把系统的输出或者状态,加到系统的输入端,与系统的输入共同作用于系统。系统的输出状态实际上是各种物理量,它们有的是电压,有的是流量、速度等。这些量往往与系统的输入量性质不同,并且取值的范围也不一样。所以不能与输入直接合并使用,需要测量并转化。传感器正是起这个作用,它就像是控制系统的眼睛和皮肤,感知控制系统中的各种变化,配合系统的其他部分共同完成控制任务。

传感器可以用来测量各种物理量。根据测量的物理量不同,传感器可以分成温度传感器、流量传感器、压力传感器等很多种类。但是所有传感器工作原理都是基于各种物理定律,如果出现了新的现象或在特定物质中,在某方面出现了奇异的效应,就可以利用这些现象和效应来研制传感器。经常被用来制作传感器的物理现象和效应的有霍尔效应、多普勒效应、压阻效应、应变效应等。但是并不是所有研制出来的传感器都能够使用,因为传感器要满足可靠性的要求,如果传感器不稳定,那么对同样的输入信号,其输出信号就不一样,则传感器会给出错误的输出信号,使传感器的作用失灵。

(2) 控制器——系统的大脑

控制器所起的作用相当于大脑在人工控制系统中的作用,主要是用来决定应该怎样做。

自动控制系统中控制器在整个系统中起着重要的作用,扮演着系统管理和组织核心的角色。系统性能的优劣很大程度上取决于控制器的好坏。我们可以通过比较人工控制系统和自动控制系统的工作原理来认清控制器的作用。

首先介绍人工控制系统。图18-20是恒温箱的人工控制系统的结构图。为了测量恒温箱中的温度,安装一个温度计来指示恒温箱中的温度,这个温度就是系统的输出量,或称被控制量。操作者始终观察温度计的温度,当小于恒温箱给定时,就增大加热装置的电流;相反,当大于恒温箱给定时,就减小电流。这样恒温箱就能保持给定的温度。人在这个系统中有以下作用:

① 观察恒温箱中的温度。
② 比较恒温箱中温度与给定温度的差值。
③ 调节加热电流的大小。

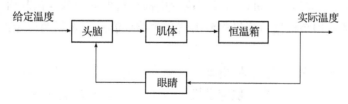

图18-20 人工控制系统结构图

从图18-20和图18-21可以看出,人工控制系统和自动控制系统非常相似,热电偶就相当于人的眼睛;比较电路完成人大脑的功能,电机代替人的肌体。人工控制系统和自动控制系统虽然采用不同的装置,但是它们的原理很相似。在自动控制系统中,我们经常把比较放大电路以及其他附加装置(主要起校正作用)称为控制器,而把执行机构(电机)和控制对象(恒温箱)称为受控对象。这样可以得到控制系统的一般结构图(如图18-21)。

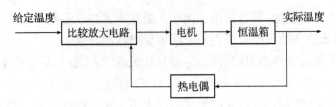

图 18-21 自动控制系统结构图

从图 18-22 中可以看出控制器实际上就是代替了人工控制系统中人的大脑的作用,它根据输入信号和反馈信号来确定控制信号。在控制系统的设计时,往往受控对象是不能够被改变的,要想系统满足性能要求,关键是要看控制器设计得如何。一个好的控制器可以使系统很好地工作;反之,系统是不能满足要求的。这和一个头脑比较笨的人往往不如聪明人做的工作好是一样的道理。

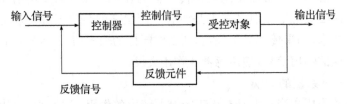

图 18-22 闭环控制系统一般结构图

控制器有各种形式,按照信号的性质分,可以分成模拟控制器和数字控制器两种。前者信号主要是模拟形式的;后者主要采用数字形式进行计算,输入和输出端有 D/A 和 A/D 转换器。控制器的结构有的复杂,有的比较简单,上面恒温箱控制中的比较放大电路就是比较简单的控制器。复杂系统的控制器往往很复杂,有的控制器甚至就是一台计算机。

(3) 执行器——有力的臂膀

执行器所起的主要作用相当于人手在人工控制系统中的作用,完成控制器下达的指令。

如果把传感器比喻成人的感觉器官的话,那么执行器在自动控制系统中的作用就相当于人的四肢,它接受调节器的控制信号,改变操纵变量,使生产过程按预定要求正常执行。在生产现场,执行器直接控制工艺介质,若选型或使用不当,往往会给生产过程的自动控制带来困难。因此,执行器的选择、使用和安装调试是个重要的问题。

执行器由执行机构和调节机构组成。执行机构是指根据调节器控制信号产生推力或位移的装置,而调节机构是根据执行机构输出信号去改变能量或物料输送量的装置,最常见的是调节阀。

执行器按其能源形式分为气动、电动和液动三大类,它们各有特点,适用于不同的场合。

液动执行器推力最大,现在一般都是机电一体化的,但比较笨重,所以现在很少使用,三峡的船阀用的就是液动执行器。

电动执行器的执行机构和调节机构是分开的两部分,其执行机构分角行程(图 18-23)和直行程(图 18-24)两种,都是以两相交流电机为动力的位置伺服机构,作用是将输入的直流电流信号线性地转换为位移量。电动执行机构安全防爆性能差,电机动作不够迅速,且在行程受阻或阀杆被轧住时电机容易受损。尽管近年来电动执行器在不断改进并有扩大应用的趋势,但从总体上看不及气动执行机构应用得普遍。

气动执行器的执行机构和调节机构是统一的整体(如图18-25),其执行机构有薄膜式和活塞式两类。活塞式行程长,适用于要求有较大推力的场合;而薄膜式行程较小,只能直接带动阀杆。由于气动执行机构有结构简单、输出推力大、动作平稳可靠,并且安全防爆等优点,在化工、炼油等对安全要求较高的生产过程中有广泛的应用。

图18-23 角行程
电动执行器

图18-24 直行程
电动执行器

图18-25 气动执行器

图18-26和图18-27中所示的执行器是广泛应用在化工和供水中的两种执行器。它们主要通过接收控制器传送来的标准电压或电流信号来控制内部电机驱动阀门的开度来决定所要传送液体或气体的流量。两者的主要不同就是阀门活动的方式不同,旋转式的阀门采用旋转的方式来决定阀门开度的大小,而直线式采用直线运动来完成该项任务。

图18-26 旋转式阀门式执行器

图18-27 直线式阀门式执行器

随着自动化、电子和计算机技术的发展,越来越多的执行机构已经向智能化发展,很多执行机构已经带有通讯和智能控制的功能,如很多厂家的产品都带现场总线接口。我们相信,今后执行器和其他自动化仪表一样会越来越智能化。

(4) 控制量——受控对象

控制量也就是所要达到的目的,相当于手和杯子之间的距离。控制量是我们自动化机器所要达到的最终目的。

所谓受控对象是指在一个控制系统中被控制的事物或生产过程,如发电机的端电压、火炮的角度和方向等。虽然受控对象完全是由控制系统决定的,是个"温柔的羔羊",但也不是任人摆布的,一定要摸透其"脾气"来进行控制。在设计和分析一个控制系统时,了解控制对象的特性是非常重要的。因为,对象的特性不一样,其所需要的控制策略也不一样,最终控制效果也大不相同。我们可以用微分方程、状态方程或传递函数等数学方法来描述受控对象,并且可以用其他传统和现代的方法来分析受控对象的特性,设计和校正相应的控制系统,达到对受控对象的有效和优化控制。

不同的场合和行业的受控对象的复杂程度是不一样的,也可以按照不同需要对控制对象进行划分。在简单系统中可以把单个对象看成孤立的,但是在复杂系统中,每个对象之间就会有着各种联系,如何简化和划分对象就显得较为重要了。即使是同一类型的受控对象,其静态和动态特性也会有很大差别,比如说延迟时间的不一样,等等。如果忽略了这些因素,往往设计出来的系统是不稳定的,至少不是最优的。

要得到受控对象的数学描述,一般有两种方法,即系统建模和系统辨识。如果受控对象的物理和数学机理比较清楚或者对象比较简单,比如一些机械和电气装置,那么为受控对象建立数学模型就比较可行和方便。对于复杂对象或其机理不能用现有的数学描述的对象,一般用系统辨识的方法,化工和热工生产中很多对象特性就是这样描述的。

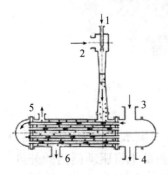

图18-28 典型的热交换器

图18-28是一个简单而典型的热交换器,它是通过控制进出口的阀门来控制冷热水的流量,从而得到符合需要的温度。在这个系统里,冷热水的温度就是受控对象,而电磁阀是执行器。[①]

2. 闭环控制系统的组成

图18-29所示为一个较完整的闭环控制系统。由图可见,闭环控制系统一般应该包括给定元件、反馈元件、比较元件、放大元件、执行元件及校正元件等。

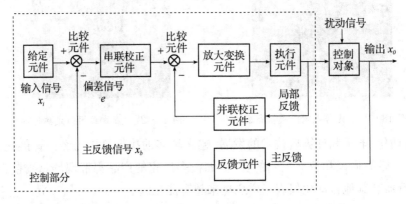

图18-29 闭环控制系统的组成

(1) 给定元件

主要用于产生给定信号或输入信号。例如,图18-30中恒温箱的自动控制系统中电位计里的可变电阻。

---

① 测控技术[EB/OL]. http://me.seu.edu.cn/jmp/jpkc2006/kczd/zjbh01.htm.

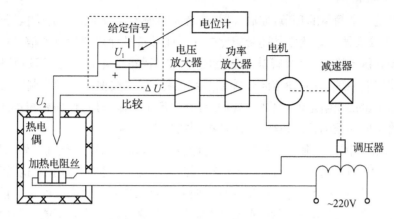

图 18-30　恒温箱的自动控制系统

(2) 反馈元件

反馈元件通常是一些用电量来测量非电量的元件,即传感器,它测量被控制量或输出量,产生主反馈信号。一般为了便于传输,主反馈信号多为电信号。

必须指出,在机械、液压、气动、机电、电机等系统中存在着内在反馈。这是一种没有专设反馈元件的信息反馈,是系统内部各参数相互作用而产生的反馈信息流,如作用力与反作用力之间形成的直接反馈。内在反馈回路由系统动力学特性确定,它所构成的闭环系统是一个动力学系统。例如,机床工作台低速爬行等自激振荡现象,都是由具有内在反馈的闭环系统产生的。

(3) 比较元件

用来接收输入信号和反馈信号并进行比较,产生反映两者差值的偏差信号。如图18-30中的电位计。

(4) 放大元件

对偏差信号进行放大的元件。例如,电压放大器、功率放大器、电液伺服阀、电气比例／伺服阀等。放大元件的输出一定要有足够的能量才能驱动执行元件,实现控制功能。

(5) 执行元件

执行元件是直接对受控对象进行操纵的元件。如伺服电动机、液压(气)马达、伺服液压(气)缸等。

(6) 校正元件

为保证控制质量,使系统获得良好的动、静态性能而加入系统的元件叫校正元件。校正元件又称校正装置。串接在系统前向通路上的称为串联校正装置;并接在反馈回路上的称为并联校正装置。

尽管一个控制系统是由许多起着不同作用的元件所组成,但从整体来看,比较元件、放大元件、执行元件和反馈元件等共同起着控制作用,而剩余部分就是控制对象。因此,任何控制系统也可以说仅由控制部分和控制对象两部分组成。图18-29虚线框中所包含的内容就是控制部分。扰动信号不是由元件产生的,而是由系统的外部环境和内部因素造成的,它集中表现在控制量与被控制量之间的偏差上。而闭环系统就是按偏差进行自动调节的,所以采用图18-29所示的这种表示方式是合适的。

放大元件一般是将偏差信号变换成适于控制执行机构工作的信号。根据控制的要求,放大元件可以是一个简单的环节,如放大器;或者是将偏差信号变换为适于执行机构工作的物理量,如功率放大器。除此之外还希望比较元件能够按某种规律对偏差信号进行运算,用运算的结果控制执行机构,以改善被控制量的稳态和暂态性能,这个过程通常称为校正环节。根据反馈控制原理,我们知道闭环控制系统的特点是"按偏差进行控制",所以,不论什么原因引起输出量偏离给定值,只要出现偏差,就会产生控制作用,使偏差减小或消除,达到被调参数与给定值一致的目的,这也是闭环控制的优点。

然而,正是由于闭环控制系统是按偏差进行控制,所以,有时尽管干扰(如水量或蒸汽量的变化)已经发生,但在尚未引起输出量变化之前,是不会产生控制作用的,这就使调节不够及时。另外,由于控制作用和它所产生的修正偏差的效果之间一般需要经过一段时间(通常称为时间延迟),这种"控制作用的时间延迟"也会导致输出量的偏差不能立即得到修正,即调节不够及时。再者,如果系统参数选择不当或系统内部各装置配合不当,那么,不仅不能修正偏差,反而会使偏差越来越大,甚至会使系统失去控制。因此,自动控制系统设计的重要任务之一,就是要解决上述问题。

从上面的分析,我们已经知道,反馈在自动控制系统中起着关键作用。其实,反馈不仅在自动控制系统中起着重要作用,而且也广泛地存在于人类的社会生活中。正如控制论创始人维纳在其1948年出版的著作《控制论》(或《关于在动物和机器中控制和通讯的科学》)中指出的一样,反馈是机器和动物中控制的共同特性。例如,像拿书或拾起地上的铅笔这样一类的随意运动,也离不开反馈的作用。同样,生物体本身也存在着许多复杂的反馈过程,如人的体温、血压的自动调节过程。又如在社会经济系统中,商品市场中的供求偏差对生产的调节也是一种反馈过程。[①]

那么,反馈在控制系统中是如何发挥作用的呢?它又有什么特点呢?

3. 反馈的特点和工作原理

为了给反馈下一个明确的定义,我们先来介绍前面已多次提到过的两个名词——"系统"和"控制"。

其实,"系统"是一个非常一般和基本的概念,关于它有着许多定义。笼统地说,宇宙间的万事万物,人们研究的所有对象都可以说是系统。严格地说,"系统"(System)指由相互关联、相互制约、相互作用的一些部分组成的具有某种功能的有机整体。例如,图18-31所示的温度自动控制系统就是由"比较装置"、"控制装置"、"执行装置"、"阀门"、"检测装置"、"水箱"这些部分紧密相连所构成的。

在一个系统中,一般将输入到系统中的量称为"输入量"或"输入信号",如图18-31中的"目标温度"为输入量;将由系统产生的量称为"输出量"或"输出信号",即图中的"水箱温度"为输出量。

"控制"是控制论中最重要的概念。它是和目的性直接相关的,没有目的,就谈不上控制;同样,没有选择,也就没有控制。对一个系统的控制,就是驱动此系统使其有效地达到预定的目的。通俗地说,为使某种机器或设备处于希望的状态而对其进行的操作就是控

[①] 中国大百科全书总编委会编.中国大百科全书.第2版.北京:中国大百科全书出版社,1991:69、221、346、551、580.

制。例如,在图18-31所示的温度自动控制系统中,为使水箱内的温度保持在目标值上,"控制装置"和"执行装置"就需要根据反馈回来的偏差对"阀门"进行打开或关闭的操作(控制)。

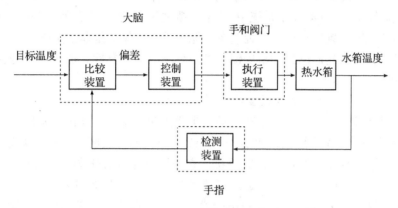

图18-31　温度自动控制系统

我们现在给出反馈的定义。反馈是指将输出量送回到系统的输入端并与目标值(输入量)进行比较的过程。严格地说,反馈指系统作用的结果反过来对系统功能特性的影响。

在图18-31所示的温度自动控制系统中,系统是根据水箱温度与目标温度的偏差来操纵阀门的开或关,从而控制系统的输出量(即容器的温度)。这种工作原理就称为反馈控制原理,即通过比较系统的输出与期望行为(目标)之间的偏差,进行控制以消除偏差的方法。利用这一原理组成的系统称为反馈控制系统。由此可见,有反馈存在,按偏差进行控制,是反馈控制系统最主要的特点。

例如,在图18-31所示的温度自动控制系统中,正是由于"检测装置"能够不断地将水箱的温度(系统输出量)反馈给"比较装置",并将其与目标值进行比较,然后,"控制装置"根据比较结果(偏差)产生相应控制信号,最后,"执行装置"执行接收到的控制信号(打开或关闭阀门),从而才能使"偏差"逐渐变小或消除。也就是说,正是由于反馈过程的存在,才使得"温度控制的自动化"成为可能。

反馈控制原理不仅广泛应用于工业自动控制系统中,而且,在军事自动化中反馈也是主要的控制技术之一。例如,激光制导导弹就是利用反馈控制原理跟踪目标的,其原理和老鹰猎食过程的机理相似。我们知道,老鹰在捕捉飞速奔跑的兔子的时候,眼睛、大脑和翅膀构成了一个负反馈控制系统:眼睛用来接收自己的位置与兔子位置的距离或者说是目标差,并把接收的信息传向大脑;大脑向翅膀发出指令,指挥它进行着能够向减少目标差的方向飞行的运动;不断重复着这种负反馈的调节过程,就使得不论兔子怎样跑,老鹰都能够紧紧盯住它,并逐渐缩小它们之间的距离,直到老鹰捉住兔子。

同样,激光制导导弹也是利用反馈控制原理去紧紧盯住目标。在实施攻击时,飞行员首先通过激光电视系统搜索目标,这种系统能够在飞机内的荧光屏上显示一个粗略但很清晰的图像;同时,激光测距仪在不断测量飞机与目标之间的距离,当这个距离在导弹射程之内时,它会提醒飞行员发射导弹。脱离飞机后的导弹最初将按照发出时给出的目标指示自主制导飞行,随后在设定的时间内启动向目标照射激光的照射器,当目标反射回来的信号能够被导引头接收时,不断缩小目标差的负反馈系统就能够调整导弹飞行姿态,击中目标。

综上所述,我们可以说自动控制的核心思想就是反馈,反馈是自动控制的灵魂。

最后,请大家思考一下,在上面的温度自动控制系统(图 18-31)中,如果仅有反馈过程的存在,是否就一定能够保证温度控制系统的正常工作呢?

由此,我们知道,在自动控制系统中,除了反馈过程外,系统的其他部分(如"比较装置"、"控制装置"和"执行装置")对于一个控制系统能否正常工作也是非常重要的。

通过上面的分析,我们已经知道反馈在控制系统中的重要性。那么,反馈控制是从何时发展起来的呢?[①]

4. 离心调速器——反馈控制的里程碑[②]

其实,将反馈控制原理应用于生产劳动的实践活动早在古代就已经开始了。例如,大约在 1620 年,荷兰人柯累略斯·德雷贝尔(Cornelius Drebbel)发明了一种具有温度自动调节功能的鸡蛋孵化器,就是一个反馈控制系统。它是用火通过孵化器内外夹层中的水间接加热的,而火焰的大小靠孵化器顶部的通风口挡板的开度来调节,孵化器内部温度由温度计来测量,温度的升降可以使排风口开度减小或增大。这样孵化器内部的温度(系统输出量)与设定温度(输入量)的偏差,就通过排风口和火焰而得到控制。

从上面这个例子我们可以看出,早期的自动控制装置比较简单,而且自动化程度也不高。这种状况一直持续到了 18 世纪。1788 年,为了解决工业生产中蒸汽机的速度控制问题,英国工程师瓦特在自己发明的蒸汽机上安装了一个飞球,并将它与蒸汽机的阀门连接在一起,构成了一个离心调速器,使蒸汽机成为一种实用的有效的动力设备,从而引发了第一次工业革命,同时也为自动化的发展带来了巨大的动力。

1784 年,瓦特的蒸汽机已装上曲轴、飞轮,活塞可以靠从两边进来的蒸汽连续推动,再不用人力去调节活塞,世界上第一台真正的蒸汽机诞生了。图 18-32 是利用瓦特蒸汽机制成的蒸汽机车模型。

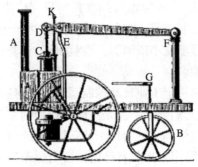

图 18-32 蒸汽机车模型

离心调速器是一个典型的按偏差调节的反馈控制系统,其工作原理很简单。其中,飞球调速器通过齿轮副与输出轴铰链,所以,飞球的转速正比于蒸汽机的转速。飞球套筒通过一个杠杆与汽阀连接,在蒸汽机恒速运转时,飞球的离心力与弹簧的弹性力平衡,控制汽阀的阀门,使蒸汽流能保证蒸汽机以要求的速度恒速旋转;当蒸汽机转速降低时,飞球的离心力随之减小,通过杠杆使阀门开大,更多的蒸汽将送入汽轮机,使汽轮机转速增加。当蒸汽机转速因

---

① 中国大百科全书总编委会编. 中国大百科全书. 第 2 版. 北京:中国大百科全书出版社,1991:99.
② 离心调速器[EB/OL]. http://www.wuhua.csu.edu.cn/lab/index.htm.

负载变化而改变时,由于同样的理由,这一飞球调速器将使蒸汽机的转速大体上能复原。

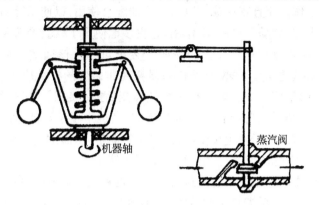

图 18-33 蒸汽机飞球调速器的结构

上面我们已提到,离心调速器的发明开创了自动控制技术的应用和研究,表明自动化技术已具雏形。然而,需要指出的是,这些发明都是在人们工作实验中产生的,没有形成理论的指导,对于在实际应用中出现的问题还无法给出正确的解决方法。例如,在图 18-32 的飞球调速器中,当负载变化时,为了使阀门维持在这个新的开启状态,飞球张开的角度自然和原先(未加负载时)不同,这意味着在有负载时的速度实际上不会完全和原先的速度相等,亦即负载的变动产生了转速误差。当时,人们为了提高飞球调速器的精度而提高离心摆的灵敏度,但却经常发生系统运行不稳定的现象。当时把这种现象归结为离心摆的特性差,曾煞费苦心地对这部分进行改良。

5. 正反馈和负反馈

上面我们介绍了反馈控制的原理、特点及反馈控制的发展历史,自动化技术的核心思想就是反馈,通过反馈建立起输入(原因)和输出(结果)的联系。使控制器可以根据输入与输出的实际情况来决定控制策略,以便达到预定的系统功能。根据反馈在系统中的作用与特点不同可以分正反馈和负反馈两种。

在上面的反馈控制系统中,反馈的作用是通过输出量和输入量的偏差对输出量进行控制,以使得这种偏差越来越小,这种反馈通常称为负反馈。在工程控制系统中多数采用的是负反馈。负反馈的特点可以从"负"字上得到很好的理解,它主要是通过输入、输出之间的差值作用于控制系统的其他部分。这个差值就反映了我们要求的输出和实际的输出之间的差别。控制器的控制策略是不停地减小这个差值,以使差值变小。负反馈形成的系统,控制精度高,系统运行稳定。我们通过介绍自动化原理时用到的例子来说明负反馈的工作过程。当人打算要拿桌子上的水杯时,人首先要看到自己的手与杯子之间的距离,然后确定手的移动方向,手开始向水杯移动。同时,人的眼睛不停地观察手与杯子的距离(该距离就是输入与输出的差值),而人脑(控制器)的作用就是不停地控制手移动,以消除这个差值。直到手拿到杯子为止,整个过程也就结束了。从上面的例子可以看出,由负反馈形成的偏差是人准确完成拿杯子动作的关键。如果这个差值不能得到的话,整个动作也就没有办法完成了。这就是眼睛失明的人不能拿到杯子的缘故。负反馈一般是由测量元件测得输出值后,送入比较元件与输入值进行比较而得到的。

与负反馈相对应,如果反馈的结果是将输出量与输入量相加来影响系统的输出,则称之为正反馈。正反馈在自动控制系统中主要是用来对小的变化进行放大,从而可以使系统在一个稳定的状态下工作。而且正反馈可以与负反馈配合使用,以使系统的性能更优。

正反馈在系统中有"激励"或"放大"作用,它更多地使用于社会经济系统和生物系统中。例如,核反应中就存在正反馈的作用。当用中子轰击重原子核铀-235和钚-239时,将放出 2~3 个中子和 200 MeV 能量。这些中子有的损耗在非裂变的核反应中或漏失到裂变系统之外,有的则继续引起重核裂变。如果每一个核裂变后能引起下一次核裂变的中子数平均多于1个,裂变系统就会形成自持的链式裂变反应,使得中子总数随时间按指数规律增长,这样反应堆中越来越多的核子发生裂变,放出更多的能量,从而达到发电的目的或用来做其他用途。在反应堆工作之前,要通过几个触发中子来使系统工作起来。一旦反应开始后,系统自己会产生大量的中子来维持反应的进行。利用这种正反馈机制可以形成大规模的核反应。需要指出的是,由于正反馈总是起放大作用,这样就会使系统中的作用越来越剧烈,最后会使系统损坏。所以一般正反馈都与负反馈配合使用。在核反应堆中,就是通过控制反应堆中铅棒(铅棒可以吸收中子)与反应物接触的面积来控制核反应的剧烈程度,否则我们就没有办法控制核电站发电多少了。

三、复合控制系统

由于闭环控制是根据偏差来工作的,所以,当外部干扰(如水量、蒸汽量)的变化没有引起输出量的偏差时,系统不会产生相应的控制作用去应付(补偿)这些干扰的影响,从而导致闭环系统存在调节不及时的缺点。另外,我们已经知道开环控制是根据输入信号直接产生作用的,所以,为弥补闭环控制的缺点,可以将开环控制和闭环控制适当结合起来,组成一个具有良好性能和精度的控制系统——复合控制系统。

复合控制是开环控制和闭环控制相结合的一种控制方式,亦称为前馈-反馈控制系统。它的特点是在闭环控制的基础上,附加一个输入信号或干扰作用的前馈通路(开环控制)。其基本结构如图 18-34 所示。

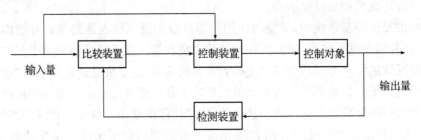

图 18-34 按输入信号补偿的复合系统

复合系统可以提高系统的跟踪精度,在雷达站随动系统及飞机自动驾驶仪系统中都广泛的使用这种复合系统。复合系统能够在可测量的干扰对系统产生不利影响之前,提供一个控制作用以抵消扰动对系统输出的影响。

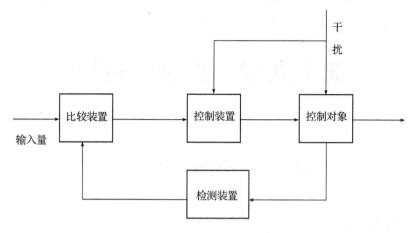

图 18-35　按干扰信号补偿的复合系统

图 18-36 为谷物温度控制系统，它是按扰动作用补偿的复合控制系统。谷物磨粉生产过程中，存在着一个出粉最多的谷物湿度，因此磨粉之前，要给谷物加水以得到给定的湿度。图 18-36 中，谷物用传送装置按一定流量通过加水点，加水量可通过自动阀门控制，而对阀门的控制作用则是通过测量加水谷物的实际湿度，并在调节器中形成的，这是反馈控制过程。但在加水过程中，谷物的流量、加水前谷物的湿度以及水压等随时都有变化，它们都是对谷物湿度控制的扰动作用。为了减少其影响，提高湿度控制的精度，一方面可采取人工措施，尽量减少它们的变化；另一方面可采用前馈控制。例如，可测量出加水前谷物的湿度，并在调节器中形成对阀门的前馈控制作用，从而按照输入谷物的湿度相应地改变加水流量。[1]

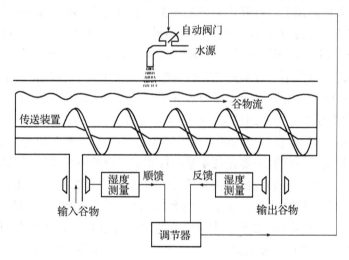

图 18-36　谷物湿度复合控制系统

---

[1]　中国大百科全书总编委会编.中国大百科全书.第 2 版.北京：中国大百科全书出版社，1991：127.

第十九章 控制的应用

第一节 控制论的应用

一、现代经济控制论

对于一个家庭而言,每个月的经济总收入是有限的,而消费和支出的项目又很多,如衣、食、住、行、购买书籍、文具和其他娱乐消费等。如何合理安排和控制各项开支,做到既满足生活要求,又能略有节余以应不时之急需,乃是家政管理的一大学问。对一个家庭是如此,对一个企业、一个地区乃至一个国家,更是如此。国民经济发展水平,是衡量一个国家综合国力的重要依据。而对国民经济的宏观遥控和微观搞活,就正如一个善于理财、精打细算的好管家管理一个家庭一样,是国民经济适度增长的必要保证。经济学,作为一门完整的学科,已有数百年的历史。发展到今天,就像是一棵大树,深植在社会经济活动的土壤中,其粗壮的主干上分枝丛生,枝繁叶茂,色彩缤纷。近几十年来人们尝试用控制论的思想和方法给这棵古老的参天大树嫁接上一枚并不显眼的新芽。在斗艳争芳的盛况中,在绿叶浓荫的掩映下,这枚嫩芽默默地成长着。通过母体发达的根系吸收土壤中的养分,以自己强大的生命力,迅速成长壮大起来。在短短的时间里崭露头角,成了经济学这棵大树上独树一帜的新分支——经济控制论。这并不意味着是先有控制论,而后才有经济控制论。事实上,早在控制论诞生之前,从古典经济学起,就有大量的经济学者在研究经济系统的调节、反馈、控制及稳定性问题,只是他们还没有上升到控制论的高度来分析罢了。很明显,无论是古典政治经济学家还是现代经济学家,都在一定程度上认识到价值规律对经济发展起着重要的"调节器"作用。任何一种社会经济过程中都存在着某种自动调节与控制现象,用控制论的术语来说,就是"负反馈调节"。经济控制论的最终形成是建立在现代自然科学和社会科学基础上的。1952年在法国巴黎召开的世界控制论大会上,参会学者首先提出了"经济控制论"一词。1951年至1953年间,美国加利福尼亚大学史密斯教授运用电子模拟装置模拟资本主义经济体系,分析体系的稳定性和各种干扰影响的反应,指出了资本主义经济危机的必然性与周期性。1953年,英国电子工程学教授A.图斯丁(A. Tustin)发表了《经济系统的机制》,把第二次世界大战中发展起来的经典控制理论应用于进行控制的问题上。1954年和1957年,美国数学家A.菲利甫斯(A. Phillips)在《封闭经济中的稳定政策》和《稳定政策与滞后反应的时间形式》等文中,开始用二次常微分方程来描述宏观经济系统,讨论了它的开环控制与闭环控制问题,并提出了一种新的控制方案来改进经济政策的稳定性。

随后,运筹学、系统工程、现代控制理论、大系统理论、微分对策理论等新的现代科学理论被陆续引用到经济学的研究领域,极大地推动了经济控制论向前发展。现代经济控制论的一个主要内容,是将控制论与数量经济学、管理学、经济系统学、运筹学等学科相结合,对具体的经济过程实现控制与管理。这类经济控制论问题把人和物及各种参数均视为被动的受控对象。典型的应用包括:宏观经济的最优控制、建立最优经济增长模型、最佳消费投资比例、最佳广告费用、有价证券选择、金融市场最优控制、基本建设投资优化问题等。

现代经济控制论的另一方面是由对策论发展起来的。在这里,经济控制论把人视为其内在的动力因素,人与人之间的关系是既协作又竞争的,这种关系形成社会经济的唯一主动结构,从而形成了经济系统的控制功能。简单地说,这类经济控制论问题研究的是人的积极性、主动性,涉及物质刺激、责任问题、竞争的控制功能等。所谓"小智善于治事,大智善于治人,睿智善于立法",就喻指为控制的几个不同层次。

现代经济控制论作为一种管理过程中科学的基本工具,在社会主义经济中有着巨大的潜力。经济控制论的重要性表现在两个方面:一是它提供了一种关于使经济管理有效、准确和可靠的精确分析工具;二是它发展了一种处理和解决问题的合适的思想方法,我们称之为"控制论思想"。其实,经济控制论的原理和方法并非高深莫测,全部思想方法也都是辩证唯物的。

二、生物控制论

我们知道,工程自动控制系统可以无需人的直接干预而完成各种生产任务,这是由于其内部有完善的通讯和反馈控制机制。同样,大千世界中存在数百万种生物,在长期的进化过程中,沿着从无序到有序、从低级到高级的发展途径,在其体内形成了复杂精巧的自动调节系统,使得生物能在千变万化的竞争环境中生存和发展。自然界中每一种生物都能按照自己的方法,适应各自所处的环境,就像一部部最灵巧的自动机器。正是由于自动机器和生物都具有反馈控制的共性,人们创立了生物控制论这一崭新的边缘学科,其基本思想就是根据控制论的思想和方法,研究生物体各部分以及生物体内与周围环境之间的信息传递、加工和自动调节规律,以及有关生物医学的信息加工和控制问题。

反馈在生物系统正常工作中起着重要的作用。例如脊髓痨病人,由于病毒破坏了本体感受器的反馈,就产生运动失调,从而不能完成捡拾物体的动作。生物控制论不仅可定性地确定生理和病理机制,而且着重从系统的、定量的、动态的角度研究生物系统。生物反馈系统的定量的和动态的研究,是生物控制论的重要内容。为此需要建立描述各种生物系统的控制和信息处理过程的繁简不同的数学模型并进一步加以分析或进行系统仿真,这是生物控制论的主要方法。例如,20世纪60年代初,佐川喜一应用频率特性测试方法,确定了血压控制的脑缺血回路的数学模型,得到系统产生振荡的条件,从而对脑瘤病人的血压振荡现象作出了合理的解释。现在已有用400多个方程描述整个血液循环系统的数学模型,用计算机仿真获得了许多关于循环系统的定量的和动态的知识。运动、呼吸、体温、泌尿和各种内分泌等基本生理系统都已有了控制论的数学模型,而且已有综合循环、体液调节、呼吸和泌尿系统的输液过程的数学模型,能用系统仿真方法探讨最优输液方案。近年来现代控制理论在生物医学中的应用发展很快。例如,应用系统辨识方法可以获得生物系统的参量。由于生物体的特性有个体差别和随时间变化的特点,这些参量可以反映个体的特征,为精确地诊断和最优治疗提供依据。

神经元与神经网络的研究是生物控制论研究的另一重要内容,已经提出了近百种不同类型的神经元模型。神经网络的模型研究也取得了很大的进展,已有能对具有 8 000 个神经元和 80 000 个突触的神经网络进行仿真的计算机专用程序。以神经元的突触可塑性假设为基础的各种联想存储器模型的研究,受到人们高度重视。对于感觉系统中信息传递、编码和加工等过程的模型和分析也已有了较深入的研究。这些研究构成生物控制论的重要分支——神经控制论的主要内容。

生物控制论除了用来阐明生物系统的机理外,还可应用于解决医学中的实际问题。例如,应用最优控制理论确定药物和放射疗法的最优方案,用自适应控制方法保证手术病人血压的稳定,合理设计生物电控制假肢和解决人工脏器的控制问题等。近年来,在医疗中开始应用显示体内生理参量,通过训练达到自我控制机体状态的生物反馈方法。这种方法对于治疗高血压和神经痛等疾病已取得一定的疗效。生物控制论还可以为设计测量与估计人体在不同情况下(如体育训练、航天飞行)的状态的自动装置提供科学依据。

生物体是具有不同结构层次的大系统。在各结构层次中,从亚细胞、细胞、组织、器官直至机体,都存在着控制和调节。从生物控制论的观点来看,生命控制系统是极其复杂的多层次的容错的自组织系统。现在仅在机体水平上进行了一些研究,其他各结构层次上的控制和调节的内在机制尚待作进一步的定量的与动态的研究。利用生物控制论的研究成果,促使医疗保健向纵深方向发展,特别是利用生物反馈的方法来防治某些神经精神性疾病,也是完全可能的。应用生物控制论的原理和方法来揭开生命之谜,这是当代最重要的研究课题之一。

三、人口控制论

人口爆炸性的激增已给全世界带来了直接或间接的社会经济问题。目前,贫穷、疾病、灾害、愚昧、暴力、犯罪依然严重威胁着世界上大多数国家。全世界有 70% 的粮食生产要受到天灾的捉弄,人类的生存问题在很大程度上受到自然界的摆布。定量分析人口系统的状态并预测其变化规律,研究在各国不同人口情况下如何调节和控制妇女生育率,改变人口结构和发展趋势,以使人口系统的繁衍过程朝着最优化方向发展,达到人类自己掌握自己的命运这一宏伟目标,就是人口控制论所要研究的基础内容。控制论、系统工程和电子计算机等现代高新技术,为研究人口控制问题提供了有效的理论基础和技术手段。人口控制论的创立和发展,进一步突破了过去那种认为不能用自然科学方法研究社会问题的思想束缚,证明了定量研究方法对社会科学同样具有重要的作用。

人口控制论的研究范围一般包括:

(1) 人口系统建模:用数学模型描述人口发展变化过程。

(2) 人口系统预测:根据系统模型预报未来人口变化规律。

(3) 人口系统稳定性分析:用控制理论方法分析系统的稳定性。

(4) 人口系统能控性和能观测性:分析系统是否具有能控性和能观测性。

(5) 人口目标:希望达到的人口控制目标。

(6) 人口系统最优控制:研究为实现人口目标而应采取的控制手段,如晚婚晚育(推迟结婚和生育年龄)、一对夫妇只生一个等。英国人口学家马尔萨斯(R. Multhus, 1776—

1835)是世界上公认的人类历史上第一个提出定量研究人口发展过程的人。他于1789年提出了最早的描述人口增长的数学模型。但是马尔萨斯的理论和方法,本质上是错误的,也没有什么实用价值,在历史上曾受到多次批判。在我国,20世纪50年代马寅初先生就曾提出过控制人口增长的建议,但由于"左"的思想干扰,这项建议不但没被采纳,反而将马老先生打成右派,结果是"错批一人,误增四亿"。这不能不说是一个深刻的教训。不过近年来,我国的控制论学者与社会科学家通力合作,在人口理论方面做出了巨大的成绩,为我国计划生育和国民经济发展提供了有效的决策依据。用控制论方法进行人口预测,预报未来人口变化规律,是人口理论发展的必然结果。深入开展这方面的研究工作,对于我们这样一个世界第一人口大国来说无疑是十分必要的。

四、教育控制论

教育控制论是既属于教育学又属于控制论的一门新兴边缘学科,至今约有20年的历史。我们说,人是生物成员之一,又是社会大家庭中的一分子。人的先天特征服从生物属性。例如遗传,通过载有遗传信息的染色体把父体和母体的生物特征传给后代。人的后天特征又具有社会属性,只有通过社会活动才能体现人的存在。其中最典型、最重要的社会活动就是教育。人从获得生命的那一天起就在接受来自社会四面八方的教育,这个过程一直要延续到寿终正寝之时。不过,除人类外,其他高级动物也都有接受教育的特征,如刚出蛋壳的小鸡寻食捉虫就受教于母鸡,母狮训练幼狮捕食猎物等。可见社会性、受教性并非人所独有的本质,但"教育的优化",即教育的目标性,也即使受教育者"正于社会"而不"负于社会"的一面,却是人类教育异于动物"教育"的本质特征。

如前所述,控制论是一种模型化、数学化的理论,是研究信息传递、加工和处理的科学,而教育学正是广泛与信息打交道的学科。但是传统的教育学虽已形成了比较完整的学科体系,可总的来说仍属于经验科学,对于教育过程中的信息处理以及各种社会因素产生的影响只能做定性的分析和描述,而且一般来说,它不能对教育过程做可靠的预测。在现代科学技术飞速发展过程中应运而生的教育控制论,广泛吸取了控制论、信息论和系统论思想的丰富营养,试图通过建立系统模型的方法来模拟教育过程,把教育过程中涉及的各种因素的影响看成是信息传递和存储,应用反馈控制的思想,探讨最佳控制方案,并对教育过程进行有目的的预测。教育控制论的实质在于应用控制论的方法、手段和成果来解决教育科学(如教育心理学、教学方法论和定向教育)所提出的问题,使传统教育学从定性研究的描述性科学过渡到定量研究的精确科学。

然而,我们应该看到,教育过程是相当复杂的。从深度来说,如何培养和造就高、精、尖、开拓性人才,是现代社会中最突出的问题之一。从广度来说,除小学、中学、大学、研究生的德、智、体、美、劳教育以外,胎儿教育、婴儿教育、幼儿教育、成年教育、老年教育以及终身教育也已深入普及到社会各个层次。按控制论的观点,教育系统的控制和优化必须是对广义教育的控制和优化,而把狭义教育(即学校正规教育)作为其中最重要的一个环节。从这个意义上讲,教育系统的最优控制问题很自然地构成了一个多阶段性决策过程。按照我们在第一章中介绍过的贝尔曼最优性原则(即动态规划法),整个广义教育须认真研究、严肃对待,任何一个环节上的失误,不论是对个人还是对社会都将造成难以挽回的损失。

五、环境控制论

环境控制论是专门研究生态环境的质量变化、污染控制与处理、环境保护与优化的科学原理及技术措施的一门科学,其范围涉及地球生物圈(包括大气、海洋、湖泊、河流、土壤等)和人类生产活动的各个领域。它以生态学和地球化学为基础,以控制论、现代控制理论和大系统理论的思想方法为工具,并利用化学、生物学、物理学、医学和工程技术知识研究环境综合治理和优化,是一门多学科交叉和综合的边缘性学科。环境控制论的出现,使人类自觉运用科学手段来研究和保护环境,是社会文明的一大进步,是现代科学向深度和广度进军的一个重要标志。

环境控制论首先面临的是环境污染问题。所谓环境污染,是指由于人为的或自然的因素,使环境中原来的组成元素或状态发生了变化,扰乱并破坏了生态系统与人们的正常生活条件,致使人类的生存环境恶化;或者污染物质进入生态系统,沿着食物链(比如说"大鱼吃小鱼,小鱼吃虾米,虾米吃稀泥(藻类)")转移、循环和聚集,最后进入人体,危害人的身体健康。环境污染可以分为以下几类。

按环境要素分:大气污染、水体污染、土壤污染。

按人类活动分:工业环境污染、城市环境污染、农业环境污染。

按造成环境污染的性质来源分:化学污染、生物污染、物理污染(噪声污染、放射性、电磁波)、固体废物污染、能源污染。

人类历史上曾经多次因环境污染而带来极大的危害。1952年12月5日,英国伦敦上空突然浓烟滚滚,黑雾弥漫,天昏地暗。许多居民胸闷气急、喉痛咳嗽、呕吐不止,在几天之内就有4 000余人死亡。紧接着,整个英国大雾笼罩,气温逆转,又造成了数千人死亡。人们惊恐的称之为"杀人的烟雾"。这是怎么回事呢?1961年1月,美国得克萨斯州科罗里达河下游突然出现了大量的死鱼。据统计,当地所有的27种鱼类全部死亡,连重达30 kg的蓝猫鱼也未能幸免。是谁杀死了这么多的河鱼呢?从1953年开始,日本九州的水俣县出现了一种奇怪的病人,耳聋眼瞎,四肢麻木,精神亢奋,一会儿酣睡如泥,一会儿又兴奋异常,身体渐渐弯曲,最后惨痛呼叫而死。到1972年,全镇有180多人患了这种"水俣病"。这究竟是什么原因呢?

现代社会中发生的诸如此类的致命灾害,引起了世界各国人民和科学家的密切关注。美国海洋生物学家卡逊女士经过详细调查研究,于1962年提出了近代环境污染对生态的严重影响,唤起了人们对古老生态学的兴趣,被人们誉为开创了一个新的"生态学时代"。卡逊在书中通过大量骇人听闻的材料表明,人类如果破坏了赖以生存的生态环境系统,必然会遭到自然界的报复。她的呼吁立刻得到了各国科学家的热烈响应。通过对生态和环境污染的系统研究,许多谜团被解开了。比如上面提到的英国伦敦烟雾事件,原来是英国大多数居民家的取暖烧煤排气中,含有三氧化二铁成分,能促进空气中的二氧化硫氧化,生成液态酸沫,附着在烟尘上或凝聚在雾核中,进入人的呼吸系统,使人突然发病,并加速慢性病患者的死亡。美国科罗里达河的死鱼事件,则是一家生产农药的工厂长期排放污水的恶果。日本的水俣病,也是因为该河流上游有个工厂排放含汞废水而酿成的灾难。大量事实说明,人作用于环境,环境也反作用于人。随着现代工农业生产的发展,生态环境的污染程度日益加剧,严重影响着人类社会的发展速度、动植物的正常生存,这不仅关系到当代人们的身体健康,而且关系到子孙后代的繁衍昌盛。污染控制和环境保护无疑已成为世界各国政府刻不容缓的重要任务,"保护环境,造福人类,功在当代,利在千秋"的思想已为世人普遍接受,环境控制论正是在这一浪高过一浪的呼声中诞生了。

面对如此众多和复杂的污染源,要做到环境综合治理和优化,首先应利用控制论的黑箱方法(即系统辨识方法),建立环境系统的动态数学模型,并在此基础上提出环境保护的有效措施。由于电子计算机技术的发展,要做到这一点并非难事,特别是计算机的仿真技术,更为我们分析和模拟环境系统提供了有效手段。

利用系统分析方法研究环境自净能力,是环境控制论的另一项重要内容。我们知道,自然环境对污染物质都有一定的净化能力。比如,污染物质进入河流,会慢慢稀释,然后在光合和微生物的作用下氧化、分解、还原、沉淀,水质会逐渐恢复常态。进入土壤的污染物质,同样会在土壤中微生物的作用下分解、还原。这些都是自然界生态系统内部反馈控制作用的结果,当然这种反馈控制实现系统动态平衡的作用是有限的。因此我们应认真摸索自然界对不同污染物质的不同净化能力,掌握它们的规律,据此制定污染控制和环境保护的有效措施。

随着现代经济向纵深发展,环境科学的重要性也日益显现。可以预见,在未来的历史长河中,环境问题仍将伴随着我们,困扰着我们,使我们不得不在发展生产与保护环境二者之间不断地进行平衡和调整,以使脆弱的生态系统不至于受到严重破坏。为了保证人类社会和经济的健康发展,我们就必须从根本上摸清地球上各种生态、环境系统的内部变化规律,掌握其发展趋势,提出合理开发和保护生态环境系统的最优方案。环境控制论还只是一门尚未完善的学科,仍有许多领域是一片未知的海洋,需要我们用全部的智慧去探索和研究。

六、军事控制论

众所周知,军事系统是一个规模庞大、结构复杂、因素众多、功能综合、信息分散的大系统。军事控制论正是研究军队指挥和武器装备控制的普遍规律的一门军事学科。主要运用大系统理论、系统理论、数学和计算机技术,研究军事系统的建模、信息传递和处理以及控制自动化的问题,是控制论的一个重要分支。它是实现军队指挥和武器控制自动化的理论基础。控制论作为一门学科形成于20世纪40年代后期,到50年代末,军事控制论也随之形成。其任务是研究军队指挥和武器操纵系统的结构、动作规律和过程,以及制定对这些系统各个装置的战术技术要求。军事控制论的内容是根据指挥系统所包括的指挥对象、指挥机关和双向通信三部分决定的。其类型,按研究对象可分为作战指挥控制、后勤保障控制、军事训练控制等;按研究层次可分为战略控制、战役控制和战术控制,其中战略控制是它的核心。军事控制论的理论基础是军事学术理论、运筹学、自动化控制系统理论、军事任务算法理论和信息论。基本研究方法有黑箱方法、反馈方法、功能模拟方法等。目前,军事控制论已广泛应用于解决指挥控制的计算问题和武器装备的改进。美国已建立了先进的作战控制系统,能够对包括军事卫星在内的整个武装力量、武器装备实施有效的控制。

在战争舞台的长宽高都在无限延伸、军事斗争日趋大型化的当今时代,要在浩瀚广阔的战场上得心应手地指挥千军万马,指挥员必须具备高瞻远瞩、统帅全盘的系统思想,军事控制论则为实现这一目标开辟了新的有效途径。

七、社会控制论

人类社会进入 20 世纪 50 年代,特别是 60 年代以后,已越来越受到世界性的五大社会问题的困扰,即人口激增、能源短缺、资源破坏、粮食不足和环境污染的严重威胁。如何利用现代科学知识合理解决这些问题,使社会正常发展,明显改善人类生存环境,是全世界人民所面临的一个挑战性任务。幸运的是,社会控制论的出现,拓宽了人们的视野,使我们在迷茫困惑之中看到了希望的曙光。社会控制论是用控制论方法研究社会系统的学科,是控制论的一个分支。天然生命体是大自然几十亿年来在无数偶然事件中逐渐积累进化而形成的高级自组织系统,社会则是在人脑创造性信息选择条件下构成的高级自组织系统。有的社会系统表面上好像是没有目的的,但它可以通过社会选择来寻求自己的目的。在社会系统中存在着自学习的功能。英国 W. R. 阿什比关于没有目的的随机系统会通过学习来寻求自身目的的思想,在社会领域也同样适用。社会控制论的诞生,使人们能深刻地认识到社会系统的奥秘,表明人类创造社会文明已上升到理论上的自觉性阶段。在马克思主义历史唯物主义的指导下,用社会控制论作为一种辅助工具来研究社会系统的某些侧面,有助于发现社会系统的某些具体规律,从而进行社会预测,为决策者提供决策依据。

社会控制论的基本内容是把控制论中取得的丰硕成果推广应用于社会的生产管理、交通运输、能源管理、资源开发、环境保护、城乡建设,以至人类社会的各个方面。控制论研究者认为,人类社会是一个充满活力和生机勃勃的自适应、自组织系统,存在着内涵丰富的信息交流和反馈机制。社会控制论不仅从整体上研究社会发展的内在规律,而且运用控制论的基本原理分析各类复杂的社会现象,比如说国家领导体制的改革、社会精神文明的建设、社会犯罪问题的综合治理等。人类社会的存在和发展,既需要社会变革,也需要社会的稳定和正常的社会秩序。安居才能乐业,这是人所共知的真理。无论是哪个朝代、哪个社会,都试图建立一个稳定的社会秩序,使人民生活安定,生产迅速发展。从控制论的观点来看,社会秩序、社会稳定都是与社会控制紧密相连的。离开有效的社会控制,就不会有安定团结的社会局面。因此,社会控制论的研究还与社会政治、法纪法制、伦理道德等诸多因素有关。所以我们说,在应用控制论研究复杂社会现象时,绝不能摆脱辩证唯物主义和历史唯物主义的科学分析法,否则也很难得出正确的结论。应当承认,社会控制论的研究还处于刚刚起步的初始阶段,但控制论及其在社会各个领域的应用已经或正在成为人们认识世界和改造世界的强有力工具。随着社会控制论这一边缘学科的进一步深入研究,它在社会发展过程中必将发挥愈来愈显著的作用。[①]

---

① 控制论的发展[EB/OL]. http://wenku.baidu.com/view/9e98d1956bec0975f465e2de.html.

第二节 自动控制的应用

一、工厂自动化

工厂自动化是指用自动装置或系统控制来管理生产设备及生产过程,它集计算机技术、自动化技术、激光技术和机器人技术之大成。一般认为,工厂自动化是指利用计算机充分掌握从接受订货开始到产品发货结束之间所有生产活动的复杂信息流,并对生产系统整体进行高度管理和控制的自动化过程。其目的主要是:① 省力;② 提高设备运转率和利用率;③ 实现高效生产管理,即减少零件、材料、半成品和成品的库存量,减少资金积压,加快资金周转,创造大的经济效益;④ 缩短从产品规划、设计、研制到产品出厂之间的生产周期;⑤ 满足用户对产品的多样化、多功能化和智能化需求。

工厂自动化,按其性质又可分为连续生产自动化和断续生产自动化两种。连续生产自动化又叫过程自动化,主要是指石油、化工、冶金、电力等工业部门中连续生产过程的自动化。即通过采用各种检测仪表、调节仪表、控制装置、电子计算机等自动化技术工具,对整个生产过程进行自动检测、监督和控制,以达到实现各种最优的技术经济指标,提高经济效益和劳动生产率,节约能源,改善劳动条件,保护生态环境等目标。

一个实现自动化的工厂,应具有以下特征:

(1) 有一个内部联网的现代化的信息管理系统,即通过网络实现全厂生产、信息采集与处理、财务、人事、技术与设备等的计算机自动化管理。

(2) 生产设备实现自动化,即单个设备由计算机控制,生产过程中实现自动传输等。

(3) 建成一个"柔性生产系统",即具备一种新型的多品种、少批量生产的加工设备。这种系统比较容易适应设计的改变和加工物形状、数量的变化。这种系统可大可小,大的由若干个工业机器人、数控机床及控制装置、监控电脑及无人运输车组成,可以构成整条生产线;小的则可以独立完成各种各样的加工生产任务。

(4) 产品设计与生产工艺设计实现自动化,并采用了计算机辅助设计的方法,这样既节省了设计时间和费用,又大大提高了生产效率。

(5) 建立了自动化仓库,这是实现工厂自动化的一个必备的条件。对一个工厂的原材料、半成品和成品实现自动化管理,不仅能提高场地的利用效率,减少管理费用,还能使物品的存取变得井然有序,一旦某种生产原料告缺,采购部门将立即从中获得信息,及时进货。

"无人化自动工厂"是一个自动化程度很高的自动化工厂,以上各种条件它不仅全部具备,而且还建有自动化仓库,原材料、半成品及成品自动传送线和现代化的信息管理系统,使生产线上的人员减少到最低限度。除少数维修人员外,生产线上的整个生产过程不需人员参与,可以一天 24 小时连续不断地生产,产品的质量稳定可靠,生产效率也很高。工厂自动化在短短几十年有了很大的进步和发展,其过程如下。

20 世纪 40 年代,人们开始使用分散式测量仪表和控制装置,进行单参数自动调节,取代了传统的手工操作。

50 年代,人们开始把检测与控制仪表集中在中央控制室,实行车间集中控制,一些工厂企业初步实现了检测仪表化和局部自动化。这一阶段,过程控制系统结构绝大多数还是单输入单输出系统,受控变量主要是温度、压力、流量和液位四种参数,控制的目的是保持这些参数的稳定,消除或减少对生产过程的干扰影响。而过程控制系统采用的方法是经典控制理论中的频率法和轨迹法,主要解决了单输入单输出系统的常值控制和系统综合控制问题。

60年代,工业生产不断发展,工厂自动化程度大大提高。在自动化仪表方面,开始大量采用单元组合仪表。为了满足定型、灵活、多功能等要求,还出现了组装仪表,以适应比较复杂的模拟和逻辑规律相结合的控制系统需要。与此同时,开始采用电子计算机对大型设备,如大型蒸馏塔、大型轧钢机等,进行最优控制,实现了直接数字控制(DDC)及设定值控制(SPC)。在系统方面,出现了包括反馈和前馈的复合控制系统。在过程控制理论方面,除了仍采用经典控制理论解决实际生产过程中的问题外,现代控制理论也开始得到应用,控制系统由单变量系统转向复杂的多变量系统。在此期间,工厂企业实现了车间或大型装置的集中控制。

70～90年代,现代工业生产的迅猛发展,自动化仪表与硬件的开发,微计算机的问世,使生产过程自动化进入了新的高水平阶段。对整个工厂或整个工艺流程集中控制,应用计算机系统进行多参数综合控制,或者用多台计算机对生产过程进行分级综合控制和参与经营管理,是这一阶段的主要特征。在新型自动化技术工具方面,开始采用微机控制的智能单元组合仪表、显示和调节仪表,以适应各种复杂控制系统的需要。现代控制理论中的状态反馈、最优控制和自适应控制等设计方法和特殊控制规律在过程控制中得到了广泛应用,自动化技术呈现出一派欣欣向荣的新景象。

进入21世纪以来,"以人为本"、"节能环保"的观念深入人心,对工厂自动化提出了新的要求。随着计算机技术、无线技术、现场总线技术、工业以太网技术、IT技术、机器人技术、传感器技术以及安全技术等科学技术的不断发展与创新,工厂自动化发展到了新阶段,不断增加的功能集成提升了所有驱动技术中集散的智能化,保证这些设备在初次连接时能得到恰如其分的使用,并在系统中充分发挥各自的优势。自动化制造商正不断增加整体模块在系统中的功能。这个功能是通过集成开发通信接口、可靠的控制软件、统一的工程工具和各种创新的模拟工具。这些进步推动着项目规划和机械运转技术的发展,同时也不断降低总成本。在未来,"无线工厂"、"数字化工厂"、"绿色工厂"将成为人们追求的目标,控制技术和传感器也将逐渐主宰新生代的工厂和机器。

二、农业自动化

提起农村,有些人的脑海中会涌现出一排低矮的茅舍,男耕女织,日出而作,日落而息。可是这些都已成为历史了。今天的农村,稻(麦)浪滚滚,一排排新房拔地而起,到处都散发着现代生活气息。科学技术的进步已经或正在使农业劳动者摆脱落后的手工耕作方式,沿着农业自动化的道路前进。

农业自动化意味着农业生产的电子化、仪表化和计算机控制化,而不仅仅是机械化(如拖拉机、收割机、插秧机等)和电气化(农村小水电站、电力灌溉等)。农村自动化的目的在于减轻或消除靠天吃饭,部分摆脱对气候条件和地域条件的依赖性,提高农林牧副渔的品种、产量和数量。不过由于农业领域中许多复杂和不确定性因素,农业自动化比起工业自动化来说要困难得多。尽管如此,随着现代科学技术在农业中的迅速推广和应用,农业自动化仍然取得了巨大的进步。下面我们仅从几个方面加以叙述。

(1) 环境控制与自动化

农业设施的环境控制,指的是家禽家畜的饲养环境控制和植物生产环境的控制,可以实现提高生产率和节能的双重目的。

(2) 果实筛选自动化

农作物产品的外形和质量通常有较大差异,因此有必要进行分等分类筛选。过去单靠人的视觉和触觉进行筛选,很多情况下难以保证质量,而且劳动生产率极低。采用自动化技术后,可以根据果实的重量、大小、颜色、光学特性、电磁特性等特征信息而实现自动分拣分类。如日本某农业试验场开发研制出的番茄自动分选计算机控制系统,可以在不损伤番茄的条件下,按重量及成熟程度自动分选。

(3) 喷灌自动化

喷灌就是喷水灌溉,即利用水泵和管道系统,在一定的压力下把水喷到空中,散为细小水滴,像下雨一样灌溉农作物。由于喷灌具有较显著的省水增产效益,因而近 30 年来发展很快。尤其是采用自动化技术后,经济效益更是显著提高。

(4) 水库灌区管理自动化

水库灌区管理自动化包括以下三个方面的内容:

① 灌区土壤水分的自动监测。
② 灌区地下水位的自动监测。
③ 渠系闸门的自动开启和关闭。

具体来说,就是在灌区内,布点设置土壤水分监测仪器(如湿度传感器),选点布设地下水位检测传感器,改善渠系闸门控制装置,建立计算机监控管理系统。这样就可以利用电子通信设备,将各选点处传感器收集到的土壤水分、地下水位深度以及气象的数据信息传送到中央控制室,经电脑分析处理后,给出优化方案,决定灌区内各片土地灌与不灌、先灌和后灌,并且利用微机控制渠系内各闸门的启闭,适时适量科学引入灌溉,既能保证农作物丰产增收,同时还能满足城乡的工业生产和居民生活用水,其经济效益和社会效益是显而易见的。

(5) 温室自动控制与管理系统自动化

温室的控制和管理是农业自动化中发展较快的领域。一般的温室控制与管理系统由传感器、计算机和相应的控制系统组成。它能自动调节光、水、肥、温度、湿度和二氧化碳浓度,为植物创造最优的生长环境,促进植物的光合作用和呼吸、蒸发、能量转换等生理活动。温室最优控制和管理系统的核心是电子计算机。它的主要功能是进行环境控制、温室数据和植物体响应数据识别、控制算法和设定值的决定、温室管理等。自动控制和电子计算机也用于蔬菜生产的工厂化和无土栽培等方面。

总的来说,农业(包括林业、渔业、牧业和副业)是自动化技术应用的广阔天地,特别是随着现代生物工程技术和生物控制论在农业生产领域的推广应用,必将为人类解决诸如粮食短缺、资源枯竭、环境污染等迫在眉睫的重大问题提供完美的措施和方案。

三、办公室自动化

随着现代社会信息化的逐步深入,办公室工作人员的信息处理工作量急剧增加,从而迫使人们从提高工作效率着眼,从办公室的计算机化入手,从 20 世纪 70 年代后期开始,展开了一场声势浩大的办公室自动化运动。这场运动在经济发达的国家已随着花样不断翻新的各种音响、图像、数据处理、计算机图形终端、通信、编辑排版系统、印刷设备的涌现而正在引向深化。简单地说,办公室自动化的本质就是利用现代科学技术(如计算机技术、控制技术、通信技术等)和各种自动化机器设备来有效地处理和运用汇集于办公室的各类信息,提高办公室效率。

众所周知,作为一个行政或事务机构,无论是机关团体、学校还是工矿企事业单位,都必须设置办公室,它是管理决策者、专业人员和文秘工作者从事各类信息处理的场所,是管理人员和决策者的天地,无数的信息在这里汇总,千万条决策从这里发出,它维系着各项工作的成败和千百万人的命运。如同我们在前面介绍过的,工厂自动化的对象是工厂,输入的是原材料和动力,经过机械加工和装配,输出的是工业产品。而办公室自动化的对象是办公室,输入的是来自四面八方的数据和信息,经办公人员在各种现代办公设备上分析整理后,输出的是经营管理决策或供上一级分析、判断、决策的依据。

为了完成办公室所必须承担的作业事务(包括文件的草拟和编制、文件的保管和检索、数据统计、人员联络、会议组织等)和功能事务(包括信息加工和生成、机关管理、计划实施管理和检查等)两项最基本的工作,办公室自动化设备应包括文字处理机、口授打印机、传真机、复印机、缩微存储设备、电子会议系统、电子邮政、文件自动阅读机和计算机翻译系统等组成部分。

我国的办公室自动化起步较晚,但潜在的发展势头不可小觑。国家计委、卫生部、铁道部、经贸部、民航局等有关部门和首都钢铁公司等大型企业都先后建成了一批计算机管理系统,推进了我国办公室自动化系统的发展。尤其是近几年,各种办公室自动化设备已逐步得到开发和普及,如复印机、各种中英文电脑打字机、桌面印刷系统等。相信在不久的将来,随着计算机的日益普及,我国的办公室自动化水平会有一个大的飞跃发展。然而,必须注意,办公室自动化并不是用这些设备来完全代替人的工作,而是用这些设备来协助办公人员的工作。办公人员借助于办公室自动化设备能够更好的集中精力与时间,以施展他们的才智来创造高效率和高质量。办公室自动化设备加快了信息的采集、加工处理以及传递和交换的过程,这样办公人员有可能更快、全面的掌握情况,以便比较各种方案的优劣,作出正确的决策,争取到尽可能大的综合效益。所以美国专家戴维·巴库姆说:"办公室自动化本身并不存在什么高明的魔法,真正的魔法恰恰是在有效的使用办公室自动化的人们当中。"

四、家庭自动化[①]

现代自动控制技术、计算机技术和通信技术等手段,有助于实现人们家务劳动和家务管理的自动化,大大减轻了人们家庭生活中的操劳,节省人们的时间,提高人们的物质、文化水平。家庭自动化已是人类社会进步的重要标志之一。最早进入家庭的自动化设备有自动洗衣机和空气自动调节装置等。随着现代科学技术的发展和人们生活要求的提高,家庭自动化的范围也在日益扩大。家庭安全系统、家庭自动控制系统、家庭信息系统和家用机器人

---

① 家庭自动化[EB/OL]. http://www.kepu.net.cn/gb/technology/cybernetics/home/index.html.

等,有的已达到实用水平,有的正处于研究改进阶段。

1. 家庭安全系统

家庭安全系统是家庭防火、防气和防水泄漏、防盗的设备网,它由传感器、家用计算机和相应的控制系统组成。传感器对周围的光线、温度和气味等参量进行检测,发现漏气、漏水、火情和偷盗等情况时立即将有关信息送给计算机,计算机根据提供的信息进行判断,采取相应的措施或报警。例如发生火情时,计算机可控制灭火器灭火,并通过电话向主人或有关部门报告。

2. 家庭自动控制系统

这种系统用于对空调器、收音机、电视机、音响设备、清洁器等电器的集中管理和自动控制,它由微型计算机和控制器组成。例如,它能控制空调系统,根据季节的变化自动调节室内的温度和湿度;使能源、照明和热水供应等设备最佳运行或使电子炉灶、清洁器定时完成做饭和清洁等工作。如图 19-1。

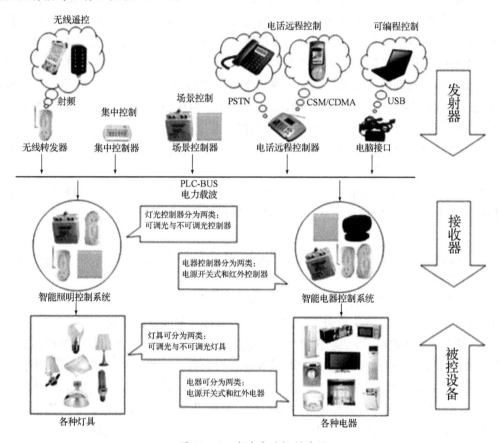

图 19-1 家庭自动控制系统

3. 家庭信息系统

电话、电视机等在家用计算机的控制下形成统一的家用信息系统,并通过通信线路与社会信息中心相连,使家庭信息系统成为社会信息中心的终端,随时可以从信息中心获取所需要的各种信息。利用家庭信息系统还可以进行健康管理,如对老人或体弱者每天测量体温、脉搏和血压,并将数据输入终端机,由附近医师给予诊断。家庭计算机辅助教育系统可用于在家中学习各种知识。利用可视数据系统,可以在家订购货物、车票、机票、旅馆,检索情报资料,阅读电视版报刊等。家庭自动化的进一步发展可能实现在家办公,使家庭成为工厂或办公室的"终端"。因此,家庭自动化将是工厂自动化和办公自动化的延伸和组成部分。

4. 家用机器人

20世纪80年代以来,有些国家已经研制出家用机器人,它可以代替人完成端茶、值班、洗碗、大扫除以及与人下棋等工作。家用机器人与一般的产业机器人不同,它应是智能机器人。它靠各种传感器感觉,能听懂人的命令,能识别三维物体,具有灵活的多关节手臂。

五、军事指挥自动化

现代和未来的战争都是立体战、总体战、多兵种协同作战。战幕一拉开,很可能会出现如下景象:空中导弹横飞、飞机穿梭;地面战车驰骋、万炮齐发;海上战舰游弋、鱼雷轰鸣。指挥员要纵观战争全局,掌握瞬息万变的战况,及时指挥千军万马协调一致,如果只靠自己大脑的智慧和思维,那么注定是要失败的。正因为人体本身机能的多重限制,无法适应现代军事的需要,因此随着科学技术的进步以及在军事领域的推广应用,军队指挥系统也经历了一系列重大变革,已形成了以电子计算机为主体的军事指挥自动化系统(也叫做自动化系统)。目前,许多文献中提到的C3I系统就是一种典型的军事指挥自动化系统。它是一个具有指挥、控制、通信和信息综合四方面功能的,以电子计算机为核心,以通信网络为基础的多层次综合自动化系统。现代军事C3I系统通常包括以下几方面内容:

(1) 运用各种预警、遥测、遥感等电子化设备和手段获取陆地、海洋、空中和外层空间的军事情报。

(2) 对收集到的军事情报进行快速处理(包括分析、判断、综合等)。以图形或文字形式在计算机终端屏幕上及时显示出来,同时将各种不同信息分类归档存储起来,以备随时检索查阅。

(3) 利用电子计算机预测战役、战斗的进程,比较各种作战方案的优劣,为指挥者提供可靠的决策依据。

(4) 借助于四通八达的计算机通信网络,准确及时地向下级传达最高统帅和上级指挥员的命令,以保证全军各兵种步调一致、协同作战,最终取得战争的胜利。

(5) 及时收集各部队、各战场传来的反馈信息,并迅速进行综合处理,将战场态势用图形显示出来,使指挥中心的决策者能及时了解战争的全貌。目前,世界上各主要军事强国都非常重视军事指挥自动化的研究,并称之为继核武器、洲际导弹之后"军事上的第三次革命"。比如美国,为奠定其西方霸主的地位,从1950年开始,每年投入大量的人力、物力,耗资几十亿美元,建立军事指挥自动化系统。该研究计划分为三个阶段:第一阶段,在一部分指挥机构中分别建立自动化指挥系统;第二阶段,在各军种中建立统一目的的自动指挥系统;第三阶段,使各军种的自动化指挥系统联成一体,实现全军统一的自动化指挥系统。目前美国已基本完成了第二阶段的工作,已能有效地指挥其国内的三军和分布世界各地的数百处军事基地的几十万名美军士兵,而且美国已逐渐向全军自动化指挥系统过渡。如设在美国五角大楼内,供总统、国防部长和参谋长联席会议指挥全球美国部队的"全球指挥控制系统",其中装有大型电子计算机,各种通信设备把分布在世界各地的计算机指挥系统联成一体(计算机通信网络),能够迅速收集、处理、查阅和更新全球各区域的政治和军事情报。

自动化武器控制系统实际上也是自动指挥系统的一个重要组成部分。它不仅能控制许多单个的战略武器，而且能控制包括警戒设备、引导设备和杀伤破坏性武器在内的整套武器系统，使指挥控制的各个阶段——从了解情况、作出决策到判明打击效果——都实现自动化，并且能在极短的时间内完成。即使像火炮这样的常规武器，由于现代声、光、电等新技术的应用，也增添了许多"耳目"，如激光测距机、夜视瞄准器、弹道计算机，不仅命中精度大大提高，而且提高了快速反应能力。装有各种侦察器材的高空侦察机、无人驾驶机等装备，能对敌纵深几十到几百千米内进行侦察、测量和定位，给火炮指示准确的打击目标。此外，炮弹本身也长了"眼睛"。如美制 155 mm 榴弹炮发射的"铜斑蛇"激光制导炮弹，实际上是一种火炮发射的导弹，可在 29 km 的射程上准确摧毁目标。炮弹命中精度为 $0.4\sim1.0$ m，比普通炮弹的精度提高了十几倍。

不过最后我们必须指出，军事指挥自动化系统尽管有许多无可比拟的优越性，但是毕竟不能完全取代指挥员的大脑。因为计算机并没有思维能力，它只能在指挥员预先设想的方案范围内发挥作用。因此我们说，军事自动化不是要削弱或限制人的作用，而是对指挥员提出了更高的要求。未来的军事指挥员，不仅要具备敏锐的头脑和良好的军事素养，而且还应有丰富的现代科学知识，特别是军事管理、电子计算机和自动化方面的知识。只有这样，方称得上是一名合格的指挥员。

六、纷繁多样的自动化

人类活动的每一个领域，都形成了纷争上游的喜人局面，诸如商业自动化、交通自动化、图书馆自动化、实验室自动化、设计自动化、教育自动化、科研自动化、电影自动化、环境监测保护自动化等等。

1. 商业自动化

商业自动化有两重含义：商业流通与服务（进货、收货、储运、销售等）管理自动化和销售商品自动化。

2. 图书馆自动化

图书馆自动化指的是将自动化技术应用于现代图书馆，其中起核心作用的仍然是计算机。

3. 交通运输自动化

交通运输系统是一个复杂的大系统，是国民经济的大动脉。交通运输自动化是交通运输系统电子化和计算机的综合概念。具体来说，它包含两方面的内容：一是侧重交通运输系统管理的自动化，直接叫"交通运输自动化"，如车速监测、自动着陆、导航、车辆等；二是侧重交通运输工具本身的自动控制，叫"运载工具自动化"，如汽车燃烧控制、高速列车自动控制、飞机自动驾驶、船舶航向自动校正、危险作业区机器人的自动化作业等。

4. 实验室自动化

实验室自动化主要指在计算机支持下，以传感为基础的各种现代实验室的自动化，到现在为止，已提出十多年了。实验室包括各种物理实验室（如高能物理实验室、原子能实验室）、分析测试实验室、医疗诊断实验室、生物技术实验室、工厂测试检验中心等。实现实验室自动化的关键之一是分析测试仪表的电脑或智能化。

5. 自动化与就业问题

通过我们前面的介绍,大家对自动化技术已有一个比较全面的认识。自动化技术发展到今天,已不仅仅是一个单纯提高劳动生产率的问题,而是决定一个企业甚至一个国家未来前途的长远战略问题。美国麦道制造和工程系统公司总裁克莱西曾一针见血地指出:"现代企业面临两种选择:要么自动化,要么破产。"自动化时代生机勃勃,到处充满机会,也到处充满挑战。让我们共同努力奋斗,把握机会,迎接挑战,为实现我国四个现代化的宏伟目标而贡献自己的力量吧![①]

第三节 自动化控制的前景

一、21世纪的"无人化工厂"

在科学技术高速发展的今天,我们正在接近一个全新的时代:人类彻底摆脱枯燥乏味的繁琐的劳动,自由自在地去发展人类特有的各种潜能,并全身心地去探索那些目前无法达到的未知王国。这个时代就是机器人时代,形式多样的"无人化"工厂将展现在人们眼前。所谓"无人化工厂",是工厂自动化的最高形式,但并不是真的无人,只是与传统的工厂中布满工人的情况相比而言,"无人"工厂中绝大部分现场工人将退出生产领域,仅有少数工作人员从事监督和维护工作。其实,随着工厂自动化的程度日渐提高,各种无人化生产线和自动生产系统(如 FMS、CWIS 等)早已进入我们的现代化工厂。如美国底特律某汽车制造厂在1986年投入使用的一条自动生产线。一排银色汽车底盘沿着生产线流动到某个位置时便停了下来,底盘两侧的 6 个"焊工"立即投入工作,在一个金属框架的周围迅速移动,把需要联接在一起的各种焊头飞快地焊接起来。23 秒便焊好了 250 个接头,技术当属一流。这些"焊工"从不休息、偷懒,也不喝咖啡、聊天,更不会把吃剩的东西或果皮纸屑、烟蒂、酒瓶之类的杂物乱丢一气,不会把一个干净整洁的车间搞得一团糟。它们不是一般的普通电焊工,而是机器人。

日本发那科公司,在向"无人"工厂进军方面更是走在前面。早在1980年末该公司就在日本富士山旁建成了一座有名的"无人"自动机械加工厂。走进这家工厂的车间一看,其景象与通常的工厂大不一样。在各个生产岗位上,电脑控制的机器人大显身手,一切井然有序。车间里听不到刺耳的噪声,只有自动搬运车沿指定路线往返穿梭。车间内少数几名工人的主要任务是负责巡视和维护运输设备。基于"无人化工厂"同样的设想,科学家们还打算把未来工厂的仓库也变成不用人管理的"无人"仓库。因为生产的飞速发展,产品种类的不断增多,使得产品入库和出库作业日益复杂化,所以研制开发由电子计算机管理的"无人"仓库(也叫信息仓库)是自动化技术发展的一个必然方向。比如日本东京国际机场的仓库,送货和提货都已采用计算机自动控制。该仓库由地面到顶棚都是用钢架搭起的,是一个空间得到充分利用的立体化仓库。在架子中间,留有便于吊车自由通行的通道。这种吊车叫

---

① 中国大百科全书总编委会编.中国大百科全书.第 2 版.北京:中国大百科全书出版社,1991:609-630.

做滑吊，它有能把货物运到架子上的钢臂（叉臂）。在搬运货物时，吊车就根据计算机的指令随时升降，并把叉臂伸到所需要的任何地方去。比方说现在进货了，现场的计算机操作员立即将产品的代码、数量和日期等数据输入计算机，计算机会根据现有仓位情况，找出距离最近的空架，并向滑吊发出空架位置和入库的指令。待滑吊工作结束，计算机自动把刚入库的货物信息存储下来，打字机同时把这份数据打印出来。

从库里提取货物也遵循同样的操作原理，只要把产品代码和数量信息输进计算机，整个过程就会自动完成，并在货物提走后自动清除这部分信息，同时在空余仓位增加新的数据。不需要为各种货物预留存放位置，所有空架都可以得到充分利用。至于什么货物存在什么地方，计算机会记得一清二楚，完全用不着工作人员操心。这样，仓库的利用率显著提高。不过应该指出的是，虽然反映人类智力和现代科学技术水平的"无人化工厂"和"无人化"等新鲜事物早已问世，但是它们目前尚不能成为影响社会发展的普遍经济因素，还只能作为科学技术实验的开端。

二、模糊控制论的进一步研究

无论是采用经典控制理论还是现代控制理论设计一个控制系统，设计者都必须事先知道受控对象的准确描述（数学模型），然后根据所建立的数学模型以及预定的性能指标，选择恰当的控制规律，进行控制系统设计和调制。然而，在许多情况下，由于受控对象过于复杂，很难用一般的物理、化学等已有的规律来描述；这些情况，则是没有适当的测量手段，或者测量仪器无法进入需要测量的区域，以致无法建立受控对象的精确模型。与此相反，对于某些难以采取自动控制的生产过程，有经验的操作人员采用手动控制，却能收到令人满意的效果。在许多类似的事实面前，人们又重新探讨人的控制行为的内在特征。模糊数学的创始人，著名的控制论专家扎德（L. A. Zadeh）教授曾举过一个停车问题的例子，颇具启发性。问题的提法是要将一辆车停在拥挤的停车场上两辆车之间的一个预留空隙中。这个问题用严格的控制理论方法来解决是非常困难的，即使用一台大型计算机也难以胜任。从实用角度看，它没有精确的解法。但对于一个熟练的汽车司机来说，这只不过是最起码的看家本领。他只要大致观察估计一下位置和距离，执行一些看似不很精确的操作就能把车准确地停在预定位置上。在这里，精确控制不但不可行，而且也无多大必要。相反，人可以根据观察，利用一些带有模糊性质的概念（如"向右偏一点"、"再往后倒一点"等术语）而达到准确停车的目的。这就是模糊控制的基本思想。在现实生活中，虽然有很多事情是清晰而精确的，但大量的事情恰恰是模糊的。如明天的天气会怎么样啊，近来身体可好哇，他看上去很年轻呀，等等，这些都是很模糊的概念。

表达这类模糊信息最有效的工具是模糊数学，它是1956年由英国学者扎德创立的。将模糊数学的思想方法引入自动控制领域，则形成了所谓的"模糊控制"。模糊控制本质上是属于计算机数字控制的一种形式，模糊控制系统的组成也与一般的数字控制系统类似。模糊控制器的控制规则是基于手动控制策略。手动控制的作用虽然与自动控制系统中控制器的作用基本相同，但手动控制策略是人们通过学习、试验以及长期经验积累而逐渐形成的，而控制器的控制决策是基于某种控制算法（如最优控制算法、自适应控制算法、分解与协调算法等）。因此，设计模糊控制的关键在于用计算机可以理解的"语言"归纳手动控制策略。

模糊控制主要应用于工业生产过程控制,已有不少成功的例子,其结果也很有吸引力。早在 1973 年,扎德就给出了模糊逻辑控制器的定义和定理。世界上第一个模糊控制器是在 1974 年由英国的曼姆达尼(E. H. Mamdani)研制出来的,并成功地用于传统控制方式难以奏效的锅炉和蒸汽发动机的控制,获得了满意的控制效果。这一开拓性工作,标志着模糊控制论的诞生。模糊控制的另一个十分有趣的研究领域是机器人的模糊控制。由于模糊控制作用具有模拟人脑思维和控制的特点,而智能机器人正需要具备这种功能,因此在机器人中采用模糊控制是很合适的。如上所述,近年来国内外学者在模糊控制的理论和应用方面做了许多工作,但是也应该看到还有不少问题有待于进一步研究解决。不过,有一点可以肯定,随着科学技术的进一步发展,模糊控制这一控制领域中的奇葩,必将更加光彩照人。

三、追逐理想,走向智能

在今天的社会生活中,由于微电子技术和计算机技术的迅速进步和普及,自动控制技术已广泛应用于制造业、农业、交通、服务业、航空、航天等所有产业部门。作为自动化技术的最高成就之一,1997 年美国科学家们研制的"探路者号"(Pathfinder)小车胜利完成了火星表面的实地探测。而且,在不远的将来人类还将完成对太阳系中其他行星和彗星的探测。在制造业中,从计算机辅助设计与制造、数控机床到柔性加工系统和计算机集成制造系统以及机器人的广泛进入生产线,成十、成百倍地提高了社会的劳动生产率,增强了脑力劳动创新能力,丰富了工业产品的多样性,改善了人们的劳动条件,提高了人们的生活水平。而且,当前一些引人注目的前沿学科,如纳米科学、金融工程和生命科学等也都在不同程度上受到自动化学科的影响。

创造出"智能机器"或"会思维的机器"这类激动人心的想法则是人们梦寐以求的目标。人们从实践中观察到人类具有很强的学习和适应周围环境的能力。因此,研究如何将人的智能引进控制系统便成为国际控制界的研究热点,从而形成了一种仿人的控制理论和方法——智能控制方法。

1. 人的智能

人是万物之灵,人类通过长期的进化,由最初像动物一样在地上爬行,到站立起来,会使用工具,有了一个发达的大脑,成为万物之灵。人灵就灵在有"智能",当他遇到问题或困难时具有适应的本领,能想方设法加以解决。

那么,什么是人的智能?它是推理的能力吗?它是获得知识和运用知识的能力吗?它是加工和交换思想的能力吗?当然,所有这些都是智能的一部分,但它们并不是所谓智能的全部内容。给智能下一个一般定义是困难的,甚至是不可能的,因为智能似乎是一个包含着许多信息处理和信息表达技能的混合体。

关于智能可以大致归结为以下两点:① 智能是理解能力和其他形式的自适应行为的能力;② 智能是接受或传送事件和事情等方面的知识、新闻和信息的能力。人工智能专家福格尔(Fogel)认为:"知识和智能的区别非常明显,知识是一个人积累的有用信息,而智能是一个人有目的的以某种很好的方式使用这个有用信息的能力。"他还认为智能可定义为:"在各种复杂的条件下,为成功地达到某一目的而作出决断的能力"。

人类发明了望远镜、无线电、雷达、激光、电话、电视等,有了神奇的"千里眼"和"顺风耳",人们还可以驾驭航天飞机去"大闹天宫"。以微型计算机和人工智能为主要标志的新技术革命,是对人类智力劳动的替代与扩展,将使人类除拥有自身的智能以外,获得体外的第二智能——人工智能。

2. 智能控制

通俗地说,"智能控制"就是研究与模拟人类智能活动及其控制与信息传递过程的规律,研制具有某些仿人智能的工程控制与信息处理系统。人们一般把能自动识别和记忆信号(图像、语言、文字)、会学习、能推理、有自动决策能力的自动控制系统称为智能控制系统。

从控制论的角度看,人们关心的是智能的人工模拟,也就是将人的智能引进控制系统。因此,智能控制系统应当对环境和任务的变化具有快速的应变能力,其控制器应该能够处理环境和任务的变化,决定要控制什么,应当采用什么样的控制策略,即控制器应具有适应和决策功能。

由此可以看出,智能控制的核心是控制决策,采用灵活机动的决策方式迫使控制朝着期望的目标逼近。举个例子,我们在餐桌上用筷子很容易挟到要吃的食物,并轻而易举地放入口中。试设想如果我们要把这一系列动作和环境去建立精确的模型,然后再一步一步按模型去操作,这种过程可以想象是多么复杂而又何等难以实现!

自从20世纪60年代中后期智能控制的思想开始萌芽以来,关于智能控制的研究涉及了智能机器人控制、智能过程控制、智能调度与规划、专家控制系统、语音控制、智能仪器等各种领域。进入20世纪80年代后,随着专家系统、遗传算法和模糊控制等方法的逐渐成熟,以及人工神经网络的研究取得重要进展,智能控制系统的理论和方法取得了飞速的发展,出现了基于规则(专家系统)的智能控制系统、基于模糊推理的智能控制系统、基于遗传算法的智能控制系统以及基于人工神经网络的智能控制系统,并在工业、军事、交通、社会经济、家用电器等各领域取得了丰富的应用成果。

例如,日本松下电器于1990年2月出售的模糊全自动洗衣机,能通过检测洗涤液的透明度、洗涤物的多少及其洗涤物的布质软硬程度,然后利用模糊推理方法,仿效洗衣技术高超的人,自动确定最佳水位、最佳水流的强度及最佳洗涤时间、甩干时间等。这种洗衣机真正达到了自动化洗衣的目的,它所做的工作,在洗涤衣服这个范围内,其复杂程度几乎接近了人脑。

又如,日本川崎钢铁厂在20世纪80年代后期开发和建立了专家控制系统,对高炉进行控制,不仅可以改善高炉运行条件,而且显著提高了生铁的质量。

毫无疑问,智能制造是制造自动化的发展方向。智能制造是一种由智能机器和人类专家共同组成的人机一体化智能系统,它在制造过程中能进行智能活动,诸如分析、推理、判断、构思和决策等。通过人与智能机器的合作共事,去扩大、延伸和部分地取代人类专家在制造过程中的脑力劳动。它把制造自动化的概念更新、扩展到柔性化、智能化和高度集成化。1990年4月,日本倡导发起了"智能制造系统(IMS)"国际合作研究计划。许多发达国家如美国、欧洲共同体、加拿大、澳大利亚等参加了该项计划。该计划共计划投资10亿美元,对100个项目实施前期科研计划。

随着一种利用卫星的导航系统(GPS)的广泛应用,开发一种无需驾驶员的智能型汽车的任务提到了议事日程上来。利用GPS系统,汽车的主人只要事先把想要去的地点输入其中,就可以随时掌握自己的汽车在地图上处于什么位置,知道走哪条路可以最快到达目的地。汽车在行驶中能够自动转向刹车和换挡,因此车上无需驾驶员,乘车人可以随心所欲地谈话、读书、工作、娱乐,车内成为一个充满乐趣的生活空间。

近些年,专家系统的迅速发展和广泛应用大大推进了各个应用领域向智能化方向发展。专家系统应用人工智能技术,根据一个或多个人类专家提供的特殊领域知识进行推理,仿真人类专家做决定的过程来解决那些需要专家知识才能解决的复杂问题。目前专家系统主要应用在医学、故障诊断、化学、计算机软硬件、数学和工程等方面。

控制科学家们已经注意到,智能控制必须靠多学科联合才能取得新的质的突破。其中,揭开生物界的进化机制,生命系统中自组织能力、免疫能力和遗传能力的精确结构对建造智能控制系统极为重要。

近年来关于基于脑波信号的人机结合的智能控制已引起高度关注,世界各国在脑科学和自动控制学科的交叉领域取得了大量的基础性研究成果。2000 年,Nature 杂志上报道了美国麻省理工学院和杜克大学的科学家利用猴脑遥控指挥 1 000 km 以外的机器人运行的研究成果。图 19-2 是这项试验的示意图。他们将电极植入两只猴子脑部,一只猴子的脑部 6 个区域植入 96 根导线,另一只猴子的脑部 2 个区域植入了 32 根导线。每根导线都极细,只有人的头发丝的一半粗。植入猴脑内的电极对猴脑各个部件在肢体活动时所发出的信号进行了多方面的记录,然后由电脑对这些记录进行分析和研究,识别出指导猴子肢体活动的各种脑部神经活动的"模式",随后将这些"模式"变成"数字指令",从而指导机器人的行动。实验表明,机器人所做的手臂活动的简单动作与每只猴子的动作基本一致,但在植入电极多的猴子的控制之下,机器人手臂的三维运动要完成得更好一些。显然,下一个实验的目标将是由猴脑换成人脑,如果能取得成功,那无疑是人类医学和控制科学的巨大突破。这是让瘫痪病人能够重新活动肢体而迈出的重要一步,是世界上数百万残疾人翘首以待的福音。

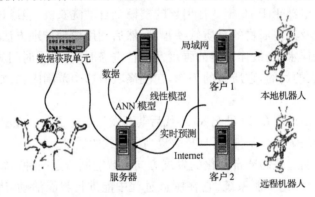

图 19-2 猴脑与机器人的合作控制

从猴脑与机器人的合作控制中,人们似乎看到了一种人机融合智能控制的曙光。

总之,自动化研究的领域在不断扩展,其内涵也在不断深化。传统的物质生产和生活领域,如制造业和服务业将仍然是自动化发展的主要推动力和应用领域;网络科学、生命科学等新兴领域为自动化的创新提供了广阔的舞台。在自动化的各种理论和方法中,智能控制仍将是人们追逐的理想目标。正如控制论专家宋健 1999 年在国际自动控制联合会第 14 次代表大会所指出的那样,"智能控制——超越世纪的目标"。

智能控制是当前正在迅速发展的一个领域,各种形式的智能控制系统、智能控制器相继开发问世。由于历史的原因,我国在前几次技术革命时期落伍了,造成了我国在近代史上的被动挨打局面,其恶果至今尚未完全根除。现在,人类正处在信息革命和智能革命的攻坚时代,世界各国人工智能科学技术尚未形成质的飞跃,这正是我国科学事业赶超世界先进水平的大好时机。因此,我们一定要密切注意主宰未来的智能革命的进展,把握时代的脉搏,跟上世界科学前进的步伐。愿我国能有更多的有志之士积极投身到这场史无前例的智能革命中去,跟上时代,跟上世界,振兴中华,自强不息![1]

---

[1] 控制自动化前景[EB/OL]. http://company.ca800.com/DefaultTemp.aspx? LXid=40468&type=2&compid=4774.

参考文献

[1] 赵春红. 现代科技发展概论[M]. 南京:南京大学出版社,2008.
[2] 黄保强. 走近科学与技术[M]. 上海:复旦大学出版社,2004.
[3] 宋健. 现代科学技术基础知识[M]. 北京:科学出版社;中共中央党校出版社,1994.
[4] 张力. 现代科学技术概论[M]. 北京:清华大学出版社,2008.
[5] 许良. 技术哲学[M]. 上海:复旦大学出版社,2004.
[6] 徐小钦. 科学技术哲学概论[M]. 北京:科学出版社,2006.
[7] 肖峰. 哲学视域中的技术[M]. 北京:人民出版社,2007.
[8] 王伯鲁. 科学技术学教程[M]. 成都:西南交通大学出版社,2006.
[9] 上海交通大学科学史与科学哲学系. 自然与科学技术哲学[M]. 上海:上海交通大学出版社,2001.
[10] 姜振寰,孟庆伟,谢咏梅等. 科学技术哲学[M]. 哈尔滨:哈尔滨工业大学出版社,2001.
[11] 曹克广,关荐伊. 现代高新技术概论[M]. 北京:化学工业出版社,2009.
[12] 杨水旸. 简明科学技术史[M]. 北京:国防工业出版社,2008.
[13] 孟庆伟等. 科学技术哲学[M]. 哈尔滨:哈尔滨工业大学出版社,2006.
[14] 常立农. 技术哲学[M]. 长沙:湖南大学出版社,2003.
[15] 姜振寰. 技术哲学概论[M]. 北京:人民出版社,2009.
[16] 那日苏. 科学技术哲学概论[M]. 北京:北京理工大学出版社,2006.
[17] [日]原研哉. 设计中的设计[M]. 朱锷译. 济南:山东人民出版社,2006.
[18] [美]马特·马图斯. 设计趋势之上[M]. 焦义超译. 济南:山东画报出版社,2009.
[19] 何人可. 工业设计史[M]. 北京:高等教育出版社,2010.
[20] 王雅儒. 工业设计史[M]. 北京:中国建筑工业出版社,2005.
[21] 尹定邦. 设计学概论[M]. 长沙:湖南科学技术出版社,2009.
[22] 杨先艺. 艺术设计史[M]. 武汉:华中科技大学出版社,2006.
[23] 高丰. 中国设计史[M]. 杭州:中国美术学院出版社,2008.
[24] 朱铭,荆雷. 设计史[M]. 济南:山东美术出版社,1995.
[25] 芦影,张国珍. 设计史[M]. 北京:中国传媒大学出版社,2008.
[26] [英]康威. 设计史[M]. 邹其昌译. 高等教育出版社,2007.
[27] 黄虹,麦静虹. 工业设计史[M]. 北京:北京理工大学出版社,2007.
[28] 王效杰. 工业设计:趋势与策略[M]. 北京:中国轻工业出版社,2009.
[29] 何颂飞,张娟. 工业设计[M]. 北京:中国青年出版社,2007.
[30] 许喜华. 工业设计概论[M]. 北京:北京理工大学出版社,2008.

[31] 田密蜜.设计概论[M].长春:吉林美术出版社,2010.

[32] [英]保罗·克拉克.速成读本——设计(精)[M].周绚隆译.北京:生活·读书·新知三联书店,2002.

[33] 刘宝顺.产品结构设计[M].北京:中国建筑工业出版社,2009.

[34] 陈苑.产品结构与造型解析[M].杭州:西泠印社出版社,2006.

[35] 于帆,陈嬿.仿生造型设计[M].武汉:华中科技大学出版社,2005.

[36] 李锋.从构成走向产品设计[M].北京:中国建筑工业出版社,2005.

[37] 杜绍堂,赵萍.工程力学与建筑结构[M].北京:科学出版社,2006.

[38] 简召全.工业设计方法学[M].北京:北京理工大学出版社,1993.

[39] 李少林.中国建筑史[M].呼和浩特:内蒙古人民出版社,2006.

[40] 罗会昌.金属工艺学[M].北京:高等教育出版社,2001.

[41] 张镦亓.执行就是走流程[M].北京:机械工业出版社,2009.

[42] 王玉荣.流程管理[M].第3版.北京:北京大学出版社,2008.

[43] 荣浩,辛鹏.Head First Process——深入浅出流程[M].北京:人民邮电出版社,2009.

[44] [美]克拉耶夫斯基,里茨曼.运营管理——流程与价值链[M].刘晋,向佐春译.北京:人民邮电出版社,2007.

[45] 中国大百科全书出版社《简明不列颠百科全书》编辑部译编.简明不列颠百科全书(第4卷)[M].北京:中国大百科全书出版社,1986.

[46] [美]斯塔夫里阿诺斯.全球通史——1500年以后的世界[M].吴象婴,梁赤民译.上海:上海社会科学院出版社,1992.

[47] 钱学森.论系统工程(增订本)[M].长沙:湖南科学技术出版社,1988.

[48] [美]冯·贝塔朗菲.一般系统论:基础、发展和应用[M].林康义,魏宏森译.北京:清华大学出版社,1987.

[49] 王寿云,于景元等.开放的复杂巨系统[M].杭州:浙江科学技术出版社,1996.

[50] 李喜先.技术系统论[M].北京:科学出版社,2005.

[51] 马丽扬.系统论信息论控制论通俗讲话[M].石家庄:河北人民出版社,1987.

[52] 邵光远,张纪川等.系统科学入门[M].北京:知识出版社,1990.

[53] 苗东升.系统科学精要[M].北京:中国人民大学出版社,1998.

[54] [智利]费尔南多·科尔戴等.社会科学的系统分析方法[M].孙永红等译.北京:中国社会科学出版社,1990.

[55] 许国志.系统研究[M].杭州:浙江教育出版社,1996.

[56] 钱学森,宋健.工程控制论(上册)[M].北京:科学出版社,1980.

[57] 张伯鹏.控制工程基础[M].北京:机械工业出版社,1982.

[58] 胡寿松.自动控制原理[M].北京:国防工业出版社,1984.

[59] 阳含和.机械控制工程(上册)[M].北京:机械工业出版社,1986.

[60] 王积伟,潘亚东.控制工程基础[M].南京:南京大学出版社,1991.

[61] 杨叔子.机械工程控制基础[M].武汉:华中科技大学出版社,2005.

［62］王积伟,吴振顺. 控制工程基础[M]. 北京:高等教育出版社,2001.

［63］孙亮,杨鹏. 自动控制原理[M]. 北京:北京工业大学出版社,1999.

［64］刘豹. 现代控制理论[M]. 第2版. 北京:机械工业出版社,1992.

［65］刘明俊. 自动控制原理[M]. 长沙:国防科技大学出版社,2000.

［66］[美]维纳. 控制论[M]. 郝季仁译. 北京:北京大学出版社,1962.

［67］中国大百科全书总编委会编. 中国大百科全书[M]. 北京:中国大百科全书出版社,1991.

［68］李友善. 自动控制原理[M]. 北京:机械工业出版社,1982.

［69］张旺等. 自动控制原理[M]. 北京:北京理工大学出版社,1994.

［70］李光泉. 自动控制原理[M]. 北京:机械工业出版社,1989.

［71］周雪琴,张洪才. 控制工程导论[M]. 西安:西北工业大学出版社,1988.

［72］王显正. 控制理论基础[M]. 北京:科学出版社,2007.

［73］谢绪恺. 现代控制理论基础[M]. 沈阳:辽宁人民出版社,1980.

［74］夏德钤. 自动控制理论[M]. 北京:机械工业出版社,1989.

［75］孙连捷,张梦欣. 安全科学技术百科全书[M]. 北京:中国劳动社会保障出版社,2003.